全国高等教育自学考试指定教材

汉语言文学专业

美 学

(含:美学自学考试大纲)

(2019年版)

全国高等教育自学考试指导委员会 组编

主　编　朱立元
副主编　苏宏斌

图书在版编目(CIP)数据

美学:2019年版/朱立元主编. —北京:北京大学出版社,2019.6
全国高等教育自学考试指定教材
ISBN 978-7-301-30258-3

Ⅰ.①美… Ⅱ.①朱… Ⅲ.①美学—高等教育—自学考试—教材 Ⅳ.①B83

中国版本图书馆CIP数据核字(2019)第034676号

本书采用出版物版权追溯防伪凭证,读者可通过手机下载APP扫描封底二维码,或者登录互联网查询产品信息。

书　　　名	美学(2019年版)
	MEI XUE(2019 NIAN BAN)
著作责任者	朱立元　主编
责任编辑	张文礼
标准书号	ISBN 978-7-301-30258-3
出版发行	北京大学出版社
地　　　址	北京市海淀区成府路205号　100871
网　　　址	http://www.pup.cn　新浪微博:@北京大学出版社
电子邮箱	编辑部 wsz@pup.cn　总编室 zpup@pup.cn
电　　　话	邮购部 010-62752015　发行部 010-62750672　编辑部 010-62767315
印　刷　者	河北滦县鑫华书刊印刷厂
经　销　者	新华书店
	787毫米×1020毫米　16开本　16.75印张　370千字
	2019年6月第1版　2025年6月第12次印刷
定　　　价	35.00元

未经许可,不得以任何方式复制或抄袭本书之部分或全部内容。
版权所有,侵权必究
举报电话: 010-62752024　电子邮箱: fd@pup.cn
图书如有印装质量问题,请与出版部联系,电话: 010-62756370

组 编 前 言

21世纪是一个变幻莫测的世纪,是一个催人奋进的时代。科学技术飞速发展,知识更替日新月异。希望、困惑、机遇、挑战,随时随地都有可能出现在每一个社会成员的生活之中。抓住机遇、寻求发展、迎接挑战、适应变化的制胜法宝就是学习——依靠自己学习、终生学习。

作为我国高等教育组成部分的自学考试,其职责就是在高等教育这个水平上倡导自学、鼓励自学、帮助自学、推动自学,为每一个自学者铺就成才之路。组织编写供读者学习的教材就是履行这个职责的重要环节。毫无疑问,这种教材应当适合自学,应当有利于学习者掌握和了解新知识、新信息,有利于学习者增强创新意识、培养实践能力、形成自学能力,也有利于学习者学以致用,解决实际工作中所遇到的问题。具有如此特点的书,我们虽然沿用了"教材"这个概念,但它与那种仅供教师讲、学生听,教师不讲、学生不懂,以"教"为中心的教科书相比,已经在内容安排、编写体例、行文风格等方面都大不相同了。希望读者对此有所了解,以便从一开始就树立起依靠自己学习的坚定信念,不断探索适合自己的学习方法,充分利用自己已有的知识基础和实际工作经验,最大限度地发挥自己的潜能,达到学习的目标。

欢迎读者提出意见和建议。

祝每一位读者自学成功。

全国高等教育自学考试指导委员会
2018年1月

目 录

美学自学考试大纲

大纲前言 ·· 5
Ⅰ 课程性质与课程目标 ··· 7
Ⅱ 考核目标 ·· 9
Ⅲ 课程内容与考核要求 ·· 10
Ⅳ 关于大纲的说明与考核实施要求 ······································ 22
参考样卷 ··· 24
参考样卷答案 ··· 28
大纲后记 ··· 30

美 学

编写说明 ··· 33
第一章 绪论 ·· 35
    第一节 美学的学科属性 ··· 35
    第二节 美学的研究对象 ··· 41
    第三节 美学的研究方法 ··· 49
第二章 审美活动论 ·· 54
    第一节 审美活动的存在方式 ·· 54
    第二节 审美活动中的主体与对象 ··································· 68
    第三节 审美活动的发生 ··· 82
第三章 审美形态论 ·· 100
    第一节 审美形态的内涵和特征 ······································ 100
    第二节 审美形态的形成与发展 ······································ 103
    第三节 优美与崇高 ··· 109
    第四节 悲剧与喜剧 ··· 122
    第五节 丑和荒诞 ·· 133

第四章 审美经验论 ··· 151
第一节 审美经验的性质和特征 ··· 151
第二节 审美经验的内在结构 ··· 169
第三节 审美经验的动态过程 ··· 182

第五章 艺术论 ··· 192
第一节 艺术的存在方式 ··· 192
第二节 艺术的创造 ··· 199
第三节 艺术的构成 ··· 207
第四节 艺术的接受 ··· 214
第五节 艺术的功能 ··· 219
第六节 艺术的形态 ··· 221

第六章 审美教育论 ··· 229
第一节 美育思想源流 ··· 229
第二节 美育的内涵 ··· 237
第三节 美育的特点 ··· 241
第四节 美育的功能 ··· 248
第五节 美育的目的 ··· 253

阅读书目 ··· 258
后记 ··· 259

全国高等教育自学考试
汉语言文学专业

美学自学考试大纲

全国高等教育自学考试指导委员会制定

大 纲 目 录

大纲前言 ·· (5)
Ⅰ　课程性质与课程目标 ··· (7)
Ⅱ　考核目标 ··· (9)
Ⅲ　课程内容与考核要求 ··· (10)
　第一章　绪论 ··· (10)
　　一、学习目的与要求 ·· (10)
　　二、课程内容 ··· (10)
　　三、考核知识点与考核要求 ·· (11)
　　四、本章重点、难点 ·· (11)
　第二章　审美活动论 ··· (11)
　　一、学习目的与要求 ·· (11)
　　二、课程内容 ··· (12)
　　三、考核知识点与考核要求 ·· (12)
　　四、本章重点、难点 ·· (13)
　第三章　审美形态论 ··· (13)
　　一、学习目的与要求 ·· (13)
　　二、课程内容 ··· (13)
　　三、考核知识点与考核要求 ·· (14)
　　四、本章重点、难点 ·· (15)
　第四章　审美经验论 ··· (15)
　　一、学习目的与要求 ·· (15)
　　二、课程内容 ··· (16)
　　三、考核知识点与考核要求 ·· (16)
　　四、本章重点、难点 ·· (17)
　第五章　艺术论 ·· (17)
　　一、学习目的与要求 ·· (17)
　　二、课程内容 ··· (17)
　　三、考核知识点与考核要点 ·· (18)
　　四、本章重点、难点 ·· (19)
　第六章　审美教育论 ··· (19)
　　一、学习目的与要求 ·· (19)

二、课程内容 …………………………………………………………（20）
三、考核知识点与考核要求 …………………………………………（20）
四、本章重点、难点 …………………………………………………（21）
Ⅳ 关于大纲的说明与考核实施要求 ……………………………………（22）
参考样卷 ……………………………………………………………………（24）
参考样卷答案 ………………………………………………………………（28）
大纲后记 ……………………………………………………………………（30）

大纲前言

为了适应社会主义现代化建设事业的需要,鼓励自学成才,我国在20世纪80年代初建立了高等教育自学考试制度。高等教育自学考试是个人自学、社会助学和国家考试相结合的一种高等教育形式。应考者通过规定的专业考试课程并经思想品德鉴定达到毕业要求的,可获得毕业证书;国家承认学历并按照规定享有与普通高等学校毕业生同等的有关待遇。经过30多年的发展,高等教育自学考试为国家培养造就了大批专门人才。

课程自学考试大纲是国家规范自学者学习范围、要求和考试标准的文件。它是按照专业考试计划的要求,具体指导个人自学、社会助学、国家考试、编写教材、编写自学辅导书的依据。

随着经济社会的快速发展,新的法律法规不断出台,科技成果不断涌现,原大纲中有些内容过时、知识陈旧。为更新教育观念、深化教学内容和方式、考试制度、质量评价制度改革,使自学考试更好地提高人才培养的质量,各专业委员会按照专业考试计划的要求,对原课程自学考试大纲组织了修订或重编。

修订后的大纲,在层次上,专科参照一般普通高校专科或高职院校的水平,本科参照一般普通高校本科水平;在内容上,力图反映学科的发展变化,增补了自然科学和社会科学近年来研究的成果,对明显陈旧的内容进行了删减。

全国考委文史类专业委员会组织制定了《美学自学考试大纲》,经教育部批准,现颁发施行。各地教育部门、考试机构应认真贯彻执行。

全国高等教育自学考试指导委员会
2018年11月

Ⅰ 课程性质与课程目标

一、课程性质和特点

本课程是全国高等教育自学考试汉语言文学专业(本科)设置的专业基础课,也是全日制普通高校汉语言文学专业的必修课程。本课程以马克思主义的实践存在论为哲学基础,以审美活动为出发点和主要研究对象,以"实践是我们人存在的基本方式""审美活动是一种基本的人生实践""美不是现成的,而是在审美活动中生成的""审美是高级形态的人生境界"等观点为主旨,对美学基本问题展开论述。

通过本课程学习,使学生对于美学的学科性质、美学的产生和发展、美学研究的对象和方法,以及实践存在论美学的哲学基础、主要内容、基本特点有一个基本了解,对于审美活动论、审美形态论、审美经验论、艺术论、审美教育论等基本内容能够理解和掌握,并能运用所学的知识分析现实生活中的各种审美现象,从美学的角度认识文学艺术活动。本课程的重要特点是理论性、思辨性较强,设置本课程的目的是使自学考试者系统地学习美学理论的基础知识,培养和提高应用美学理论进行审美鉴赏与艺术创造的能力,对于理解包括文学艺术在内的各种审美现象具有理论指导意义。本课程对于提高学生的理论思维水平、审美情操,对于促进精神文明建设具有十分重要的意义。

二、课程目标

1. 使考生获得关于美学的系统理论知识;
2. 使考生掌握运用美学理论来分析和评价具体的审美和艺术现象的能力;
3. 提升考生的理论思维和表达能力,培养考生的审美趣味和审美情操。

三、与相关课程的联系与区别

本课程与文学史、美学史等课程共同构成了文学研究的核心课程体系。文学史课程的目标是帮助学生掌握关于中外文学史的系统知识。美学史课程的目标是帮助学生了解中外美学的发展历程,包括各个时代主要的理论流派及其主张,从而为系统学习美学理论打下基础。美学课程则是把美学史上所研究的基本问题提炼出来,站在当代美学的立场上对这些问题做出系统的回答。

四、课程的重点和难点

课程的重点:审美活动的基本性质和存在方式;审美形态的形成和发展、各主要审美形态的性质和特征;审美经验的性质和特征,审美经验的内在结构和动态过程;艺术的存在方式、艺术的创造和接受过程、艺术品的内在结构、艺术的基本形态;审美教育的性质、特点、功能和目的。

  课程的难点:美学基本范畴与人生实践之间的内在关联;运用美学的基本原理来分析和评价具体的审美现象及艺术作品。

Ⅱ 考核目标

　　本大纲的考核目标,按识记、领会和应用三个层次规定所应达到的能力层次要求。各能力层次的含义是:

　　识记:了解有关的名词、概念和知识的含义,并正确认识和表述。

　　领会:在识记的基础上,能全面把握基本原理和基本知识,掌握有关原理、概念的区别的联系。

　　应用:在领会的基础上,能运用基本原理、基本概念分析和解决有关的理论问题和实际问题,包括对艺术作品与审美现象的分析与把握。

Ⅲ 课程内容与考核要求

第一章 绪 论

一、学习目的与要求

要求考生能够了解：美学是一门什么样的学科、美学的诞生与学科发展、美学的研究对象和方法等问题。

二、课程内容

第一节 美学的学科属性

(一) 美学的诞生与学科发展
(二) 美学是一门研究审美现象的综合性人文学科

第二节 美学的研究对象

(一) 美学史上对美学研究对象的几种代表性看法
(二) 对美学学科的研究对象的认识

第三节 美学的研究方法

(一) 马克思的实践论
(二) 马克思主义实践存在论

三、考核知识点与考核要求

（一）美学的学科属性
1. 识记：(1) 审美意识的含义；(2) 美学思想的含义；(3) 美学的学科属性。
2. 领会：(1) 审美意识与美学思想的关系；(2) 美学学科的综合性。
3. 应用：结合实际谈谈美学与自然科学、社会科学的差异。

（二）美学的研究对象
1. 识记：(1) 有关美学研究对象的几种代表性看法；(2) 人与世界的审美关系；审美现象的主要形态。
2. 领会：审美现象与审美活动的关系。
3. 应用：结合实际谈谈美学的研究对象是审美活动。

（三）美学的研究方法
1. 识记：(1) 美学研究方法的多元性；(2) 马克思的实践论。
2. 领会：(1) 美学学科的研究方法；(2) 美学与哲学的关系。
3. 应用：(1) 结合实际谈谈哲学方法是美学研究的核心方法；(2) 结合实际谈谈美学研究应该以马克思主义哲学为指导。

四、本章重点、难点

本章重点：审美意识和美学思想的关系；美学的研究对象。
本章难点：马克思的实践论和马克思主义的实践存在论的基本要义。

第二章 审美活动论

一、学习目的与要求

学习本章时，应在系统理解审美活动的存在方式、构成与发生等基本问题的基础上，深入理解审美活动的基本性质与价值内涵，重点掌握审美主体与对象只能存在于审美活动中以及审美对象的生成与显现等难点问题，从而为后面各章节的学习打下坚实基础。

二、课程内容

第一节 审美活动的存在方式

（一）审美活动的动力机制
（二）审美活动的基本性质
（三）审美活动的价值内涵

第二节 审美活动中的主体与对象

（一）审美主体与对象只存在于审美活动中
（二）审美主体的存在状态
（三）审美对象的生成与显现

第三节 审美活动的发生

（一）审美发生理论概述
（二）审美发生的条件与标志
（三）原始审美活动的基本类型

三、考核知识点与考核要求

（一）审美活动的存在方式
1. 识记：(1) 审美需要、审美理想、审美趣味的概念及其特征；(2) 审美活动的性质。
2. 领会：(1) 审美活动的价值内涵；(2) 审美活动与物质实践活动、科学认识活动之间的联系与区别。
3. 应用：(1) 结合审美实践分析审美理想与人生理想的内在关联；(2) 通过与人类其他活动的比较，深入理解审美活动是人的最具本质性的存在方式。

（二）审美活动中的主体与对象
1. 识记：(1) 审美惊异、审美体验、澄明之境的概念及其特点；(2) 审美对象自身的客观条件；(3) 审美对象的非实体性与开放性。
2. 领会：(1) 审美主体与对象只存在于审美活动中；(2) 审美主体在审美活动中的存在状态。

3. 应用:(1)结合审美实践说明审美对象的生成和显现;(2)以艺术作品为例说明审美对象的特点。

(三)审美活动的发生

1. 识记:(1)关于审美发生的代表性理论;(2)审美发生的基本前提和社会中介因素;(3)原始审美活动的基本类型。

2. 领会:(1)巫术活动是原始审美发生中最重要的一种中介因素;(2)人的自我意识的觉醒是审美意识形成的关键因素。

3. 应用:(1)简评普列汉诺夫关于劳动与审美之间关系的基本观点;(2)怎样才能真正建构起切实有效的审美发生理论?

四、本章重点、难点

本章重点:审美活动是人最本己的存在方式;审美主体与审美对象的关系。
本章难点:审美主体和审美对象只存在于审美活动之中。

第三章 审美形态论

一、学习目的与要求

学习本章时,要求学生了解审美形态理论的性质和特点、审美形态的历史发展,重点掌握悲剧与喜剧、崇高与优美、丑与荒诞等审美形态,以及中和、气韵和意境三个中国古典审美形态的历史、特点与内涵,九种审美形态概念的内涵、基本特征和历史发展。

二、课程内容

第一节 审美形态的内涵和特征

(一)划定审美形态的标准
(二)审美形态的特征

第二节　审美形态的形成与发展

（一）审美形态的历史性
（二）审美形态和思维方式
（三）审美形态与语言
（四）审美形态与文化

第三节　优美与崇高

（一）优美
（二）崇高
（三）优美和崇高的比较

第四节　悲剧与喜剧

（一）悲剧
（二）喜剧
（三）作为审美形态的悲剧和喜剧与具体戏剧艺术的差异与联系

第五节　丑 和 荒 诞

（一）丑
（二）荒诞
（三）丑与荒诞作为特殊的审美形态

三、考核知识点与考核要求

（一）审美形态的内涵和特征
1. 识记：(1) 审美形态的划分标准；(2) 审美形态的特征。
2. 领会：(1) 审美形态的生成性；(2) 审美形态的兼容性；(3) 审美形态的二重性。
3. 应用：(1) 举例说明审美形态的贯通性；(2) 举例说明审美形态的二重性。
（二）审美形态的形成与发展
1. 识记：审美形态的历史性。

2. 领会:(1) 审美形态与人的思维方式之间的关系;(2) 审美形态与人的语言的关系;(3) 审美形态与文化精神的关系。
3. 应用:(1) 举例说明审美形态与人的思维方式之间的关系;(2) 举例说明审美形态与文化精神的关系。

(三) 优美与崇高
1. 识记:(1) 优美的内涵;(2) 崇高的内涵。
2. 领会:(1) 优美与崇高的关系;(2) 美学史上"优美"与"崇高"观念的演进。
3. 应用:举例说明优美和崇高的关系。

(四) 悲剧与喜剧
1. 识记:(1) 悲剧的内涵;(2) 喜剧的内涵。
2. 领会:(1) 悲剧理论的历史回顾;(2) 喜剧理论的历史回顾。
3. 应用:论述作为审美形态的悲剧和喜剧与作为艺术形式的悲剧和喜剧的关系。

(五) 丑和荒诞
1. 识记:(1) 丑的内涵;(2) 荒诞的内涵。
2. 领会:(1) 丑和荒诞的产生;(2) 丑与荒诞成为特殊审美形态的基本原因。
3. 应用:论述丑与荒诞作为特殊的审美形态的原因。

四、本章重点、难点

本章重点:各主要审美形态的基本内涵;有关各种审美形态的理论演进。
本章难点:各对审美形态之间的相互关系。

第四章 审美经验论

一、学习目的与要求

学生应该了解审美经验理论的历史发展状况、审美经验各构成要素的相互关系、审美心理机制的建构与调节方式,掌握审美经验的基本性质与特征、审美经验的构成要素、审美经验的动态过程。

二、课程内容

第一节　审美经验的性质和特征

（一）审美经验理论的历史回顾
（二）审美经验的基本性质
（三）审美经验的主要特征

第二节　审美经验的内在结构

（一）审美经验的构成要素
（二）审美经验的结构法则

第三节　审美经验的动态过程

（一）呈现阶段
（二）构成阶段
（三）评价阶段

三、考核知识点与考核要求

（一）审美经验的性质和特征
1. 识记：(1) 审美经验理论的发展过程；(2) 审美经验的基本性质；(3) 审美经验的主要特征。
2. 领会：(1) 审美经验的直观性；(2) 审美经验的非功利性；(3) 审美经验的超越性。
3. 应用：(1) 结合实例分析审美经验的基本性质；(2) 结合实例分析审美经验的主要特征。

（二）审美经验的内在结构
1. 识记：(1) 审美经验的构成要素；(2) 审美经验的构成法则。
2. 领会：(1) 审美感知与审美想象的关系；(2) 审美想象与审美情感的关系。
3. 应用：(1) 结合实例分析审美经验各构成要素的作用；(2) 结合实例说明审美经验各构成要素之间的关系。

（三）审美经验的动态过程
1. 识记：(1) 审美对象的呈现；(2) 审美对象的构成；(3) 审美对象的评价。

2. 领会:(1) 审美态度在审美呈现中的作用;(2) 想象力在审美构成阶段的作用。
3. 应用:(1) 结合实例分析审美态度在审美呈现中的作用;(2) 结合实例分析想象力在审美构成阶段的作用。

四、本章重点、难点

本章重点:审美经验的构成要素和结构法则;审美经验的三个阶段。
本章难点:想象力在审美经验中的作用。

第五章 艺 术 论

一、学习目的与要求

要求学生对历代学者从不同角度对艺术所下的定义有所了解;弄清艺术品与非艺术品的联系与区别,艺术作品的层次结构;重点掌握艺术品的意象和意境,艺术的功能等。还要系统了解艺术的存在方式,把握艺术创造中天才的创造发挥的状态及其特征,重点掌握意象的创造及其接受的过程。

二、课程内容

第一节 艺术的存在方式

(一) 历史上对艺术的定义
(二) 艺术的存在方式

第二节 艺术的创造

(一) 艺术创造的核心是意象的孕育与生成
(二) 艺术创造力与艺术创造技巧

第三节 艺术的构成

（一）艺术作品的层次结构
（二）艺术品的本质：创造意象世界

第四节 艺术的接受

（一）艺术接受的核心仍是意象的生成，即重建
（二）艺术接受的主体性
（三）艺术品的鉴赏过程

第五节 艺术的功能

（一）艺术的功能是多元的
（二）审美是艺术最核心的功能
（三）审美在艺术诸功能中的首要地位

第六节 艺术的形态

（一）艺术形态的划分标准
（二）各类艺术的审美特征

三、考核知识点与考核要点

（一）艺术的存在方式
1. 识记：(1) 八种流行的艺术定义；(2) 艺术的存在方式。
2. 领会：(1) 为什么说给艺术下定义是困难的；(2) 艺术存在方式的三个环节。
3. 应用：结合具体作品说明艺术作品的存在方式。
（二）艺术的创造
1. 识记：(1) 艺术创造的核心；(2) 艺术创造力的构成。
2. 领会：(1) 意象的物态化过程；(2) 艺术天才。
3. 应用：(1) 举例说明意象物态化和生产过程；(2) 举例说明想象力在意象生成中的作用。

（三）艺术的构成
1. 识记：(1) 艺术作品的层次结构；(2) 意象的类型；(3) 意象的特征。
2. 领会：(1) 意象的虚拟性；(2) 意象的直观性；(3) 意象的情感性。
3. 应用：(1) 举例说明意象的虚拟性；(2) 举例说明意象的直观性；(3) 举例说明意象的情感性。

（四）艺术的接受
1. 识记：(1) 意象的重建；(2) 艺术接受的主体性；(3) 艺术品的鉴赏过程。
2. 领会：(1) 艺术接受的主体性；(2) 艺术接受中的观、品、悟。
3. 应用：(1) 结合具体的审美经验谈艺术接受的过程；(2) 举例说明在鉴赏过程中艺术意象是怎样重建的。

（五）艺术的功能
1. 识记：(1) 艺术的审美功能；(2) 艺术的娱乐功能；(3) 艺术的认识功能；(4) 艺术的道德功能。
2. 领会：(1) 艺术功能的多元性；(2) 审美在艺术功能中的核心性。
3. 应用：(1) 举例说明艺术功能的多元性；(2) 举例说明审美在艺术功能中的核心地位。

（六）艺术的形态
1. 识记：(1) 划分艺术形态的几种主要标准；(2) 空间艺术；(3) 时间艺术。
2. 领会：(1) 艺术形态的划分标准；(2) 各类艺术的审美特征。
3. 应用：(1) 举例说明空间艺术的审美特征；(2) 举例说明时间艺术的审美特征。

四、本章重点、难点

本章重点：空间艺术的审美特征；时间艺术的审美特征。
本章难点：艺术形态的划分标准。

第六章 审美教育论

一、学习目的与要求

要求学生了解中西美育思想的源流，明确美育的内涵，区分美育与人格教育、情感教育、艺术教育的异同点，领会美育诉诸感性、潜移默化、能动性的特点，理解美育怡情养性、化性起伪的功能,并结合实例阐述美育与人生境界的关系,谈谈美育如何造就审美的人。

二、课程内容

第一节 美育思想源流

(一) 中国美育思想简述
(二) 西方美育思想简述

第二节 美育的内涵

第三节 美育的特点

(一) 诉诸感性
(二) 潜移默化
(三) 能动性

第四节 美育的功能

(一) 怡情养性
(二) 化性起伪

第五节 美育的目的

三、考核知识点与考核要求

(一) 美育思想源流
1. 识记:(1) 中国美育思想的基本历史线索;(2) 西方美育思想的基本历史线索。
2. 领会:(1) 蔡元培、梁启超、王国维的美育观;(2) 柏拉图、亚里士多德、贺拉斯、席勒、马克思等人的美育观;(3) 中西美育思想发展的异同点。
3. 应用:论述席勒美育思想的重要性。
(二) 美育的内涵
1. 识记:美育的内涵。

2. 领会:(1) 美育与人格教育的差别;(2) 美育与情感教育的差别;(3) 美育与艺术教育的差别。

3. 应用:如何正确理解美育的内涵?

(三) 美育的特点

1. 识记:美育的特点。

2. 领会:(1) 美育诉诸感性的特点;(2) 美育潜移默化的特点;(3) 美育的能动性。

3. 应用:(1) 举例说明美育诉诸感性的特点;(2) 举例说明美育潜移默化的特点。

(四) 美育的功能

1. 识记:(1) 怡情养性;(2) 化性起伪。

2. 领会:(1) 儒、道、禅美育的"化育"特点;(2) 美育与德育的区别;(3) 怡情养性与以道制欲的关系。

3. 应用:结合具体审美实践说明美育是一种"化育"。

四、本章重点、难点

本章重点:美育的特点;美育的功能。

本章难点:美育与人格教育、艺术教育等的差异。

Ⅳ 关于大纲的说明与考核实施要求

为了使本大纲的指导性内容和要求得到更好的贯彻落实,现对有关的问题作如下说明,并提出具体实施要求。

一、自学考试大纲的目的和作用

课程自学考试大纲是根据专业自学考试计划的要求,结合自学考试的特点而确定的。其目的是对个人自学、社会助学和课程考试命题进行指导和规定。

课程自学考试大纲明确了课程学习的内容和深广度,规定了课程自学考试的范围和标准。因此,它是编写自学考试教材和辅导书的依据,是社会助学组织进行自学辅导的依据,是自学者学习教材、掌握课程内容知识范围和程度的依据,也是进行自学考试命题的依据。

二、课程自学考试大纲与教材的关系

课程自学考试大纲是自学者学习和考核的依据,教材则是学习掌握课程理论知识和技能方法等具体内容的呈现,因而教材的内容是大纲所规定的课程知识和考核目标等的全面诠释与发挥。课程内容在教材中可以体现一定的深度或难度,但是在大纲中对考核的要求则以适度为基本准则。本大纲与教材《美学》所体现的课程内容是基本一致的,大纲里面的课程内容和考核知识点,在教材里都有与之相应的内容。不过,教材内容中对理论的阐述是深入详尽的,而且展开论述时还有具体的论据材料和必要的案例分析解读,以帮助学生透彻理解。所以,自学者在学习的过程中一定要参阅大纲认真研读教材,复习应考时也不能够脱离教材,应依据大纲提示的重点、难点和知识点,全面复习掌握相关内容,以提高学习和复习应考的效率。

三、关于自学教材

指定教材:《美学》,全国高等教育自学考试指导委员会组编,朱立元主编,北京大学出版社,2019年版。

四、关于自学要求和自学方法的指导

(一)认真阅读与钻研大纲与教材。自学应考者应根据本大纲规定的课程内容和考核目标,认真学习教材的相关章节,全面系统地掌握教材所阐述的基本原理、基本概念和基本知识。同时,要注意各章节之间的相互关联,掌握本学科体系。

（二）系统学习和重点深入相结合。自学应考者应在全面系统学习教材的基础上，对重点内容进行深入的学习，掌握对本课程具有关键意义的重要原理和概念，以便更好地把握本课程的全部内容。本课程由六章构成：绪论，审美活动论，审美经验论，审美形态论，艺术论，审美教育论。内容较多，知识覆盖面广，各章有自己的特点与较大差别，注意按各章特点进行学习。

（三）重视理论联系实际。学习本课程要注意理论联系实际，把课程内容学习与已学过的古今中外的艺术作品与文学作品联系起来，加深对理论问题的体会理解。

五、对社会助学的要求

（一）社会助学者应明确本课程的性质与设置要求，根据本大纲规定的课程内容和考核目标，把握指定教材的基本内容，对自学应考者进行切实有效的辅导，引导他们掌握正确的学习方法，并按照考试内容与考试要求进行全面系统的学习。

（二）要正确处理基本原理、基本概念和基本知识同应用能力的关系，努力引导自学应考者将基础理论知识转化为认识、分析和解决实际问题的能力，提高自学应考者的审美趣味与审美鉴赏力，特别是理论思维水平。

（三）要正确处理重点和一般的关系。本课程的理论性强，内容广泛；自学考试命题的题型多样、覆盖面广。社会助学者应根据这门课程和考试命题的特点，指导自学应考者全面系统地学习教材，掌握全部课程内容和考核目标。在全面辅导的基础上，完成一定量的习题与作业，使学生能有效地达到本课程学习的基本要求。

六、关于命题考试的若干规定

（一）本课程的命题考试，应根据本大纲规定的课程内容和考核目标，来确定考试范围和考核要求，不要任意扩大或缩小考试范围，提高或降低考核要求。考试命题要覆盖本大纲各章节的内容，并适当突出重点知识的考核，体现本课程的基本内容。

（二）试卷对能力层次的要求应结构合理。对不同能力层次要求的分数比例一般约为：识记30%，领会40%，应用30%，各层次浮动比例不宜过大。

（三）要合理安排试卷的难度结构。试题的难度分成易、较易、较难、难四等。每份试卷中，四种难易度试题的分数比例一般以2:3:3:2为宜。试题的难易度与能力层次不同，在各个能力层次中，都可有难易度不同的试题。

（四）本课程考试试卷的题型一般有：单项选择题、多项选择题、简答题、论述题、分析说明题等。

（五）本课程的考试时间为150分钟，考试形式：闭卷（笔试）。试题量应以中等水平的自学应考者能在规定时间内答完全部试题为度。计分用百分制，60分及格。

参 考 样 卷

一、单项选择题：本大题共30小题，每小题1分，共30分。在每小题列出的备选项中只有一项是最符合题目要求的，请将其选出。

1. 美学是一门关于审美现象的综合性的（　　）
   A. 自然科学　　B. 人文学科　　C. 实证科学　　D. 逻辑学科
2. 美学之父是（　　）
   A. 康德　　B. 鲍姆嘉通　　C. 席勒　　D. 海德格尔
3. 达尔文认为，雌鸟有能力欣赏雄鸟羽毛的美好，这种观点属于审美发生理论中的（　　）
   A. 游戏说　　B. 劳动说　　C. 生物本能说　　D. 巫术说
4. 审美活动发生的真正前提是（　　）
   A. 人开始直立行走　　B. 人开始制造和使用工具
   C. 人开始使用语言　　D. 人开始分工合作
5. 原始人在身体上刻痕、刺纹、穿耳、穿鼻等装饰活动，属于（　　）
   A. 固定装饰　　B. 自我装饰　　C. 自我修饰　　D. 非固定性装饰
6. 马克思指出："作家绝不把自己的作品看作手段，作品就是目的本身。"这说明审美活动具有（　　）
   A. 他律性　　B. 有限无功利性　　C. 自律性　　D. 最高功利性
7. 克尔凯郭尔探讨悲剧的哲学基础是（　　）
   A. 理性主义　　B. 经验主义　　C. 存在主义　　D. 实证主义
8. "将那人生无价值的撕破给人看"这句话所指的审美形态是（　　）
   A. 悲剧　　B. 荒诞　　C. 丑　　D. 喜剧
9. 审美形态不仅是一种感性形态，还是一种（　　）
   A. 社会历史形态　　B. 自然客观形态　　C. 逻辑归类形式　　D. 理性抽象形式
10. "明月松间照，清泉石上流"所体现的审美形态是（　　）
    A. 自然　　B. 含蓄　　C. 隐秀　　D. 优美
11. 审美形态的二重性，是指审美形态具有（　　）
    A. 民族性与世界性　　B. 生成性与历史性
    C. 稳定性与当代性　　D. 连续性与阶段性
12. 下列关于荒诞的表述中不正确的是（　　）
    A. 荒诞是一种现代审美形态

B. 荒诞是人的异化与局限性的表现
C. 荒诞是对人生存在的无意义状态的体悟
D. 从内容看,荒诞更接近于喜剧

13. 英伽登所说的艺术作品的"形而上质"体现了审美经验的( )
   A. 超越性　　B. 直观性　　C. 非理性　　D. 非功利性

14. 审美经验中,心理距离的产生需要借助于( )
   A. 感知　　B. 情感　　C. 想象　　D. 理解

15. 《毛诗序》云:"在心为志,发言为诗,情动于中而形于言",这句话所体现的审美经验的构成要素是( )
   A. 感知　　B. 情感　　C. 想象　　D. 理解

16. 审美理解的特点是( )
   A. 直观性　　B. 随意性　　C. 非理性　　D. 多义性

17. 西方美学史上提出"本质直观"学说的思想家是( )
   A. 谢林　　B. 马克思　　C. 胡塞尔　　D. 德里达

18. 从艺术意象的角度来说,与中国的"隐秀论"相近的西方理论是( )
   A. 有意味的形式论　　B. 集体无意识说
   C. 表现论　　D. 符号论

19. 追问艺术怎样存在,属于( )
   A. 艺术认识论　　B. 艺术价值论　　C. 艺术本体论　　D. 艺术接受论

20. 在艺术意象的创造、凝定和重建这一中心线索中,"凝定"涉及的是( )
   A. 艺术创作　　B. 艺术品　　C. 艺术接受　　D. 艺术鉴赏

21. 艺术创造的核心是( )
   A. 意象的生成　　B. 情感的表现　　C. 对象的再现　　D. 形式的创造

22. 在意象的各种类型中,与对象相似的是( )
   A. 抽象　　B. 喻象　　C. 兴象　　D. 仿象

23. 艺术多元功能的间接实现须通过( )
   A. 审美功能　　B. 认识功能　　C. 干预功能　　D. 交流功能

24. "期待视界"对于作品来说是一种
   A. 先在结构　　B. 心理结构　　C. 无意识结构　　D. 潜意识结构

25. 最早从艺术的审美特征出发来划分艺术形态的美学家是( )
   A. 雅克·德里达　　B. 苏珊·朗格　　C. 阿尔贝·加托　　D. 克莱夫·贝尔

26. 朱熹将美育实现目标的过程表述为( )
   A. 乐而不淫　　B. 化育万物　　C. 化性起伪　　D. 消融渣滓

27. 美育的根本目的在于( )
   A. 使人具有崇高的人格
   B. 使人具有高尚的情感

C. 使人具有较高的审美修养
D. 使人成为感性与理性和谐统一的全面发展的人

28. 1795年席勒在《美育书简》里第一次提出了( )
   A. 审美教育   B. 寓教于乐   C. 娱情悦性   D. 趣味教育

29. 把美育等同于人格教育,其理论缺陷在于( )
   A. 将美育的目标落实到德行,取消了美育的独立性
   B. 把情感从人的整体心理结构中抽离出来,变成了唯一目的
   C. 把美育变成了传授知识的一种单纯手段
   D. 把美育变成了培养个性的一种途径

30. 柏拉图强调"音乐教育比其他教育都重要得多"的理由是
   A. 节奏与乐调有最强烈的力量浸入心灵的最深处
   B. 音乐是古希腊最流行的艺术形式
   C. 只有音乐才能提高人们的审美感受力
   D. 音乐比其他艺术更易于普及

二、多项选择题：本大题共5小题,每小题2分,共10分。在每小题列出的备选项中至少有两项是符合题目要求的,请将其选出,错选、多选或少选均无分。

31. 审美是一种( )
   A. 高级的人生境界   B. 功利的人生境界
   C. 道德的人生境界   D. 诗意的人生境界
   E. 自然的人生境界

32. 古人云:"鸢飞唳天者望峰息心,经纶世务者窥谷忘返",这句话说明审美经验具有( )
   A. 直观性   B. 非功利性   C. 超越性   D. 多义性
   E. 模糊性

33. 给艺术下定义之所以困难的原因有( )
   A. 现象无比丰富   B. 标准和规则多变
   C. 价值尺度不确定   D. 功能判断多元
   E. 无法定义

34. 关于艺术敏感表述正确的有( )
   A. 它是由对象引发的感触   B. 它能激发艺术家的意象思维
   C. 它能调动起艺术家的诸心理功能   D. 它是主体对客体的感受能力
   E. 它是主体对客体的逻辑分析能力

35. 对近代中国美育观的确立作出重要贡献的美学家有( )
   A. 蔡元培   B. 陈独秀   C. 李大钊   D. 王国维
   E. 梁启超

三、简答题：本大题共 6 小题,每小题 6 分,共 36 分。

36. 简述美学研究的核心方法。

37. 简述西方悲剧理论的主要发展过程。

38. 简述崇高的审美特征。

39. 简述形式符号层在艺术品层次结构中的作用。

40. 简述艺术的审美功能。

41. 简述蔡元培的美育观。

四、论述题：本题 10 分。

42. 论述审美经验的非功利性。

五、分析说明题：本题 14 分。

43. 结合下面两段话,谈谈对"审美是有限无功利性与最高功利性的统一"这一命题的理解。

（1）忧心忡忡的穷人甚至对最美丽的景色都无动于衷,贩卖矿物的商人只看到矿物的商业价值,而看不到矿物的美和特性。

（2）艺术作品的产生和欣赏有助于我们成为更完美的人。

参考样卷答案

一、单项选择题:本大题共30小题,每小题1分,共30分。

1. B 2. B 3. C 4. B 5. A 6. C 7. C 8. D 9. C 10. D
11. A 12. D 13. A 14. C 15. B 16. D 17. C 18. A 19. C 20. B
21. A 22. D 23. A 24. A 25. C 26. D 27. D 28. A 29. A 30. A

二、多项选择题:本大题共5小题,每小题2分,共10分。

31. AD 32. BC 33. ABCD 34. ABCD 35. ADE

三、简答题:本大题共6小题,每小题6分,共36分。

36. (1) 美学研究的核心方法是哲学方法,美学从诞生之日起就从属于哲学。
    (2) 审美活动是人类最高级、最复杂的精神活动,不能仅仅依靠科学和实验方法。
    (3) 美学涉及人的生存实践等本源问题,只有哲学方法才能掌握。
    (4) 美学作为一门理论学科,必须进行逻辑推演、抽象思辨和理论提升,离不开哲学思考。

37. (1) 古希腊悲剧理论的代表是亚里士多德,他认为悲剧是对一个严肃、完整、有一定长度的行动的模仿,悲剧能够通过唤起观者的怜悯和恐惧之情,使其心灵得到净化和陶冶。
    (2) 近代,黑格尔认为悲剧通过展示矛盾冲突,体现了"永恒正义"的胜利;马克思和恩格斯认为,悲剧产生于历史的必然要求和这个要求实际上不可能实现之间的冲突。
    (3) 现代,尼采认为悲剧是日神精神和酒神精神相结合的产物,克尔凯郭尔则认为悲剧产生于个体生存中的罪孽和焦虑。

38. (1) 雄伟壮阔的力量之美;
    (2) 社会价值实现的昂扬之美;
    (3) 刚毅坚强的品格之美;
    (4) 恢宏豪迈的尊严之美。

39. (1) 指艺术品中的色彩、线条、形体、音符、旋律、词语等,构成艺术品的第二层次;
    (2) 是艺术品直接性的物质存在;
    (3) 直接指示、负载着艺术的意象世界。

40. (1) 艺术的核心功能是审美。

(2) 意象、意境在本质上是虚拟的、审美的,以意象为核心的艺术品的核心功能只能是审美。

(3) 艺术的种种非审美功能必须通过审美功能间接实现。

41. (1) 蔡元培是率先把"美育"一词引入中国的美学家,也是中国近代以倡导美育著称的学者。

(2) 他认为美育的目的在于陶养感情。陶养的工具,为美的对象;陶养的作用,叫作美育。

(3) 他十分推崇美育的价值,提出了"以美育代宗教"的主张,认为美育是自由的,宗教是强制的;美育是进步的,宗教是保守的;美育是普及的,宗教是有界的。他把美育看成是提升人生价值的途径和激发创造力的动力。

四、论述题:本题 10 分。

42. (1) 从审美对象角度看,审美经验具有直观性的特点,与对象实际存在不发生利害关系。

(2) 从审美主体角度看,审美经验的基本功能在于让人产生审美愉悦,这就要求人们排除各种功利因素的干扰。

(3) 审美经验是一种非功利性的行为,但并不意味着审美经验不可能产生任何功利性的作用。

五、分析说明题:本题 14 分。

43. (1) 审美是一种在自身中排斥直接的功利性,但又在其根底里与人类整体的生存与发展血脉相通的特殊活动。

(2) 审美活动无功利是说审美活动必须以摆脱直接功利目的为前提。

(3) 审美活动指向一种整体的、根本的功利性,把人向着完整的自由存在状态提升。

大 纲 后 记

《美学自学考试大纲》是根据全国高等教育自学考试汉语言文学专业(本科)考试计划的要求,由全国考委文史类专业委员会组织编写。

本大纲在朱立元教授的主持下,由朱立元、苏宏斌、刘旭光、张天曦、孙士聪、张弓执笔。本大纲吸取了多年来该课程自学考试的经验,力求内容具体,规定明确,体现考试的标准化要求。

本大纲最后由复旦大学中文系陆扬教授、张宝贵教授、华东师范大学朱志荣教授共同审定。

在此一并表示感谢!

全国高等教育自学考试指导委员会
文史类专业委员会
2018 年 11 月

全国高等教育自学考试指定教材
汉语言文学专业

美　　学

全国高等教育自学考试指导委员会　组编

编 写 说 明

去年5月,我接到全国自考办的通知,希望我主编的《美学》教材进行一次修订。对此,我并不感到突然,因为我和我的编写团队也觉得,距离上次修订,已经过去十多年了,随着学术的发展,有些内容确实应该更新或者调整;另外,从教材长期使用和考试情况的反馈来看,也很有必要进行一次比较大的修订。所以,我们毫不犹豫地接受了教材修订的任务。

于是,我会同编写组成员,围绕《美学》教材的修订,进行了认真、细致、深入的讨论。首先,明确了修订的指导思想,就是要坚持马克思主义美学观,将马克思的实践存在论思想作为哲学基础,贯彻到全书各个章节中去,具体说来,要以审美活动为出发点和主要研究对象,以"实践是我们人存在的基本方式""审美活动是一种基本的人生实践""美不是现成的,而是在审美活动中生成的""审美是高级形态的人生境界"等观点为主旨,展开对美学基本问题的论述。其次,要坚持美学教材的哲学品格,不能把美学教材降低为通俗的审美鉴赏读物,仍然要保持其较强的理论性和思辨性。最后,要考虑到使用本教材的自考学生的实际情况,教材的写作尽量注意理论与艺术、审美实践相结合,每一个重要理论问题的论述都尽量与中外文学艺术史上的经典作品分析相结合,使教材不但有理论,而且有趣味、有可读性;不但提供给自考学生较为系统的美学理论的基础知识,而且有助于培养他们应用美学理论进行审美鉴赏与艺术创造的能力,有助于同时提高学生的理论思维水平和审美情操。

编写组在达成上述共识的基础上,具体讨论了各个章节的细目,进行了分工,开始了写作。经过近一年的努力,编写组成员克服了种种困难,顶着各自繁忙的教学、科研工作的压力(有两位还肩负着繁重的行政工作任务),挤出时间、见缝插针地进行写作,终于按时完成了这次工作量较大的修订任务。具体的分工如下:第一章绪论,华东政法大学张弓副教授修订;第二章审美活动论,山西师范大学张天曦教授修订;第三章审美形态论、第五章艺术论,上海大学刘旭光教授修订;第四章审美经验论,浙江大学苏宏斌教授修订;第六章审美教育论,首都师范大学孙士聪教授修订;全书由副主编苏宏斌教授统稿,由主编朱立元教授最后定稿。

我们希望,本次修订,能够使《美学》教材在学术质量上有明显的提高,同时,在适合于自考学生学习、阅读方面也有显著的进步。

最后,希望有关专家、学者对这部《美学》教材多提宝贵意见,给予批评指正,帮助我们今后进一步修订、完善。

朱立元
2018/6/30

第一章 绪 论

在众多的学科门类中,美学究竟是一门怎样的学科?要想回答这个问题,就需要我们弄清楚这门学科的诞生过程和发展历史,在此基础上确定它的研究对象和研究方法。

第一节 美学的学科属性

一、美学的诞生与学科发展

在人文学科中,美学是相对比较年轻的学科。美学一词的西文(Asthtik,Aesthetics)是德国理性主义哲学家鲍姆嘉通(A. G. Baumgarten,1714—1762)发明的,他于1750年创立了这门学问,到现在也只有260多年;美学在中国形成一门学问,时间还要晚一些,仅仅只有一个多世纪。这门学问传到中国后,中国的学界依据自己的学术背景、文化背景接受它,改造它,将此词译为"美学",后来才约定俗成成为一个学科。

美学作为学科虽然比较年轻,但以美学的眼光总结中西方的思想,可以看到其源流还是很悠久的。西方有柏拉图、亚里士多德等大家,中国有儒家孔子、孟子,有道家老子、庄子,还有其他诸子各家,都有大量的资源。中国的美学思想与西方有很大区别,这方面的资源很丰富,很优秀。美学的发展历史不只是美学诞生以来这260多年的历史,而是整个历史的积累,经历了由审美意识到美学思想再到美学学科的漫长历史过程。

审美意识指人类在生存实践中萌发出来的有某种不明晰审美追求的意识。它往往通过具体感性的审美活动体现出来,缺乏明确而系统的理论表述,故而不成熟,不自觉。审美意识可分为初级审美意识和高级审美意识两个层次。初级审美意识最典型地体现在原始初民的生存活动中。比如,由性选择所萌发和产生的单纯肯定人体某些生理特征的自然尺度,日益向着具有特定的文化含义和观念性内容的审美尺度转变;在生产领域中,由对劳动工具单纯的适用性要求,逐渐向着劳动工具具有悦目形式(如形状的对称、均衡,线条的生动、流畅,颜色的和谐、变化等)的方面转变,以及对许多人工制品超实用的装饰,都体现了人的审美需要开始生成,审美意识开始确立。在考古发掘出的原始部落遗址中,我们经常可以见到大量体现着原始初民审美意识的制品,它们不仅呈现为各种规整的几何体形状,而且常常饰有许多超越实用性的装饰纹样,有的至今还赏心悦目。譬如1958年在陕西华县泉护村一座属于仰韶文化晚期的墓葬中出土的鹰鼎,就是一件极具代表性的陶器作品。

高级审美意识与初级审美意识相比,不仅更为成熟、更为自觉,而且更为贴近对世界和人生的整体理解,也更具有普遍性、更广泛的涵盖面。譬如悲剧意识就是比较高级的审美意识。悲剧意识中西都有,就悲剧意识和悲剧精神而言,中西多有相通之处。西方的悲剧意识萌发很早,也很突出,以古代希腊神话和悲剧为例,古希腊人认为,人的悲剧命运是与生俱来的,是由神来控制的,是不可逃避的,有一种不可抗拒的神秘力量,注定了人要受命运的支配,这一点在许多古希腊悲剧中有鲜明的体现,比如说索福克勒斯的悲剧《俄狄浦斯王》中,俄狄浦斯杀父娶母导致最后的悲惨结局早在他出生前就被决定了,完全是神、是命运注定的,是必然的,无法逃避的。古希腊曾有过这样的问答,有人问:人间最好的东西是什么? 回答是:不要生出来,已经生出来了,就赶快死掉。这就是说,一生下来就要接受命运的安排。这个问答典型地体现了古希腊人的悲剧意识,即对不可捉摸的命运的恐惧感和无可奈何。中国人的悲剧意识也觉醒得很早,对人生的悲剧状态也有自己深刻而独特的领悟和理解。在先秦时代的文学作品中,就有不少反映了中国古人的悲剧观,包含着人生价值观和宇宙观等不同的层面,如《诗经》和《楚辞》以及《庄子》中,都有对于人生中有价值的东西被毁灭表现出无奈和感伤的悲剧意识,都对人生的终极结果表示了疑问,对于生死离合从审美角度上进行了把握和描绘。但是中西悲剧意识又有很大的不同:一是西方的悲剧意识一开始就与宗教意识紧密联系在一起,西方悲剧崇尚的实际是一种牺牲精神,是为宗教理想而献身从而在人生中求得永恒的行动;与此相关,西方美学更关注人类本身的悲剧性和人生的幻灭感。而中国古代宗教意识相对淡薄,悲剧意识与宗教意识没有直接联系。二是就结局而言,中西古代悲剧大相异趣,古希腊悲剧《俄狄浦斯王》中杀父娶母的令人发怵的命运冲突,《安提戈涅》中的冲突双方两败俱伤、尸体垒尸体的恐怖结局,古希腊雕塑《拉奥孔》中人被毒蛇咬死的惨象等,其中所体现的主客冲突及惨厉效果,在中国古代文艺作品中十分罕见。相反,中国古代文学中的大团圆结局作为一种特定的审美模式,体现着高级的审美意识,即使在悲剧色彩浓烈的作品中也少有例外;这些作品往往借助天地神灵的力量来改变人在现实中无法改变的命运,从而表现"善有善报,恶有恶报"的理念。元杂剧《窦娥冤》就是这方面的典型代表,它的主体部分虽是悲剧,但结局却仍然是"大团圆"。"大团圆"结局的现象,牵涉中国传统文化背景,牵涉中国人对世界人生的整体理解,牵涉中国人的人生理想信念。它深受普通民众的喜爱,成为具有普遍性的高级审美意识。

　　美学思想奠基于审美意识,但有进一步的发展。它不再像审美意识那样是一些不自觉的感性直观的认识,而是思想主体对审美现象某些本质、特征、规律比较自觉的理性认识。它也不再像审美意识那样依靠具体的审美活动来体现,而是以明确的理论观点和概念范围来表述自觉、系统的理论性思考。美学思想不仅起源很早,而且非常丰富深刻。如古希腊大哲学家柏拉图开启了关于美的形而上学思考方式,他针对当时把美等同于漂亮的母马、竖琴、陶罐一类具体事物的流俗观点,严格区分了"美的事物"与"美本身"两个概念,认为前者仅仅回答了"什么东西是美的",后者才涉及一切事物成其为美的普遍性质和共同原因,主张美学思考应当超越美的具体事物去寻求"美本身",即所谓理念。从哲学上看,理念是世间万物的本体,永恒不变的原型。世间万物都因为分有理念才能是其所是。人的感性欲能,事物的感性物质成分,都远离理念而变动不居。感性具体的美的事物,都不是真正的美,而仅仅是对美的分有。真正的美是理念。柏拉图这一美学思想对西方美学思想的发展产生了深远影响。又如中国先秦时期儒家创始人孔子,与柏拉图时代相近,也有着对后世影响深远的独特美学思想。孔子从仁出发,联系伦理道德的善来解释美。他认为,外在形式虽然可以给人以感官愉悦,但必须与内在道德的善相统一才具有真正的审美价值,"文质彬彬,然后君子";整个人生的审美化途径是"兴于诗,立于礼,成于乐"(《论语·泰伯》);艺术的功能和作用在于"可以兴、可以观、可以群、可以怨"(《语语·阳货》),即感发和陶冶人的伦理情感,促进个人与社会人伦的和谐发展。需要指出的是,无论在西方还是在中国,美学思想是最重要的美学资源,甚至可能比后来的美学学科更为深刻,更富于启发性。但是,它却不能与美学学科相提并论。原因是,美学思想既不是以审美现象为专门对象而作出的整体思考和独立思考,也不是关于审美现象专题思考的整体表述和独立表述。事实上,在美学作为一门独立学科产生出来之前,美学思想是以哲学的形式或者文艺评论、创作理论等的形式出现的。

美学奠基于审美意识和美学思想,但它是以审美现象为专门课题,从整体上独立地、系统地思考审美现象所获得的理论体系。因此,就历史次序来看,美学的出现是最为晚近的。蒋孔阳指出:"到了文艺复兴以后,随着近代科学的发展,各门学科的分工愈来愈细,对于人类审美心理功能和客观现实美学特征的研究愈来愈深入,而人类的审美意识和美学思想也愈来愈丰富,愈来愈复杂,因此,美学终于从哲学与文艺理论当中独立出来,成为一门独立的学科。这样,美学的产生和发展,经历了一个漫长的历史过程。先有审美意识,后有美学思想,最后才有美学这一门学科的产生和建立。"①

美学作为一门独立学科的确立,有两个重要标志:一是有专门的、系统的美学著作问世;二是形成了独立的、区别于其他学科的研究对象和范围。据此,学界公认,美学作为一门独立学科的形成以德国哲学家鲍姆嘉通 1750 年出版的《美学》一书为标志,鲍姆嘉通也因此被称为"美学之父"。

鲍姆嘉通是在继承、发展莱布尼茨—沃尔夫大陆理性主义哲学的基础上创立美学的。理性主义从先天理性出发,极力贬低感性认识,认为真正的知识就是理性认识的"完善"形式。莱布尼茨认为,感性经验不可能对获得知识起根本作用,它只能给理性认识提供一种低级的"混乱的认识",一种知识的不明确的模糊形式。沃尔夫继承和发展了莱布尼茨的思路,把理论哲学中的心理学作为探究人的认识能力学科,认为人的认识能力有明确的理性能力和混乱的心理能力两种,前者是主要的,它构成逻辑学,为一切知识提供前提;后者只是感觉(感性认识)能力,在人的知识建构中不起重要作用。鲍姆嘉通继承了莱布尼茨—沃尔夫的理性主义基本立场,但是也看到理性主义只注重理性认识能力而忽视感性认识能力的缺陷。他一向喜爱和看重诗,为诗的魅力所吸引,对诗有着高度评价,认为"哲学和如何构思一首诗的知识是联接在一个最和谐的整体之中的"。②但是理性主义哲学由

---

① 蒋孔阳:《美学新论》,人民文学出版社 1993 年版,第 16—17 页。
② 鲍姆嘉通:《美学》,简明等译,文化艺术出版社 1987 年版,第 125—126 页。作者名当时译为"鲍姆嘉滕"。

于忽视感性认识而根本无法解释诗歌艺术中的知识问题,诗歌艺术也无法从哲学中找到根据。他还看到,人类的心理结构本来就包括知、意、情三个部分。知即理性认识,已有逻辑学研究,意志已有伦理学研究,唯独情即感性认识却一直无家可归,这不能不说是人类知识体系建构中的一个漏洞。为了证明诗与艺术的合理性,为了修正唯理主义哲学忽视感性的思想偏向,同时为了填补由于忽视感性而造成的知识的空白,鲍姆嘉通创立了美学这门关于感性认识的科学。他把美学规定为研究低级的感性认识的科学。但是,为了克服感性认识的不可靠性,鲍姆嘉通将莱布尼茨的"混乱的认识"与沃尔夫的"完善"概念融合起来,说明审美活动尽管属于混乱的感性认识,却反映着客观世界的和谐秩序,具有意象的完善性。1750年,他出版了首部研究感性认识的专著,题为Aesthetica(Aesthetica为拉丁文,此词的德文为Asthetik,英文为Aesthetic),意为"感性学",也就是我们今天讲的"美学"。鲍姆嘉通明确指出,Aesthetica这门学科"作为自由艺术的理论、低级认识论、美的思维的艺术和与理性类似的思维的艺术是感性认识的科学",是"对以美的方式思维过的东西所作的共相的理论考察"。[①] 简言之,"感性学"是把美的思维和艺术作为考察、研究对象的。从此,美学从包罗万象的大哲学中分离出来,获得了自己的学科形态和独立地位,使人类的审美现象有了专门研究和系统探索的路径,因而鲍姆嘉通是功不可没的。不过,由于他的理性主义哲学立场使他把美学的对象局限为人类的感性能力,或者说人类认识中的感性认识,所以,在研究的内容方法以及深度上存在着许多的局限。其中最明显的一个局限就是使整个美学从属于哲学和逻辑学,使审美和艺术活动仅仅从属于认识论。这也正是鲍姆嘉通自己把逻辑学称为美学的"大姐"的原因。当然,这只是我们今天的一种反思,并不是也不应该苛求于鲍姆嘉通的。

不过,鲍姆嘉通创立的"感性学"在我国被翻译成"美学",对美学学科的建设和发展既有积极的意义,也存在某些负面作用,容易诱导人们把美学研究的对象仅仅局限于美和美的本质,从而把美学的研究范围狭隘化了。当然,何以用"美学"一词来翻译Asthetik,这与近代以来我国接受和传播西方美学的复杂过程分不开,其中也有偶然性。据我们看到的材料,这个过程可能有两个途径:一是来华传教士的翻译和传播,较早的有德国传教士花子安(亦译为花之安)1873年出版的《大德国学校论略》中谈到了西方"美学"课程的设置,1875年又著《教化议》,其中谈到"丹青、音乐""皆美学,故相属",都是用"美学"一词来翻译Asthetik的;二是转借日本的翻译,日本学者中江肇民1883年从西文翻译的《维氏美学》出版,也是用"美学"一词来翻译Asthetik的,虽然时间晚了一些,但可能对中国学界影响更直接。[②] 这一翻译被中国学界接受以后逐渐约定俗成,被沿用至今,于是"感性学"一词也就成了"美学"。

二、美学是一门研究审美现象的综合性人文学科

美学最初是从哲学中分化出来的,但在后来的发展过程中,逐渐受到了各种社会科学

[①] 鲍姆嘉通:《美学》,简明等译,文化艺术出版社1987年版,第13—15页。
[②] 参阅黄兴涛:《"美学"一词及西方美学在中国的最早传播》,见《文史知识》,2000年第1期。

以及自然科学的影响，从而使其学科属性变得复杂化了。从美学发展的历史和现状着眼，我们认为美学是一门研究审美现象的综合性人文学科。

先讲美学是一门人文学科。我们认为，人类的知识大体可以分为三类：自然科学、社会科学与人文学科。前两门是"科学"，人文学科不同于也不属于"科学"，所以我们称之为人文"学科"。在中国，人文学科这个提法是从20世纪90年代以后才逐渐被学术界接受的。此前，我国在学科分类方面受苏联影响，一直把人文学科和社会科学统称为哲学社会科学，除了哲学以外，所有的文科类学科都称为社会科学，在学科划分上没有人文学科的位置。现在，大家接受了自然科学、社会科学与人文学科的三分法，基本上把文、史、哲，以及伦理学、宗教学、美学、艺术学等划分到人文学科中，而把经济学、政治学、社会学、法学、新闻传播学、管理学等学科称为社会科学。这种划分给我们一个启示，即美学不是科学，既不属于自然科学，也不属于社会科学。这就要区分人文学科和社会科学，看一看这种划分的依据。人文学科的英文翻译 humanities，根本没有科学的意思。我们把它翻译成科学，也反映了过去在学科分类上的唯科学论、唯自然科学论的倾向。人文学科与自然科学、社会科学应当是平等的。我们之所以把美学划归于人文学科，而不划归到自然科学和社会科学，主要有如下理由：

第一，作为人文学科的美学，与自然科学、社会科学的研究对象不一样。首先，在人文学科视野下，美学所研究的审美现象虽然也包括自然现象，但不同于自然科学所面对的自然现象。在自然科学中，自然现象总是显现为物质实存，呈现为各种各样的物理形态、结构、属性和规律，完全与人生脱节，与人的生活、精神、心灵、情感脱节；而这些恰恰是人文学科关注的中心，美学研究的审美现象虽然也包括某些自然现象，但与自然科学所研究的脱离人的自然现象完全不同，它不仅成为整个人生世界的一个有机组成部分，而且始终与人的生存实践、人的生活活动、人的生命感受息息相关，不可分离。比如把月亮作为无生命的自然现象进行天体学、宇宙学、物理学、化学等纯粹自然科学的研究，与把月亮当作有生命的对象进行审美的心灵感受、心理体验和精神对话，显然是大不一样的。其次，美学所面对的审美现象，也不同于社会科学所面对的社会现象。人文学科与社会科学都研究人，研究人类社会的现象，但具体内涵不一样。在社会科学中，社会现象总是呈现为客观物化形态的社会关系，社会组织，社会制度、法则、仪式，社会结构、规律等等。人文学科则更多的关注非物化形态的社会现象，如精神、理想、信念、价值等社会科学不能完全涵盖的东西，美学就属于这样一种人文学科。审美现象虽然本质上也是一种社会现象，也牵涉到人的活动行为、人与人之间错综复杂的社会关系和社会交往、人类赖以生存发展的社会环境等，但是，这些呈现在审美活动中的社会现象与社会科学所关注的社会现象是不一样的，它的目标不是社会存在和发展的客观规律，而是揭示人生的理想、信念、命运、精神的价值和意义；它体现为感性具体的当下的人生境遇，而不是现成的实体存在和物化形态；它是静观的、对话交流的、需要主体全身心地、忘我地投入的对象，而不是外在于人的、无须主体介入甚至全身心投入的对象。

第二，美学作为人文学科与自然科学、社会科学的研究方式和方法也不相同。自然科学研究追求对客观事物属性规律的精确掌握,因此,采用观察、归纳、实验的模式,执着于冷静的、理智的、客观的态度,绝对排斥主观精神和情感的渗入;社会科学研究的目标也是发现和掌握社会现象的内在本质规律,因而和自然科学有同样的要求,即力求判断的客观性和公正性,最忌主观的参与和情感的介入。人文学科则不同,它更多关注人的精神现象,而不追求研究的客观性,因而往往要求研究者的介入、参与、体察甚至投入。美学研究尤其如此,因为审美对象不是现成地摆在人们身外的实体,而是在当下的人生运筹和现实情境中现实地生成和显现审美意义的对象,是在具体的审美活动中与审美主体一起现实地生成的,没有固定的模式可依,无法排斥主观精神介入,来进行冷静、理智、纯客观的研究,并从中引出科学的定则。这就给美学研究方式提出了一种特殊的要求,要求主体必须亲自去投入,去参与,去运作,去体验感悟,通过审美活动与对象建构、生成现实的审美关系。从这个意义上说,美学与其说是主体以理性的态度对审美现象进行客观地分析、研究、归纳、概括,不如说是主体亲自站到人生的运筹中,站到美的发生境域中,体会和揭示审美活动的来龙去脉。

在研究方法上,现代社会科学越来越走精确化、量化的道路,加大其与自然科学的联系。如一些社会科学(如社会学、政治学)研究常常采用调研问卷、量化统计和运行模式设计等方式,有的(如经济学)还大量采取数学模式或其他自然科学的方法,而量化的方法在人文学科就很难行得通,对美学更加不适用,因为形形色色的审美现象本质上都是幽深微妙的精神现象,人们在审美活动中生成的各种各样的审美心理、审美经验都是丰富多彩、千变万化的,这些都无法用哪怕最精确的量化方法加以测定的。不但目前任何科学方法做不到,而且在可以见到的将来,一百年、两百年,都不可能做到。因此,美学只能归入人文学科,而不能归入社会科学或自然科学。

那么,为什么说美学是一门综合性的人文学科?因为美学和其他学科有着紧密的联系,不能把它作孤立的研究,它和很多学科有交叉,有相互的渗透、影响和综合。美学最初是依附于哲学的,随着它的对象的拓展和研究方法的多样化,它才逐渐脱离哲学成为一门独立的学科,但它仍然是与哲学紧密相关的,无论古代还是现代,所有的美学理论都有它哲学的背景,哲学是美学的根基,美学必然包含着哲学的品格。另外,它与艺术也有分不开的联系,是以艺术活动为中心的,并且不断从各种艺术之中汲取营养。它和自然科学也有很多联系,不断受到科学发展的推动和科学方法的启迪,如19世纪下半叶,实验美学开始兴起,人们开始建立一种自下而上的美学,它研究审美对象在人心理上的反应和影响,美学获得了一个心理学方向;特别是自弗洛伊德以来的精神分析心理学,还有认知心理学、格式塔心理学等等,在美学研究上都取得了令人瞩目的成果,心理学方法极大地推动了美学的发展。20世纪前期人们还试图建立科学美学,试图把自然科学研究的方法引入美学。再如法兰克福学派,主要采用社会学方法来探讨美学问题,也取得了令人瞩目的成就,本雅明通过对古典与现代的文化分析,揭示了审美活动的现代转折;哈贝马斯通过对人类社会信息传播活动的考察,揭示了人类社会公共空间在不同时代的发展变迁。当然,美学和艺术的各个门类也开始结合起来,各种具体门类的美学不断生长出来,美学更加丰富。由此可见,美学是一门综合性的学科。综上所述,美学是一门关于审美现象或审美活动的综合性的人文学科。

第二节 美学的研究对象

自然科学的界限相对来说比较明确,如数学、物理学、化学等学科的研究对象比较清楚;同样,社会科学诸如政治学、经济学、法学、新闻传播学等学科的研究对象也比较清楚;而文、史、哲等人文基础学科特别是美学的研究对象、范围,界限相对来说却不那么明确。因此,自西方美学思想产生2000多年,德国哲学家鲍姆嘉通创立美学260多年以来,人们对美学研究对象一直持有不同意见,迄今尚无定论。所以在提出对美学学科的看法以前,有必要先概括介绍一下美学史上对美学的研究对象范围的几种有代表性的看法。

一、美学史上对美学研究对象的几种代表性看法

第一种,有人说美学是研究美和美的规律的一门学科,因为按照我们的翻译,"美学"当然是研究"美"的。这种看法在历史上出现是很早的,而且影响也最大最深远。比如说古希腊大哲学家柏拉图,在一系列对话中表达了对美的看法。在《大希庇阿斯篇》中,柏拉图以苏格拉底的名义与希庇阿斯对话,苏格拉底提出"美是什么"的问题,但希庇阿斯的回答却只是"美就是一个漂亮的女人"。柏拉图指出这个答案把美和美女等各种各样具体的美的事物混为一谈了。他提出"美是什么"这个问题,是要问"美本身"是什么,但美女这些美的具体事物并不等于美本身。他要超出这些具体事物,寻找美本身,是使美的事物能够成为美的事物的那个东西,是美的原因所在。他认为存在着这样一种美本身,美的事物之所以美是因为它们"分有"了美本身。这个美本身是最高的美,所有美的源头都在它那里。从柏拉图开始,研究美本身、美的本质就成了美学的主要问题和对象。按我们今天的理解,就是研究美的本质问题,这个问题也是美学思想的核心问题,以之为主要研究对象。虽然美学在古希腊还没有成为一门学科,但美学思想早就产生。美学学科产生之后很长时间、很多美学家把美作为主要研究对象,与柏拉图以来的美学思想传统有着直接、紧密的联系。当代中国的美学研究长期以来主要在这个层次上进行,即以美为主要研究对象。

第二种,认为美学是研究艺术的。这个思想来源于德国古典美学的集大成者黑格尔。黑格尔在柏林大学多次讲美学课,他去世后他的一些学生将听课笔记整理出版,名为《美学讲演录》。朱光潜译为《美学》。该书第一卷一开始讨论美学名称时就认为美学应该是艺术哲学,是哲学中专门研究艺术美的一部分。他的《美学》在英文版里面翻译成"美的艺术哲学"(philosophy of fine art)。在他的美学体系中,虽然也研究美的本质,但只是指艺术美,在他看来,自然美缺少精神性,因而不是美学研究的对象。受黑格尔的影响,在他以后至少有一百多年时间很多西方美学家都把着美学等同于艺术哲学。问题是研究艺术已经有了艺术学、艺术原理,为什么还要美学?回答是要从哲学的高度研究艺术,用哲学的

眼光来考察艺术的美,有一种哲学的品格和高度,因而有很多美学家认为美学就等同于艺术哲学。当代中国也有美学家持这一看法。

第三种,认为美学是研究审美经验和审美心理的学科。前两种观点无论是以美还是艺术美为研究对象,都偏重于以人以外的客观事物为对象,而这种观点与前两种有所不同,偏重于主观方面,它又分为两个层次:

一是认为美学是研究人自身的审美经验的,是将人的审美感受、感情、体验这些主观方面作为美学研究的对象。从客体转向主体,而且是转向主体的经验方面。这个传统是从17世纪、18世纪英国的经验派开始的。经验派非常相信经验的可靠性,在美学上,他们认为美学就是研究人的审美经验,没有必要研究所谓客观的美,客观的、被所有人普遍认同的美不存在。到了20世纪,越来越多的美学家认为,寻找放之四海而皆准的美的本质是不可能的。比如逻辑经验主义、逻辑实证主义哲学(即分析哲学)就认为只有能够被经验证实或是证伪的东西才是有意义的,才能够成为哲学研究的对象。如语言分析哲学的代表人物维特根斯坦认为"美""善"之类的形而上学概念都是伪命题,美的本质问题无法用经验材料证实或证伪,因而是无意义的。后期维特根斯坦转向日常语言哲学,提出了一个著名命题:"语词的意义即用法(或译'在其使用中')。"据此,美也是这样。"美"一般是一个形容词,在具体使用时常常表达对对象的一种赞赏、赞叹的情感,但由于对象的具体情况很不一样,主体的情况、状态也大不一样,所以同样使用"美"这个判断词,意义也就不一样。如指美女的美、衣服的美,两者就很不一样;又如听贝多芬的音乐,沉浸在音乐中,感到动听、美,得到美的享受;这跟上面两种使用"美"的内容、语境都很不一样。再如莎士比亚的悲剧《麦克白》,演得好、成功、很美,这种情况下,也有人用"美"来赞叹,内容、意义又不同;如此等等,我们怎么可以用一个美的定义来概括这些千差万别的现象呢?所以,维特根斯坦强调说:"我提请你们注意差异,我说:'看,这些差异是多么强烈啊!''看一看不同情形之间有何共同之处,''看一看审美判断的共同之处是什么。'"也正因为审美判断的差异性,他认为,"与美学相联系的、最重要的可能是所谓的审美反应"。① 这实际上把美学研究的重点转向人们的审美经验。实用主义美学家杜威也主张以审美经验作为美学的研究对象,他的一部美学代表作就名为《艺术即经验》。美国新自然主义美学家托马斯·门罗也主张放弃对美作形而上学的探讨,而强调对人们的审美经验作尽可能客观的描述。在当代中国美学家中也有人肯定这种观点,比如李泽厚就曾说过:"美学——是以美感经验为中心研究美和艺术的学科。"② 也有一些美学著作、教材把审美经验作为核心概念和主要研究对象。

二是比审美经验深一层,以审美心理活动为美学主要研究对象。这种观点也是主要偏重于主观方面,它所关注的问题主要是"美感在心理上是怎么产生的""审美经验是怎样一种心理活动"等等,主要从心理学角度研究审美经验,重点研究产生这些审美经验的

---

① 维特根斯坦:《关于美学、心理学和宗教的讲演与谈话》,转引自朱立元主编:《二十世纪西方美学经典文本》第二卷《回归存在之源》(本卷主编陆扬),复旦大学出版社2000年版,第192、196页。
② 李泽厚:《美学的对象与范围》,载《美学》第3期,上海文艺出版社1981年,第30、18—19页。

心理基础和根源,这就成了对美感的心理机制和审美心理结构的研究,美学就成了审美心理学。比如说19世纪德国美学家费希纳,著有《实验美学》和《美学入门》,他就是从实验心理学的角度研究美感,通过心理实验来测定在什么心理状态下能够产生美感。他认为美学是"关于快与不快的学说",美只是一个名称,用来指称"一切具有可直接和即刻(不单基于思考或由于各种结论)激起快感之特性的事物",[①]这就直接把美学看成产生快感的心理现象了。他进行了一些实验,创造了选择法、制作法、常用物测量法等心理实验方法,设定了六个审美心理的普遍原理。现在看来这些实验太简单而且很难有什么可靠的价值,但毕竟开拓出了一条关注人的审美心理结构和机制的道路。又如精神分析美学代表人物弗洛伊德发现了心理的无意识层面,用来解释文艺中的心理学问题。比如对蒙娜丽莎的解读,弗洛伊德就从恋母情结来解释,认为这个作品体现了达·芬奇童年时代留下的恋母情结的作用。他的学生荣格,认为他过分强调了泛性欲主义和个体的无意识,所以荣格对老师有所背离和改造,把弗洛伊德的无意识改为集体无意识,去掉了泛性欲主义,提出了原型理论。这种原型是一种集体无意识,是早期人类在生存环境中间产生,以后由人类群体一代代通过遗传机制得到传承。他认为现代许多优秀的作家、艺术家的天才创造,实际上都是集体无意识原型在他们身上潜在地发生作用的例证。这是对审美经验的一种心理学的解释方法。后来的心理学美学家们又用了其他的方法,譬如布洛的距离说、阿恩海姆的格式塔心理学等方法来研究美感和审美经验。所以,李泽厚先生指出,"对审美经验、审美感受、审美态度或总称之为审美意识、审美心境的研究,早已成为近代西方美学的主流","美学作为美的哲学日益让位于作为审美经验的心理学"。[②]20世纪80年代以来,我国审美心理学和文艺心理学的研究也有较大发展。以上两个层次,都是从主观方面来确定美学的研究对象,与第一、第二种观点完全不同。

第四种,认为美学的研究对象是人和现实之间的审美关系。这种观点重点考察人和现实世界所形成的种种复杂关系中的审美关系。认为美学应该在人和世界的关系中来研究审美,而前面三种观点,分别单纯研究主体或者客体,都有片面性。第四种观点则把重点放在研究主客体之间的审美关系上面。这种研究既包含主体方面,也包含客体方面,特别是两者之间的关系。苏联有一批美学家主张这种观点,但是没有产生很大的影响。在中国,著名美学家蒋孔阳先生基本上也持这一观点。在他的晚年著作《美学新论》中,他提出美学的根本问题和出发点是研究人对现实的审美关系。因为人总是生活在与现实世界构成的各种各样错综复杂的社会关系中间,人和现实世界可以在各个方面、各个层次发生复杂、交叉的关系,如经济的、政治的、法律的、物质的、精神的、认识的、伦理道德的关系等等,其中有一种关系是跟别的不一样的特殊关系,那就是审美关系。在人与现实的种种关系中,最大量的、根本的关系不是审美关系,而是形形色色的实用关系,但审美关系也是不可缺少的,是对实用关系的一种精神性的超越,比如审美地欣赏一幅静物写生画,就不

[①] 费希纳:《美学入门》,转引自李醒尘主编:《十九世纪西方美学名著选》(德国卷),复旦大学出版社1990年版,第420—421页。
[②] 李泽厚:《美学的对象与范围》,载《美学》第3期,上海文艺出版社1981年,第30、18—19页。

会对画上的香蕉、苹果等产生食欲,否则就是从审美关系回到了实用关系中,审美的超越性就丧失了。换言之,一旦进入审美关系中,其他种种实用关系就退居次要位置,不再处于主导地位了。蒋先生认为,人对现实的审美关系主要是通过艺术来进行研究的。从切入的角度可以说艺术是美学研究的主要对象;但深层的、根本的对象实际上是人对现实的审美关系。这种观点的一个特点就是认为美学不能离开人与现实世界的审美关系单独地研究纯客观的美,或者单独研究主体的审美经验和心理机制,而认为一定要从主体和客体、人和现实的关系之中研究美学的基本问题。这样就把问题集中到了审美关系上,审美关系既包括了审美主体,也包括了审美客体,从而从审美主客体关系的角度研究美学的主要问题。这在实际上对美学研究的对象、范围作了新的界定。

以上各种对美学研究对象的不同观点,也就形成了人们心目中对美学学科的不同理解和认识。那么我们应该怎么认识美学学科?客观地说,这是一个到现在为止还没有统一认识、学界还在探讨之中的问题,一个很难确切回答的问题。确定美学学科性质之所以困难,其中一个重要原因在于美学学科还比较年轻,与一些传统学科相比,还不够成熟,很多基本命题包括研究对象在内都还没有得到确认和达成共识,具有某种不确定性。所以,下面我们对美学学科的认识也只是一种看法,一种我们认为迄今为止相对比较合理的看法。

二、对美学学科的研究对象的认识

美学研究的对象是审美现象,即处于人与世界的审美关系中的现象或审美活动。现在,讲一下我们对美学学科对象和性质的认识。这并不是说我们不承认前面介绍过的四种观点,相反,这四种认识给了我们极大的启发。美学的发展是一个很漫长的过程,在这个过程中间,总是会有各种各样不同的看法,每一种产生过影响的观点都有其或多或少的合理性,都对美学学科的建设和发展起过一定的作用。其中会有某些新的看法吸收、改造和综合了以前的许多看法,而有所创新、有所发展、有所推进。比如说我们前面提到的第四种观点——认为美学是通过研究艺术来研究人对现实的审美关系的学说,认为美学既不能单单地研究所谓纯粹客体的美和美的本质,也不能单单地研究我们主体的审美经验和审美心理结构,单单研究这两个方面的任何一方都是不够的,都不可能把问题完全讲清楚——在我们看来就比前四种观点片面性少一些,辩证综合的成分多一些,也就更合理一些。这种着重从人与现实的审美关系角度研究美学基本问题的看法对我们的启发更加直接一些。

用一句话来概括美学研究的对象,那就是体现着人与世界的审美关系的一切审美现象或审美活动。

我们认为,美学的对象既不是完全外在于人的单纯客观的美,也不是与对象毫无关系、完全由人决定的单纯的主体审美经验和审美心理,而是审美现象和活动。如果从汉语字面上说,所谓"审美","审"作为一个动词,就一定有发出动作"审"的主体,就一定有主体的介入,这也就决定了不存在与人无关的、纯粹客观的美,如果没有主体的参与或介入,就没有审美现象;同样审美作为人的一种特殊活动,也不能没有被"审"的对象,"审"这个动词,必定是有一个作为美的对象(客体)被"审",这就决定了没有离开对象的、纯粹的审美主体。由汉语"审美"一词可以见出,美一定和人有关系,美只有对人来说才具有意义和价值。审美现象或活动,它的前提就是人与现实世界发生了审美关系,如果离开了人,根本无所谓美不美。像大自然如黄山、庐山、桂林山水,这些景象在没有人以前无所谓美不美,它们一定是和人发生了审美的关系以后,才有了美的意义。从逻辑上(而不是时间先后上)说,也就是先有了审美关系,才有美和不美,也才有进行审美的人。离开了人与世界的审美关系,不存在所谓纯粹的、客体的美,也不存在纯粹审美主体。所以,美学研究的对象既不是纯粹客体的美,也不是纯粹主体(人)的美感,而只能是从人与世界的审美关系中去寻找。因为作为审美对象的美和作为审美主体的人,都只有在审美关系中现实地存在和生成。人和世界之间的关系有很多,只有在发生审美关系时才出现,才形成审美现象。就此而言,审美现象实际上是审美关系中的现象。那么,审美关系与审美活动是什么关系呢?我们认为,审美关系的现实展开,就是人的审美活动。审美关系和审美活动,是一个硬币的两面,是两位一体的。所以审美现象是审美关系中的现象,同样是审美活动中的现象。只要有人就有审美关系,就有审美现象。在现实中,审美现象是大量存在的。不但艺术的创造和欣赏,自然风光的观赏和赞美,就是很多日常生活的现象和活动,比如广告传播、城市建设、住室装修,穿戴美容等,都包含审美因素。但要注意并非所有有审美因素的现象都等于审美现象,这样就容易把审美现象泛化、无限化了。无限泛化审美现象,会消除审美与非审美的界限,实际上也就取消了审美现象本身。因此,我们不赞成把审美现象泛化,进而将美学泛化。

总之,审美现象,背后其实是人和现实世界之间的审美关系,是审美关系的现实展开,即人的审美活动。某种现象,如果不体现为审美关系和审美活动,就不是审美现象。因此,我们认为把美学的研究对象单纯确定为美和美的本质,或者单纯确定为审美经验和审美心理,都是不够全面、准确、妥当的;美学应当是研究人和世界之间的审美关系、研究体现审美关系的审美现象和审美活动的学科,这是美学研究的中心问题和主要对象。下面,我们分几个方面来说明审美现象是审美关系中的现象和活动。

先看艺术中的审美现象,即艺术美。艺术本质上是一种审美活动,是审美活动最高级、最典型的形式,无论艺术创造还是艺术鉴赏,都是审美活动的不同方式。艺术美就是人创造、提炼的结果,是高于自然的,是人的精神、人的本质力量的感性显现和确证。但是只有我们在进行创造和欣赏时,艺术品才作为审美对象对我们呈现为美的。我们一般认为艺术品就是审美对象,其实不然,两者之间不能简单地画等号。波兰现象学美学家英伽登就认为审美对象和艺术品是分开的,他明确区分了这两者,提出审美对象是我们(欣赏者)和艺术品相互作用的结果,文学的审美对象是在读者阅读的现实化、具体化与文学作品相互作用中现实地产生的,而不是存在于文学阅读活动之外的。他说:"我们在这里把'审美对象'理解为文学作品的具体化,在作品中实现了由作品艺术有效性确定的审美价值质素的现实化和具体化,以及这些性质的和谐从而构成审美价值。"① 文学作品本身还不是现实的审美对象,只有在作品的审美具体化、现实化中,才能揭示作品结构中实际的"文学的"东西,没有具体化,即没有以审美方式具体化的作品都不是真正的"文学"作品,不是现实的审美对象。所以,文学的艺术作品在英加登看来就不是作家完成以后的那个现成的"书",而是读者(包括作者)以审美的方式审美具体化过程中生成的那个东西才是真正的"文学的艺术"、真正的审美对象。由此可见,艺术美是一种在审美活动中现实地生成的审美现象,而不是游离于人的审美活动、固定不变的美的现象。法国现象学美学家杜夫海纳也认为艺术品必须被以审美的方式知觉才会成为现实的审美对象。比如挂在墙上的画对搬运工来说是物,对绘画爱好者来说是审美对象,对擦洗它的专家来说,则一会儿是物,一会儿是审美对象。同此道理,树木对砍柴者来说是物,对游人来说可能是审美对象。如果一件艺术品不以审美的方式知觉,它可能就只是一个"物";而如果以审美的方式来知觉,则这个作品就成了审美的对象,它也就成了真正的艺术品了。② 以上的例子说明,艺术并不是现成的审美对象,艺术的美只有在人的审美活动中、在与人的审美关系中,才成为现实的审美对象。

其次看自然界的审美现象即自然美。艺术美因为是人创造的,作为审美现象比较容易理解,但自然现象何以能够成为审美现象、成为自然美,则是一个难点,一个有争议的问题。比如大自然的美,并非从来就有的,也不是固定不变的。有的美学家认为自然美是完全外在于人、与人无关的,是不以人的意志为转移的纯客观事物、现象及其属性,甚至认为在人类产生之前自然美就已经存在并永恒不变地存在下去。我们不同意这种看法。自然是相对于人而言的,在人未产生之前,我们称之为"自然"的种种事物、现象在地球上的确早就存在着,但也不过是种种存在物而已,不过是作为"万物"(各种有生命和无生命的事物)的集合体而存在着。自然对人才有意义,没有人,自然是没有任何意义的,当然也不存在审美的意义。所以,在人类产生之前自然无所谓美不美。比如在桂林那块地方,假设阳朔的山、漓江的水,在人产生以前就是现在那个样子,没有任何变化,但这些我们今天称之为"自然"、赞誉为"自然美"的现象,在没有人的条件下,怎么可能有审美的意义和价值呢?怎么能够赋予其"美"的属性、称号和判断呢?只有人类产生以后,像桂林山水这类自然现象跟人发生了审美关系才成为美的。如果没有人,自然虽然存在,但并不存在美,不存在自然的美。

而且,自然美是在人类社会和人的实践的漫长发展过程中逐渐发生和生成的。人刚刚从动物界分离出来时,虽然就与自然发生多种关系,但那个时候,人和自然的关系主要还是一种求生存的关系,一种对自然恐惧、依附、挣扎乃至敌对、抗争的关系,还远不是一种亲近、和谐关系,因而不存在、也不可能产生审美的关系。只有在人与自然发生亲和关系的基础上,审美关系才能逐步孕育、生发出来。实际上,人与自然发生审美关系的过程

---

① 英加登:《对文学的艺术作品的认识》,陈燕谷译,中国文联出版公司1988年版,第234页。
② 杜夫海纳:《审美经验现象学》(上),韩树站译,文化艺术出版社1996年版,第41页。

是充满人类血泪的,与自然抗争、搏斗的历史。就以太阳这个全人类公认的自然美现象为例,它在各民族历代文艺作品中被一再歌颂,是我们自然美的典型对象,这不容置疑。但是,太阳是不是从人类文明的一开始就与人建立了一种审美的关系,被当作一种自然美、一种审美对象呢?并不是。如中国古代后羿射日的神话里,太阳不是作为美的对象受到赞颂,而是作为造成干旱与酷热的巨大灾难,甚至直接威胁到人类生存的最紧迫原因。太阳在其中与人显然没有也不可能形成审美关系,而是一种敌对、恐惧、灾难性的关系。所以后羿非要射掉九个太阳不可。以后只有当太阳对人不再构成威胁和灾难,而成为我们亲近、和谐、同处、共生的对象时,成为带给人类光明和温暖、融入人的日常生活的方方面面时,它才逐渐走进人的审美视野,成为人的审美对象。后羿射日的神话就说明,自然美并不是从来就有的,当它与人发生亲和关系并逐渐生成审美关系时,才成为美的;说明人与自然的关系不是凝固的,而是变化的。再如雪山,北欧的人成天生活在那里,熟视无睹,可能并不一定以为它美;红军长征过雪山,在那种条件下,随时都有牺牲的危险,很多人也牺牲在雪山上,这时雪山就决不会成为审美的对象。但现在作为旅游观赏的雪山,比如九寨沟松潘的雪山,就成了审美的对象。丽江的玉龙雪山,大家背着氧气袋,连呼吸都困难,还是要去看一看,欣赏它的美。这也说明雪山那种被公认为大自然的美并不是从来就有的,也不是任何时候、任何情况下都是美的。从最基本的意义上来说,自然的美是因为有了人才有意义的;自然现象成为美的对象是一个漫长的历史过程,并非现在大家认为美的自然现象从来就是美的,而是在人类长期的实践中逐渐与人建立起审美关系并成为人的审美对象的。一句话,自然美以及其他的美,只有和人产生了审美关系,才是美的。

再次看所谓科技美即科技活动中的审美现象。过去,不少人认为科学技术基本上是理性的活动和成果,很难有感性的美。但也有人认为科学技术的创造活动中有美和审美。那么,科学技术和美学究竟有没有关系呢?我们认为答案是肯定的。例如有科学家就惊叹显微镜下的细胞结构就像一个小宇宙,是异常美的。就是在一般人所认为的很难产生美的数学和物理学中,也存在美。诺贝尔物理学奖获得者杨振宁先生在《美与物理学》一文中提到,20世纪的大物理学家狄拉克在1928年写下的获得"惊天动地的成就"的"狄拉克公式"就有一种"简洁"的美,他借用唐朝诗人高适的两句诗"性灵出万象,风骨超常伦"来概括这种美,概括狄拉克的独特风格,他认为狄拉克突破和超越一些大物理学家的偏见,可谓风骨"出"常伦,这个"出"字"描述狄拉克的灵感尤为传神";"性灵"则是指不假思索的、直觉的、感觉的创造力,"指直接的、原始的、未加琢磨的思路,而这恰巧是狄拉克方程之精神",也正好是和审美创造相通的。杨振宁认为另外一位大物理学家海森堡的风格与狄拉克不同,比较错综复杂,不是那么简洁,在理论中显得有些犹豫,有些朦胧,不确定,体现出一种朦胧美。就物理学和美的关系,杨振宁提到二者在表面的结构上有一定的相似性,物理学有一种从表层到深层的理论架构的美;他特别指出那些大物理学家用数学语言、方程写出的物理世界的基本结构,"是造物者的不朽诗篇";认为诗和方程有共同的特点,二者都有丰富的意蕴有待发掘,学物理的人一旦领悟到了方程的丰富意蕴,就会有美感,这种美感不但是对那些方程的"极度浓缩性和它们的包罗万象的特点"的感受,而且还上升到"一种庄严感、一种神圣感、一种初窥宇宙奥秘的畏惧感",一种筹建哥特式教堂的建筑师所要歌颂的"崇高美、灵魂美、宗教美、最终极的美"。[①] 由此可见,在科技活动中,当科学家或科技工作者通过自己创造性的研究、劳动,与所面对、探究的对象之间建构起审美关系时,审美现象就会形成,科技美就会出现。科学技术的美也是在科学家的创造活动中,在科学家与对象建立了审美关系时生成的审美现象。

最后,在日常生活中也存在大量审美现象。进入现代社会,人们的衣食住行都讲究美,都存在各种各样的审美现象。我们可以说,在现代社会,如果没有审美活动,人类几乎无法生存。审美活动已经成为人极其重要的生存、生活方式,成为人的生活不可缺少的部分,今天我们不能想象没有审美的生活会是什么样子,人们的休闲活动中就包含着大量的审美活动。特别是现代大众传媒、互联网等新的传播手段和交往方式正在改变着人们的生活方式,也极大地拓展了人对现实审美关系的领地,日常生活审美化的范围有所扩大,程度有所提高。在某些场合和领域,甚至艺术和生活的界限也模糊了,艺术融入生活,艺术生活化,生活艺术化。当然,这只是日常生活的某些方面、某些部分在某些特定条件下的审美化,而不是整个日常生活都审美化了。日常生活中更普遍的现象是只具有审美因素,但还未构成审美关系,真正成为审美现象。

审美现象不仅涉及的方面非常广泛,而且其审美形态也是多种多样的,广义的美不但包括优美和崇高、悲剧和喜剧,而且能把丑、荒诞、惊颤等形态都包括进去,丑、荒诞、惊颤等也是广义的审美现象。审美形态是很多样的,值得我们认真研究。"丑"相对于美而存在,而且在一定条件下也会向美转化,有其独特、不可取代的审美价值,常常成为重要的艺术表现对象。丑这个范畴在西方美学史上出现得比较晚,19世纪才有专门研究丑的美学著作出现。艺术创造中也有重点表现丑的,例如罗丹的《老妓》,就描绘了一个饱经沧桑、皮肤松弛、年老色衰的丑陋的妓女形象,给人以很强的视觉冲击力和心灵震撼力,在此,"丑"也与我们建立了审美关系,成为现实的审美对象。就审美现象的多样性而言,审美现象也是很广泛的。

以上几点从一个侧面说明凡是有人的地方,就会形成种种人与世界之间的审美关系,就会有种种审美活动,也就有形形色色的美。不管在大自然中还是在艺术创造中,不管是在日常生活中还是科学技术中,都有美,都有审美现象和审美活动。

综上所述,审美现象实质上是审美关系中的现象,再进一层,可以说是在审美活动中展开的现象。只有在审美活动中,才会形成人与世界、主体与对象之间的审美关系,就此而言,说审美现象是美学的研究对象,实际上等于说审美活动是美学的研究对象。只有在审美活动中,才能形成种种审美关系和审美现象。因此,不是美,而是审美活动,才是美学研究的真正对象。需要说明的是,在各种审美活动之中,艺术活动是最高级、最典型的形态,而审美活动的性质在一般的审美活动未必能典型、充分地表现出来,所以研究艺术活动也可以帮助我们理解其他的审美活动。因此,我们也可以说美学是研究审美活动的一

---

① 杨振宁:《美与物理学》,《文汇报》2001年5月8日。

门学科,但它是以艺术活动为中心来研究的。这两个观点是可以统一的。这就是我们从对象角度对美学学科所作的界定。

第三节 美学的研究方法

美学是一门综合性的人文学科,它的研究方法自然也应当是多样的、综合的,而不是单一的。譬如,美学可以借助哲学的成果来深化对人和世界的关系、人生价值意义的理解;可以吸收心理学的思想材料和科学成果来研究审美经验、审美意识、审美心理结构和审美心理过程;可以借助文艺理论的思想成果来加强对艺术审美活动的分析;此外,还可以吸收历史学、社会学、人类学、民俗学、考古学等学科的思想资源。所以,美学研究的方法应当是多元的、多样的。但是,美学研究的多种方法还是有主次之分,核心与附属之分。我们认为,从学科性质来看,美学的核心方法应当是哲学方法。首先,美学从诞生起就从属于哲学,后来美学成为独立学科,却从来没有脱离哲学,各种有影响的美学流派和思潮无不有相应的哲学思想为背景。其次,由于审美活动是人类最高级、最复杂的一种精神活动,而且是具有当下的一次性特征的精神活动,需要主体的全身心投入,尤其需要主体在观念世界中尽情游历,以洞悉审美活动的真谛,这是科学和实验方法及其他任何方法都力不能及的。再次,美学涉及人生在世、人的生存实践、无限意义等整体深层的本源问题,只有靠理性指引下体验、感悟、冥思、领会的哲学方法才能掌握。最后,美学作为一门理论学科不仅包括在理性潜在指导下对现象的辨析、鉴赏的体验、本质的审察、灵感的沟通等,还必须在此基础上进行逻辑推演、抽象思辨和理论提升,这也离不开哲学思考。总而言之,美学研究的核心方法应当而且只能是哲学的方法。

不过,古今中外的哲学思想是多种多样的,究竟哪一种哲学才应该成为美学研究的指导思想和方法呢?美学史上的各种美学都有自己的哲学基础,如柏拉图的美学思想以其理念论为哲学基础,康德美学以先验主体论为哲学基础,黑格尔美学以绝对精神论为哲学基础,海德格尔的美学思想以其现象学的基本本体论为哲学基础,等等。中国当代的美学理论毫无疑问应当以马克思主义唯物史观为哲学基础,具体说来,我们认为,应当以马克思主义的实践论和社会存在论思想为主干,同时吸收人类思想史上各种哲学思想的精华,来确立自己的哲学基础。

一、马克思主义的实践论

先说马克思主义的实践论。首先,马克思的实践概念是在继承和批判西方传统实践观念,特别是德国古典哲学(尤其是费尔巴哈和黑格尔)的实践概念的基础上形成和发展起来的。他在《1844年经济学—哲学手稿》《关于费尔巴哈的提纲》一直到《资本论》等一系列著作中,坚持把实践理解为"人的感性活动",理解为人类自我创化并变革世界的现实活动,理解为人的整个社会生活世界的根本基础。他科学地指出,"全部社会生活在本质上是实践的"。① 这里,"实践"概念覆盖了人的全部社会生活,既包括最基础的物质生产活动,又包括政治活动、道德活动、艺术审美活动和其他种种精神生产活动,以及人们的日常生活活动。可以说,包括物质生产劳动在内的人的各种各样的活动、人的整个社会生活,都是实践的,都属于人类广大的实践范围。

毛泽东同志对实践也有一个清晰的阐述。他指出:"人的社会实践,不限于生产活动一种形式,还有多种其他的形式,阶级斗争,政治生活,科学和艺术的活动,总之社会实际生活的一切领域都是社会的人所参加的。因此,人的认识,在物质生活以外,还从政治生活文化生活中(与物质生活密切联系),在各种不同程度上,知道人和人的各种关系。"②可见,人的实践活动既包括物质生产和生活,也包括精神生产和生活,艺术和审美活动理所当然是人的实践活动的有机组成部分。

其次,马克思的实践概念是生成性的。他认为,感性个体的实践造成了个人的感性世界,人类总体的实践造成了人向人诞生和自然向人生成的历史行程和整个人类的生活世界。感性个体及其实践虽然都是有限的、短暂的,但人类总体的实践都是无限的、永恒的、生生不息的。正是感性个体与人类总体交融、统一的实践,造成了人生世界的日新月异。

最后,更重要的是,在马克思那里,物质生产劳动是人最基础的实践活动,它最终决定着包括艺术、审美活动在内的精神生产活动和人的一切其他实践活动。他深刻地指出:"物质生活的生产方式制约着整个社会生活、政治生活和精神生活的过程。"③

以上三点,就是马克思主义的历史唯物主义实践观的主要观点。

再说马克思主义的存在论。马克思对人的存在的理解,经历了一个从"自我意识"到"人自身"再到"现实的人",即从理性存在到感性自然存在再到社会存在的转变过程。最初,他受青年黑格尔派的影响,视人的存在本质为"理性""自我意识";以后,在费尔巴哈人本主义的影响下,他把人的存在看作"人本身",即感性自然的肉体存在;最后,他告别费尔巴哈,把人定位于漫长实践中生成出来的处在现实社会关系中的社会存在。

二、马克思主义的实践存在论

马克思主义的存在论的基本内容和特色是:

第一,始终紧扣现实生活来理解人的存在。现实生活是人的存在的特定历史境域。从现实生活出发,对人的存在进行历史反思和现实揭示,是马克思主义的存在论区别于其他一切存在论的内在本性之一。马克思认为,人"不是处在某种幻想的与世隔绝、离群索居状态的人,而是处在一定条件下进行的、现实的、可以通过经验观察到的发展过程中的人",是"从事实际活动的人"。④只有这种现实的人,才与康德所说的那种既高又玄的理性存在,黑格尔所说的那种绝对理念自我复归的精神实体,费尔巴哈所说的那种无世界性的

---

① 马克思:《关于费尔巴哈的提纲》,《马克思恩格斯选集》第1卷,人民出版社1995年版,第56页。
② 毛泽东:《实践论》,《毛泽东选集》第1卷,人民出版社1991年版,第283页。
③ 马克思:《〈政治经济学批判〉序言》,《马克思恩格斯选集》第2卷,人民出版社1972年版,第82页。
④ 《马克思恩格斯全集》第3卷,人民出版社1960年版,第30页。

现成实体根本区别开来,才真正成为历史性的社会性的存在。

第二,始终从具体的社会关系出发思考人的存在。诚然,马克思是肯定人的自然存在及其意义的,他说:"任何人类历史的第一个前提无疑是有生命的个人的存在,因此,第一个需要确定的具体事实就是这些个人的肉体组织,以及受肉体组织制约的他们与自然界的关系。"①但是,人的自然存在并没有独立的意义,"吃、喝、生殖等等,固然也是真正的人的机能。但是,如果加以抽象,使这些机能脱离人的其他活动领域并成为最后的和唯一的终极目的,那它们就是动物的机能"②;在马克思看来,只有在社会中,人的自然存在才成为"属人的存在"③。人就存在于错综复杂的社会关系中。人的社会关系决定着人的生存方式和人的社会存在本质。因此,人在其现实性上是一切社会关系的总和。人要实现理想的存在状态,也必须通过变革现存社会关系和社会存在状态才能达到。

第三,最根本的,马克思是从人与世界在人的现实活动中达到统一来把握和说明人的社会存在的。在马克思看来,人与世界不是现成存在的、互相独立互相对立的主体与客体,人不是作为一种现成的、不变的东西(主体)摆放在世界上,世界也不是作为一个现成的、不变的场所(客体)让人随意摆放,相反,人只能在世界中存在,离开了世界就没有人的存在,同样,世界也只是对人才有意义,离开了人也就没有所谓的世界,人只是在世界中的人,世界也只是人的世界,人与世界是融为一体的。马克思对此已经作过明确的表述:"人并不是抽象的栖息于世界之外的东西,人就是人的世界。"④更重要的,马克思认为,人与世界的统一是通过不断的实践活动达到的,人是在世界中从事实际活动的人,而人"周围的感性世界决不是某种开天辟地以来就已存在的、始终如一的东西,而是工业和社会状况的产物,是历史的产物,是世世代代活动的结果"⑤。人正是在这种实践活动中诞生、发展、获得自己现实的社会存在的,而世界也是在实践活动中不断得到改变,愈益成为人的世界。

由此可见,马克思主义的存在论是以实践为根基的,是与实践论紧密结合的社会存在论。马克思的实践概念与存在概念是内在融通的,是用实践范畴来揭示人在世界中存在的基本方式。实践的根本内涵就是指人的最基本的存在方式。人的历史、现实的存在,以及环绕在人类周围的感性世界(包括人化和未人化的自然界、物质生产和生活的各种条件、社会机构、政治制度、文化设施、人伦体制等等)的存在,都是在漫长的历史实践中不断生成建构出来的。人是实践的存在者。人的存在过程,就是人通过实践开显自身的存在意义和周围世界的存在意义的历史过程。人的理想存在状态,也只能通过实践才能一步步达到。

概而言之,马克思主义的存在论是以实践论为根基的,而马克思主义的实践论则内在

---

① 《马克思恩格斯全集》第3卷,人民出版社1960年版,第23页。
② 马克思:《1844年经济学—哲学手稿》,刘丕坤译,人民出版社1979年版,第55页。
③ 同上书,第75页。
④ 《马克思恩格斯选集》第1卷,人民出版社1995年版,第452页。
⑤ 《马克思恩格斯全集》第3卷,人民出版社1960年版,第48页。

地含摄着存在论维度。马克思的实践论与社会存在论的结合,亦即实践存在论,构成了美学理论的哲学基础。

美学以马克思主义的实践存在论为哲学基础,首先要看到,人的存在与世界的存在、人的审美感觉与现实的审美对象都是在实践(人的本质的对象化或客观展开)中双向建构、同步发展的,正如马克思所说,"只是由于属人的本质的客观地展开的丰富性,主体的、属人的感性的丰富性,即感受音乐的耳朵、感受形式美的眼睛,简言之,那些能感受人的快乐和确证自己是属人的本质力量的感受,才或者发展起来,或者产生出来"①。这一点直接为美学提供了实践存在论根基。

美学以实践存在论作为哲学基础,还需要借助自由概念和范畴作为中介,因为自由乃是通向审美的根本途径,也是哲学通向美学的桥梁。

我们认为,自由只是对人而言的,只有人才追求和叩问自由,只有人才有自由;自由产生于人的生存实践,体现在生存实践中的人与自然关系、人与社会关系、人与他人关系以及人与自我关系中;自由标示着富有诗意的、理想的人的存在状态;自由作为哲学范畴,根本含义是指人通过自己以物质生产为基础、包括审美活动在内的全面的人生实践而获得的超越和解放,即从他者他律的束缚中摆脱出来,而以自己为根据,自己决定自己,自己选择自己,自己如此地开显自身的存在意义和世界的存在意义。其中,人对自然必然性的认识和支配只是自由的一种表现形态,而不是全部,不可与整个自由概念等同起来。

自由概念的发展在西方思想史上有一个漫长的历史行程,但是,直到德国古典哲学那里,它才真正被提升为美学范畴,才与审美发生内在联系。康德把自由设定为整个哲学大厦的拱顶石,把自由在感性现象界、自然界、经验界的显露设定为审美的根本,认为审美是诸认识能力的自由游戏。黑格尔把自由看作绝对理念不断显现自己、展开自己、转换自己、发现自己、回复自己的历史逻辑过程,认为"人必须在周围世界里自由自在,就像在自己家里一样,他的个性必须能与自然和一切外在关系相安,才显得是自由的"②,因而"审美带有令人解放的性质"③,正是这种自由的绝对理念的感性显现,产生了美。

马克思是在实践论与存在论的整体框架内统一思考自由问题的。如前所说,按他的思考,实践既包括人类改造自然的物质生产劳动,也包括人类改变现存社会关系和社会制度的革命实践,同时还包括人类日常生活交往的广大人生实践。人生在世,既存在于与自然的关系中,更存在于与社会的关系中,也存在于与他人的日常交往关系中。因此,自由也表现为三种基本形态:一种是在人与自然的关系中,即物质生产劳动中取得的自由,这主要是认识和支配必然性的自由;另一种是在人与社会的关系中,即变革社会的革命实践中取得的自由,这主要是人作为社会存在所获得的自由解放;另一是在人与他人以及人与自我的关系中,即日常人生实践中的自由,这主要是感性个体获得的自我超越。

根据马克思的观点,认识和支配必然的自由并不具有本体论(存在论)的意义。马克

---

① 马克思:《1844年经济学—哲学手稿》,刘丕坤译,人民出版社1979年版,第79页。
② 黑格尔:《美学》第1卷,朱光潜译,商务印书馆1997年版,第322页。
③ 同上书,第147页。

思指出,"自由王国只是在由必需和外在目的规定要做的劳动终止的地方才开始;因而按照事物的本性来说,它存在于真正物质生产领域的彼岸"①。人的存在是社会性存在,决定人类生存自由与否的根本因素是社会关系、社会制度,只有改变现存社会关系和社会制度的革命实践所取得的自由,才是本体论(存在论)意义上的自由,才对人的自由生存作出本体论的承诺,才标示出人在世界中存在的最高目标,标示出理想社会和理想的存在方式。所以,马克思把未来共产主义社会称为"自由人的联合体",并描述道:"代替那存在着阶级和阶级对立的资产阶级旧社会的,将是这样一个联合体,在那里,每个人的自由发展是一切人的自由发展的条件。"②这种个体与社会真正统一的理想社会是以个体自由为基础的,而这也正是人进入审美的前提和必要条件。

自由是从美学的哲学基础向美学的内在问题过渡的中介概念,也是从人的实践—存在向审美现象、审美活动过渡的中介环节。按照我们的理解,人在生存实践中,在内不受功利欲望的支使,在外不受他者他律的限制,而全身心沉浸于天地万物一体的关系,与天地万物一道,自己如此地生成、显现、运作、存在,便是人生在世的自由状态。人生在世一旦达到自由状态,审美情境就会应运而生。

思考题
1. 美学学科孕育和形成经过哪三个阶段,请简要说明。
2. 怎样理解美学属于人文学科?
3. 美学研究的对象应当是什么?请说明理由。
4. 怎样理解美学的哲学基础是马克思主义的实践存在论?

---

① 马克思:《资本论》第3卷,人民出版社1975年版,第926页。
② 《马克思恩格斯选集》第1卷,人民出版社1972年版,第273页。

第二章 审美活动论

美学的主要研究对象应当是审美活动,把审美活动作为逻辑起点,逐步展开其丰富的内涵,是本教材的基本逻辑思路和框架。首先让我们考察一下审美活动的存在方式。

第一节 审美活动的存在方式

审美活动作为人类基本活动和生存的方式之一,它为什么会存在?又是怎样存在的?它的存在方式与人类其他基本活动有什么联系与区别?它的结构、诸要素之关系与属性等有什么独特之处?这些就是本节所要探讨的基本问题。

一、审美活动的动力机制

在讨论审美活动的存在方式时,我们首先会提出的问题是:审美活动何以存在?是什么触发了审美活动,又如何影响、控制着审美活动?这是一个关涉审美活动存在根基和状态的问题。对此,我们的回答是,是审美需要、审美理想和审美趣味等构成的动力机制建筑了审美活动得以存在的根基和控制平台。只有当人在自然需要的基础上产生出审美需要时,才既为审美的历史发生,又为审美的逻辑起点注入动力。只有审美理想的召唤,才使自然需要变成审美需要,并使审美需要摆脱欲望而走入现实并不断进步;还是审美理想,使人得以实现对现实的超越。而在向审美理想的超越过程中,审美趣味起着综合的掌控作用。

(一) 审美需要

人的需要是人的本质的一种内在规定性,它不但是人的一切活动赖以发生的根据和动力,而且也是显示人的实际发展及其所达到的人化程度的一个根本标志。从广泛的意义上说,需要是任何一种生命体都必然具有的,这是因为任何生命体要自我保存与自我更新都必须依靠对外部条件的摄取与交换。但是,在一切有生命的存在物中,只有人能够通过劳动实际地改造自然并创造出自然界所不能现成提供的东西,因而人的需要与动物的需要便具有了本质上的区别。这不仅表现在人的需要根本上是一种超出了机体限制的社会性需要,而且表现在人的需要具有无限的丰富性和多样性。人既有物质的需要,更有精神的需要。恩格斯就曾将人的需要区分为生存需要、享受需要和发展需要三个层次[①],美国著名心理学家马斯洛则进一步区分出由低到高五个梯阶,即生理需要、安全与保障需要、爱与归属的需要、尊重需要以及自我实现的需要。

---

① 《马克思恩格斯选集》第3卷,人民出版社1960年版,第32页。

需要是人的活动的动力,而活动及其所创造的产品(物质产品和精神产品)则是直接表征人的需要的物化形式。毋庸置疑,没有审美需要,也就不会有审美活动的发生。那么什么是审美需要呢?所谓审美需要,就是指人作为一种有生命、有意识的社会存在物所内在具有的,渴望在对象化的活动中能动地实现自己、肯定自己,并按照他的人生理想去自由而完整地发展自己的精神要求。审美需要是在人的劳动不断深化的过程中,随着人的精神能力的发展而逐步生成的,它是人的本质力量的一种新的充实和新的显现。与人的一般需要中的其他需要相比,审美需要具有两个显著特征:

第一,审美需要是人所独有的一种具有内在必然性的生命需要,它植根于人的生命活动本身的独特性质。马克思指出:"一个种的全部特性、种的类特性就在于生命活动的性质,而人的类特性恰恰就是自由的自觉的活动。"①为什么在宇宙间一切有生命的动物中,只有人才有审美需要,也只有人才现实地从事各种审美活动?这是因为只有人才会进行物质生产劳动,只有人才有自我意识,因而只有人才真正懂得去追问自身存在的意义,并自觉地去创造自己生命的价值。可以说,审美活动正是根源于人类自身内在生命需要的一种活动。因为人不仅能通过对象化的活动实现自己、复现自己,而且能在对象世界中观照自己、认识自己。这种实现自己、认识自己的需要是人才会有的需要,这种需要是人的本质力量的体现,是人的生命要求,是必然的。正如马克思借用资产阶级国民经济学的概念所说的,"富有的人同时就是需要有完整的人的生命表现的人,在这样的人身上,他自己的实现表现为内在的必然性、表现为需要"②。

第二,从人的物质需要和精神需要相互区别和联系的角度看,审美需要属于人的一种高级的精神追求,而不仅仅是感官欲求的享受。黑格尔曾经说过,人有一种冲动,要在直接呈现于他面前的事物之中实现他自己,并且就在这种实践过程中认识和观照他自己。"人通过改变外在事物来达到这个目的,在这些外在事物上面刻下他自己内心生活的烙印,而且发现他自己的性格在这些外在事物中复现了。人这样做,目的在于要以自由人的身份,去消除外在世界的那种顽强的疏远性,在事物的形状中他欣赏的只是他自己的外在现实。"③人要改变外在世界,在外在事物中复现自己的冲动,就是人要把自己的本质力量对象化的冲动,即自由创造的冲动,用美国人本主义心理学家马斯洛的话来说,也就是"一种想要变得越来越像人的本来样子、实现人的全部潜力的欲望"④。人这种通过对象化的活动去实现自己,并从自己所创造的对象世界中欣赏自己、肯定自己的冲动,实质上也就是一种审美的冲动。这种审美活动无疑是一种超过感官欲求的高级精神追求。黑格尔举了一个十分生动的例子来具体说明人的这种独特的审美需要,他说:"儿童的最早冲动就有要以这种实践活动去改变外在事物的意味。例如一个小男孩把石头抛在河水里,以惊奇的神色去看水中所现的圆圈,觉得这是一个作品,在这作品中他看出他自己活动的结

---

① 《马克思恩格斯全集》第42卷,人民出版社1979年版,第96页。
② 同上书,第129页。
③ 黑格尔:《美学》第1卷,朱光潜译,商务印书馆1979年版,第39页。
④ 弗兰克·戈布尔:《第三思潮:马斯洛心理学》,吕明等译,上海译文出版社1987年版,第45页。

果。这种需要贯穿在各种各样的现象里,一直到艺术作品里的那种样式的在外在事物中进行自我创造(或创造自己)。"①

从根本上说,审美需要作为人所独有的一种本质力量,不仅能唤起人不断创造自己生命价值的强烈激情,而且赋予人有限的生命以无限的意蕴。人总是在自身的有限中实现着无限,在自己的既定现实中创造着未来。这种有限与无限、现实与理想之间的矛盾,正是审美需要之所以可能的一种深刻的现实基础。

(二) 审美理想

审美理想是主体心目中关于完善的美的观念。任何观念总是一方面反映着客观对象的某种属性,另一方面又经过了主体的加工和改造。所谓审美理想就是主体通过想象在头脑中构造出来的理想形态的美。不过,美的理想与主体的其他观念相比,仍旧有着自身的特点。这是因为,审美经验是以感性活动的方式来进行的,所以审美理想也不是一种纯粹的理性观念,而是具有一定的形象性特点。审美理想并不是一般形态的思想观念,而是始终显现在具体的审美表象之中。当然,这种表象也不是现实生活中实际存在的,而是主体通过自己的想象力和理解力的协调运作创造出来的。它是主体在长期的审美实践中,通过不断积累日益丰富的审美经验,提高自己的审美修养,使自己的审美体验不断得到升华,从而形成的高层次、高品位的审美追求。因此,审美理想在主体的审美心理结构中必然处于最高的位置,同时,它一旦形成就具有很高的稳定性,必然会在主体的审美活动中发挥着持久而重要的作用。

审美理想在审美活动中主要具有以下两方面的作用:第一,审美理想在一定程度上决定着主体对于审美对象的选择以及所做出的审美判断。审美理想作为一种具有导向性、规范性的观念,本身就表现为一种相对稳定的价值取向。主体要选择怎样的事物作为自己的审美对象,与之建立怎样的审美关系,都是与他的审美理想联系在一起的。只有符合主体审美理想的对象才会被其纳入审美活动中来,否则就难以引起审美主体的注意。鲁迅曾经说过,贾府里的焦大不会去喜欢林妹妹,原因就在于他与贾宝玉有着完全不同的审美理想。当然,审美理想的这种规范作用更主要的是以一种宏观形式进行的,也就是说,它只是从宏观上规定了审美对象的选择范围,至于主体在特定的时间和条件下到底选择哪一个具体的审美对象,则更多地取决于此时此刻主体的特定需要。另一方面,在不同的审美理想作用下,不同的主体对于同一个对象所作出的审美判断也可能大相径庭。比如同样是面对落日的余晖,李商隐发出的是"夕阳无限好,只是近黄昏"的惆怅和叹息,而作为无产阶级革命家的叶剑英却表达了"老夫喜做黄昏颂,满目青山夕照明"这种烈士暮年壮心不已的豪迈情怀。在这里,审美理想实际上充当了审美价值的评价标准。当然,这仍然是一种宏观的标准,准确地说,实际上是主体审美判断的总的原则和尺度,至于具体的评价和感受则当然还要参考其他的因素。

第二,审美理想作为一种人生修养,直接使审美活动成为主体人生实践的重要组成部

---

① 黑格尔:《美学》第1卷,朱光潜译,商务印书馆1979年版,第39页。

分。审美活动虽然直接诉诸人们的情感而不是人的意志，因而不会直接导致主体的实践性行为。但由于情感活动对于人的精神所具有的巨大感染力量，它却可以使主体所获得的信念变得空前的坚定，使其对于信念的追求变得无比热烈。因此，艺术作品经常会给读者的人生理想和生活道路带来巨大的影响和变化。在以往的岁月里，有多少青年是在阅读了《青春之歌》《钢铁是怎样炼成的》这样的艺术作品之后，才坚定了自己的人生信念，走上了革命的道路。在这里，审美理想与人生理想、美的境界与人生境界实际上已经合二为一，完全统一在一起了。

审美理想与人生理想的内在关联从另一个方面提醒我们，审美理想并不仅仅是审美活动本身的产物，而是主体全部人生实践的结晶。审美理想所反映的不仅是主体的艺术修养和审美趣味，同时也是主体的人生修养和境界。在此意义上，审美理想也不是纯粹的个性特征，而是反映着一定的民族性、时代性和阶级性。也正因为如此，审美理想总是与一定时代的社会理想联系在一起。真正优秀的艺术家总是能够在自己的作品中反映出整个时代千千万万人的共同呼声。列宁曾经说过，托尔斯泰之所以伟大，就是因为他是"俄国千百万农民在俄国资产阶级革命快到来的时候的思想和情绪的表现者"[①]。而鲁迅之所以会赢得"民族魂"的伟大赞誉，也是因为他的作品表达了半殖民地半封建社会的中国人民所遭受的苦难和压迫。当然，我们不是要求艺术家违背自己的艺术个性去迎合他人或社会的需要，而是说艺术家如果能够自觉地把个人的审美创造与整个社会的需要结合在一起，就一定能够使自己的审美理想获得彻底的升华，他的艺术创作也一定能够取得更高的成就。

(三) 审美趣味

审美趣味是个人在审美活动和审美评价中所表现出来的主观爱好和倾向。能力或鉴赏力是审美趣味的内在方面，而兴趣和品位则是审美趣味的外在表现。

趣味显然并不是审美经验中的特有现象，在日常生活中我们也常常谈到人们趣味的差异和分歧。不过，这两者仍然有着显著的差别。日常生活中的趣味在很大程度上是个人的事情，以饮食习惯为例，它可能完全是由主体的生理条件和生存环境所决定的。在这种情况下，我们很难谈论所谓趣味的高低与好坏。而审美趣味则不同。由于审美经验具有强烈的社会性，用马克思的话来说，审美感受所显示的是感觉的社会本质，所以，审美趣味也必然在一定程度上是主体社会性的显示。当然，即使是审美趣味也具有无可置疑的个体性，这是由审美经验的感性特征所决定的。但毕竟在审美活动中我们必然会要求主体的判断和评价具有一定的普遍性，否则，审美活动就成为主观任意的行为了。

审美趣味中实际上存在着个体性与社会性、特殊性与普遍性的矛盾。这种矛盾的出现根本上是由于审美趣味是在个体生理和心理条件的基础上形成的，个体条件的差异性与审美经验所要求的共同性之间必然会出现一定的矛盾和对立。

由此所导致的结果就是，审美趣味呈现出两个方面的特征：第一，审美趣味具有明显

---

① 转引自《马克思主义文艺论著选讲》，中国人民大学出版社1982年版，第355页。

的个性差异。主体的个性特征是由先天和后天、生理与社会等多种因素的作用所形成的,因而必然会千差万别,各不相同。审美趣味作为一种个人的爱好和倾向,自然也具有强烈的个性特征。从生理特征方面来看,艺术家的天赋、资质对于其艺术创作活动的影响显然是不能低估的。精神分析理论的创始人弗洛伊德就曾经深入研究过生理特征对于艺术家创作活动的影响,指出艺术家的生理状态与他的创作之间的深刻联系,这就表明个体在生理上的差异也会造成人在审美趣味上的差异。

第二,影响主体审美趣味的主要因素仍是他所面临的后天因素或社会条件。马克思说过,"像拉斐尔这样的个人是否能顺利地发展他的天才,这就完全取决于需要,而这种需要又取决于分工以及由于分工产生的人们所受教育的条件。"①这就是说,先天因素能否发挥作用以及发挥到何种程度,在何种程度上影响到主体的审美个性和审美趣味,根本上是由后天的社会因素所决定的。审美主体所处的社会环境和阶级地位、他所具有的民族文化背景等等都会对其审美趣味的形成产生巨大的影响。法国近代的古典主义悲剧之所以十分讲求形式上的典雅高贵,在取材上也只限于古希腊神话或帝王将相的故事,就是为了满足宫廷贵族的欣赏趣味。而当资产阶级革命取得成功,市民阶级的审美趣味需要加以满足的时候,舞台上便开始出现反映现实生活的艺术作品。这些都表明,表面上是反映个人主观爱好的审美趣味,实际上仍然有着深刻的社会历史背景。

审美趣味的这种两重性决定了我们在承认其个体性的同时,还必须注意防止那种把审美趣味相对化的观点。这就是说,无论审美趣味有多么明显的主观性和个性色彩,它仍然是有好坏高下之分的。在审美问题上那种所谓的"趣味无可争辩"的观点是十分有害的。那么,判断一种审美趣味是否健康的标准是什么呢?我们认为关键是要把握两个因素。1. 我们必须把审美趣味联系于具体的审美对象,看看依据这种趣味所做出的判断是否充分反映了审美对象的客观特点。个人的审美趣味无论具有多大的分歧,它总是要在审美对象当中进行选择,它所做出的评价也必须符合对象的审美价值。健康良好的趣味总是与对象的属性较为一致。相反,坏的趣味则为主观的好恶所左右,而不考虑审美对象的具体特征。

2. 审美趣味作为主体审美心理结构的组成部分,必然要受到主体审美理想的制约。这是因为,审美理想作为主体最高的审美追求,乃是主体进行任何审美活动的最高指导原则。与之相比,审美趣味显然处于较低的层次。如果说审美理想是从宏观方面规范审美活动的范围和趋向,那么审美趣味则是从微观层面具体地规定主体对于对象的选择和评价。因此,好的审美趣味必然不会完全局限于对象的具体特征,而是积极地把对象与主体的审美理想联系起来,由此做出的选择和评价才是真正具有普遍性的。据此我们认为,要想提高自己的审美趣味,除了尽可能多地进行审美活动,积累起日益丰富的审美经验之外,更主要的还在于提高自己的审美理想。而审美理想的提高则不仅仅是一件审美活动自身的事情,正如我们前面所说的,审美理想在根本上是与主体的人生理想相统一的。因

---

① 《马克思恩格斯全集》第3卷,人民出版社1960年版,第459页。

此，主体只有通过艰苦的人生实践切实地改进自己的世界观和人生观，才能最终提高自己的审美理想和审美趣味。常言所说的"功夫在诗外"，显然不仅仅适用于诗人的创作，审美理想和趣味的提高何尝不是如此呢？

二、审美活动的基本性质

审美活动是人类最基本、最普遍也是最高级的活动方式之一。在日常生活中，我们每个人都经常或自觉或不自觉地从事审美活动，也不同程度地都拥有一定的审美感受与体验。比如，在风和日暖的时节，眼前到处是娇红嫩绿，一派生机盎然的景象，你不由自主地要融入这浓浓的春意中，并由衷地感受到一种身心的愉悦和满足；当你阅读一部小说或欣赏一出戏剧的时候，你会陪着人物领略生离死别的滋味，你会随着英雄的受难而内心充满了紧张，你会为主人公的幸福而感到同样的快慰，等等。以上境界不管是得诸自然还是来自艺术，也不管你自觉还是不自觉，从主客体关系角度看，都属于审美活动。

审美活动并非都会给人带来甜蜜和轻松，它也可能使人产生震惊，甚至让人产生一种深刻的"痛苦"。请看《红楼梦》第二十三回中的一段描写：

> 这里黛玉见宝玉去了，听见众姐妹也不在房中，自己闷闷的。正欲回房，刚走到梨香院墙角外，只听见墙内笛韵悠扬，歌声婉转，黛玉便知是那十二个女孩子演习戏文。虽未留心去听，偶然两句吹到耳朵内，明明白白一字不落道："原来是姹紫嫣红开遍，似这般，都付与断井颓垣……"黛玉听了，倒也十分感慨缠绵，便止步侧耳细听，又唱道是："良辰美景奈何天，赏心乐事谁家院……"听了这两句，不觉点头自叹，心下自思："原来戏上也有好文章，可惜世人只知看戏，未必能领略其中的趣味。"想毕，又后悔不该胡思乱想，耽误了听曲子。再听时，恰唱道："只为你如花美眷，似水流年……"黛玉听了这两句，不觉心动神摇。又听道："你在幽闺自怜……"等句，越发如醉如痴，站立不住，便一蹲身坐在一块山子石上，细嚼"如花美眷，似水流年"八个字的滋味。忽又想起前日见古人诗中，有"水流花谢两无情"之句；再词中又有"流水落花春去也，天上人间"之句；又兼方才所见《西厢记》中"花落水流红，闲愁万种"之句；都一时想起来，凑聚在一处。仔细忖度，不觉心痛神驰，眼中落泪。

林黛玉由《牡丹亭》中的两句唱词所引发的复杂而细微的情感运动过程——从感慨缠绵、侧耳细听，到点头自叹、心动神摇，再到心痛神驰、眼中落泪，不仅由听戏文过渡到对个人命运的沉思，而且随着对"痛苦"越来越深的体味和咀嚼，她也一步步走向了对人生意味和生命底蕴的深层解悟。同时，这个过程，也可以说是，梨香院墙内女孩子们的演唱与林黛玉之间逐步生成现实的审美关系的过程，既是林黛玉逐渐进入审美状态、成为审美主体的过程，也是女孩子们演唱的《牡丹亭》曲文此刻生成为林黛玉的审美对象（美）的过程。这是一个二者之间现实审美关系动态建构、生成的过程，同时也是她不知不觉进入审美活动的一种真实而典型的写照。

从上面的例子中不难看出，审美活动不仅是一种独立存在着的人类活动，而且它自身

还具有十分显著的特征。下面,我们从三方面简要分析一下审美活动的特殊性:

(一) 人与世界的本己性精神交流

审美活动是人与世界、主体与客体之间在当下直接性的情境中所展开的一种最具本己性的精神交流与沟通,它既是主体得以能动地表现自己本质力量的一种独特方式,也是对象能如其所是地呈现自身的一种生动过程。所谓审美是一种最具本己性的活动,就是说,审美是一种最符合人性尊严,也最能体现人的本真价值的自由的生命活动,审美是只属于人的活动,是为了人的生存与发展的活动。它既不是由某种外力所决定、所强制,也不是理智刻意追求的结果;它既是一种摆脱了肉体必然性对人支配的活动,也是一种摆脱了对"物"的绝对依赖性的活动。黑格尔就把审美活动"看作一种灵魂的解放,而摆脱一切压抑和限制的过程"①,并精辟地提出"审美带有令人解放的性质"②的著名命题。

之所以又说在审美活动中对象能如其所是地呈现自身,是因为审美活动不仅使人从日常功利的、受到局限的、操劳烦忙着的存在状态中解放出来进入自由的生存状态,而且也使对象物从被支配、被肢解、被遮蔽的实用状态中解放出来,而以其独有的新颖面貌向人敞亮开来。因此,审美活动决非是对某种现成地摆放在那里,仿佛具有永恒不变的美的物体进行被动的静观和打量。从根本上说,审美活动是人与世界在精神上的一种交往与对话。只有在审美活动中,通过主体积极的参与和能动的创造,某种客观事物才能作为审美对象现实地向人显现出来。"春山淡冶而如笑,夏山苍翠而如滴,秋山明净而如妆,冬山惨淡而如睡"(郭熙《林泉高致集·山川训》),就不仅是自然山峰本身的客观状态,更是审美主体的一种发现和创造。"夫美不自美,因人而彰。兰亭也,不遭右军,则清湍修竹,芜没于空山矣。"(柳宗元《邕州柳中丞作马退山茅亭记》)大千世界因为人而显现出美,而人在审美活动中与世界自由无碍地交流、对话,融为一体,让大自然和客观世界成为人的本质力量的确证,从而实现人与世界之间的本己性的精神交流。

(二) 最具个性化的精神活动

审美是一种最具个性化色彩的精神活动,它所建构的是一个具有独特生命意味的诗意世界。"城上斜阳画角哀,沈园非复旧池台。伤心桥下春波绿,曾是惊鸿照影来"(陆游《沈园二首》其一)。城楼上的斜阳画角,小桥下的满池春水,这些本无生命的事物,在诗人眼里却充满了情感,它们仿佛与诗人一样哀痛伤心。刘勰在《文心雕龙·物色》中指出:"春秋代序,阴阳惨舒,物色之动,心亦摇焉。"事物景象的变化激起了人丰富的内心体验,而人在凝心观照之中又会不自觉地把自己的主观之情投射到外在的对象上,"情往似赠,兴来如答"(《文心雕龙·物色》),正是在这种主客交融的过程中形成了一个充满情感的意象世界。

审美活动在各种精神活动中最具有个性化。一般来说,任何一种精神活动的主体都是一定的个人,然而并不是任何一种精神活动都具有个性化的特点。且不说自然科学的

---

① 黑格尔:《美学》第1卷,朱光潜译,商务印书馆1979年版,第337页。
② 同上书,第147页。

研究必须摒弃个人的情感、爱好和趣味，就是社会科学研究和社会意识、社会观念的生产也必须剔除个人意识中的偶然性和主观性，使个体意识完全与类相同一，这样，才能充分保证这些精神产品的普遍性。

在一般的精神生产中，主体必须从现实的生活世界中抽身出来，把活生生的、流动不息的生活凝固化、客体化，这样，他才能使世界与自己相对立并使之成为自己的研究对象。在审美活动中，主体不仅不与对象分离，而且他就直接地栖居在他所创造的世界中。在审美活动中，主体就在自己当下直接性的生存过程中体悟着生命的意义，就在与对象相融相通的生活状态中探寻着生活的真谛。因此，它以物我两忘、天人合一的完满境界为其突出的特点。

一般的精神生产往往是以理性代替感性，以抽象的普遍性消融具体的个别性。审美活动则恰恰是把感性、个别性作为自己最基本的存在方式。审美作为一种特殊的精神活动，不仅是具体的、独特的，而且永远是一次性的、不可重复的。不同的人面对同一个客体，可以形成不同的审美境界，比如，同样是秋天的枫叶，在怀着悠然闲适心情的杜牧眼里是："停车坐爱枫林晚，霜叶红于二月花。"在这里秋天的枫叶比二月的鲜花还要艳丽；在满怀离别愁绪的崔莺莺的眼里则是："晓来谁染霜林醉，总是离人泪。"在这里秋天的枫叶就像是被泪水染过一般，令人伤感醉心；在满腹忧国情思的戚继光眼里又是："繁霜尽是心头血，洒向千峰秋叶丹。"在这里秋天的枫叶又呈现出豪迈悲壮的色彩。就是同一个人在不同的时空条件下面对同一个客体，也会形成不同的审美境界，如南宋词人蒋捷的《虞美人·听雨》："少年听雨歌楼上，红烛昏罗帐。壮年听雨客舟中，江阔云低，断雁叫西风。而今听雨僧庐下，鬓已星星也。悲欢离合总无情，一任阶前，点滴到天明。"词中以温软香艳的"歌楼夜雨"、悲凉凄切的"江舟秋雨"、孤独枯寂的"僧庐听雨"三幅图画，就生动地展现了从少年风流、壮年飘零到晚年孤冷的三种不同人生境界。审美的体验过程，既可以是一种瞬间的体验，也可以是终身的体验，历久而弥深。审美活动的具体内容，永远是随着人生而不断变迁、不断深化和不断丰富的。

（三）有限无功利性与最高功利性的统一

审美是一种在自身中排斥直接的功利性，但又在其根底里与人类整体的生存与发展血脉相通的特殊活动，就是说，它既具有功利性，又具有无功利性，既具有自律性，又具有他律性，审美活动的特殊性就恰恰在于它是诸多矛盾因素的辩证统一。

所谓审美活动无功利，是说审美活动并不以某一有限目的为目的，相反它还必须以摆脱直接功利目的为前提。当主体囿于直接的功利目的时，他不可能成为审美主体，客体也不会作为审美对象向他呈现。先秦思想家墨子早已说过："食必常饱，然后求美；衣必常暖，然后求丽；居必常安，然后求乐。"[①]马克思更明确地指出：

> 囿于粗陋的实际需要的感觉只具有有限的意义。对于一个饥肠辘辘的人说来并不存在着食物的属人的形式，而只存在着它作为食物的抽象的存在；同样地，食物可

[①] 《中国美学史资料选编》上册，中华书局1980年版，第22页。

能具有最粗糙的形式,并且不能说,这种饮食与动物的摄食有什么不同。忧心忡忡的穷人甚至对最美丽的景色都无动于衷;贩卖矿物的商人只看到矿物的商业价值,而看不到矿物的美和特性。①

被某种有限的功利性目的所操纵、所支配的人的存在,是一种与人的真正自由本性相疏离的、单向度的、片面的存在。审美活动就是对这种存在状态的一种积极扬弃与克服。

不过,审美活动虽然在其自身中剔除了直接的功利目的性,却并不意味着它与功利性的绝缘。相反,审美活动指向一种整体的、根本的功利性,这就是它把人向着完整的自由存在状态提升。当一位读者读完一部像《巴黎圣母院》或者《约翰·克利斯朵夫》这样的作品,他的情感得到净化,他的心灵得到感染,使他能够以更积极、更乐观、更加坚定的心态面对生活中的困难与不幸,这就是审美活动的意义与价值所在。在这个意义上讲,审美活动是包含着"大功利"的。英国学者柏拉威尔在《马克思和世界文学》一书中指出:"对马克思来说,文学不仅仅是一种表达的手段——在很大程度上来说,也是一种自我构成的手段。人类和禽兽之间一个重要的不同是,人类不仅为了满足自己身体上的需要和冲动才从事劳动,而且也'按照美的规律'形成形态。因此,文学满足人的一种需要,它像其他艺术一样,创造和形成欣赏文学的感受能力。因此,这才有可能谈到'生产性的消费'。艺术作品的产生和欣赏有助于我们成为更完美的人。"②从最高的意义上说,审美活动并不只是人自我构成的手段,还是人自我完善的一种活动。

(四)审美活动是自律性与他律性的统一

正因为审美活动是无功利性和有功利性的辩证统一,因此,审美活动又是自律性与他律性的统一。所谓自律性,是指审美活动本身就是一个自身完满的世界,它不是手段,而直接的就是目的本身。正如马克思所说:"作家绝不把自己的作品看作手段,作品就是目的本身;无论对作家或其他人来说,作品根本不是手段,所以在必要时作家可以为了作品的生存而牺牲自己个人的生存。"③

所谓审美活动又具有他律性,就是说审美活动并不是一个封闭孤立、与世隔绝的世界。首先,审美活动从根本上受到物质实践的决定和制约。社会生产力的水平决定着人的审美对象的范围,决定着艺术作品的物质媒介,也决定着人的审美需要与审美能力。比如,每一种新媒介的出现都意味着人的能力获得一次新的延伸,从而也必然带来审美活动中交流内容的变化。正如麦克卢汉所说:"电力媒介的出现立即把艺术从囚衣的束缚下解放出来,也创造了保罗·克利、毕加索、布拉克、爱森斯坦、麦思克兄弟和乔伊斯的世界。"④其次,物质生产劳动所达到的历史水准以及在生产中所形成的人与人、人与自然之间相互关系的特点,还会通过各种社会中介因素最终渗透到审美活动的具体内容中并决定着审美的方向和水平。最后,各种审美形态,如美、崇高、悲剧、喜剧、怪诞、中和、气韵、

---

① 《1844年经济学—哲学手稿》,刘丕坤译,人民出版社1979年版,第79—80页。
② 柏拉威尔:《马克思和世界文学》,梅绍武等译,三联书店1980年版,第405页。
③ 《马克思恩格斯全集》第1卷,人民出版社1979年版,第87页。
④ 麦克卢汉:《理解媒介——论人的延伸》,何道宽译,商务印书馆2000年版,第33页。

意境等等的历史性生成和演变,实质上不过是人的现实境遇、生存状况以及理想追求在历史中不断发展的一种审美凝聚和反映。因此,审美活动与其他实践活动之间有着剪不断的、千丝万缕的复杂关系。审美的自觉程度和广阔程度就是人丰富的内在本性在现实中不断生成和在范围上不断扩大的一种人化的尺度。就此而言,审美活动具有他律性。更准确地说,审美活动是自律与他律的统一。

三、审美活动的价值内涵

审美既不像实用功利活动可以给人带来物质上的利益,也不像伦理道德活动可以为人赢得精神上的赞誉,更不像声猎犬马等娱乐活动可以让人玩得淋漓尽致,富有刺激性。然而,从古至今,审美活动却始终是人类一种孜孜不倦的追求。在生活中,我们不是经常可以看到,有些人宁可漠视物质的匮乏也不愿放弃审美的享受吗?那么,审美的世界究竟具有怎样的魅力?它的内在意蕴是什么?

（一）审美活动是一种价值活动

如果我们撩开审美现象多姿多彩的外在形态,对其深层的内在意蕴进行理性透视,就不难看出,审美活动之所以吸引人、感染人,是因为审美活动本身所展开的就是一个属人的世界,并且这个世界也仅仅只为人而存在。无论是春华秋实,冬雪夏雨,还是晓风残月,惊雷狂飙；也无论是飘风流莺,江南水乡,还是悬崖峭壁,绝塞长城；从大都市中的摩天大楼,到边陲之地的荒村野店,可以说,凡是人类足迹所到之处,凡是进入人的生存领域的各种各样的事物,无不可以跃入人的审美视野中。不管审美活动所指涉的具体对象之间有多大的区别和差异,然而这些对象之进入审美的世界,却无不关系着人。它们或者以某种特殊的形式凝聚、浓缩着人类遥远的过去；或者以某种奇异的组合启迪、召唤着人类走向灿烂的未来；它们或者以其自身的某种属性映照着人的命运、人的境况；或者以自身的某种特征激发着人的理想、人的创造精神。就像凡·高笔下的农鞋中装满了劳动者对大地丰收的深情渴望,罗中立的油画《父亲》那满脸的皱纹中敞开着父辈艰辛处世而又豪迈乐观的丰富世界。总之,这些对象一旦进入审美的领域就成为人的对象化和对象化的人,成为人对自己本质力量的充分确证和肯定。审美活动由于体现着人生价值而具有价值性。人除了追求物质价值的物质生产活动以外,也有各种各样追求精神价值的活动。审美活动就是实现人的特殊的精神价值的活动。

（二）审美价值与一般价值活动的共性

审美活动作为价值活动的一种形式,它具有一般价值活动的共性:首先,审美活动与其他的价值活动一样,都表现为以主体为根据、为目的、为趋向的一种特殊的主客体关系。在这种价值关系中,客体自身的属性成为主体需要的价值对象,而主体的需要则是客体自身属性的价值确证。因此,审美活动的展开,既是客体对象被人化、内在化的过程,也是主体审美需要的对象化、现实化的过程。比如自然界的山水花鸟,从它们本身来说无所谓美、丑之分,就像它们作为一种本然性的现象无所谓善、恶之别一样,但是,它们一旦进入价值关系的结构中就会具有某种意义。于是昆虫有益虫与害虫的不同,花鸟有有情与无情的区别。"泪眼问花花不语,乱红飞过秋千去""感时花溅泪,恨别鸟惊心""昔我往矣,杨柳依依。今我来思,雨雪霏霏",等等,就真实地显露出审美活动的价值特征。

其次,审美活动同其他价值活动一样,都必然要受到社会实践活动的深刻制约,并随着社会实践的发展而发展。世界上没有永恒不变的事物和现象,不仅客体在变,而且主体也在变,因此,主客体之间的价值关系必然呈现为一种动态的历史过程,绝不存在所谓永恒的价值。在审美活动中,不仅美、丑、悲、喜、崇高、滑稽等价值形态依条件的转变可以互相转化,而且各审美形态的内涵及其在审美活动中的地位也必然会不断发生历史性的变化。就是同一客体对象,看起来它似乎可以在不同时代不同民族中为人们所共同接受、共同欣赏,如某些优秀的艺术作品,这些作品好像具有永恒的审美价值,但是,这不过是一种外在的相同性而已,其实际情形就像伊格尔顿所说:"'我们的'荷马并不是中世纪的荷马,我们的莎士比亚也不是他同时代人心目中的莎士比亚;情况很可能是,不同的历史时代出于自己的目的创造了'不同的'荷马和莎士比亚,并在这些作品中找出一些成分而加以重视或贬斥,尽管这些因素并不一定相同。换言之,一切文学作品都被阅读它们的社会所'改写',即使仅仅是无意识地改写。没有任何一部作品,也没有任何一种关于这部作品的流行评价,可以被直截了当地传给新的人群而在其过程中不发生改变,虽然这种改变几乎是无意识的;这也就是为什么说被当作文学的事物是一个极不稳定的事件的原因之一。"① 就是说,同一部艺术作品,在其流传的历史过程中必然会发生或增值或减值的种种复杂变化,而不可能始终保持同一的审美意义。

(三) 审美活动作为价值活动的特殊性

审美活动不仅有着一般价值活动的共性,而且具有不同于其他价值活动的特殊性。

审美活动所追求的不是一般的价值,而是能满足人的心灵需要的精神价值。在审美活动中主体主要运用自己的审美感官去直接把握对象的审美特性,并进行情感体验。他所看重的绝不是对象的物质功利性和有限的实际用途,而是对象的精神意义,是对象令人精神愉悦的特性。人们之所以欣赏大理石筑成的雅典娜神殿,并不是因为大理石的原因,人们之所以欣赏黄金制造的王冠,也并非因为黄金本身,它们之所以成为审美对象根本上是因为它们具备一种特殊的精神魅力,即能唤起人深刻的情感体验并使人获得充分审美享受的精神魅力。特尔斯特赫正确地指出:"精神劳动的产品(书、绘画、雕刻)即使获得了外部的实物形式,但它对我们之所以有意义,不在于具体体现它的那种自然物质(纸、颜料、油画底布、大理石等)具有什么有用性质。我们对绘画的兴趣绝不是由创造它的颜料和油画底布的性质决定的。我们对书感兴趣也不是因为印出它的纸张的性质(纸张即使在评价作为印刷工业产品的书时有意义,但纸张并不是精神劳动的产品)。自然物质的有用物质对于精神产品来说,好像是外面的包装材料,与精神产品的真正内容和意义没有直接关系。"②

---

① 伊格尔顿:《二十世纪西方文学理论》,伍晓明译,陕西师范大学出版社1987年版,第14页。
② 托尔斯特赫等:《精神生产——精神活动问题的社会哲学观》,安起民译,北京师范大学出版社1988年版,第163页。

在审美活动中,主体从日常操劳着的世界进入一个深蕴着生命意义的特殊世界。他既是从生活世界中暂时退出,又是向生活世界更深地突进。之所以说他是从生活世界暂时退出,是指在审美活动中主体摆脱了与实际人生直接的利害关系,是对由名缰利锁交织而成的功利网络的一种暂时的超脱;之所以又说他是向生活世界更深地突进,是因为即使在审美中主体也并不能与实际人生完全隔绝,毋宁说,他是带着实际人生刻印在他心头的全部经验,带着他在日常生活中悲欢离合的所有经历而走进了审美的世界。因此,在审美中他越是能够无功利目的地去观照世界,他就越是能够使自己全部的人生积累都充分地释放出来。而他越是无条件地把自己都交付于他所观照的世界,他也就越是能本真地面对这个世界。正是在与世界的这种直接的照面中,平时在有限的功利活动中被遮蔽、被悬置起来的人生意义问题才会真实地向他突显出来。他不是用理智去把握这种意义,而是以情感去拥抱这种意义。在情感的付出中,他赢获了一个完整的世界。"我们饱享着这种魅力,而在这样给我们满足的同时,审美特质对我们就成了一种特殊的价值,这种价值不是由冷漠的判断来评价的,而是我们直接感受到的。它使我们产生一阵新的强烈情绪,这种情绪现在真的成了一种快感,由眼前的景象所引起的喜悦和安逸,一阵'沉醉'——就好像沉醉于浓郁的花香中一样。"①

因此,审美活动所追寻的又并非一种一般的精神价值,而是能启迪人领悟人生真谛,并激励人不断去创造自己生活意义的一种独特的精神价值。审美活动所追求的价值,内在地包含着"真",因而它与认识活动相联系,但它却不像认识活动那样揭示出事实并终止于事实。审美活动在现实的基础上展开又超越现实而追求理想的真,即人的"应有之真"。审美活动追求理想,内在地包含着"善",因而它与道德活动相联系,但它却不像道德活动那样,主要着眼于既定的现实关系,而是以其内蕴着的否定性的批判力量激发人们的创造精神,召唤人们去创造更完美的现实关系。审美活动追寻完满的人生,内在地包含着人的"终极关怀",因而它与宗教活动相联系。但它却不像宗教活动那样通过对现存世界的根本否定,引领人们到达神的殿堂——实际只是一种虚幻的境界。审美活动以对主体存在的充分肯定为前提,以对人的价值的高扬为旨趣,它所创造的是一个个性丰满、生命充盈的人的世界。正如席勒所说:在审美的国度里,每一个人都是"自由的公民","通过自由去给予自由,这就是审美王国的基本法律"。②

(四) 审美活动是人最具本己性的存在方式

审美作为人类一种基本的活动方式,它就存在于人类丰富的现实生活中。并非只有当人走进电影院、音乐厅,去观赏艺术的时候他才开始审美,也并非只有当人游山玩水,把玩奇花异草的时候他才进行审美。事实上,只要人活着,他就会希望能以最适合人性尊严的方式去生存;只要人活动,他也总会希望能把自身所拥有的本质力量最充分地表现出来。在这种种希望中,就酝酿着人的审美追求,孕育着人的审美理想。因此,审美需要并

---

① 英伽登:《审美经验与审美对象》,转引自 M. 李普曼:《当代美学》,邓鹏译,光明日报出版社 1986 年版,第 295 页。
② 席勒:《美育书简》,徐恒醇译,中国文联出版公司 1984 年版,第 145 页。

不是从外部强加给人的一种力量,审美活动也不是高不可及的只有少数人才能享有的一种特权。从根本上说,审美的需要就内在于人类特殊的生命活动中,审美活动就是人之所以为人的一种最具本质性的存在方式。这个命题不仅意味着审美活动为人所独有,在人以外的动物和其他的存在物中没有审美活动,而且也意味着审美活动最能昭示人的本质特征,它就是真正意义上的人现实地存在着的一种存在方式。

费尔巴哈十分精辟地指出:"只有人,对星星的无目的的仰望能够给他以上天的喜悦;只有人,当看到宝石的光辉、如镜的水面、花朵和蝴蝶的色彩时,沉醉于单纯视觉的欢乐;只有人的耳朵听到鸟儿的啭声、金属的锵锵声、溪流潺潺声、风的飒飒声时,感到狂喜……"①可以说,在人的存在中就蕴藏着审美存在的全部奥秘,在人的实际生存中就不断孕育并生成着审美活动的内在动力。人的奔涌不息的生活世界不仅为审美活动提供了深厚的生长土壤,而且为审美活动不断注入着韵味独特的鲜活内容。因此,为了深入把握审美活动的本质特点,我们就不能仅仅停留在对审美活动一般特征的描述上,还必须进一步揭示审美存在与人的存在之间内在的相关性。审美是最能体现人的本质特点的一种活动方式。只有在审美中,人所独有的本质力量才能最充分地显露出来;只有在审美中,人才作为与动物根本不同的完整意义上的人而自由地实现着自己;也只有在审美中,人才能把现实与理想、内在与外在、个人与社会完全统一起来,从而充分体验到作为一个人所应有的尊严和价值。因此,审美活动是以比较纯粹的形式集中表现着为人所专有的一些本质属性,它可以说是一种深蕴着饱满的人性意味和丰富的情感内容的人的真正的存在方式。具体说来,这主要表现在以下几个方面:

首先,人在审美活动中的存在不同于在日常生活中的存在,它是一种超越性的存在方式。

从人的存在意义上说,日常生活是每个现实的人都不可避免的一种最普通、最寻常的存在方式。所谓日常生活,一般是指与社会的政治、经济、军事、文化等等有组织并具备一定规模的公共性的活动方式相区别的种种私人化的生活领域和生活方式。它以家庭为活动的中心场所,以维持个体生命的存在和再生产为基本目的,以衣食住行、婚丧嫁娶、生儿育女、养老送终、走亲访友、交际应酬等等为主要内容,是人类个体从一出生就耳濡目染并终身与之伴随的一种最基本的生存方式。在日常生活中,每个人的地位和角色都是确定的、被预先安排好的。他几乎用不着刻意的努力,在其成长的过程中就不知不觉地已经被一种无形的力量所规范、所塑造。他能十分自然地就融入某种生活的习惯中,他把某种传统的风俗看成是理所当然的,并自发地以之来调节自己的行为,他似乎轻而易举地就能运用各种先在的模式来处理和应对可能遇到的各种日常生活问题。因而日常生活的世界总是能为人提供一种熟悉感和安全感,它仿佛是人避风息凉的港湾,是人宁静温馨的家园。在人们的日常存在中起指导作用的不是自觉的理性思考,而是常规性的行为模式;它不是向着未来的世界开放,而是向着传统、习惯和血缘亲情的其乐融融的回归。因此,日常的

---

① 《费尔巴哈哲学著作选集》上卷,三联书店1959年版,第212—213页。

生活世界在给人以稳定感和居家感的同时,也消磨着人的创新意识和忧患情怀,它使人最终溶解到一种平均化的生活状态中。

与之相比,审美活动则使人从平凡、琐屑的世界中超拔出来。这是因为审美活动是一种面向未来、富于创造性的活动。它不会安于日常生活的习惯性状态,天然地具有一种批判平庸现实的力量,它通过颠覆日常生活世界中那仿佛已经自动化了的惰性链条,把人们移置到批判地审视生活的新的视点上。它揭开遮蔽在日常世界之上的温情脉脉的面纱,迫使人勇敢地去面对挑战、凝视现实,它在打破人平静生活的同时,却把生活的真正意义深深地嵌入人的心灵。这正是人不断超越自身的本质追求的集中体现。

其次,人在审美中的存在不同于在异化活动中的存在,它是一种自由的存在方式。

马克思在《1844年经济学—哲学手稿》《德意志意识形态》等著作中曾深刻地揭示了在私有制条件下异化劳动的本质特征。异化劳动是人的自由本质的一种扭曲和蜕变。在异化劳动中,人不是自由地表现自己的生命,而是用摧残生命的方法来维持生命,人本身的力量对人说来,成为一种异己的、与他对立的力量,"这种力量驱使着人,而不是人驾驭着这种力量"。异化劳动的产品,也不是人的本质力量的确证,而成为人受奴役的一种表征。"我们本身的产物聚合为一种统治我们的、不受我们控制的、与我们的愿望背道而驰的并且把我们的打算化为乌有的物质力量。"这种异化是生产力发展一定水平下的必然产物,"是过去历史发展的主要因素之一"。从现实的必然性上说,只有随着生产力的高度发展,到了共产主义阶段后才能完全消除人的异化处境。到那时"任何人都没有特定的活动范围,每个人都可以在任何部门内发展,社会调节着整个生产,因而使我有可能随我自己的心愿今天干这事,明天干那事,上午打猎,下午捕鱼,傍晚从事畜牧,晚饭后从事批判,但并不因此就使我成为一个猎人、渔夫、牧人或批判者"。① 然而,人却并不是只有到了共产主义社会才会产生自由的理想。对自由的渴望,是自文明诞生以来就植根于人类心灵中的一种积极的本质力量。在现实生活中,审美活动之所以能成为人所珍重所向往的一种基本的活动方式,是因为它是人在异化的条件下所能获得的一种相对最自由的存在方式。"所谓乐者,岂必处京台、章华,游云梦、沙丘,耳听《九韶》、《六莹》,口味煎熬芬芳,驰骋夷道,钓射鹔鹴之谓乐乎。吾所谓乐者,人得其得者也。"② 所谓"人得其得者"就是人能够自由地对待并实现自己的本质力量。这只有在审美活动中才能实现。席勒说,"游戏"(即审美活动)是"人性的完满实现","只有当人充分是人的时候,他才游戏;只有当人游戏的时候,他才是完全的人"。③ 换言之,只有通过这种最符合人追求自由本性的审美活动,人才从片面走向完整、从单一走向丰富,从被肢解的实际人生中找回已经失落了的本真世界。

最后,人在审美中的存在不同于人的现实存在,它是一种应然的存在方式。无论是在日常的生活世界,还是在一般非日常的自觉的社会活动中(如政治活动、经济活动、军事活

---

① 《马克思恩格斯选集》第1卷,人民出版社1972年版,第37—38页。
② 刘文典:《淮南鸿烈集解》上册,中华书局1989年版,第33页。
③ 转引自朱光潜:《西方美学史》下卷,人民文学出版社1964年版,第96、101页。

动),人都是处在一种现实的存在之中,亦即人都是处在与世界所构成的功利性的关系之中。尽管在现实生活中,特别是在人的自觉的创造性的社会活动中也表现着人的本质力量,体现着人的自由本性,但就任何一种现实活动来看,它对人的本质力量的表现都是不充分的、不全面的,它在实现人的自由本性和理想追求方面都是受到限制的。

而审美活动则不然。由于在审美活动中,人暂时摆脱了种种现实的功利关系,进入了理想的、超越的存在状态,人的本质力量不再受到现实生活的种种限制,因而与对象世界的关系达到全面、充分的自由与和谐。在此意义上,我们可以说,只有在审美活动中,人的个性才能得到最大限度的张扬,人的本质力量也才能得到最充分的实现。在审美中人不是作为一个物与别的物去碰撞,而是以自由人的身份与同样自由的生命去交往。在审美的世界中,人如其所应是地、本真地生活着、经历着,他不是以现实的态度和征服者的姿态去实际地拥有对象,而是以应然的态度和全面的方式在从精神上占有对象的同时又超越着对象。在这里,主体扬弃了自己的利己性,对象也失去了自己赤裸裸的有用性。"活动及其成果的享受,无论就其内容或就其存在方式来说,都具有社会的性质:是社会的活动和社会的享受。"①这种人与社会、与他人的和谐统一就是审美状态。可以说,在审美中存在的人乃是真正充实的具有内在丰富性的人,即自由的人。

第二节 审美活动中的主体与对象

一、审美主体与对象只存在于审美活动中

按照一般的常识,审美活动之所以可能,首先是因为审美对象的客观存在。否则,审美活动便成了无源之水、无本之木。然而,事实却并非如此。并不是先有了审美对象的存在,才有审美活动的发生。恰恰相反,正是审美活动的存在,才为审美主体、审美对象的存在提供了现实的依据。对此法国哲学家萨特曾作过十分精辟的分析:"当我欣赏一处风景的时候,我很明白不是我创造出这处风景来的,但是我也知道,如果没有我,树木、绿叶、土地、芳草之间在我眼前建立起来的关系就完全不能存在。"②就是说,自然景物当然是外在于并独立于人而客观存在着的,但是自然景物作为审美对象,却只有在人的欣赏中才具体地呈现出来,没有人,这些景物就毫无意义。"这个景物,如果我们弃之不顾,它就失去见证者,停滞在永恒的默默无闻状态之中。"③因此,离开现实的审美活动,无论是讨论审美主体的特点,还是讨论审美对象的本质,都只能是一种抽象的缺乏现实内容的纯理论思辨而已。

审美活动是审美主体与审美对象的基础,这是因为:
首先,审美对象并不是先于人而存在的一种东西。如果离开人,离开具体的审美活

---

① 《马克思恩格斯文集》第 1 卷,人民出版社 2009 年版,第 187 页。
② 《萨特研究》,中国社会科学出版社 1981 年版,第 13 页。
③ 同上书,第 3 页。

动,我们甚至无法说明最简单的审美现象。以艺术品为例,在人们欣赏之前,它仿佛已经客观的存在着,并具有确定的意义。然而实际的情形却是"精神产品这个既是具体的又是想象出来的对象只有在作者和读者的联合努力之下才能出现。只有为了别人,才有艺术;只有通过别人,才有艺术。"没有人的欣赏,艺术品只不过是一种普通的物而已。"《大摩纳》的奇妙性质,《阿尔芒斯》的雄伟风格,卡夫卡神话的写实和真实程度,这一切都从来不是现成给予的;必需由读者自己在不断超越写出来的东西的过程中去发明这一切。……作品只在与他的能力相应的程度上存在。"①就是说,审美对象只存在于审美活动中,只有在审美活动中它才现实地生成、真实地显现出来。

其次,只有在主客体关系中才能把握审美主体的性质。马克思曾说:"只有音乐才能激起人的音乐感","只是由于人的本质客观地展开的丰富性,主体的、人的感性的丰富性,如有音乐感的耳朵、能感受形式美的眼睛,总之,那些能成为人的享受的感觉,即确证自己是人的本质力量的感觉,才一部分发展起来,一部分产生出来。因为,不仅五官感觉,而且连所谓精神感觉、实践感觉(意志、爱等等),一句话,人的感觉,感觉的人性,都是由于它的对象的存在,由于人化的自然界,才产生出来的。"②在这里,马克思明确告诉我们:(1)审美主体不可能离开审美对象而孤立地存在;(2)主体的审美感觉与审美能力是在与对象的人化关系中,在"人化的自然界"即人化的对象世界中产生出来,并得到确证的;(3)人的"主观感觉"包括审美感觉与这种感觉的人性,是长期实践活动(包括审美活动)的历史产物,是从全部人类不断发展的实践(包括审美活动)中不断发展与丰富的。

再次,就审美而言,正是人的对象化活动,建构起现实的审美对象及与之相适应的审美主体,确定了主客体间审美关系的规定性。"对象如何对他来说成为他的对象,这取决于对象的性质以及与之相适应的本质力量的性质;因为正是这种关系的规定性形成一种特殊的、现实的肯定方式。"③正如只有音乐才能激起人的音乐感,但是,"如果你对于音乐没有欣赏力,没有感情,那么你听到最美的音乐,也只是像听到耳边吹过的风,或者脚下流过的水一样"(费尔巴哈)④。因此,正是对象的性质与主体本质力量的性质之间互相适应与互相规定的互动关系,即对象化的审美活动造就了现实的审美主体与审美对象,规定了主客体关系的审美特性。

总之,审美活动就是审美主体与审美对象之间相互依存、相互规定、相互激荡的矛盾运动过程。无论是单个的审美主体还是单个的审美对象,都仅仅只是理论上的一种抽象,从实际存在的意义上说,它们是互为条件,根本无法分离的。当我们说到审美主体的时候,就意味着有一个审美对象的存在,正是审美对象要求并规定着主体成为审美主体;而审美对象的出现,又必须以审美主体的存在为必然前提,审美对象就是审美主体在审美活动中所指涉的一个客体。因此,审美活动是审美主体与审美对象之所以可能并具有现

---

① 《萨特研究》,中国社会科学出版社1981年版,第7、8页。
② 《马克思恩格斯文集》第1卷,人民出版社2009年版,第191页。
③ 同上书,第191页。
④ 《十八世纪末—十九世纪初德国哲学》,商务印书馆1982年版,第551页。

实性的根本条件。我们只有在审美活动的存在结构中,才能真正把握住审美主体与审美对象以及它们之间所形成的审美关系的真实特性。

二、审美主体的存在状态

审美活动本质上是人的一种精神活动,这就决定了主体在审美中主要是一种精神性的存在方式。这当然不是说人的精神可以离开肉体而存在,所谓人在审美中是一种精神性的存在方式,只是指在审美中,人主要发挥着自己精神性的本质力量,人是通过精神性的劳动在从精神上占有对象的过程中来确证自己的现实存在的。因此,我们考察主体在审美中的存在状态,也就是要具体揭示在审美活动中主体精神活动的独特状态与根本特征。但是,我们又不是要具体说明人在审美中心理活动的具体过程,而是要探究在审美活动中人作为精神性的存在是如何通过对象而现身、如何在与对象的交往中显露出自己的,即追问在审美活动中人如何成为现实的审美主体,及其作为精神主体的精神活动的存在状态与存在特征。我们认为,主体在审美活动中的精神存在特征主要体现在惊异、体验和澄明三个基本环节及其起伏运动的状态中。

(一)惊异:从日常生活中的跃出

黑格尔曾说:"艺术意识一般和宗教意识——或者毋宁说是二者的统一——以至科学研究都起于惊异。尚未对任何事物发生惊异的人,生活在蒙昧状态中,对任何事物都不发生兴趣,任何事物都不是为他而存在,因为他尚未把他自己从对象及其直接单个存在中区分和解开。……人只有摆脱了直接的、最初的自然联系和欲望的迫切单纯的实际关系,从而在精神上从自然和他自己的单个存在中撤回并在事物中寻求和看到了普遍的东西、内在的东西和常住的东西,才会发生惊异。"①在这里,黑格尔是从人的精神生成和发展的整体角度来说明惊异发生的意义的。当人还处在主客不分的混沌蒙昧的状态时,不会产生惊异。只有当人开始挣脱自己与外物处在同一状态的混沌性,开始摆脱与自然之间单纯直接的欲望关系,开始把外物作为对象并试图从自然的存在中去洞见某种内在的东西时,惊异才会发生。

那么,我们究竟应该怎样理解作为美学范畴的惊异?我们首先应把美学中所说的惊异与一般生活中所说的好奇、惊诧等现象区别开来。生活中出现的好奇,一般是指人们对某些有悖于日常习惯的异乎常态的现象的一种特别热情的关注态度,它是机械生活的一种暂时中断,是生活中偶然出现的一种短暂插曲,它仅仅驻足于事物新奇的外在特征方面。正因如此,生活中的好奇现象往往并不具有深刻持久的内在意义。与之相比,审美惊异虽然也表现为日常生活的一种暂时中断,但它却是积极的。一方面,引起审美惊异的对象未必一定是异乎寻常的,另一方面,它与被打断的生活之间依然保持一种内在的深刻联系。因此,审美惊异并非一种单纯的感性刺激,不是一种主观的任意,它主要表现为一种

---

① 转引自张世英:《进入澄明之境》,商务印书馆1996年版,第210页。张世英先生对"惊异"的论述,对本节观点有很大启发,本节中部分内容吸收了张先生的看法。

内在的精神召唤。

审美惊异也不同于科学和哲学研究中的惊异,它不是要求我们理性地去思考对象,而是驱策着我们感性地去体验对象。正如杜夫海纳所言:"审美的惊奇与亚里士多德称为科学的起点和胡塞尔及其评注者们称为哲学的起点的惊奇相比,有这样的特点:它引起思考只是为了否定思考。因为对象求之于我们的与其说是理解它,像人们力图理解一种奇特现象使之合乎正常的事理并解决它激起的不安和提出的问题那样,不如说是作为一个毋庸置辩的证据在它自己的深度中体验它。"①具体说来,审美中的惊异有两个主要特点:

1. 审美惊异不是一种理性的求知欲,而是一种鲜活的生命感。如果说,科学与哲学研究中的惊异产生于由主客同一向主客分化的路途中,并表现为向客体突进的探索精神,那么,审美惊异则恰恰产生于由主客对立向主客统一的回归中。它不是要回到自己的原始起点,而是在主客分化的新的基础上对主客融合新境界的一种深情的期待。它不是像猎人发现猎物一样,表现为一种意欲现实占有的强烈兴奋,而是像流浪的游子瞥见母亲的眼光一样,在疲惫的心头涌动起一股缠绵的情思。因此,所谓审美惊异,从实质上说,就是人在一定的现实境遇中由于与客体对象的直接契合所产生出来的一种迥异于日常生活经验的特殊心境。在这里,惊异既表现为客体对主体的召唤,也表现为主体对客体的向往。正是在主客体这种刹那间的直接碰撞与神会中,激发起主体强烈的审美兴趣。

2. 审美惊异的产生既依赖于主体一定的自身条件,也依赖于对象本身一定的客观条件。从主体方面来说,必须具备相当的审美修养和审美能力,正如马克思所说:"如果你想得到艺术的享受,你本身就必须是一个有艺术修养的人。"②再从对象方面来说,也必须具备某种独特之处,否则就不可能使人产生真正的惊异。如杜夫海纳所说:"当审美对象不能使我们感到惊奇、使我们发生变化时,我们就不能完全把它看成审美对象。"③审美惊异就产生于具有一定审美能力的主体与具备某种独特之处的对象的直接相遇和直接契合中。

惊异作为审美主体一种特殊的心境与态度,它一方面"摒弃了事物实际的一面,也摒弃了我们对待这些事物的实际态度",把主体从日常的生活世界中引领出来,使之进入审美的状态,另一方面,它也把客体对象从世俗的功利关系中解放出来,使之作为审美对象向人呈现出来。"它像是某种片刻之间涌现出来的新的急流;或者有如强烈的亮光一闪而过,照得那些本来也许是最平常、最熟悉的物体在人们眼前变得光耀夺目"④。但是,惊异并不会随着审美活动的形成而逐渐消失。相反,如果没有惊异所营构的心理氛围及其内在的引导,审美活动就很难持续地展开。同时,惊异也不会总是停留在自身。惊异之为惊异就是一种动力,一种永不停息的追寻和叩问,它不仅把主体带入审美的世界,而且召唤

---

① 杜夫海纳:《审美经验现象学》,韩树站译,文化艺术出版社1996年版,第449页。
② 《1844年经济学—哲学手稿》,刘丕坤译,人民出版社1979年版,第108—109页。
③ 杜夫海纳:《审美经验现象学》,韩树站译,文化艺术出版社1996年版,第448页。
④ 布洛:《作为艺术因素与审美原则的"心理距离"》,见《美学译文》(二),中国社会科学出版社1982年版,第95、96页。

着他在审美的世界中去经历、去生活。当主体真正把自己融入审美的世界与花鸟共悲欢、与草木同命运的时候,他就进入了审美体验的状态。

（二）体验:沉浸在与对象直接的相处中

所谓审美体验,就是主体在具体审美活动中被具有某种独特性质的客体对象所深深地吸引,情不自禁地进行领悟、体味、再创造,以至于陶醉其中,心灵受到震撼的一种独特的精神状态。在审美体验的瞬间,主体的各种心理因素都被充分调动起来,处于紧张和亢奋的活跃状态,"旧经验制约着新经验,新经验有选择地重新构造旧经验。"①新旧经验的相互碰撞与融合,使主体产生出一种情牵意绕、意象纷呈、言难尽意、欲辩忘言的复杂心绪。处在审美体验中的人,不是要去客观地认识对象的物理属性,而是要把客体对象完全接纳到自己的生命世界中,并通过与对象的交融把自己生命的本真性全面开启出来、显露出来。

审美体验作为一种特殊的体验方式,与人的生活世界以及人在实际生活中所获得的人生体验之间具有千丝万缕的密切关系。诚然,审美体验离不开情感与想象,但审美体验的根却深深地扎在生活的肥沃土壤中。一个人越是具有丰富的人生体验,他就越有可能获得深刻的审美体验,一个人越是能深入生活的底层,饱尝人世间的甜酸苦辛,他就越是具有广阔的视野,越有可能在审美中把他丰厚的人生积淀转化为一种韵味深永、悠远无穷的审美意蕴。狄尔泰曾这样描述歌德的生活与创作:"他所看到的世界的每一部分,都告诉他关于生活的力量和意义的某些内容。在他的眼里,每一个杰出的人都是人的天性的特定体现。在他的心目中,每一次经历都是关于生活本身某一特征的一条教训。他无与伦比地敏锐地感受到在四季交替时,在月晖下黄昏里,自然同他的关系。他窃听他的心灵隐秘的深处的活动,由此理解人的生存和人的发展。""这个关于生活的思考层是母土,从这土壤中生长出他的文学作品。他的《威廉·迈斯特》《亲合力》和《诗与真》具有最强的魅力;他的作品的这种永不枯竭的魅力在于,这样的生活智慧和生活艺术整个地渗透了他的作品。"②如果一个人只是漂浮在生活现象的表层,就很难对生活产生什么真知灼见,如果一个人在生活中从未经历过挫折、艰难和逆境,就很难真正体味生活幸福的分量。而一个对人生本身缺乏真实体验的人,也就很难谈得上审美体验的深度。正是人生本身有限与无限、短暂与永恒的辩证法,生活世界本身悲欢离合的无穷内容,为审美体验提供了不竭的源泉。

审美体验之所以与生活世界具有如此根深蒂固的内在关联,是因为人在根本上是一种社会性的存在物。人只有在与他人的共在中,才能获得自己的独特存在。但是,审美体验在本质上又是与一般生活体验不同的。这不仅因为生活体验往往带有实用功利目的,而且也因为一般生活体验总是分散的、零碎的,它常常着眼于局部利益和眼前目的。审美体验不仅摆脱了有限功利目的的羁绊,而且更重要的是,审美体验具有整体性和根本性。

---

① 伊泽尔:《审美过程研究》,霍桂桓等译,中国人民大学出版社1988年版,第179页。
② 狄尔泰:《体验与诗》,胡其鼎译,三联书店2003年版,第191、192页。

审美体验的整体性,并不是种种人生体验的简单相加,而是诸种人生体验的浓缩和凝聚,是各种实际的人生体验在审美情境中其实用意义被净化之后的一种升华和整合,是对人生整体价值和根本意义的一种领悟和玩味。正因如此,它获得了为任何一种生活体验都不曾具有也不可能具有的强烈的情感震撼力。正如朱光潜所说:"一般人的情绪有如雨后行潦,夹杂污泥朽木奔泻,来势浩荡,去无影踪。诗人的情绪好比冬潭积水,渣滓沉淀净尽,清莹澄澈,天光云影,灿然耀目。"①审美体验不只是触及人生的根本问题,重要的是,它并非像哲学那样试图用理性的思辨去回答和解决这些问题。审美体验要求人直接投入生命的历程中通过生活而让生活自行显现出自身的意义。因此,审美体验必将把人引入真正的澄明之境。

(三) 澄明:走向本真的世界

自从人的理性意识觉醒以来,人们就一直梦想着能够达到对世界的清晰把握,达到主体与客体之间的统一,实现人与人、人与对象,人与自然之间生动和谐的状态,这种状态就是澄明之境,是光明、敞亮的境界。进入澄明之境,即揭开遮蔽、去除迷误,从而走向光明之域。但是,人究竟怎样才能真正走向澄明? 为什么说审美活动能使人进入澄明之境?

不管是物质生产劳动,还是一般的精神生产活动(认识活动、道德活动等),它们本身都还不是一种澄明境界。这是因为这些活动从实质上说都还是具有功利性追求的活动,都还或直接或间接地以拥有某一存在者或某一具体的客体对象为目的,因而它们不可能完全摆脱主客相分的思维模式。

那么,主体如何才能进入澄明之境呢? 只有在审美的静观体验中澄明之境才会自动现身出来。刘勰就描述过主体进入澄明之境的状况:"故寂然凝虑,思接千载;悄然动容,视通万里;吟咏之间,吐纳珠玉之声;眉睫之前,舒卷风云之色;其思理之致乎!"②伟大的艺术总是能从一种新的广度和深度上揭示生活:"它传达了对人类的事业和人类的命运、人类的伟大和人类的痛苦的一种认识,与之相比我们日常的存在显得极为无聊和琐碎。我们所有的人都模糊而朦胧地感到生活具有无限的潜在的可能,它们默默地等待着被从蛰伏状态中唤醒而进入意识的明亮而强烈的光照之中。"③只有在审美中人才以完整的"我"与完整的世界直接相遇,人与世界之间的一切遮蔽、晦暗不明均被敞开,从而使主体进入一种光亮无蔽的澄明之境,一种最高的生存状态。在这种状态中,审美主体的精神与情感都处在一种自由状态中,而审美对象的意义也充分展现出来,最真实的自我和最真实的对象交融在一起,从而进入天地与我为一的境界之中去。正是在这个意义上,张世英先生说:"澄明之境首先是一个本体论(存在论)的范畴,它就是前面所说的无穷的相互联系、相互作用、相互影响的交叉点或集合点,也可以说是万事万物的聚焦点。这个点是空灵的,但又集中了天地万物的最广博、最丰富的内涵和意义,它是最真实的。动物无世界,不可能体会这个交叉点的意义,不可能体会到万物一体。一般人都具有这种体会的本性

---

① 朱光潜:《诗论》,引自《朱光潜全集》第3卷,安徽教育出版社1987年版,第63—64页。
② 刘勰:《文心雕龙·神思》,范文澜注,人民文学出版社1958年版,第493页。
③ 卡西尔:《人论》,甘阳译,上海译文出版社1985年版,第188页。

和能力,但过多、或较多地沉沦于功利追求而很少能进入这万物一体的澄明之境。唯有诗人能吟唱这个最宽广、最丰富的高远境界。"①

只有当审美者进入澄明之境时,审美者才获得了情感与精神上的双重满足,审美对象的意义与价值才充分展示出来,审美对象和审美主体也才真正融为一体,因此,只有在澄明之境中,审美活动才真正实现和完成,审美主体才成其为自身。

要言之,惊异、体验、澄明乃是审美主体三个主要的存在环节,或者说,是在审美活动中生成的审美主体的基本存在状态。

三、审美对象的生成与显现

审美活动像任何一种人类活动一样,其实质都是主体与客体之间一种动态的关系。主体只有在与对象的联系中并只有通过对象才能显示出自身,只有通过对象的现实规定,主体才实际表明自己是真正的主体。同样,对象本身也非自在的、给定的:一方面,对象只有在与主体的活动相联系,成为主体活动实际指涉的客体时,它才作为对象而存在;另一方面,对象本身也并不是某种确定的存在物。就是说,对象不仅只有在主体的活动中才显现自己,而且它只有在主体能动的作用中,才现实地生成。正如卡西尔所说:"赫拉克利特说太阳每天都是新的,这句格言如果对于科学家的太阳不适用的话,对于艺术家的太阳则是真的。""如果我们说,两个画家在画'相同的'景色,那就是在非常不适当地描述我们的审美经验。从艺术的观点来看,这样一种假定的相同性完全是由错觉产生的。我们不能把完全相同的东西说成是两个艺术家的题材。因为艺术家并不描绘或复写某一经验对象——一片有着小丘和高山、小溪和河流的景色。他所给予我们的是这景色的独特的转瞬即逝的面貌。"②

审美对象既具有一般对象共有的属性,也具有自身的特殊性,这是由审美活动的根本性质所决定的。我们从三个方面来进行分析。

(一)审美对象自身的客观条件

任何一种审美对象都不能离开一定的物质基础,都必须以一定的客观物质材料作为其现实存在的必要条件。比如,梅花,它的形状、颜色、姿态、香味等就是梅花作为一种植物所固有的物质属性。离开这些物质条件,梅花就不能作为审美对象。艺术也同样如此。绘画离不开画布与颜料、音乐离不开音响、文学离不开语言,等等。但是,一定的物质属性,并不仅仅只是构成审美对象的一种消极条件,就是说,审美对象不只是需要一定的物质属性,同时这些物质属性本身还必须具备一定的审美价值。诚如杜夫海纳所说:"审美对象不是别的,只是灿烂的感性。"③桑塔耶纳也说:"感性的美不是效果的最大或最主要的因素,但却是最原始最基本而且最普遍的因素。没有一种形式效果是材料效果所不能加强的,况且材料效果是形式效果之基础,它把形式效果的力量提得更高了,给予事物的

---

① 张世英:《进入澄明之境》,商务印书馆1996年版,第140—141页。
② 卡西尔:《人论》,甘阳译,上海译文出版社1985年版,第184页。
③ 杜夫海纳:《美学与哲学》,韩树站译,中国社会科学出版社1985年版,第28页。

美以某种强烈性、彻底性、无限性，否则它就缺乏这些效果。假如雅典娜的神殿巴特农不是大理石筑成，王冠不是黄金制造，星星没有火光，它们将是平淡无力的东西。"①这些都说明并非任何一种物质属性都能成为审美对象的条件，构成审美对象的物质属性必须能唤起人的审美需要。就审美对象来说，它是否具备某种特殊的感性物质因素，是它能否成为审美对象的必要条件。那么，构成审美对象的物质因素有哪些？这些物质因素作为审美对象的客观条件具有什么特质？

一般来说，审美对象的物质因素主要是指构成具体事物的色彩、线条、形状、音响等可以被人的耳、目所直接把握的感性属性，这是由审美活动根本上是一种精神观照活动所决定的。

1. 色彩。色彩是事物各种审美条件中最重要的感性质料之一，我们所欣赏的朝霞、彩虹、青山碧水、红花绿草都与色彩有关。色彩以其独有的特性，不仅把世界装扮得绚丽夺目、富有生机，而且对人的生理和心理也会产生很大影响。色彩作用于人的视觉，产生视觉表象，这对于我们辨识物体是不可缺少的。阿恩海姆指出："严格说来，一切视觉表象都是由色彩和亮度产生的，那界定形状的轮廓线，是眼睛区分几个在亮度和色彩方面都绝然不同的区域时推导出来的。组成三度形状的重要因素是光线和阴影，而光线和阴影与色彩和亮度又是同宗。即使在线条画中，也只有通过墨迹与纸张之间亮度和色彩的差别，才能把物体的形状显现出来。"②由于在漫长的社会实践中，人们与各种具有不同色彩的事物打交道，凭借所积累的色彩经验认识世界、改造世界，传达信息以至表现情感，在不同的色彩中早已储藏并积淀着不同的生活经验和情感意味，因而在审美中，作为自然属性的色彩便转化为对象审美条件的构成因素，具有了一定的审美特性。色彩的审美意义主要表现在表情性和象征性两个方面。所谓表情性是指色彩能直接唤起人的某种感受和情感。如一座雕像，采用黝黑粗糙的青铜或洁白光滑的大理石，就会给人或庄重或优雅的不同感受。所谓象征性是指在不同民族中，由于传统习惯，某种色彩与某种特定内容形成较为固定的联系，从而使色彩具有了一定的文化意义。如在中国古代，黄色与王权的联系，在基督教中，红色与圣餐的联系，等等。

2. 线条。线条也是构成客体审美条件的一种重要的感性质料。线条与色彩不同，它不是一种现成存在着的直接物体，而是人们在实践中对物体外形所做的一种抽象，在这种抽象中，线条被赋予了某种观念意义，从而成为造型艺术的一种特殊语汇。线条中所负载的观念内容，并不是由人主观设想或任意给定的。一定的线条之所以会具有某种情感意味，是因为这些线条所附着的客观事物本身在生活中就实际上使人产生过类似的经验。例如，直线之所以能表示力量、刚强，是因为生活中具有这种属性的事物如铁路、桥梁等本身就透露出力量和刚强；曲线之所以会具有飘逸和柔和的意味，是因为生活中具有曲线特点的事物如柳条、波浪、云彩等本身就往往显得飘逸、柔和。人们在生活中对各种不同线

---

① 桑塔耶纳：《美感》，缪灵珠译，中国社会科学出版社 1982 年版，第 52 页。
② 阿恩海姆：《艺术与视知觉》，滕守尧等译，四川人民出版社 1998 年版，第 451 页。

条丰富的感受经验,是线条之所以能转化为审美条件构成因素的重要基础。

3. 形状。从抽象形式的角度说,点的运动构成线,线与线的相交构成面,面与面的相交就构成形状(体),形体是事物在空间中具体的存在形式。现实生活中的任何事物,都以一定的形状在空间中存在着,它们的外形都是可见的,甚至是可触摸的。因而正是形状(体)使事物获得了一种具体的可感性,正如阿恩海姆所说:"形状,是被眼睛把握到的物体的基本特征之一,它涉及的是除了物体之空间的位置和方向等性质之外的外表形象。换言之,形状不涉及物体处于什么地方,也不涉及对象是侧立还是倒立,而主要涉及物体的边界线。"①形状(体)不仅构成事物的轮廓,是一切审美对象得以存在的最基本的层次,而且它本身还具有一定的表情性。在琳琅满目的世界中,不仅不同物体的不同形状会给人不同的感觉,如山的厚重、云的闲逸、花的妩媚,就是同一物体从不同角度看,也会呈现出不同的姿态,给人新颖的感受。如"山,近看如此,远数里看又如此,远十数里看又如此,每远每异,所谓山形步步移也。山,正面如此,侧面又如此,背面又如此,每看每异,所谓山形面面看也"②。客观事物形状各异的体态,正是审美对象多样性的物质基础。

上面三种基本的物质因素,尽管它们之间有许多具体差异,但都是作为人的视觉对象而存在的,与之相比,音响则是人的一种听觉对象。从惊涛拍岸、雷鸣海啸到溪流潺潺、呖呖啼莺,再到战鼓声、金锣声、呐喊声、车轮声、机翼声、汽笛声,可以说,人就生活在一个音响的世界里。没有声音的世界,是一个死寂的令人窒息的世界。因此,声音是客体审美条件的又一个构成因素。和谐而有规律的声音,会使人感到悦耳动听,心旷神怡,相反,嘈杂而无规律的声音则让人感到刺耳聒噪,心烦意乱。由于声音的强弱大小、有无规律、升降起伏及其在时间中的流动变化,也就是声音的节奏,与人的生理心理之间会发生某种对应的关系,因而就使得本来无所谓情感的各种声音带上了情感的意味。

值得注意的是,构成审美条件的诸种物质因素,它们并不是各自独立、互相外在的。其中任何一种单独的物质因素如果脱离开整体的对象结构,就都是抽象的没有意义的,比如,被随意泼洒在地上的颜料或孤零零的一声喊叫,并不具有审美的意味,只有在具体的审美对象中,这些物质因素才获得了现实的规定性。黑格尔指出:"在音乐里,孤立的单音是无意义的,只有在它和其他的声音发生关系时才在对立、协调、转变和融合之中产生效果,绘画中的颜色也是如此……只有各种颜色的配合才产生闪烁灿烂的效果。"③因而对审美对象来说,问题的关键不仅仅在于它是否拥有构成审美条件的某种物质因素,还在于这些因素是怎样被组织起来整合于对象之中的。审美条件的各种物质因素之间相互依存、相互联系的组合规律,就是审美对象的形式规律。在长期的审美实践中,人们曾总结出多种形式组合的原则,如整齐一律、均衡对称、节奏韵律、对比调和等等。其中多样统一是最基本、最普遍的一种形式规律。

所谓多样,是指审美对象的整体中所包含的各个物质因素在形式上的区别与差异,所

---

① 阿恩海姆:《艺术与视知觉》,滕守尧等译,四川人民出版社1998年版,第56页。
② 《中国美学史资料选编》下册,中华书局1980年版,第14页。
③ 黑格尔:《美学》第2卷,朱光潜译,商务印书馆1979年版,第371页。

谓统一,则是指审美对象各个不同的部分和不同的物质因素在整体中彼此关联、呼应、衬托、映照,从而有机融合的内在关系。"多样统一"也就是寓多于一,在丰富多彩的表现中保持着内在血脉的一致性。我国唐代书法家孙过庭在论书法时曾精辟地揭示了这一规律:"至若数画并布,其形各异;众点齐列,为体互乖。一点成一字之规,一字乃终篇之准。违而不犯,和而不同;留不常迟,遣不恒疾;带燥方润,将浓遂枯;泯规矩于方圆,遁钩绳之曲直;乍显乍晦,若行若藏;穷变态于毫端,合情调于纸上。"①在变化中显示统一,在统一中又见出变化,"和而不同""违而不犯",这就是"多样统一"这一形式规律最本质的特点。只有既变化多样,又统一整齐,对象才生气蓬勃、情趣盎然。明代袁宏道以"插花"为例对此说得颇为透彻:"插花不可太繁,亦不可太瘦,多不过二种三种,高低疏密,如画苑布置方妙。置瓶忌两对,忌一律,忌成行列,忌以绳束缚。夫花之所谓整齐者,正以参差不伦,意态天然。如子瞻之文,随意断续,青莲之诗,不拘对偶,此真整齐也。"②

事物的某种物质因素之所以能成为一种审美的条件,并不是自然给定、天生自在的,而是在人的实践活动中逐渐生成的。这就是说,通过实践活动,事物的自然物质属性在与人的关系中向人显示出了一种新的精神意义。人类在漫长的实践中,既要与多种多样的自然事物、规律、形式打交道,必须了解它们的特征,同时又必须使自身的行为也合乎自然规律,这样,通过实践,一方面外在客观事物本身的规律逐渐被人所熟悉、所掌握、所运用,这些客观自然属性失去了与人的疏远性,另一方面,人类自身的实践活动也逐渐具有了某种普遍的合规律性的形式,即人的活动成了一种自由的活动。正是在此基础上,客观事物的某些形式特征由于与人的活动相契合,成为人类表现自己生命活动不可缺少的对象,从而它们渐渐具有了审美的性质和意义。

事物一定的感性物质因素作为构成审美对象的自身条件,决定了审美对象必然具有一种客观性,譬如,"金银不只是消极意义上的剩余的、即没有也可以过得去的东西,而且它们的美学属性使它们成为满足奢侈、装饰、华丽、炫耀等需要的天然材料,总之,成为剩余和财富的积极形式。它们可以说表现为从地下世界发掘出来的天然的光芒,银反射出一切光线的自然的混合,金则专门反射出最强的色彩红色。而色彩的感觉是一般美感中最大众化的形式。"③"天然的光芒"就是金银之所以具备审美价值的一种基本物质条件,而这种物质条件又必然担保着审美对象的客观性。

(二)审美条件向审美对象的现实转化

审美对象之所以会具有客观性,并非仅仅因为构成审美对象的物质材料本身具有客观实在性,更重要的是,这些客观物质材料总是承载着、蕴涵着一定的客观生活内容。现实生活中任何一种形状总是某一具体事物的形状,任何一种色彩、音响也都必然与某种具体的事物联系在一起。比如,声音,总是虫鸣声、鸟啼声、水流声、马嘶声、雷吼声、风吹雨打声等等;色彩,也无非是绿油油的草地、金黄色的太阳、湛蓝的天空、火红的鲜花、伸手不

---

① 《历代书法论文选》,上海书画出版社 1979 年版,第 130—131 页。
② 钱伯城:《袁宏道集笺校》,上海古籍出版社 1981 年版,第 822 页。
③ 《马克思恩格斯全集》第 13 卷,人民出版社 1979 年版,第 145 页。

见五指的黑夜等等。这些形态各异、五彩缤纷的事物并不是作为一种纯然静观的对象被人所注意的,它们也不是自动地就进入了人的生活世界。它们之所以与人之间有着休戚与共的、剪不断的联系,是因为它们这样或那样地影响着人的生存、制约着人的发展。人首先是通过自己物质性的生产活动与这些自然物打交道,这些事物才成为人的对象。而这些不同的自然物由于在人的生活世界中扮演着不同的角色,并实际地渗透到了人的命运中,所以对人具有不同的意义。比如,在无际的田野和绿色的庄稼中就体现着人对大地慷慨馈赠的期盼,天寒岁暮、风凄木落总是伴随着人对生计的艰难操持和辛勤劳作;在枯藤、老树、昏鸦所交织的场景中印刻着人的羁旅愁思,微风轻拂、春酣日煦则参与营造着亲人相聚时喜悦的氛围。因此,在现实世界中根本不存在所谓纯粹的不表现任何内容意蕴的色彩、线条、形状和音响。一定的客观事物首先是因为与人的实际生活发生了某种深刻的必然关系,成了人的生活世界中一种有意义的事物,它才可能成为某种具备审美价值的事物。每一个有意义的事物都属于人的世界,它本身也凝聚并映照着这个世界。再比如,一部艺术作品也并非只是一个等待人们去赋予其意义的空洞外壳,"艺术作品就其不可代替性来说,并非是一个单纯的意义承担者,如果这样,其意义也可以由其他的承担者来承担了。一部艺术作品的意义宁可说是建立在它自身的存在之上的"①。

具备审美价值的事物就存在于人的生活世界中,或者说,具备审美价值的事物首先必须是人的生活世界中一个具有实在性的事物。那些尚未进入人的世界的事物,即使存在着,也是一种本然性的存在物,不能成为人的审美对象。那么,我们能否说,凡具备审美价值的事物直接的就是审美对象,它就作为审美对象客观地存在着?显然不能。这是因为现实中任何一个事物,就其本身的属性而言,都具有多种可能性,都可以满足人的多种需要并从而成为人的多种活动的对象。因此,任何一个客观事物只有当它与特定的主体相联系,并实际地处在一定的活动中时,它才获得了作为某种具体对象的现实规定性。如果离开活动的规定性,事物就只是一种可能性的对象,而不能说是现实的对象。比如,一件艺术作品,当它还没有被人以审美的态度去观照和体验的时候,尽管它无疑具备审美属性,但却并不是作为审美对象而存在的。海德格尔指出,"如果我们从这些作品的未经触及的现实性角度去观赏它们,同时又不自欺欺人的话,就必将看到,这些作品就是自然现存东西,与物的自然现存并无二致。一幅画挂在墙上,就像一支猎枪或一顶帽子挂在墙上。一幅油画,比如说凡·高的那幅描绘一双农鞋的油画吧,就从一个画展周游到另一个画展。人们运送作品,就像从鲁尔区运送煤炭,从黑森林运出木材一样。战役中的士兵把荷尔德林的赞美诗与清洁用具一起放在背包里,贝多芬的四重奏被存放在出版社的仓库里,就像地窖里的马铃薯一样"②。可见,世界上绝不存在什么抽象的、无主体的绝对对象,正如世界上绝不存在什么抽象的无对象的绝对主体一样。只有在具体的活动中,事物某种潜在的价值才转化为现实的价值。一棵松树,既可以成为木匠制作家具的材料,也可

---

① 伽达默尔:《美的现实性》,张志扬等译,三联书店1991年版,第54页。
② 《海德格尔选集》(上),孙周兴选编,上海三联书店1996年版,第239页。

以成为植物学家科学研究的客体,还可以作为观赏者欣赏的对象。我们既不能说木匠、植物学家、观赏者所面对的根本不是同一种松树,也不能说,松树对木匠、植物学家和观赏者显示的是同一种意义。事实是松树具有多种价值属性,它在人的不同的活动中作为不同的对象而存在,并实现着不同的属性,显示出不同的意义。审美价值属性只是为审美对象提供了一种可能实现的条件,而只有在具体的审美活动中,这种可能性才转化为具体的现实性。审美对象只是在具体的审美活动中才现实地生成并显现出来的。

为什么只有在审美活动中,而不是在日常生活中,对象的审美条件才能现实地向审美对象转化?或者说为什么只有在审美活动中审美对象才现实生成并呈现在主体面前?这是因为在日常的生活世界中,人与事物之间主要是一种功利性的关系。功利性活动以直接拥有或攫取存在物为目的,人们看重的只是事物的有用性。科学认识活动为了寻求在某种确定条件下的事物规律,则不得不把运动中的事物抽象化,并把它作为已经完成的东西加以分解与剖析,在这种过程中活生生的事物也就必然蜕变成一种死的标本。只有在审美活动中,事物才既超脱了功利性,又摆脱了抽象的分析,而得以如其所是地显现自身,才带着它鲜活的生命力和本真性向主体敞开和呈现,审美对象也就得以现实地生成。

审美活动之所以能现实地生成审美对象,生动逼真地展现出对象的气韵和神貌,是因为在审美活动中,主体既超越了主客二分的思维模式,也超越了自己狭隘片面的生命状态。当主体全面地向对象开放自己的时候,审美对象也就完整地向主体彰显出来。我国明代著名散文家袁中道在《爽籁亭记》中对自己"听泉"过程的描述,颇为有力地说明了这一点:

> 玉泉初如溅珠,注为修渠,至此忽有大石横峙,去地丈余,邮泉而下,忽落地作大声,闻数里。予来山中,常爱听之。泉畔有石,可敷蒲,至则趺坐终日。其初至也,气浮意嚣,耳与泉不深入,风柯谷鸟,犹得而乱之。及瞑而息焉,收吾视,返吾听,万缘俱却,嗒焉丧偶,而后泉之变态百出。初如哀松碎玉,已如鹍弦铁拨,已如疾雷震霆,摇荡山岳。故予神愈静,则泉愈喧也。泉之喧者,入吾耳,而注吾心,萧然泠然,浣濯肺腑,疏瀹尘垢,洒洒乎忘身世,而一死生。故泉愈喧,则吾神愈静也。

在审美活动中,主体越是忽视自身的现实存在,就越是有助于对象的存在。这种状态,我国的庄子称之为"坐忘",法国现象学美学家杜夫海纳则称之为主体的"非现实化"。正是主体的非现实化,使审美对象获得了现实的生命。"在一幅形象画面前,我在雷斯达尔画的橡树荫下,在卡纳勒托市,与再现的人物在一起。任何光线都不是不可能,因为那是画的光线;任何怪物都不是畸形,任何脏乱都不需要打扫,高脚水果盘有权成为歪斜的样子。这倒不说明绘画不现实。这说明我为了宣告绘画的现实性而使自己非现实化了,说明我已涉足绘画为我这个变成新人的人打开的那个新世界。"[①]审美活动以其自由性、全面性和超越性,不仅使事物的审美价值充分绽露出来,而且把一个活的充盈着生命的真

---

① 杜夫海纳:《审美经验现象学》,韩树站译,文化艺术出版社1996年版,第85页。

实世界也即审美对象向人拓展出来,获得现实的存在。

（三）审美对象的非实体性与开放性

如果说一定的感性物质因素是审美对象的客观基础,审美活动是审美对象的生成条件,审美对象就现实地存在于审美活动中,那么,这是否意味着审美对象就等于处在审美活动中的客体事物本身呢？比如说,一棵松树,当它处在审美活动以外时,不是审美对象,那么,当松树进入审美活动后,它是否就完全变成了审美对象,或者说审美对象就完全等同于这棵松树本身了呢？回答是否定的,这样理解审美对象既是肤浅的,也会误解并遮盖审美对象独特的本质属性。事实上,审美对象不仅在审美活动中才现实地呈现出来,而且也只有在审美活动中它才真正地完成自身。所谓审美对象在审美活动中完成,就是说,只有在审美活动中,通过主体与客体的相互作用、碰撞、交融,审美对象才会现实地具体地生成。譬如,一部艺术作品,其中总是包含着一些模糊的、不确定的点或空白。"虚构文本中的空白引起并导致读者的建构活动","审美对象便作为这一活动的结果呈现出来"。① 因此,审美对象既不等于客体的审美条件本身,也不等于主体的审美体验本身,它是审美主体与客体审美价值属性相互融合与统一的产物。审美对象具有两个显著特征,即非实体性与开放性。

1. 非实体性。如前所说,任何审美对象都不能离开一定的感性客体,而且这种感性客体本身还必须具备某种审美价值,但是,审美对象却并不直接地就等于这种感性客体。审美对象不仅不是一种物质实体,而且它也不是精神性的实体。它只是物质与精神、客观与主观相互渗透从而熔铸成的一种独特意象。苏珊·朗格把艺术家创造的艺术形象称之为"幻象",就深刻揭示了审美对象的这一存在特征。她指出："艺术'幻象'并不是虚假的,不是对自然的改良,也不是对现实的逃避；它是艺术的'要素',用这种'要素'制成的是一种半抽象的,然而又往往是一种独特的和给人以美的感受的表现性形式。我们说艺术形象是一种幻象,这仅仅是指艺术形象是非物质的。"② 比如,舞蹈,它当然离不开舞蹈演员的表演,但是,"当你在欣赏舞蹈的时候,你并不是在观看眼前的物质物——往四处奔跑的人、扭动的身体等；你看到的是几种相互作用着的力。正是凭借这些力,舞蹈才显得上举、前进、退缩或减弱"。"演员所作的一切都是为了创造出一个能够使我们真实看到的东西,而我们实际看到的却是一种虚的实体。虽然它包含着一切物理实在——地点、重力、人体、肌肉力、肌肉控制以及若干辅助设施（如灯光、声响、道具等）,但是在舞蹈中,这一切全都消失了。一种舞蹈越是完美,我们能从中看到的这些现实物就越少。"③ 一种舞蹈形象并不等于舞蹈演员本身,而是由舞蹈演员的身体动作、布景、灯光、音响等因素共同创造出来的一种幻象,这种幻象是作为一个浸透着情感的形象对我们起作用的,它引领我们要到达一个蕴涵丰富人生意义的独特境界,但是,它却并非由眼睛直接看到,而只能由

---

① 沃尔夫冈·伊瑟尔：《阅读活动——审美反应理论》,转引自王一川主编：《大学美学》,高等教育出版社2007年版,第80、81页。
② 苏珊·朗格：《艺术问题》,滕守尧译,中国社会科学出版社1983年版,第33页。
③ 同上。

审美主体(观众)的审美体验来具体地确认。

审美对象之所以会具有非实体性,是因为审美活动并不是一种单纯的静观,而是一种积极的建构过程。在审美中,主体总是这样或那样、有意或无意地要对客体作出选择,他或者会忽略某些因素,或者会增加某些方面,正是在主体这种创造性的观照过程中,审美对象才从它所依存的客观事物中被分离和突现出来。英伽登对欣赏"维纳斯"过程的分析,可以充分说明这一点:"到过巴黎,见到名叫'维纳斯'的那块大理石的人都知道,这块大理石的许多属性不仅不能有助于审美经验,反而会妨碍这种经验的实现。为此我们总是尽力忽略它们。例如'维纳斯'鼻梁上的一块污痕,或它的胸脯上可能是由于水的侵蚀而产生的许多粗斑、空穴、水孔等等,就会有碍于对它的审美感觉。在审美经验中,我们会忽略这块大理石的这些特殊性质,好像根本就没有看到它们。相反,我们似乎看到它的鼻梁毫无瑕疵、胸脯平滑,所有的洞穴都被填上还有完好的乳头(实际上这乳头已经给毁掉了)等。我们在'思想中',甚至在一种特殊的知觉反映中补充了对象的这些细节,使其在给定条件下有助于造成审美印象的最佳条件;更确切地说,我们给我们的审美对象的形状补充的细节使它通过在特定条件下出现的审美价值完全展示出来。这种过程对一块真实的石头的认识或调查研究是根本不合适的。可是在'审美认识'中,它却'非常合适'。"①

审美对象从它所依存的客观事物中被抽离出来的过程,既是外在事物从实向虚的能动转化过程,也是审美主体内在的本质力量充分对象化的过程。在这种主客融会的双向互动中,就必然使审美对象超越原来客观的实在事物,变成了一种主客观统一的新的精神客体。诚如郑板桥所描述的那样:"江馆清秋,晨起看竹,烟光、日影、露气,皆浮动于疏枝密叶之间。胸中勃勃,遂有画意。其实胸中之竹,并不是眼中之竹也。"②胸中之竹之所以不同于眼中之竹,是因为眼中之竹还是外在于主体的一种纯客观的存在之物,而胸中之竹则是在审美观照中生成的已经包含着主体内在本质力量的审美对象了。

2. 开放性。审美对象在事物由实向虚的转化中生成,这不仅使之摆脱了具体实物的羁绊而具有了一种空灵性,同时也使之悬置了事物有限的实用意义而拥有了一种开放性。所谓开放性,就是说审美对象具有不确定性和不可穷尽性。我国古典美学中经常谈到的所谓"言有尽而意无穷""状难写之景如在目前,含不尽之意见于言外""韵外之致、味外之旨""象外之象、景外之景"等等,实质上都是对审美对象开放性特点的深刻揭示。就是说,审美对象既是有限的、确定的,但又具有无限性和不确定性。一方面,任何审美对象都不能离开一定的"物",无论是观花、赏月,留恋于大自然奇异变幻的风景中,还是吟诗、品画,陶醉于动人心弦的艺术世界中,都不可能完全摆脱具体的"物",尽管作为审美对象的物,并非一种实物而只是一种意象或者说幻象;但另一方面,真正的审美对象又决非仅仅表现为一种有限的单纯的物,无论是自然现象、人文景观还是由人创作的艺术作品,如果它们缺乏内涵,了无余韵,不能使人从中看到更多、更深、更远的东西,它们也就很难转化

---

① 英伽登:《审美经验与审美对象》,见 M. 李普曼编:《当代美学》,邓鹏译,光明日报出版社 1986 年版,第 286 页。

② 《郑板桥文集》,巴蜀书社 1997 年版,第 165 页。

为真正有价值的审美对象。能够唤起人审美意识的自然风景或生活场面应该像一幅艺术作品,真正的艺术作品应该是富有浓郁诗意的作品,而真正的诗意则在于它能使人闻之动心、品之无极,启迪人作无穷的追索和探寻。欧阳修与梅尧臣关于诗的一段讨论颇为精彩:

> 圣俞尝语余曰:"诗家虽率意,而造语亦难。若意新语工,得前人所未道者,斯为善也。必能状难写之景如在目前,含不尽之意见于言外,然后为至矣。贾岛云'竹笼拾山果,瓦瓶担石泉',姚合云'马随山鹿放,鸡逐野禽栖'等是山邑荒僻,官况萧条;不如'县古槐根出,官清马骨高'为工也。"余曰:"语之工者固如是。状难写之景,含不尽之意,何诗为然?"圣俞曰:"作者得于心,览者会以意,殆难指陈以言也。虽然,亦可略道其仿佛:若严维'柳塘春水漫,花坞夕阳迟',则天容时态,融合骀荡,岂不如在目前乎?又若温庭筠'鸡声茅店月,人迹板桥霜',贾岛'怪禽啼旷野,落日恐行人'则道路辛苦,羁愁旅思,岂不见于言外乎?"①

"状难写之景"与"含不尽之意"的诗之所以较之一般"意新语工"之诗要高,不正在于它没有穷尽的开放性吗?在这种不可穷尽的广阔空间中,在场者与不在场者不再是彼此分离或互不相属的东西,过去、现在、未来也失去了各自僵硬的界限而融成了一个整体的境域,审美对象才跃然而出。因此,审美对象绝不是一个站在主体面前寂然不动的纯粹的物,毋宁说,它是一个不断向主体敞开的生气勃勃的流动着的生命世界。伽达默尔说得好:"谁要是欣赏提香或委拉士凯支的一幅著名的画,如某位骑在马上的哈布斯堡王族,而对此只想到:哦,这是查理第五。那么他对这幅画就什么也没有看见。这是构造出来的东西,它要求把它当作画来逐字逐句地阅读。归根结蒂,这强制性的结构组成了一幅画,在其中由这幅画本身唤起的意义浮现出来,这是一个世界主宰者的意义,在他的王国里太阳永不落。"②审美对象的无限性就寄居在它的有限个别的存在中,审美对象的不确定性和不可穷尽性就根源于它那既与过去沟通又向未来开放的生成性的结构之中。

第三节 审美活动的发生

总的来说,审美活动是人的实践的产物,是人的实践性存在的必然结果。探究审美活动的发生,不仅要揭示审美活动之所以能发生的逻辑条件、现实原因,而且要探究审美现象之所以会存在的人类学根据。

一、审美发生理论概述

(一) 审美发生理论的历史回顾

在两千多年的美学史上,关于艺术和审美发生的研究不绝如缕,曾先后出现过数十种

---

① 何文焕辑:《历代诗话》(上),中华书局1981年版,第267页。
② 伽达默尔:《美的现实性》,张志扬等译,三联书店1991年版,第44页。

理论学说。这里,我们主要对两种影响较大的观点略作评述。

首先是生物本能说。认为审美的发生导源于人的某种本能,是一种具有久远历史的观点。古希腊哲学家德谟克利特说:"在许多重要的事情上,我们是摹仿禽兽,作禽兽的小学生。从蜘蛛我们学会了织布和缝补,从燕子学会了造房子,从天鹅和黄莺等歌唱的鸟学会了唱歌。"①这实际上是从人的自然天性来说明审美发生的。18世纪英国经验主义美学家博克在其美学著作《论崇高与美两种观念的根源》中,也把审美活动与人的本能联系起来。他把人的基本情欲分为两类:一类是要求维持个体生命的本能,另一类是要求维持种族生命延续的本能。由前一种本能产生出崇高感,由后一种本能则产生出美感。这样一来,人类的审美活动在其本源处就是一种本能的需要。

在这一派理论中影响最大的应首推达尔文的观点。达尔文是一位生物学家,他通过对动物生活的实际观察和研究,提出动物也有美感能力的观点。他的看法集中体现在下面一段话中:"当我们看到一只雄鸟在雌鸟面前展示它的色相俱美的羽毛而惟恐有所遗漏的时候,而同时,不具备这些色相的其他鸟类便不进行这一类表演,我们实在无法怀疑,这一种的雌鸟是对雄鸟的美好有所心领神会的。……各种蜂鸟的巢、各种凉棚鸟的闲游小径都用各种颜色的物品点缀的花花绿绿,颇为雅致;而这也说明他们这样做决不是徒然的,而是从观览之中可以得到一些快感。……如果雌鸟全无鉴赏的能力,无从领悟雄鸟的美色、盛装、清音、雅曲,则后者在展示或演奏中所花费的实际劳动与情绪上的紧张岂不成为无的放矢,尽付东流? 而这是无论如何难于承认的。"②于是,达尔文得出结论说:"人和许多低于人的动物对同样的一些颜色,同样美妙的一些描影和形态,同样一些声音,都同样地具有愉快的感觉。"③不言而喻,这种"愉快的感觉"是出自本能的。

从本能角度探索审美发生问题的,还有弗洛伊德的精神分析学。弗洛伊德认为,人的本能中最基本、最核心的是性本能。人的各种本能欲望在平常都被社会所压抑,这种压抑使得人的本能欲望只能通过移置与升华的方式以求发泄。文化创造实质就是"性的精力被升华了,就是说,它舍却性的目标,而转向他种较高尚的社会的目标"④。弗洛伊德认为,审美与艺术的活动,就是人的性欲升华的一种基本途径,在这种活动中,人的欲望可以得到想象的替代性满足。

从上面的介绍中可以看出,同样是从本能的视角追究审美的发生根据,但各家的立场及着重点并不完全相同。不管怎样,他们所提出的问题都是值得重视的。这种研究,不仅拓展了审美发生理论的思维空间,而且还有力地说明审美的发生是有其伏根深远的生物性基础的。如果我们忽视了这一基础,对审美发生的研究将会是不彻底的。就上述几种观点本身来看,它们的缺点主要在于:第一,混淆和抹杀了动物的本能活动与人的有意识的生命活动之间质的区别,以至于把动物的快感等同于人的美感。第二,由于忽视了人的

---

① 《古希腊罗马哲学》,商务印书馆1961年版,第112页。
② 达尔文:《人类的由来》,潘光旦等译,商务印书馆1983年版,第136页。
③ 同上书,第137页。
④ 弗洛伊德:《精神分析引论》,高觉敷译,商务印书馆1986年版,第9页。

审美活动中所包含的社会性内容,从而也就忽视了对审美活动赖以发生的社会根源的探讨。事实上,审美活动之所以发生,根本上并不是由于它的生物性基础,恰恰是因为人所独有的实践活动,这正是造成人与动物本质区别的真正原因。马克思说:"诚然,饮食男女等等也是真正人类的机能。然而,如果把这些机能同其他人类活动割裂开来并使它们成为最后的和唯一的终极目的,那么,在这样的抽象中,它们就具有动物的性质。"①马克思的话一针见血地指出了上述观点的迷失所在。

其次是劳动说。劳动说作为一种艺术和审美发生理论,也有很多信奉者与支持者,尤其在20世纪我国美学和文艺学领域曾一度占据优势地位。这一理论的主旨就是认为艺术和审美起源于人类的物质生产劳动。

早在1896年,德国学者卡·毕歇尔就根据大量人类学的材料,研究了劳动、音乐和诗歌之间的相互关系,并认为:"在其发展的最初阶段上,劳动、音乐和诗歌是极其紧密地互相联系着的,然而这三位一体的基本的组成部分是劳动,其余的组成部分只具有从属的意义。"②此后,普列汉诺夫在毕歇尔研究的基础上,对劳动与艺术和审美之间的关系作了更加深入、系统的阐发。他的看法可大致概括为下列几点:第一,"劳动先于艺术","人最初是从功利观点来观察事物和现象,只是后来才站到审美的观点上来看待它们"。③ 比如,一些原始狩猎民族之所以用野兽的皮、爪和牙齿作为自己的装饰品,并不是单单由于这些东西所特有的色彩和线条的组合,而是因为它们可以作为勇敢、灵巧和有力的一种标记。只是到后来,也正由于这些东西是勇敢、灵巧和有力的标记,它们才开始引起审美的感觉,被归入装饰品的范围。第二,"原始狩猎者的心理本性决定着他一般地能够有审美的趣味和概念,而他的生产力状况、他的狩猎的生活方式则使他恰好有这些而非别的审美的趣味和概念"④。就是说,从人的心理本性上说,他潜在地包含着某种审美的要求,但是,只有通过劳动才能使这种潜在性转化为现实性。在人的具体审美趣味中,总是蕴涵着由特定社会生产力所必然决定的社会生活的本质内容。第三,人的审美能力也是在生产劳动中形成并与生产力发展的一定水平相一致的。比如,人的觉察节奏和欣赏节奏的能力就与劳动有着极密切的关系。"为什么在他的生产性的身体运动中恰好遵照着这种而非另一种的节奏呢?这决定于一定生产过程的技术操作性质,决定于一定生产的技术。"⑤

普列汉诺夫关于劳动与审美及艺术之间关系的论述,对我国美学界曾产生过重大影响。不容否认,上述观点的确是十分深刻的,它在一定程度上也揭示出了劳动对艺术和审美活动至关重要的决定性作用。但是,从劳动说作为一种审美发生理论来看,它却存在着明显的不足。这主要表现在它只是揭示了审美赖以发生的物质前提,却并未能真正切入审美如何发生的内在机制。审美活动是一种超越了直接肉体需要的精神性的创造活动,

---

① 《1844年经济学—哲学手稿》,刘丕坤译,人民文学出版社1979年版,第48页。
② 《普列汉诺夫美学论文集》(Ⅰ),曹葆华译,人民出版社1983年版,第340页。
③ 同上书,第395页。
④ 同上书,第337页。
⑤ 同上书,第339页。

它指向人的最高生存理想即自由。马克思说,真正"自由王国只是在由必需和外在目的规定要做的劳动中止的地方才开始;因而按照事物的本性来说,它存在于真正物质生产领域的彼岸"①。很显然,生产劳动作为一种功利目的十分强烈的物质活动,在其本身中不可能直接产生出追寻精神性自由王国的审美活动。从物质性的生产劳动到精神性的审美活动的过渡和飞跃,需要一定的中间环节。这些中间环节是什么,它们对审美发生所起的作用究竟怎样,正是审美发生理论应该探明的重要问题。从这一点看,劳动说还不是严格意义上的审美发生理论。

(二) 审美发生理论应解决的基本问题和研究途径

历史上关于审美发生的研究虽然源远流长,但是,早期的研究不仅零散、单一,而且基本上是一种从属于哲学的思辨和猜测。直到19世纪中后期,进化论的诞生以及人类学、考古学等学科的相继出现,才真正为审美发生的研究奠定了坚实的理论基础。可以说,目前关于这方面的研究仍处于起步阶段。下面,我们首先从分析审美发生理论应研究的基本问题入手。

审美发生作为一种历史现象,它是在人类发展的某个特定阶段,由于多种因素的因缘会合所必然造成的。因此,研究审美的发生,逻辑上就包含着三个既相互联系又彼此区别的问题,即:审美活动何时发生?何以会发生?怎样发生?它们之间构成了一种层次性的环状结构。其中一个问题的解决,有赖于另一个更基本的问题的解决,同时也为下一个问题的解决提供历史的、逻辑的基础。因此在审美发生的研究中,除了要揭示每一问题层面的内涵之外,还应深入挖掘各问题层面之间的内在关系。我们既不能混淆了这几个不同的问题层面,也不能把只是在其中一个问题层面上所作出的阐释误以为是对整个审美发生问题的解答。② 只有对这三个方面作系统的整体研究,才能真正建构起切实有效的审美发生理论。这是一项具有相当难度的理论课题。它既依赖于史前考古学从地下发掘出来的可以证明原始人类确曾进行过审美活动的"原始遗存物",又必须借助于人类学、文化学、社会学、心理学、哲学等学科知识对大量的经验事实材料进行深入的科学分析。对审美发生的研究,是实证与思辨、历史与哲学的高度统一。成熟的审美发生理论,必须依靠其他相关学科的成熟及其共同的努力与协作。

三个问题中审美何以发生问题尤其关键。而回答审美何以会发生,根本上就是要回答人类的审美活动究竟是在什么样的条件下、基于怎样的特殊原因而必然发生的。这一问题又包括两个层次:第一,审美发生的一般条件与特殊条件;第二,审美发生的精神动力与内在原因。前者是审美发生的外部原因,后者是审美发生的内部根据。没有一定的外部条件,审美活动不可能具有现实性,而没有一定的内在根据,审美活动就根本不会发生。在研究审美的发生时,我们既不能机械地把条件与原因割裂开来,也不能只重视一个方面而忽视另一个方面,这样,我们才能尽可能透彻地洞悉审美发生的真实奥秘。

---

① 马克思:《资本论》第3卷,人民出版社1975年版,第926页。
② 参见郑元者《艺术之根:艺术起源学引论》,湖南教育出版社1998年版,第20页。

在此基础上,还应研究审美怎样发生的问题。就是说,应当进一步揭示这些条件与原因之间的相互联系与相互作用,从而较完整、真实地复现审美活动具体发生的历史过程。审美发生作为一种历史的过程,绝不可能是由某种单一条件和单一原因所造成的。同时,在审美的生成中,各种外部因素和内部因素,也不会是不分主次地发挥着同等重要的作用。因此,审美的发生学研究,就不能仅仅孤立地说明究竟哪些条件或原因决定并影响了审美的生成,它还应该从整体的相互关系中去揭示这些因素究竟怎样决定并影响了审美的发生。只有经过这样的努力,我们才可能一步步逼近审美发生的真实图景。

要科学地解决上述三个基本问题,应主要通过两种基本途径。

第一,通过对考古发现的原始文化遗存物的分析与研究,确证、推断、重建早期人类审美活动的发生、发展过程。由于原始社会的历史是一种没有任何文字记录可做凭借的史前史,因此,原始时代的"遗存物"就成为我们解读原始文化历史、了解原始审美现象最重要也最可靠的依据。原始文化遗物以其本真的状态,不仅是早期人类生存斗争和生活世界的一种历史浓缩,而且这些器物在形态上从简单到复杂,从粗糙到精致的巨大演变也是人类审美意识发生和发展的一种有力确证。如果离开对考古资料的实证考察,审美发生学的研究将会变成一种纯粹的思辨玄想。因此,直接从考古发现的事实材料出发,追索远古时代的审美历史,被公认为是最具学术价值的一种研究途径。

第二,借助于儿童心理学的研究成果,探究原始审美活动赖以发生的心理机制。恩格斯曾经指出:"正如母体内的人的胚胎发展史,仅仅是我们的动物祖先以蠕虫为开端的几百万年的躯体发展史的一个缩影一样,孩童的精神发展则是我们的动物祖先、至少是比较晚些的动物祖先的智力发展的一个缩影,只不过更加压缩了。"[①]现代科学研究已经证明,在儿童智力发展与人类种族的智力进化史之间的确存在着某种结构性的相似关系。因此,从儿童心理学的角度揭示审美心理的形成,也是研究审美发生的一条有效途径。

上述两种途径,在审美发生的研究中并不具有同等重要的作用。其中,第一种途径是最根本的。这是因为只有史前文物资料,作为远古祖先内在精神的物化产品,能够为我们真实地了解他们的审美活动提供唯一可靠的证据。第二种途径,在审美发生理论中不可能占据主导位置,诚如玛克斯·德索所说:"儿童的艺术特别缺乏任何与效用、财产、战争,任何与迷信、宗教象征及原始群体的情感之间的关系。原始人的艺术正是在这种关系之上兴旺起来的。"[②]因此,从儿童心理学角度所做的研究,在审美发生理论中仅处在从属的地位,它只有在提供某种类比和旁证的意义上,才是有价值的。

二、审美发生的条件与标志

(一)审美发生的基本前提

动物的生命活动虽然是人的生命活动不容否认的生物性基础,但是,人的生命活动既

---

① 《马克思恩格斯选集》第 4 卷,人民出版社 1995 年版,第 383 页。
② 玛克斯·德索:《美学与艺术理论》,兰金仁译,中国社会科学出版社 1987 年版,第 250 页。

经形成,就与动物的生命活动具有了本质上的差异。"动物是和它的生命活动直接同一的。它没有自己和自己的生命活动之间的区别。它就是这种生命活动。人则把自己的生活活动本身变成自己的意志和意识的对象。……有意识的生活活动直接把人跟动物的生命活动区别开来。"①

那么,人的生活活动何以会不同于动物的生命活动呢? 或者说,人的生活活动的本质特点究竟是如何形成的呢? 这主要根源于人所独有的以制造和使用工具为突出标志的物质生产劳动。这主要因为:

第一,工具的出现,彻底打破了人原有的生物性肢体、器官和能力的狭隘性与固定性。特别是由于运用工具的要求,进一步巩固和确立了人的直立行走、手脚分工等形态特征,这对人体全部结构和骨骼系统的发展以及人脑的最终形成都产生了极大的影响。从而不仅为人能够与外在世界发生极为广泛和多样的联系开辟了重要途径,而且为人真正的创造性活动在更大规模上的发展奠定了牢固的基础。

第二,工具不仅包括物质性的劳动手段,而且也包括人所独有的运用语言符号的能力。如果没有语言,人的意识就不能成为真正的现实,从而人的真正的创造性活动也就无法展开。人的语言是在劳动中并和劳动一起产生的。"首先是劳动,然后是语言和劳动一起,成了两个最主要的推动力,在它们的影响下,猿的脑髓就逐渐地变成人的脑髓。"②

第三,人类只是通过运用工具的劳动,才越来越广泛、深入地学会了认识自然,真正形成人的意识。而意识的诞生,又会反过来不断推动人类制造工具的活动向更高层次上迈进。随着人类认识与改造自然能力的实际增强,人也就越来越作为一种与自然相区别的主体力量而从自然中站立起来。

第四,工具作为人的智力的一种物化形式,它既是人所创造的一种物质产品,又是人借以实际地改造自然的一种物质手段。"它们是人类的手创造出来的人类头脑的器官;是物化的知识力量"。因此,工具是比对自然的直接占有和直接的物质享受更为重要、更为根本的一种历史因素。直接的物质占有和享受会随着时间的推移而慢慢消失,但是人所创造的物质生产工具却能被保存下来,并成为下一代人继续从事物质生产和历史创造的必要前提,从而推动人类历史不断发展和进步。

第五,人类使用工具的劳动活动,不仅造成外在自然的人化,而且也同时造成人本身内在自然的人化。所谓外在自然的人化,是指人通过劳动,在外部自然界中打上自己本质力量的印记,所谓内在自然的人化,则是指人在改造外部客观世界的过程中,也不断改造着人本身,即不断使自身的动物性因素得到塑造和提升而向着人性的方面转化。外在自然的人化与内在自然的人化是同一劳动过程的两个不同方面。二者以工具作为中介而相互转化、相互联系起来。

由上可知,制造和使用工具的活动是人的生产不同于动物生产的一个最本质的规定

---

① 《1844年经济学—哲学手稿》,刘丕坤译,人民出版社1979年版,第50页。
② 《马克思恩格斯选集》第3卷,人民出版社1960年版,第512页。

性,也是审美活动得以发生的真正前提。

(二) 审美发生的社会中介因素

人类使用工具的劳动活动在其本身中就内在地包含着一种社会性的要求,它只有在社会中才能存在,也只有在一定的现实的社会关系中才能历史具体地进行和展开。正如马克思所说:"人们在生产中不仅仅同自然界发生关系。他们如果不以一定方式结合起来共同活动和互相交换其活动,便不能进行生产。为了进行生产,人们便发生一定的联系和关系;只有在这些社会联系和社会关系的范围内,才会有他们对自然界的关系,才会有生产。"①一定的社会关系不仅是生产活动得以进行的必要条件,而且它本身就是人的生产活动的存在形式。因此,人的劳动又是造成人的社会存在的根本原因。

人自身存在的社会性质,从根本上决定了审美活动也必然是一种具有社会性质的人类活动。康德曾说过:"一个孤独的人在一荒岛上将不修饰他的茅舍,也不修饰他自己,或寻找花卉,更不会寻找植物来装点自己。只在社会里他才想到,不仅做一个人,而且按照他的样式做一个文雅的人(文明的开始)。"②事实上,不仅审美的动机,而且审美活动的具体内容及其现实的存在方式都是由社会所决定的。一定的社会历史因素是审美活动得以发生和发展的直接条件。但是,究竟哪些社会因素决定并影响了审美的发生,它们的作用机制又是如何呢?

普列汉诺夫曾经提出过一个十分著名的观点,即劳动先于艺术、功利先于审美。在他看来,一个事物首先是因为它对人有用,然后才变得对人具有审美的意义。他分析非洲许多原始部落的妇女,喜欢在手上戴如同"奴隶的锁链"一般的铁环的原因时说:"因为戴上这些东西,在她自己和别人看来都显得是美的。可是为什么她显得是美的呢?这是由于观念的十分复杂的联想的缘故。对这种装饰品的热情正好在这样的一些部落那里发展着……这些部落现在正经历着铁的世纪,换句话说,就是在他们那里铁是贵重的金属。贵重的东西显得是美的,因为同它一起联想起来的是富的观念。"③在这里,普列汉诺夫把"功利性的观念"作为审美在劳动基础上产生的一种中介性因素,这对我们揭示审美发生的社会条件具有重要的启示意义。

但是,普列汉诺夫没有对个人功利性与人类功利性进行严格的区分。实际上,并不是所有的功利性观念都能成为影响审美发生的积极因素。只有那种基于人类整体发展和根本利益的功利性观念和活动,才能真正构成影响审美发生的重要条件。而那些仅仅是为了满足人的某种特定目的或具体有限的个别利益的功利性活动和观念,即使与审美的发生有某些联系,也根本不可能成为人的审美活动的重要基础。

芬兰美学家希尔恩在探讨艺术起源的问题时,也试图从一些"最强有力的非审美的因素"中来揭示审美发生的条件与原因。他认为,导致艺术起源和审美发生的最基本的人类生活冲动大致有六种,它们是:(1) 知识传达,(2) 记忆保存,(3) 恋爱,(4) 劳动,(5) 战

---

① 《马克思恩格斯选集》第1卷,人民出版社1960年版,第362页。
② 康德:《判断力批判》,宗白华译,商务印书馆1964年版,第141页。
③ 《普列汉诺夫美学论文集》(I),曹葆华译,人民出版社1983年版,第314—315页。

争,(6)巫术。希尔恩侧重从原始艺术与原始人实际生活的紧密联系来探讨艺术和审美的起源,这种思路是应该肯定的。他所找到的六种因素,也的确是原始人生活中最重要的内容。但是问题在于,这六种因素在审美发生中所起的作用及其作用方式显然不可能是完全等同的。因此,如果不加区别就把它们都笼统地看作审美发生的原因,这样反而会把真正决定和影响审美发生的主要因素与次要因素之间的界限给模糊了。

我们在前面曾经分析过,在决定审美发生的诸多条件中,劳动无疑是首要的和根本的因素。但这只是问题的一个方面,另一方面我们还必须看到,由于劳动毕竟是一种基于人的基本生理需要的、直接的功利性活动,它对审美发生的作用就只能是间接的,只能为审美发生提供一种前提性的条件。

审美是人所独有的一种高级的精神活动。就其成熟的和典型的形态看,它的显著特点在于,它是在自身中排除了直接的功利性和有限的目的性的一种自由的精神活动。所以,从审美发生的内在机制来说,只有当人的精神能力发展到一定的程度后,才能为审美发生提供直接的条件。就是说,在劳动与审美之间必然存在某些中介性的因素。

从理论上说,驱动审美发生的可能有多种社会中介因素。但是,从目前的研究成果看,巫术礼仪活动应该是在原始社会中促进审美发生最重要的一种中介因素。

英国著名文化人类学家马林诺夫斯基在对现存的一些原始部落进行了实地考察和深入研究后确认,巫术活动在原始人的生活中占据十分重要的地位。首先,巫术活动植根于原始人类渴望实际控制自然的强烈需要,"一切人生重要趣意","以巫术为主要的伴随物","巫术用于自然界,不如用于人与自然界底关系或足以影响自然界的人事活动上为多"。① 其次,巫术活动由一套独特的仪式行为所组成,它是达到某种目的的手段。再次,巫术活动中的行为动作与巫术所要达到的目的之间是用情绪来沟通,而不是以观念来联结。譬如,"战事巫术要表演的是愤怒,是攻取的凶猛,是斗争的热情。被襄黑暗与祸殃的巫术,要表演的是怖畏的情绪,至少也是与怖畏情绪相挣扎得很厉害的状态"②。

巫术活动不是用以满足人的某一个别的需要,而是用以调节人与自然之间的根本关系。因此是原始人生活中最重大的事件,是最集中地表达原始人根本利益的一种符号形式。正如德国著名哲学家卡西尔所说:"巫术并不是用于实践的目的,不是为了在日常生活的需要方面来帮助人。它被指定用于更高的目的,用于大胆而冒险的事业。"③唯其如此,巫术活动对审美的原始发生具有极其重要的意义。这主要表现在以下几个方面:

第一,巫术的神圣性与严肃性,强化并提高了人的意识与意志等主体的精神能力。卡西尔正确地指出:"甚至巫术也应该被看成是人类意识发展中的一个重要步骤。对巫术的信仰是人的觉醒中的自我信赖的最早最鲜明的表现之一。……每一种巫术活动都是建立

---

① 马林诺夫斯基:《巫术 科学 宗教与神话》,李安宅译,中国民间文艺出版社1986年版,第57、61页。
② 同上书,第55页。
③ 卡西尔:《人论》,甘阳译,上海译文出版社1985年版,第118页。

在这种信念之上的:自然界的作用在很大程度上依赖于人的行为。"①从现代人的立场来看,巫术当然是十分幼稚和虚幻的活动,它不可能在实际上解决人与自然的矛盾。但是,原始人却真诚地相信它的力量。正是通过这种活动,它唤起并高扬了人的主体意识,滋养并锤炼了人的精神能力。

第二,巫术活动独特的仪式化功能,推动了人的文化心理结构的形成。巫术活动承载着重大的社会功能,它不同于无所为而为的游戏活动,也不是旨在供人娱乐和消遣。但是,巫术活动的特殊性在于,它不是把功利性目的直接引向某种实际的物质活动,而是把它演化为一种观念性的仪式化动作,即它是借助于某种符号形式来表达人的功利性愿望,并期待通过这种活动能对自然发生真正的影响。因此,巫术活动实际上是人类符号创造行为的原始形态,它本身就蕴涵着人的文化心理结构的最初萌芽。

第三,巫术活动的操演过程直接孕育着原始艺术的发生。马林诺夫斯基指出:"巫术行为底核心乃是情绪的表演。""巫术仪式,大多数的巫术原则,大多数的符咒与巫术用物,都是在这等感情汹涌的经验之中而被启发给他的。……在一方面有对于巫术效能的信仰,另一方面必有主观经验所产生的幻想之一与它相平行。"②原始人往往是在对自然既无能为力而又渴望能实际战胜自然的情感驱动下诉诸巫术的,在巫术活动中,这种内在的情感被物态化为某种仪式动作或符号形式。我国典籍中所记载的"击石拊石,百兽率舞"(《尚书·尧典》)、"若国大旱,则师巫而舞雩"(《周官·司巫》)等,就是巫术活动的一种情形。在欧洲发现的一些史前洞穴壁画,也是原始人巫术活动的一种遗存物。在这些壁画中所描绘的猛兽狂奔、野牛中箭等图景,正是原始人幻想内容的生动呈现。

巫术活动与原始艺术的相关性,并不单单由于它们在形式上具有某种相似性,更重要的是巫术原则与艺术的精神实质具有内在的一致性。卢卡契认为巫术为模仿艺术的形成所作的准备主要体现在两个方面:第一,在巫术中为了达到某一目的,就必须对达到这一目的的实际过程进行逼真的模仿,比如,想取得狩猎的成功,就要在仪式中模仿实际的打猎过程。这种模仿不仅需要敏锐的观察力,而且需要高超的记忆力和想象力。这样,才能把分散的事件集中起来,从而生动地模仿和再现出具有自身完整性的生活过程。"由此开始自发地形成一些重要的审美范畴如情节、典型等"。其次,巫术中对生活过程的模仿是在一种虚拟的情境中进行的,它本身并不是一种实际的生活过程,而是与实际生活过程的暂时中断。"这正是审美态度的本质,它奠定了艺术在人的社会生活表现体系中的地位。"③因此,巫术实际上使原始人"形成和提高了模仿的艺术才能和随之而来的艺术感受能力"④。卢卡契的分析告诉我们,巫术活动的确为艺术和审美的诞生提供了一种直接的契机。

---

① 卡西尔:《人论》,甘阳译,上海译文出版社 1985 年版,第 118 页。
② 马林诺夫斯基:《巫术 科学 宗教与神话》,李安宅译,中国民间文艺出版社 1986 年版,第 54、69 页。
③ 卢卡契:《审美特性》,徐恒醇译,中国社会科学出版社 1986 年版,第 353 页。
④ 同上书,第 325 页。

（三）审美发生的特殊标志

人类审美活动的发生是一个漫长的渐进的过程，如何判断审美活动业已发生呢？我们认为最重要的标志之一应是原始审美意识的出现。

审美需要，同人的所有需要一样都是为人所意识到的需要。"推动人去从事活动的一切，都要通过人的头脑，甚至吃喝也是由于通过头脑感觉到的饥渴引起的，并且是由于同样通过头脑感觉到的饱足而停止。"①只有当审美需要被人清楚地意识到，并转化成一种自觉的精神追求时，它才真正构成推动审美发生的一种积极的力量。因此，审美需要与审美意识具有十分密切的关系。审美需要是审美意识的内在驱动力，而审美意识则是审美需要的心理表现。所谓审美意识，概括地说，就是指人对自身审美需要和外在对象的审美意义，以及二者之间所构成的审美价值关系的心理反映形式。它主要包括人的审美愿望、审美趣味、审美观念、审美理想等内容。我们要探究审美活动的发生，还需要进一步追问人的审美意识在历史上究竟是如何产生的。

不言而喻，审美意识的发生要以人类一般意识的发生作为必然的前提。人类意识的发生首先与其动物祖先——古猿在漫长的进化过程中由于环境的突变而导致的直立行走、手脚分工等形态特征的变化有直接的关系。"站立的姿势是把双手从各种移动的约束中解放出来的决定性因素。……站立姿势解放了双手，而手的操作解放了颌骨；直立和颌骨的解放又把脑颅从过去承受的机械应力中解放出来，这样脑颅就变得适于扩大以便包含更大的'内存物'。"②

当然，这还仅仅只是为意识的形成提供了某种生理上的基础。对于真正人类意识的产生具有决定性作用的，是人类的远古祖先开始使用和制造工具的生产劳动活动，它开始把动物性的本能需要提升为一种观念形式，从而最终使人的活动具有了自觉的目的性特征。它是人类意识发生的根本条件和显著标志。

人的意识并非一开始就具有成熟的特征。与人自身的历史进化过程相一致，人的意识本身也经历了一个从模糊到清晰、从粗拙到精密、从简单到复杂的漫长的演变过程。人类意识最初主要呈现为一种混沌同一的状态，它还不能把自我与对象、现实与虚幻、偶然与必然等等完全区分开来。就是说，在原始意识中事实与价值、认识与意向还是未获分化、直接同一的。它具有如下主要特征：

首先，原始意识在具体中包含着抽象。在原始意识中还没有抽象概念，因此，原始人还不能通过概念范畴去客观地把握世界，而是依赖意象的联结和转化来表达他们对世界的最初认识。18世纪意大利哲学家维柯把原始人类的思维与儿童相类比，指出："凡是最初的人民仿佛就是人类的儿童，还没有能力去形成事物的可理解的类概念，就自然有必要去创造诗性人物性格，也就是想象的类概念，其办法就是制造出某些范例或理想的画像，于是把同类中一切和这些范例相似的个别具体人物都归纳到这种范例上去。"③原始神话

---

① 《马克思恩格斯选集》第4卷，人民出版社1960年版，第228页。
② 埃得加·莫兰：《迷失的范式：人性研究》，陈一壮译，北京大学出版社1999年版，第42页。
③ 维柯：《新科学》，朱光潜译，人民文学出版社1986年版，第103页。

就是原始意识透过具体意象通向有一定抽象性的"类"这样一个特点的生动体现。

其次,原始意识在蒙昧中渗透着真实。由于原始人没有对象意识与自我意识,还不能把主体与客体、事实与想象区别开来,因而他们往往把主体需要与客体特征混同起来,把主观想象与客观事实融为一体。比如,一些人类学家通过对现存原始部族的考察发现,这些原始居民很难分清实在的现象与想象的现象之间的区别。但原始意识的蒙昧性中往往包含某种真实性品格。列维·布留尔指出:"对最明显的因果关系似乎毫无兴趣的原始人,又十分善于利用这些关系来获得必需的东西,比如获得食物或者某些专门的器具。实际上,在任何类型的社会中,不论这社会多么低级,在那里总可以见到生产或艺术领域中的发明创造,见到值得钦佩的产品:独木舟、食具、筐篮、织物、饰物,等等。那些差不多是一无所有的、似乎处于文化的阶梯的最低一级的人们,却在某些物品的生产中达到惊人的精致和精密。"①这一事实本身就有力地证明,原始思维能够真实地反映客观世界的某些规律或某些本质方面。

最后,原始意识在神秘中凝聚着创造性。由于原始人不能正确解释人与世界及人以外各种事物之间错综复杂的本质关系,因此,他们便以自己的主观臆想去代替客观事物之间的真实联系,并赋予这种联系以某种神秘的属性。就是说,原始人不仅把他们所不能理解的某种东西视为神秘的,而且在他们看来,这些东西与人之间或人的行为与结果之间也会存在某种神秘的作用、影响和力量。比如,在回乔尔人(墨西哥一原始部族)眼里,健飞的鸟能看见和听见一切,它们拥有神秘的力量,这力量就凝固在它们的翅和尾的羽毛上。"回乔尔人头上插鹰羽,目的不仅是打扮自己,而且这也不是主要的。他是相信他能够借助这些羽毛来使自己附上这种鸟的敏锐的视力、强健和机灵。"②可以说,在原始社会中颇为盛行的巫术仪式和图腾崇拜等活动,就正是在这种具有神秘性的意识支配下的特殊产物。

原始意识中的神秘性是人类意识发展过程中一种不可避免的属性,它反映了在生产力极端落后的社会条件下原始人渴望认识自然、战胜自然,而实际上又不能正确地解释自然的真实的心理状况。正如马克思所说:"任何神话都是用想象和借助想象以征服自然力,支配自然力,把自然力加以形象化。"③因此,在原始意识的神秘性中实质上蕴涵着人类追求自由的愿望和理想,也凝聚着人类创造性的思维品质。其实,原始意识的这种神秘性本身就是原始人的一种不自觉的创造性想象的结果。这种能从具体有限的对象中超越出来,先行在头脑中把未来活动的图景和结果建构出来的心理能力,正是原始意识已经具有了高度创造性的有力证明。

显然,原始意识作为人类意识最早的发端,它实际上也是孕育包括审美意识在内的人类各种意识形式(宗教意识、科学意识、道德意识等)的原始母体。只是随着人类创造性的感性实践活动的不断拓展以及由此而造成的人的主体意识的日益增强,才最终导致原

---

① 列维·布留尔:《原始思维》,丁由译,商务印书馆1981年版,第423—424页。
② 同上书,第93—94页。
③ 《马克思恩格斯选集》第2卷,人民出版社1995年版,第29页。

始意识的解体和分化,从而造成人的意识的重大发展。原始意识之中的抽象性、真实性、创造性就是构成审美意识的基本因素,当这些意识逐渐分化出来之后,就可能诞生审美意识。审美意识就是伴随着原始意识这种解体和分化的过程而缓慢地显现出来、确立起来的。

审美意识从人的一般意识中分化的过程,从根本上说,就是人的审美需要从人的实用需要中分离出来的过程,也即人类逐渐超越自己原发性的自然需要,而使之上升到社会文化的层次并赋予其一定的社会文化意义的过程。比如,由性选择所萌发和产生的单纯肯定人体某些生理特征的自然尺度日益向着具有了特定的文化含义和观念性内容的审美尺度的转变,在生产领域中由对劳动工具单纯的适用性要求逐渐向着同时要求劳动工具具有悦目形式(如形状的对称、均衡,线条的生动、流畅,颜色的和谐、变化等)的方面转变,就都是人的审美需要开始生成和审美意识开始确立的过程。促成这一转变过程的一个关键因素,是人的自我意识的觉醒和发展。因为只有当人具有了自我意识时,他才会把自身的生命活动也作为一种对象。而只有当人在他所创造的对象世界中体验到自身生命活动的韵律,意识到自身的创造、智慧和力量,并引起情感上的某种愉悦和满足时,才会唤醒人的审美需要,只有通过这种对象化的活动,人的自我意识("精神上的划分为二")才会真正确立,人也才会真正摆脱实用需要的牵绊而仅仅从"直观自身"的角度去把玩对象的形式及其意蕴,从而使审美意识最终从混沌同一的原始意识中分离出来而转变为一种独立的意识形式。审美需要一旦进入人的自觉意识,就会成为人永不熄灭的一种精神追求。因此,只有当审美意识作为一种独立的意识形式出现后,才意味着审美活动的真正发生。

三、原始审美活动的基本类型

所谓原始审美活动,主要是指史前人类的审美活动。人类学家将人类发展进化的过程分为南方古猿(早期直立人,距今约 300 万—200 万年)、直立人(晚期直立人,距今约 200 万—30 万年)、古人(早期智人,距今约 30 万—5 万年)、新人(晚期智人,自距今约 5 万年始),与人类这漫长的进化过程相比,审美活动的发生要晚得多。根据考古发现的文物资料,只是到距今二三十万年前的旧石器时代中期(智人阶段),才出现了一些能表征人类已经具有了某种简单审美意识的生产工具和生活器物,而比较自觉的审美活动,则是在距今 3 万—1 万年前的旧石器时代晚期才真正开始的。本节将分三个方面简要介绍原始审美活动的基本类型及主要特征。

(一) 原始人类在物质生产领域中的审美创造

人类审美活动,最初是与制造生产工具的活动紧密联系在一起的。而人类制造工具的活动,最初无疑是基于一种实用的目的。但是,随着人的自我意识的形成,当人从他这种独特的生命活动中观照到自己的本质力量并从而体验到一种创造的乐趣时,他就不再仅仅拘囿于实用的需要,而同时要在这种创造性的活动中能动地表现自己、实现自己。从大量出土的原始工具中,我们就可以清晰地看到这种审美创造从无到有、从不自觉到自觉的演变过程。我国旧石器时代的蓝田人和北京人所制作的石器,还相当简单粗糙,器型很不规整,多为"一器多用";旧石器中期的大荔人、丁村人所制作的石器,在器用功能上则开始出现分化,其形体也明显趋向光洁、规则,并富有秩序和韵律感;到旧石器晚期和新石器时代,人类所制作的石器工具,不仅在功能上高度分化,出现了各种具有不同用途的定型化的精美石器,而且在选材和制作工艺上也表现出相当高的技巧和水平。这种从拙到精、从粗到细的不断追求过程,并不能被简单地归结为仅仅是技术进步的一种结果,因为就工具使用的有效性而言,对称、光滑、工整并非绝对必须。人们加工的石器一旦超出功利所需要的对称、光滑、工整,那就证明非功利的追求视觉形式快感的动机同时支配着加工的行为。换言之,这种生产活动已隐藏了审美的意识和动机,已包含着原始的审美内涵。

如果说,在工具的制作过程中,因受实用需要的制约,人类审美意识的表现还是受到很大局限的话,那么,随着装饰的发明,就为原始人在物质生产领域施展自己的审美创造才能提供了相对自由的活动空间。所谓装饰,就是在不改变生产工具或生活器物实用功能的前提下对其进行精心的修饰和打扮,从而使实用器物充满灵气和富有情趣。原始人在物质生产中的装饰活动大致有两种:一是装饰化的器物造型,一是器物装饰。

所谓装饰化的器物造型,主要是指经过装饰化的处理使产品具有了一定的审美特征,但又并不妨碍其使用功能的器物造型,它在陶器的生产和制作中表现得尤为明显。如1958年在陕西华县泉护村一座属于仰韶文化晚期的墓葬中出土的鹰鼎,就是一件极具代表性的陶器作品。"《鹰鼎》,高36厘米,敛翼傲立,器口开在背上,周身光洁未加文饰,双足与尾稳定地撑拄于地,整个造型充满桀骜猛厉的气势。鹰的整体设计极为简练巧妙,把鹰的双爪与鹰的垂尾组成鼎的三条腿,鹰的肥硕的腹部构成鼎身,外形虽然模仿老鹰,但内部空间具有较大的容量,再加上逼真生动的鹰头,双眼圆睁,勾嘴紧闭,两眼外突,正伫足而立,在静态中窥视。此器物作者构思巧妙简洁,整体凝重威严,在造型上达到很高的艺术水平。陶鼎原是蒸煮食物的炊具,此件除具有使用价值外又富于观赏性,成为一件优秀的工艺美术品。"[①]

除了装饰化的器物造型以外,原始人普遍使用的另一种表现审美意识的重要手段就是器物装饰。所谓器物装饰,是指在器物既定造型的基础上,进一步对其进行刻纹绘饰。从现已出土的原始工具来看,在石器和骨器上刻纹与绘饰都比较少见(刻纹在骨器上比石器要多),这种装饰手段主要表现在陶制器皿上。这是由于石器不能烧制,在使用中绘饰极易被磨坏,而烧制水平较高的彩陶却能经久不变的缘故。这说明,原始人在实践中已能认识不同材料的性能及其对审美创造的深刻影响。

我国新石器时代的陶器纹饰,不仅图案丰富,色彩艳丽鲜明,而且在制作手法上也显示出很高的创造能力。就图案而言,有动物纹、植物纹,一直到高度抽象化的几何形构图;就创作手法来看,从打磨、刻画到压印的方式,最后是彩绘的广泛运用,这样,就使得质地粗糙的陶器变得摇曳多姿、活泼生动。比如,半坡类型的彩陶纹饰中"彩绘的鹿,虽然只是

---

① 陈兆复、邢琏:《原始艺术史》,上海人民出版社1998年版,第204页。

简单的几笔,但把长颈、有角、短尾的特点生动地勾画出来了,有的在停步眺视,有的在行走,有的在奔跑……图案中的鱼,有的静息平潜,有的腾跃而上,有的返身回泳,有的环逐戏水,表现出鱼的多种姿态,并从写实逐渐演变到写意。有的鱼是双头一身,有的又是双身一头。尤其独特的是鱼和人面相结合、鱼与鸟头相结合的奇异的纹样"[①]。

史前彩陶纹饰,是原始人类精神生活和生命意识的一种形象表达形式,也是原始社会中最流行、最大众化的一种审美方式。虽然在这些丰富奇异的绘饰图案中,很可能包含着十分复杂的创作动机,如有些可能表现原始人的图腾意识、巫术意识,有的可能表现原始人对丰收、生殖的强烈愿望和期盼等等,但在这些图案中充盈着原始人十分鲜明的审美意识则是确定无疑的事实。

(二) 原始人类的自我修饰与美化

考古发现的资料显示,至迟在旧石器时代晚期,人类就已经懂得装饰自己的身体了。例如,在我国宁夏水洞沟、山西峙峪、北京山顶洞、河北虎头梁和辽宁小孤山、金牛山、沈家台等古人类遗址中均曾发现属于旧石器时代晚期的人体装饰品,时间都在距今4万—1万年。在欧洲,也有许多旧石器时代的装饰品被发现。如在西班牙的保梭达杜勒洞穴,在地层深约4米处发现,在人类的头盖骨周围有不少穿孔的贝壳和鹿齿,最多达167枚,专家推测,它们都是颈饰用品。在法国西南部梭尔德的都留特洞穴中,在人骨附近还发现一串由穿孔的狮子和洞熊的牙齿制成的装饰品,其中熊的牙齿40个,狮子的犬齿3个,有些上面还雕刻着有趣的线雕。这些事实充分说明,生存于大陆各处的原始人类在很早的时候起就开始有意识地美化自己了。

人类的自我修饰与美化,是人的审美意识觉醒的一种重要标志。但是正如人类对待工具的态度一样,人类的自我装饰也经历了一个由实用到审美、由不自觉到自觉的历史演变过程。根据考古资料和人类学家对一些现存原始部族的实地考察,一般说来,原始人的自我装饰,大致可以分为固定装饰与非固定装饰两种类型。

1. 固定装饰。所谓固定装饰,是指原始人通过刻痕、刺纹、凿齿、穿耳、穿鼻、穿唇等手段局部地且永久性地改变自身的自然形态,以期达到某种观念目的的装饰活动。

刻痕文身,是原始社会中普遍存在的一种人体装饰。在欧洲马格德林文化期的一个骨片上,已经见到刻有文身的女像。在我国,从新石器时代起也开始出现了文面和文身的习俗。仰韶文化西安半坡遗址出土的彩陶盆内壁所画人面鱼纹纹样,学者们认为是一种复杂的原始图腾画面,而其中的人面很像是文面的形象,其额部和颔部的彩绘系由细密的刺纹所构成。甘肃出土的马家窑文化半山类型三个人头盖纽,其面部和颈部均布满了花纹,也可以认定为文面和文身习俗的写实艺术遗存。这些考古发掘的遗物,被考古学界认为是迄今为止我国新石器时代已有黥面和文身习俗的最早、最直接的证据。[②] 一直到中华人民共和国成立初期,在我国的一些少数民族中还仍然保留着这种文身的习俗。

[①] 陈兆复、邢琏:《原始艺术史》,上海人民出版社1998年版,第190页。
[②] 刘锡诚:《中国原始艺术》,上海文艺出版社1998年版,第67页。

据人类学家的介绍,在一些原始部族中,除了刻痕文身外,还盛行凿齿、穿耳、穿鼻等装饰习尚。例如,博拖库多人在下唇及耳轮穿孔,塞以木块;爱斯基摩人在下唇的两口角穿孔,塞以骨、牙、贝、石、木等所作的钮形饰物;布须曼人在耳上悬挂铁环或铜环;巴拖克人拔掉自己的上门牙;马可洛洛部落的妇女在自己的上嘴唇钻一个孔,孔里穿上一个叫作呸来来的金属或竹作的大环子;等等。

上述各种装饰,无论是刻痕文身,还是诸如此类的其他手段,在施行过程中无疑都会给人带来肉体上的痛苦。但原始人为什么竟会追求这种在文明人看来并不可取的装饰行为呢?

对于这种复杂的现象,学术界有两种不同的解释。一种是从图腾崇拜的角度来说明这类装饰的起源;另一种观点并不否认刻痕文身具有实用的目的,但却认为它主要是基于审美的需要。如德国艺术史家格罗塞认为原始劙痕和刺纹"有时候用作部落的标记","有时会有所谓宗教意义","但是在大多数情形下","却都是为了装饰","欢喜装饰,是人类最早也最强烈的欲求,也许在结成部落的这意思产生之前,它已流行很久了"。①

我们认为,上面两种观点都有合理之处,并非截然对立。从发生学的意义上说,那种以自戕身体为特征的原始装饰,其原初的动机还不可能是单纯的审美。但是,应该肯定,当这些装饰一旦固定下来,并作为一种习俗和传统流传开来的时候,它就会越来越远离其最初的发生学动机,而被后来的人们仅仅作为一种单纯美的标记追求起来,从而使这些装饰手段逐渐获得相对独立的审美意义。

2. 非固定性装饰。这类装饰活动的主要特点是,利用某些天然的或经过人工制成的物品如带、索、坠、环、珠、管、笄等等,通过不断变化的方式使之或附着或悬挂于自己身体的某些部位,从而达到美化自身的目的。与固定装饰的方式相比,这种装饰一开始就具有名副其实的审美意义。

从考古发掘的文物资料看,我国旧石器时代的人体装饰品,按质地大致可以分为石、牙、骨、贝(蚌)、蛋壳等五种。"石质品包括钻孔的小砾石和石珠、经过磨制钻孔的石墨制品、椭圆形珠状的天然石灰质结核;骨质品有穿孔的亚腰形饰品、刻有沟槽的骨管、钻有小孔的青鱼骨、鸟骨扁珠;牙质品主要有用獾、狐、鹿、鼬的犬齿在齿根穿孔制成的牙饰;贝(蚌)类有穿孔的海鲋壳、喙部磨孔的贝壳;蛋壳类有用鸵鸟蛋皮穿孔制成的扁珠等物。这些装饰品的穿孔部位,留有绳索磨损的痕迹,可以认为是先民长期悬挂使用造成的。"②到新石器时代,除上面几种质地的装饰品外,还出现了玉石和陶制装饰品。此外,在制作工艺和造型上也日益精细,日益丰富。

早期人类不仅在装饰品的制作和造型上匠心独运,而且在装饰的部位和方式上也十分讲究,表现出丰富的想象力和创造力。仅从装饰的部位看,原始人类的装饰就有头饰、耳饰、颈饰、胸饰、臂饰、手饰、腰饰、足饰等多种。我们以发型为例,就不难看出原始人类

---

① 格罗塞:《艺术的起源》,蔡慕晖译,商务印书馆1984年版,第60页。
② 刘锡诚:《中国原始艺术》,上海文艺出版社1998年版,第105页。

自我修饰的情形。据文物资料，在史前时期已经出现了披发、椎髻、编发等不同样式。"甘肃秦安大地湾遗址出土一件仰韶文化人像彩陶瓶，瓶口塑有生动的人头像，前额和两鬓为齐眉的短发，脑后为平耳垂的断发，有这样整齐的梳理实在是意想不到，可能为当地当时成年男子的标准发型。马家窑文化陶器上见到一些彩塑和彩绘人头像，面部都绘有一些下垂的黑色线条，很明显这是披发覆面习俗的写照，当是青壮年妇女的流行发式。另外，甘肃礼县还见到辫发盘绕在头上的陶塑人头像，说明当地也有编发的习俗。多种多样的发式，也常常用作不同年龄和不同性别的人的标志。"①

史前人对发型的重视，从考古发现的发梳得到了进一步的证明。"史前发梳有象牙质的，也有骨质和石质的，有些加工得相当精致。大汶口和屈家岭文化居民都有精美的象牙梳，梳齿有多达20枚的。更多见到的还是骨梳，龙山文化中见到玉梳和石梳。有些骨梳只有四齿或五齿，可以由此想见最早的梳子当是仿照手指的形状做成的，梳子发明之前主要用手指梳理头发。后来梳子也成了一种饰品，别在脑后，大汶口文化墓葬中就发现头部放有二件象牙梳的死者。梳发是美容的一个重要内容，文明社会如此，史前社会亦是如此。不要想象史前人一个个都是披头散发，他们也有美发的追求。"②

史前人类的自我修饰与美化，在人类审美意识的发展中起了十分重要的作用。无论是固定装饰还是非固定装饰，就它们作为人的一种创造活动来看，都已经远远超越了物质需要的层次而进入精神需要的领域。特别是非固定的体外装饰，更是人类审美需要的一种直接表征。

（三）原始艺术的主要样式与特征

与早期人类从事器物装饰以及对自身进行修饰和美化等活动差不多同步，在旧石器时代晚期，原始艺术也从不自觉逐渐进入自觉，开始了它相对独立的发展历程。雕刻、绘画、音乐、舞蹈，甚至诗歌，这些在文明社会的艺术中一直占据重要位置的艺术形式，在文字产生以前的史前时期就已各自分别拥有了自己独特的表现手段。原始艺术，不仅是早期人类精神生活的重要内容，而且为文明时代艺术的发展奠定了坚实的基础。

（1）雕刻

迄今为止，世界上所发现的最早雕刻作品，是在叙利亚西南部格兰高地的贝雷克哈特—拉姆遗址（属于阿舍利时期）出土的刻有凹痕的卵石小雕像，其断代日期大约为距今23万年前。据发掘者的报道，"该遗址的居住者们似乎选择了一种能够在它上面钻出女性人体的某些特征的卵石。所添加的那些用来划定头部和手臂边界的雕刻凹痕，则使这些卵石增加了吸引力"③。我们由此可以推断，在这一时期人类已初步掌握并开始运用雕刻这种艺术形式了。

就史前艺术的发展来说，雕刻艺术的成熟是从旧石器时代晚期开始的。在欧洲，从奥瑞纳文化期、梭鲁特文化期、马格德林文化期的遗址中都曾先后发现许多以骨、角、石为物

---

① 王仁湘、贾笑冰：《中国史前文化》，商务印书馆1998年版，第77页。
② 同上书，第78页。
③ 转引自郑元者：《艺术之根》，湖南教育出版社1998年版，第65—66页。

质媒介的雕刻作品。这些作品有的以人物为对象,有的以动物为题材,体态生动、形象逼真,在制作手法上则可分为圆雕、浮雕、线刻等。1940年在法国玛斯达兹尔洞穴出土的一件属于马格德林文化期的作品,堪称这一时期雕刻艺术中的杰作。这是一件由驯鹿鹿角为质料制作而成的掷矛,长约29厘米。在矛的顶端刻着一只四蹄并拢、正回首翘望的小羚羊。在小羚羊的尾部栖息着两只小鸟,它们恰好构成掷矛的钩。整幅作品构思精妙、线条流畅,具有很高的艺术价值。

我国的原始雕刻,比起欧洲来要晚些,但资料的发现却异常丰富多样。"就质料而言,有玉、石、牙、骨、木、陶等,其中以陶制雕塑为最多。就技法而言,包括了线刻、浮雕、透雕、捏塑、贴塑、堆塑、锥刺、镶嵌等各种门类","就题材而言,塑造了各类动物(家畜中的猪、狗、羊、鸡、鸭等,野兽中的鹰隼、鹊、燕、龟、蛙、蜥蜴等)和人物形象。雕塑与器物的巧妙结合,是中国原始雕塑的一个显著特点"。①

(2) 绘画

绘画的出现要晚于雕刻。目前世界上所发现的最早的绘画作品,属于旧石器时代晚期。这些作品多以早期人类的狩猎生活为题材,所描绘的几乎全是动物的形象。欧洲奥瑞纳文化期的绘画还比较简单、粗拙,一般只是在岩壁上描画出轮廓,再以红色或黄色矿石颜料单彩涂染。到了马格德林文化期,彩画比以前有了很大进步。这时不仅出现了多彩画,既能同时混合使用红、黄、黑、白四种颜色逼真地描绘对象,而且在手法上也由原先的静态发展到能表现出动物的动态。1879年在西班牙发现的阿尔塔米拉洞穴壁画,就是一幅十分著名的旧石器时代的典型绘画作品。这幅作品全长约为14米,轮廓为黑色,用四色渲染。画中所描绘的都是当时与人的生活关系密切的动物形象,如牛、马、野猪、鹿等等。画的作者,不仅能准确描画出动物的形状,而且能生动地展现各动物不同的动作。画中的牛,有的站立,有的伏卧,有的行走,形态各异,酷肖原物,显示出很高的观察力和艺术表现力。

我国的史前绘画,最早见于新石器时代,保存至今的主要有岩画、陶器彩绘等。岩画,就是涂绘或凿刻在岩石上的一种图画。自20世纪50年代以来,在我国境内的内蒙古阴山、江苏连云港、广西花山、云南沧源、青海刚察等地陆续发现了大量原始岩画。据专家鉴定,这些岩画大多是新石器时代的文化遗存,最早的距今大约一万年左右。在这些岩画中,以内蒙古阴山岩画最为著名。从艺术上看,这些岩画古朴、粗犷,主要表现与原始狩猎生活有关的内容。与岩画相比,我国的彩陶绘饰,更能充分显示史前人类在绘画艺术上所取得的辉煌成就。那些丰富的陶器绘画,不仅有着各种各样奇异的想象、千变万化的造型图案,而且还往往具有完整的构思,并寄寓着复杂的感情和观念,可以说,这已经是一种有着十分自觉的观念目的和设计意识的艺术创作活动了。

---

① 刘锡诚:《中国原始艺术》,上海文艺出版社1998年版,第169—170页。

(3) 音乐与舞蹈

如果说,造型艺术由于其使用的物质材料便于保存因而能够流传下来,我们今天仍然可以目睹原始艺术家们的创作真迹的话,那么,音乐和舞蹈作为一种表演艺术,随着创作这些作品的原始人本身在历史上的消失,它们也就随之荡然无存了。今天,我们只能根据其他的材料来间接地推断这些艺术形式在史前社会实际存在的情形。

音乐在史前时代的发生,已经由考古发现的资料得到了证实。在法国的比利牛斯旧石器时代文化遗址中发现的一个长约10.8厘米的骨质笛管,可能是目前所知世界上最早的一件乐器。此后,在法国塔尔纳出土的骨笛、我国河姆渡遗址出土的骨哨、我国山西陶寺遗址出土的大石磬等,也都为音乐在史前已经存在提供了有说服力的证据。另据甲骨文记载,我国古代的乐器有鼓、磬、龠、笙、箫等,这样成熟的乐器在商代出现,从理论上说其雏形应该在原始时代就已经存在了。

尽管考古发掘的各种乐器可以为史前音乐的存在提供有力的确证,但是,我们无法从这些死的乐器中复现出原始音乐活的旋律。相比之下,关于史前舞蹈我们则能通过一些文物资料获得较为直观的认识。1973年,在青海省大通县上孙家寨的一座新石器时代墓葬中发掘出一个绘有原始舞蹈图案的彩陶盆。这一发现,不仅以无可辩驳的事实为原始舞蹈的存在提供了一个十分有价值的证据,而且也为我们比较具体地了解原始舞蹈的风貌提供了一个十分形象的例证。这件彩陶盆以三组人形所组成的舞蹈场面作为其内壁的装饰带,每组又由携手并肩的五人所组成。从画面上看,在每个舞者的头上都垂有发辫,下体有与发辫恰成相反方向的腰部饰物。这显示出,随着舞蹈者的翩翩起舞,饰带正随风飘拂,而发辫与饰带向不同方向整齐一律地位移,又正是舞蹈者节奏和谐、舞步轻盈的鲜明体现。除了这件彩陶盆,在我国内蒙古阴山岩画中还发现一幅高73厘米、宽61厘米的舞蹈图。画面中,四人正牵手起舞,周围还有许多人和动物。跳舞的人都系着长长的尾饰,伸张双臂,踏着整齐的节拍,从画面中透露出一种欢快而热烈的气氛。

显然,上述图画所展示的仅仅是史前社会难以计数的原始舞蹈中一些十分简略的侧面,但是,从这些有限的场景中我们至少可以看出,在距今五千多年前的新石器时代,人类就已经能够自如地驾驭自己的身体,创造出一种十分优美的舞蹈形式了。

思考题
1. 简述审美理想在审美活动中的作用。
2. 如何理解审美是一种最具个性化的活动?
3. 如何理解审美活动的价值属性?
4. 为什么说审美主体与对象只存在于审美活动中?
5. 简评审美发生理论中的"劳动说"。
6. 如何理解巫术活动是原始审美发生中最重要的一种中介因素?
7. 为什么说人的自我意识的觉醒是审美意识形成的关键因素?

第三章 审美形态论

人类的审美活动丰富多样，美的形态也是千姿百态。广义的审美形态有自然美、艺术美、社会美，狭义的审美形态则包括各种风格、品位、体裁等。总的来看，审美形态的核心内涵与人的存在实践息息相关，它是基于人的存在的人生样态、人生境界的形象反映。人生有百态，人生有百味，基于人生实践体验之上的审美形态自然就丰富繁杂。为了认识审美形态，人们依据逻辑分类进行总结，它们都是对人类生命存在的体验、人生境界及审美体验的高度总结和概括。审美形态集中体现为主要的几种类别：优美与崇高、悲剧与喜剧、丑和荒诞，以及中和、气韵和意境，本书基于实践存在论美学的立场，重点研究这些审美形态。

第一节 审美形态的内涵和特征

现成、孤立、固定不变的"美"是不存在的，美只有在审美实践中才能生成、存在，审美形态也是在审美实践中生成、存在的。审美形态是人对不同样态的美（广义的美）即审美对象的归类和描述，它是自由人生境界对象化、感性化的结果，是审美情趣与审美风格的感性显现。要准确理解审美形态的内涵，就必须对人生境界、审美情趣、审美风格等概念的内涵有所理解。

所谓自由人生境界，是指从人生境界中升华出来的超越了自然境界、功利境界和道德境界的悦乐情怀和情境，也就是审美境界。审美形态引起人们悦耳悦目、悦心悦意、悦志悦神的审美体验，其实质都属于审美境界的不同感性显现。所谓审美情趣，是指在审美实践中，不同的审美样态在与主体构成不同的审美关系时，所产生的不同趣味效应。悲壮令人振奋，优美使人喜爱，滑稽令人捧腹，神奇令人惊异等。所谓审美风格，是指强烈而鲜明的审美个性特征。包含着人生样态、人生境界的审美情趣与审美风格，通过感性形式的集中显现，则成为审美形态。明确了这些基本概念，审美形态的内涵也就明确了。

审美形态的形成发展离不开社会文化。社会文化背景决定了人们的人生样态，形成了特定的人生境界，这进而影响了人们的审美趣味，并形成了特定的审美风格。社会文化对审美形态的影响集中体现于社会观念，西方主客对立的思维方式，人与自然对立冲突的文化背景，导致了悲剧艺术形式的产生和发展，相应地导致了作为审美形态的悲剧，较早地得以确立并占有很高地位。随着文化的认同，优美、喜剧、丑和荒诞等审美形态成为世界各民族共同的审美形态。而中国的农业文明成熟较早，强调人与自然的和谐共生，以及对于生命自身的尊重与热爱，因此，就出现了中和与气韵这种审美形态。

一、划定审美形态的标准

由于理论界定的角度和标准不同,审美形态的内容往往也差别很大,有时甚至大相径庭,造成人们对于审美形态理解上的困难。确定最基本的审美形态,需要以下几条基本标准。

第一,广泛性或普适性。即不仅在某一种类或某一体裁中使用,而且还在其他一般艺术形式中使用,不唯如此,还在现实生活的审美中使用。如"典型""意象",只在文学中使用,不在其他艺术中使用,也不在现实生活的审美中使用,故只作文学的审美形态对待,不作具有普泛意义的审美形态对待。相反,"虚实"这对范畴却因为不仅在文学意境中使用,而且在其他艺术,如绘画、音乐、戏剧中广泛使用,且在现实生活中、兵法、医疗中普遍使用,因而,作为审美形态,更具有广泛性和普适性。

第二,统摄性,即集杂多于统一。如中国古代审美形态术语颇多,且以经验描述胜,在逻辑表述上往往不够,因而具有零散性特点。如何将这散乱的形态表述梳理成具有内在逻辑的类型,就需要概括和统摄。在这方面,中国古代哲学概念就大有用武之地。如阳刚与阴柔、虚与实、意与境、形与神等都离不开中国哲学之"道",包含着一阴一阳的对立统一。按照这种统摄性原则,我们就会比较容易地发现中国古代审美形态的基本脉络。

第三,历史性。有些审美形态积淀在民族的审美文化中,产生了长久而持续的影响,已经在某种意义上构成了中华民族审美文化的识别标志。如"神"及其与之相关的神韵、神妙、神奇等,不仅在古代审美形态中就占有重要的一席,而且在当今社会中仍有着强大的生命力。

依据上述的分类标准,可以把西方美学中的审美形态分为悲剧与喜剧、崇高与优美、丑、荒诞四类六种。这一划分虽然具有相对性,但按照上述特定标准来而言,却是统一的。同时,选择中和、气韵和意境作为中国审美形态的代表,也是具有统一性的。

审美形态是建立在人生样态和人生境界基础之上的,从人们的审美实践出发,审美形态又包含哪些基本特征呢?

二、审美形态的特征

审美形态和人们的审美实践活动密切相连,审美作为特殊的人生实践活动,具有极大的丰富性和多样性。从一定的意义上讲,人生有多么丰富多样,审美形态就有多么纷纭复杂。除此之外,由于审美活动的发生、发展是一个漫长的历史过程,因此,审美形态的特征也不是一成不变的,而是具有一定的历史性和开放性。人类的审美实践,就一定的时期或阶段、一定的国家或民族范围而言,还是有相对稳定的形态的。这里我们将主要从现实出发,对于历史中积淀下来的、具有较为稳定的审美形态进行划分与解剖,以求把握人类历史上的在审美实践中所形成的主要审美形态。

(一) 生成性

审美形态的生成性有两方面的内涵:一是指审美形态的历史生成,二是指审美形态的个体相对性生成。审美形态并非生而有之、一成不变的。而是伴随着人生样态的丰富、艺术种类的增多和审美经验的改善、人生境界的提高而不断生成和发展的。

就历时态而言,人类的许多审美形态就是在人类文明高度发展后才出现的。如丑与荒诞作为审美范畴就不是在古代,而是在19世纪中叶以后,尤其是随着西方现代艺术的兴起才生成为审美形态的。就共时态而言,在特定民族文化背景下产生的审美形态,要成为其他文化背景下特定民族的审美形态,就必然有个历史的顺应和同化过程。

就个体审美经验的生成来说,审美形态往往以主观相对性形式表征着美在审美中生成的规则。从悲剧到悲剧感,从喜剧到喜剧感,审美经验的实现最终要落实到主体的主观感受上。但对于人生境界达不到反思生命意义的人来说,所谓的悲剧只具体裁的意义,而无审美形态的意义。同样,对于审美情趣寡淡的人来说,喜剧也许只具有轻浮和烦扰的作用。审美形态的生成性也就是广义的美的生成性,是关于美在审美实践活动中生成的总规律的一个缩影。

(二) 贯通性

审美形态的贯通性是指民族文化,尤其是植根于其文化土壤中的哲学思想对审美形态的统摄性。在特定文化背景下产生的审美形态,从表面上看,往往只是特定的艺术形式或艺术风格。古希腊的悲剧和喜剧就是用于表演的综合型艺术,是戏剧剧种的一类,同时二者之间具有不同的审美风格。但在这种体裁和风格的背后,实际上潜藏着文化,尤其是哲学思想的制约,这种制约导致了审美形态的贯通性。比如中国古代文学中的大团圆结局作为一种特定的审美模式,往往借助天地神灵的力量来改变人在现实中无法改变的命运,从而实现"善有善报,恶有恶报"的理念,元杂剧《窦娥冤》就是这方面的典型代表。支配这种情节模式和核心理念的仍是天人感应、人与社会和谐的中和思想,是中国古代哲学思想的一种反映。再如虚实、空灵、意境,还有阳刚、阴柔、婉约、豪放等,无不体现中国古典美学,特别是道家美学辩证思维的统摄力。至于气韵等审美形态,则更是中华传统文化中源远流长的气的思想结出的果实。与之相对应,西方的悲剧精神,就植根于其征服自然的思想。西方人确立丑和荒诞作为审美形态,也是其强烈的批判精神贯通的结果。这都可以说明文化精神和哲学思想对审美形态的制约。

(三) 兼容性

审美形态的兼容性是指审美形态是多种审美因素构成的有机体的感性凝聚。审美形态与审美风格和艺术体裁有兼容之处,审美趣味在审美形态构成中也有重要影响,同时,审美形态不能脱离开人生样态和人生境界来谈审美形态,否则就只是所谓的审美类型或审美范畴的形式逻辑性,而无生动具体的有机性和生成性。综上所述,审美形态的兼容性就体现在:审美形态的构成是以一定的存在形式和审美风格为特征,以人生样态和人生境界为底蕴,以审美情趣贯彻其中的有机整体。

(四) 二重性

审美形态的二重性主要指的是民族性与世界性的统一。以悲剧这种审美形态为例,其民族性体现在,作为审美形态的悲剧,就结局而言,中西古代悲剧大相异趣,就世界性而言,悲剧意识和悲剧精神在中西悲剧艺术中又多相通之处。就崇高而言,古希腊悲剧**《俄狄浦斯王》**中杀父娶母的命运冲突,古希腊雕塑**《拉奥孔》**中人被毒蛇咬死的惨象等,其中的主客冲突及其惨烈效果,的确不为中国古代审美文化所具有,但其中的宏大壮丽又为中西所共有。同样,意境为中国古代所独有,但其中的虚实相生作为艺术手法,则为中西通用。如荷马诗史**《伊利亚特》**中对海伦的美丽的描写就不是直接进行的,而是通过众元老的惊叹并由此原谅了由她而引起的这场战争的效果来达到的。为此,莱辛说:"有什么比这段叙述还能引起更生动的美的意象呢?"至于优美、滑稽、喜剧等审美形态则更具有中西通约性特点。掌握审美形态的二重性特点,可以避免以西统中,或以中排西的简单化做法,从而在审美形态的民族性与世界性的两极对立中保持必要的张力。

第二节 审美形态的形成与发展

审美形态作为对人类审美实践活动中的审美经验的逻辑总结,是在人类社会实践活动的过程中不断积淀和形成的。审美形态是人类审美实践活动的历史产物,因此也必然受历史条件的制约和影响。审美形态一旦形成,就具有特定的稳定性和恒久性,它其中包含着历史发展的内涵。但从其形成发展的过程看,审美形态并不是伴随着审美活动同时发生的,特定的审美形态是在特定的历史环境和条件下形成。它是一定社会时期审美实践的历史积淀,因此,审美形态往往反映的是特定时期的审美理想,也就是说,在特定的审美理想成为时代精神的历史条件下,审美形态才会形成。因此,审美形态的形成具有历史性特征,在发展的过程中,与思维、语言、文化等密切相关。

一、审美形态的历史性

审美活动作为特殊的人生存在的实践,是人的全部存在实践的有机组成部分。同时,人生实践所具有的社会历史特征,决定了审美实践以及在此基础上形成的审美形态的历史性特征。人生实践是一个历史的过程,也就是说不同的历史阶段,都会使得人生实践的具体内容、方式途径以及由此形成的思想观念、文化形态等等产生自身的独特性,而这又导致了不同审美形态的形成。因此,掌握审美形态,首先应该从历史性的视野去考察审美形态的根源。

审美形态的历史性,首先表现为审美形态是特定的历史社会文化发展阶段的产物。审美形态是人们审美体验的总结和概括,它紧密地联系于人们的审美实践。显然,作为与人生存在实践密切相关的审美实践,它不是盲目地存在于人们的生活之中,而总是反映了人们对生活的理想和寄托,蕴含着人们对美好生活的愿望。所以,审美形态首先是一定历史时期人们的审美理想的反映。这就是说,只有在特定的历史文化背景下,特定的审美形态才能产生和形成。

审美形态的历史性还表现为,审美形态的具体内涵是在历史发展中不断演变的。由于每个时期审美理想和审美认识都在发生变化,对特定的审美形态的理解也在不断发生变化。这种变化使得审美形态在历史性中具有了当代性,从而赋予审美形态以新的时代内涵。例如,悲剧范畴在古希腊是命运悲剧,是人与命运抗争的悲惨结局;而在古典主义重视崇高的悲剧,是个体对社会责任的牺牲;在现实主义中是社会的悲剧,是社会对人的摧残。

二、审美形态与思维方式

审美形态的形成发展中,与人们的思维方式之间有着密切的关系。尽管人类各民族的思维方式有着许多共同的特点,但由于他们在实践活动方式上的差异,导致他们的思维活动也有了许多不同的特点。因此,对审美形态的理解和认识也会各有不同。

就中西思维方式比较而言,中国古代思维方式主要是一种象数思维,这种象数思维没有从原始思维中完全分离出来,"天性之谓命",主要特点是天人合一,主客交融,重视体验、综合和整体把握,最基本的思维单位是物象与数的结合体,最主要的思维方法是触类旁通、神与物游。而西方古代的思维方式经历了由具象向抽象思维转化的过程,逐渐形成以抽象思维为主的特征。其主要表现为主客两分,重视理性、经验与逻辑分析,最基本的思维单位是概念,最主要的思维方法是逻辑归纳和演绎。这种思维的差异在审美形态的整体构成上发挥着潜在的作用,西方审美形态在观念上习惯于分析,形成的审美形态也往往是先一分为二,再寻求对立面的统一。如悲剧与喜剧相对,优美和崇高映照等。

中国古代早期的"象"毫无疑问没有从原始思维中完全分离出来。象按照内容可以大体分为四类:鸟类之象、鱼类之象、植物之象、想象混合物之象。"数"也从来没有获得独立的意义,而是与"象"混合为一体,共同产生意义。说到底,象数思维的特征不在于抽象的思辨和追问,而在于触类旁通式的玄思,在于通过对象的描绘来把握隐藏于现象世界之后的意。象数作为中国古代思维常用的中介和方式,其自身的性质也在一定意义上决定了中国古人思维的基本特征。首先是主客体互相交融,即天人合一。象数既不是客观存在的事物本身,也不同于主观的思想情感,象数是在中国古人的生命活动和生存实践中不断生成和发展的思维范畴,其中,数是象的性质,象是数的载体。数赋予了象什么性质呢?主要是情感性和观念性。如在鸟这个物象上,寄寓了古人对于祖先和家乡的思念。正是因为物象在观念中已经改变了性质,中国古人很早就意识到了"大音希声,大象无形"的道理,在此基础上进一步提出了言不尽意、立象尽意的观点。

古代希腊人乃至整个西方最为主要的思维方式是抽象思维,主要特征是主客二分,借助概念、判断、推理来把握客观世界,它是用科学抽象的概念来揭示事物的性质。这种思维的主要过程和方法是抽象和概括,而且,这个过程和方法必须借助语词来实现。所谓抽象,包括两个方面:一是把客观存在的物态化的对象与该对象所具有的属性相分离,二是在事物众多的属性中提取出最本质的属性。概括是把从特定对象上抽象出来的本质属性,推延到具有同类属性的一切事物,从而形成关于这类事物的普遍概念。逻辑思维的基础是对于事物进行分析、综合和比较,但它的起点是概念,终点还是概念。思维的成就以系统知识的形态反映出来,也就是把现实事物看作无限细小部分所组成的复合体。因此,原子主义和还原主义成了西方思维的主要模式,西方思维的目标是透过客观事物的现象认识其内在本质和规律,西方思维以概念和逻辑形式为工具。西方悲剧与喜剧、优美与崇高、美与丑等体现二元对立性质的审美形态的产生,与上述抽象思维方式密不可分。

三、审美形态与语言

与人类生活、思维、哲学以及价值取向密切相关的是语言文字,语言文字对审美形态的形成也有明显的影响。语言是意义的载体,按照索绪尔的观点,语言符号的意义分为能指和所指,同样的事物,语言表述可能会千差万别。因此,这就决定了语言文字在性质、功能、表现形式等各个方面具有明显的差异,这些差异也不同程度地影响到审美形态的差异。

世界上的语言文字简要地可以分为表音和表意文字。以汉字为代表的表意文字,属于表意性的象形文字,无论"象形""形声""指事"还是"会意",能指和所指结合得都很紧密,每个汉字都可以称之为一个意象,它本身已经融合了人作为主体的感觉、体验和想象。所以,汉字可以"声入心通",也可以"形入心通"。鲁迅把汉字的审美效果总结为:"意美以感心,一也;音美以感耳,二也;形美以感目,三也。"①闻一多则断言:"惟有象形的中国文字,可直接展现绘画的美。西方的文学要变成声音,透过想象才能感到绘画的美。"②但拼音文字就大不相同,能指和所指是完全随意性的,是理性的产物。

汉语是一种有着古老源头的高度重视词汇的语言,西方语言尤其是拉丁语系的语言则是一种不断变化的高度重视语法的语言。重视词汇的结果是通过思维中丰富的想象力来凝聚语言,重视语法说到底把西方语言引向了哲学本体论,即系词(be)在语言中起到核心的作用,语言的主要功能就成了求"是",即定义世界之中的万事万物,凝聚语言的力量是逻辑性而非想象力。表现在句子形态上,汉语多数是简单句,句子与句子中间富有跳跃性,或者,我们也可以称之为诗性;西语主要是冗长的复句,句子与句子中间粘连得很紧,虽缺乏想象的空间,却充满逻辑的力量。从这个角度看,汉语也可以称为抒情语言,而西语则长于叙事和论证。正如有的学者所言:"较之于'关系框架'为组成法则的西方语言,中国的汉语言是一种'流块建构'的语言,其特点是'句读简短,形式松弛,富于弹性,富于韵律,联想丰富,组合自由,气韵生动',是一种更符合文学创作特点的语言。"③引申开来,我们可以说汉语本身更具有形象性和审美性,而西语更具有抽象性和逻辑思辨性。而这样的特点不仅表现在文学创作中,更深层地潜伏在中西方人的思维深处,并在整个审美实践和审美形态的演进中发挥着重要的影响。

四、审美形态与文化

审美形态与文化形态互为影响,审美形态的逻辑总结和提炼与特定的文化密切相关,

---

① 鲁迅:《汉文学史纲要》,《鲁迅全集》第9卷,人民文学出版社1961年版,第344页。
② 闻一多:《女神之地方色彩》,见《创造周报》,1923年第5期,第5—9页。
③ 鲁枢元:《超越语言》,中国社会科学出版社1990年版,第237页。

审美形态形成后,有表征为具体的文化。就东西方文化来看,由于中西文化精神的区别和差异,导致审美形态也有所不同。具体体现在宗教和哲学思想的关系方面,而哲学思想则更为重要。

就审美形态与宗教的关系而言,西方审美形态的孕育一开始就与宗教意识紧密联系在一起。西方人长期受到古代希伯来教和基督教的深刻影响,注重对人生终极价值的追问,同时,上帝和理性成为西方哲学之中最为重要的两极,审美活动最初也与宗教活动密切相连,悲剧与喜剧的区分就与古希腊人的祭神及狂欢活动,也就是人们经常讲的酒神精神和日神精神有关。在西方美学发展的历史长河中,肯定上帝无所不能、无所不在与世俗生活以及人的现实追求、享受形成了明显的对立和分裂,最高形态的审美实践是与上帝相连的、体现上帝意志的至高无上的美,与此相对的人间生活则是不完善的,需要时时忏悔和反思并且充满痛苦与绝望。所以,西方悲剧里崇尚的实际是一种牺牲精神,是为宗教理想而献身从而在人生中求得永恒的行动。与此相关,西方美学更关注人类本身的悲剧性和人生的幻灭感,无论悲剧还是喜剧,或者崇高与优美,都与冥冥中人类难以把握的命运相通。尽管也有学者强调过失导致悲剧或者小人物的世俗悲剧等等,但总体上,宗教意识以及宗教行为对西方审美形态的形成与发展具有极其重要的作用,产生了深刻的影响。

与西方不同,中国的审美文化则具有世俗化的特征。虽然,中国也有自己的宗教,但即使是宗教,也在一定程度上被世俗化了。这种世俗化体现为两个方面:一是把上帝、神灵人格化与把人的祖先神灵化合而为一,即祭祖犹如祭神,形成了一整套礼仪规范,儒家文化便是特例;二是与世俗的享乐主义和现世思想相结合,如道教文化就有此特点。所以,和西方相比,中国的审美形态的形成、发展,与宗教的关系并不密切。

再看与哲学的关系。从西方哲学发展看,总体上说审美形态的形成、发展受到哲学思想变迁的制约与影响。古代希腊罗马、中世纪占主导位置的哲学观是理念论和上帝一元论,这与西方早期审美形态的内涵密切相关。如理念论的伦理学内容,就是道德至上的原则,它要求人在实践行为中体现理性和道德的原则;具体到美学中,就是把道德标尺与审美标尺混为一谈。鲍桑葵指出,柏拉图是"用美的领域和道德秩序的领域之间的直接的主从关系,代替了间接的并立关系。按照这种主从关系的要求,美就得把道德秩序描写成是道德的,仅此而已"[①]。有了这样的哲学前提,柏拉图对当时悲剧中不合道德的感性、情感性的因素予以竭力排斥,而高扬精神性的、符合道德的因素。他的"回忆"说,更是把纯粹精神性的真与善看成是美的至境。这对当时悲剧和美等审美形态形成以精神性、理性为核心的特点有很大影响。在亚里士多德那里,道德主义原则主要体现在他显然有意回避激情或性格决定个人命运这样一种真正的悲剧冲突,而认为悲剧的主人公必须既不是很好,也不是很坏,他的命运是由自己的过失决定的。这种看法对于当时流行的命运悲剧论是一个很好的补充,丰富了作为审美形态的悲剧和悲剧性内涵。

古希腊哲学主张形式与质料的二分,强调从形式与质料之间的二元关系的角度分析

[①] 鲍桑葵:《美学史》,张今译,商务印书馆1985年版,第32页。

艺术作品与美,并且强调形式构成的相对独立性。这就促成了形式主义的审美传统。我们可以看到西方美学史上贯穿着执着寻找美的事物的形式构成的线索,如重视部分与整体、个别与一般、形式与内容等关系的研究;试图总结出一些普遍有效的形式美的规律,如黄金分割律,或认为最美的形是球形、最美的线是蛇形线等等。这从一个特定层面规定了作为审美形态的"美"的感性形式特性。

以文艺复兴为标志的新的历史时期的哲学与古希腊罗马和中世纪哲学理论,在内在逻辑线索上实质是一致的,即仍把世界一分为三,即把理念世界(或上帝神界)、外在世界和艺术模仿的世界,变成了人、外在世界和艺术,也就是用人代替了理念或上帝,如此而已。所以,文艺复兴以后,以人为本的理性主义就成为西方美学主要的哲学基础。简单说,就是柏拉图的理念变成了笛卡儿的"良知"或者布瓦洛的"理性"或"义理"。柏拉图认为理念是绝对的、永恒的和最具有真理性的,笛卡儿则认为"良知"才具有上述特征,良知是人性的主要部分,人人都可以凭借"良知"求得真理。所以,美的事物既然要体现人类的良知,也就必须合乎人类的理性,理性是最为真实可靠的,也是最自然的。文艺复兴以后西方美学中强调的"自然",如在古典主义那儿讲的"自然"与我们今天讲的大自然,比如美丽的山河、壮观的景象是不一样的,而是指体现于事物中的普遍永恒的人性或者理性。当哲学持理念论或上帝论时,对审美形态的分析就只能是单一的,因为美只是与理念和神性相联系的,只是一种"适度"或合式得体的状态。而一旦由理念转向理性,由以上帝为本体转向以人为本,审美形态的丰富性才在理论上成为一种可能,崇高甚至丑等才有可能作为特殊的审美形态进入人们的审美视野。因此,朗吉弩斯的《论崇高》在埋没几百年以后,到17世纪才引起广泛的注意,布瓦洛把它翻译成法文后,到17、18世纪才产生重大影响,崇高作为审美形态才终于走向成熟。

近现代西方哲学宣告理性主义的破灭以及非理性主义思潮的崛起。尼采讲"上帝死了",实质上就是讲理性受到了人们的普遍怀疑。我们知道,文艺复兴以后开始占据主导地位的理性主义和科学主义,事实上并没有让人们完全摆脱社会危机和精神危机,反倒是资本原始积累的残酷性以及商品经济繁荣以后人性的迷失,引起了人们普遍的困惑和恐慌,他们对于一切传统的东西开始怀疑甚至质问和嘲笑,反传统变为诊治时代病的猛药。在这种非理性主义的哲学背景下,丑与荒诞等审美形态才脱颖而出。

与西方哲学发展不同,中国的人生哲学几乎是千年不变的,变化的是细节,是在原有的基础上进行一些完善和修改的工作。这就是中国人经常讲的"天不变道亦不变"。中国人的天道就是"中和",天地、天人、阴阳、文武、文质、情采等等,所有的一切都贯穿了"中和"思想。刘勰的《文心雕龙》,就是范例;《文心雕龙》五十篇,也都贯穿着"中和"的批评标准,比较明显的篇目有"风骨""情采""通变"和"隐秀"等,具体来讲就是折中调和的做法。如讲"练于骨者,析辞必精;深乎风者,述情必显"(《风骨》),就是讲凡是注重文章筋骨的,语言的表达就必然精妙;而风力深厚的,感情的抒发则必然显豁。所以,"情与气偕,辞共体并。文明以健,圭璋乃骋"(《风骨》),情感与生气相结合,语言和体式相一致,才能使文章明快而富有感染力,如同用圭璋聘问诸侯,可以取信于人。"中和"在哲学上是一种本体论,同时又是一种审美理想,还是一种最基本的审美形态。说"中和"是本体论或存在论,意思是说"中和"实质是对于中国式人生实践的集中概括。在现实人生中,"中和"的表现是多种多样的。举其一例,中国人讲"没有规矩,不成方圆",这里,方圆既是物理的形状,同时又被视为做人的准则,要求外圆内方,表面圆通,无所不宜,但在原则立场上不让步。方圆折中,也就是中和。这种人生实践在审美活动中就集中、升华为"中和"的审美形态。

审美活动作为人类的特殊实践形式,具有普遍的、超越民族的意义,这决定了审美形态的普遍有效性,也就是说无论对于中国还是对于西方的基本审美实践状态的归类,都不仅仅是属于个别的现象,而是具有人类审美活动的共同规律性。例如,西方美学中的崇高与中国古代美学中的壮美、阳刚之美,西方的优美与中国的阴柔之美,西方的和谐论与中国的中和思想,西方的喜剧与中国的滑稽等等,其中都具有可以比较之处。又如,我们把悲剧划归到西方的主要审美形态,并不意味着在中国古代的审美活动中没有悲剧意识或者中国人对于悲剧所代表的审美意境缺乏鉴赏能力,也不意味着中国审美实践中没有悲剧审美形态。实际上恰恰相反,中国人的悲剧意识觉醒得很早,对人生中悲剧状态也具有自己深刻而独特的领悟和理解。在早期作品中,大量反映了中国的悲剧观,包含着人生价值观和宇宙观等不同的层面。例如:《诗经》和"楚辞"以及《庄子》中都对于人生中有价值的东西被毁灭表现出无奈和感伤,都对于人生的终极结果表示了疑问,对于生死离合从审美角度上进行了把握和描绘。中国文论对于悲剧心理与文学创作的关系也进行过有益的探讨,所谓"发愤著书""不平则鸣""穷而后工"等命题都与悲剧功能的研究有关。同样,西方喜剧中也经常出现大团圆的结局,而这正是中国古典戏剧的套路。西方的丑和荒诞与中国的滑稽、丑也是异中有同,不能截然分开。

对于审美形态划分所使用的范畴,在美学史上有一个形成和发展的历史过程,特定的范畴有特定的内涵和外延,范畴之间形成了严密的逻辑联系,从而构成了有机的美学体系。在不同的美学体系中所存在的范畴受到了整体系统的制约和影响,即范畴是系统中的范畴,具有系统所具有的特色与理论立场。如果简单、孤立地使用该范畴来代替其他系统中美学范畴,就会不可避免地导致机械、生硬和曲解的结果。例如,西方美学史上经常运用的"优美"和"崇高"的范畴,与中国美学史上使用的"阴柔之美"和"阳刚之美"就不能完全等同。西方的悲喜剧与中国古典戏剧中的悲愤、凄苦以及滑稽不同,这种区别可以说是一种本质差异,与在西方美学史上同一范畴在不同历史时期所产生的变化发展不能等同。所以,我们在承认审美形态具有世界性的同时,还要注意概括审美形态的范畴所具有的区域性、民族性以及这些范畴出现的文化学术背景。

审美形态是对人类审美实践活动中历史地形成的各种不同特征的审美经验的归类和总结,如前所述,界定审美形态主要是基于人类的审美实践活动的展开程度,以及对人生境界的体现和展示,界定审美形态的主要逻辑依据是广泛性、统摄性和历史性。在此基础上,审美形态包含审美主客体在审美活动中形成的不同的历史的、存在的、实践的关系。西方传统上把审美形态基本划分为美、悲、喜三大类型,随着时代的发展与审美活动展开的丰富性,审美形态在近现代有了新的扩展,出现了许多新的类型,其中主要有崇高、丑和荒诞。这样,审美形态就包括优美与崇高、悲剧与喜剧、丑和荒诞六种基本类型。它们一旦形成,就有相对的稳定性和持续性。

审美实践活动构成了一个绚丽多姿、五彩缤纷的世界,在我们面前所出现的众多审美对象中,不论其在物态上,还是在格调、风姿、意蕴上,都是很不一样的,有的气势恢宏,有的婀娜多姿;有的光怪陆离,有的婉约轻盈,有的粗犷,有的细腻等等。审美对象的不同形态,也会相应地对欣赏者引起不同的心理反应,或使人心胸开阔,或使人心情舒畅,或催人泪下,或让人蔑视,或让人轻松,或让人惊愕等等。因此,审美实践就产生了美的不同形态。

审美形态与艺术形态关系密切,许多审美形态最初总是表现为艺术形态,最后逐渐上升为审美形态。如悲剧和喜剧开始时都是戏剧剧种,后来才上升为相对稳定的审美形态。但除了这种有形的体裁特点外,西方的审美形态仍然有其深厚的人生境界的底蕴。古希腊时期的悲剧主要展示了人与自然、人与命运、个人情感与国家利益相冲突的人生境界,《俄狄浦斯王》《安提戈涅》等悲剧是这方面的代表。西方的崇高这一审美形态的出现,表现了心灵对形式的超越,是对优美这一和谐形式的突破。西方的丑作为审美形态,表现了西方人批判精神的张扬。而西方以荒诞为审美形态,则又体现了西方人在丑面前的无奈。西方这四种大的审美形态的发展阶段,经历了从人与自然的对立到人与人、人与社会的对立的转变,即从命运悲剧到崇高主要体现了人与自然间的矛盾和斗争,从丑到荒诞则主要表现为人与人、人与社会的对立,实际上也是人生样态的写照,是其人生境界中主客分离对立、主体精神超越客体对象的特征的审美凝聚和显现。

第三节 优美与崇高

优美与崇高是审美实践活动发展中最基本的两种审美形态,它们二者既有密切的联系和若干共同点,又有各自的特点和独特的内涵。在审美领域,它们建基于人类社会实践基础之上,体现了人类生存状态的不同方面,并普遍地在自然界、社会生活和艺术作品中显现出来。古往今来的美学家们,在对它们进行逻辑总结和分析时,也往往总是把它们并列起来进行比较研究。例如,古罗马时期的哲学家西塞罗,就明确地把美分成"秀美"和"威严"两大类。他说:我们可以看到,美有两种:一种美在于秀美,另一种美在于威严,我们必须把秀美看作是女性美,把威严看作是男性美。他所谓的"秀美"和"威严",实际上包含着优美和崇高的含义。其后,博克、康德、黑格尔、席勒等古典美学家,直至现代及后现代美学家,对优美和崇高进行过不同的论述。

一、优美

可以被纳入"优美"这一审美形态的审美对象,在形式与审美感受上往往具有以下特征:一般具有小巧、轻缓、柔和等的形式特征,对于优美的对象,常常以清新、秀丽、柔媚、娇小、纤巧、精致、幽静、淡雅、素静、轻盈等加以描述。优美的审美形态使人产生优美感,优美感一般具有和谐、平静、松弛、舒畅的心理特征。优美感的心理特征,表现出对象与主体之间的和谐。所以,优美是人对自身生命、力量的静态直观。优美的和谐、平静、松弛、舒畅使人感到纯净的愉快和美好,使人感受到生活的迷人的魅力,是一种令人心醉神迷的人生审美境界。

优美这一审美形态的本质在于,它是理性内容与感性形式、理想与现实、个体与社会及自然、自由与自在、主观的合目的性与客观的合规律性的和谐统一。优美可以唤起人的圆满轻松的审美愉悦,是人的存在得到完整和谐的状态,或者说是人在审美实践活动中所达到圆融和谐的状态。概而言之,优美是理想人生境界与人生存在实践完满统一的现实呈现和展示,是和谐化一的人生存在至境。

作为最早被人类所认识和把握的美的范畴,优美是美最一般的形态。所以在西方早期,美和优美往往混为一体。因此,在广义上,美包括崇高、优美、悲剧、喜剧、丑和荒诞等形态,但在狭义上,美则主要指的是优美。所以,在近代崇高范畴出现以前,对美的问题的探讨,其实大多是对"优美"形态的研讨,把优美作为狭义的美加以阐释。直至近代,随着研究的深入,优美才从美的概念中脱离出来,演化成与崇高并举的审美形态,随着对崇高形态研究的深入,对优美的研究也不断得到重视。

(一) 对优美的理论探讨

优美作为审美形态,在西方美学史上,对优美的探讨,是随着对崇高的探讨不断明晰起来的。在古希腊、罗马时期,对于优美的探讨基本上是零碎而不成体系,优美甚至被看作是美的本质,与美画上等号。毕达哥拉斯学派认为图形中最美的是球形和圆形。柏拉图在《文艺对话集》里借苏格拉底之口对优美作了一些论述,他认为优美能够"引起快感,并不和痛感夹杂在一起",[①]是单纯、纯粹、绝对的美。亚里士多德在《形而上学》中说过"美的最高形式是秩序、匀称和确定性"。古罗马时的西塞罗提出了两种美,即秀美与威严的区别,与威严相比,秀美更加平凡,犹如女性之美,具有"明媚""明亮"的特点。中世纪意大利的托马斯·阿奎那认为,美有三个要素:完整、和谐、鲜明。英国的培根认为美的精华是秀雅合适的动作。英国画家荷迦兹认为蛇形线是最美的线条。总之,在古代人那里,美的基本理论是与节奏、对称、各部分的和谐等观念分不开的,因此,优美也就与节奏、和谐、对称等紧密相连。

近代以来,博克继承古希腊、罗马的传统,仍然认为"优美这个观念和美没有多大区别",[②]但他在与崇高的比较中总结了优美的几个特点:"第一,比较地说是小的。第二,是光滑的。第三,各个部分的方位要有变化;但是,第四,这些部分不能构成棱角,而必须互相融为一体。第五,要有娇柔纤细的结构、不带任何显著的强壮有力的外貌。第六,它的颜色要洁净明快,但不能强烈夺目。第七,假如它不得不有一种显眼的颜色,而这种颜色

---

① 柏拉图:《文艺对话集》,朱光潜译,人民文学出版社1963年版,第298—299页。
② 博克:《关于崇高与美的观念的根源的哲学探讨》,《古典文艺理论译丛》第5辑,人民文学出版社1963年版,第61页。

就必须同其他颜色一起构成多样的变化。"① 同时,"美的对象的另一个特点是:它们的各个部分的线条不断地变换它的方向;但它是通过一种非常缓慢的偏离而变换方向的,它从来不迅速地变换方向使人觉得意外,或者以它的锐角引起视觉神经的痉挛或震动"。② 博克的优美论总体上说,是主要从对象的角度来把握优美事物所具有的特征,所以,所进行的分析也多是从形式的角度归纳出来的一些规则,而这些规则只是构成具有优美性的事物的外部特征,并不是优美之所以形成的原因所在。从存在论的角度看,优美是一种人生境界存在状态,是审美形态之一,我们应该追问的是优美何以存在,而不仅是优美有什么表面特征的问题,一旦割裂了主客体,并以二元对立的方式去研究审美形态,其结果就必然会导致论述上的片面性。

康德的优美论与博克有所不同,博克主要是从对象的物性特征以及对象对于人的神经刺激的角度入手,来论述优美的,这样就不可避免地要以物理学和生理学上的特性来代替审美活动所具有的特殊性。康德则不然,他虽然也重视对象的形式,但主要是从对象给人的快感、内在情感、想象等角度分析优美,因此,他的优美论主要是从一种审美效应角度讲的。他认为优美带给人的快感属于"鉴赏判断",而不是"智力的情感",优美不会给人带来任何压抑,因为它"直接在自身携带着一种促进生命的感觉,并且因此能够结合着一种活跃的游戏的想象力的魅力刺激"。③ 康德对于优美的看法基本上还局限于认识论的范围,但他已经直觉地领悟到优美乃是一种生命处于放松状态的特殊形态,因而在一定程度上已接近把优美看作一种审美形态。

在康德之后,席勒也对作为审美形态的优美进行了较多也较深刻的探讨,他认为:"美可以同时期待产生松弛和紧张两种作用。松弛的作用可以使感性冲动和形式冲动各自安分守己,紧张的作用可以使两种冲动都保持其力量。""理想的美,尽管是不可分割的和单一的,但在不同的关系中却显示出融合性和振奋性。在经验中存在一种融合性的美和振奋性的美。"④他与康德的思路相同之处在于都认为优美是人处于相对自由和谐的状态之中,即人与物质世界在一定的程度上和谐统一为一个动态的精神与物质相互包容的存在。

综观优美探讨的历史,我们可以看出,在不同的审美实践活动的领域中,优美也表现出不同的特征。秀雅协调的形式,浑然一体的内容,轻松愉快的美感,是优美的共同特点。但是,不同领域中的优美,其特点又不尽一致,其内容也各有侧重。

在自然领域里,人与自然的关系主要是一种精神联系,人们对大自然的审美主要集中于自然的形式因素,因而,自然中的优美也主要表现于客体对象感性形式的和谐性上。在大自然中,不论是烂漫的春色,明朗的秋日,淡淡的远山,薄薄的晨雾,轻盈飘舞的雪花,随风摆动的柳丝,掩映在绿荫丛中的山花,蜿蜒于群山之间的小溪,这些都显示出了令人陶

---

① 博克:《关于崇高与美的观念的根源的哲学探讨》,《古典文艺理论译丛》第5辑,人民文学出版社1963年版,第59页。
② 同上书,第59页。
③ 康德:《判断力批判》上卷,宗白华译,商务印书馆1964年版,第83—84页。
④ 席勒:《美育书简》第16封,徐恒醇译,中国文联出版社1984年。

醉的优美特色。

在社会领域中，优美与社会的关系主要是人与人之间的关系，和人与物质产品的关系，因而，社会领域中的优美首先必须具有现实对实践的肯定性，合规律性与合目的性，"真"与"善"在社会美领域占有相当重要的地位。充满童心的小孩被称为祖国的花朵，他们天真无邪，活泼可爱，这当然是一种优美。在各种年龄层次的女性，特别是年轻女性身上，不论是她们的仪态容貌、性格气质、言行举止、服饰打扮等，处处都表现出一种文静、妩媚、温柔的特点。朱自清曾写过一篇散文《女人》，他认为女人有"艺术的一面"，这个"艺术"也就是优美的意思。文章中，他把女性写得似蜜一样甜，烟一样轻，微风一样温和，确实成了优美的化身。此外，出现在我们周围那种井井有条的生活秩序，和谐、协调的人际关系，特别是人与人之间的深挚友情、爱情，还有人们所创造的各种小巧玲珑，富有情趣的产品等，也都显示出优美的特点。

在艺术领域内，人与艺术的关系尽管也是一种精神联系，但这种联系又远比与自然的联系复杂，它既关涉到内容，又关涉到形式，因而，艺术领域中的优美多体现在和谐内容与完美形式的统一中。陆机在《文赋》中说："诗缘情而绮靡"，这就是道出了诗歌与优美的关系。司空图把诗歌的风格、意境概括为二十四种基本类型，其中的"冲淡""纤秾""典雅""清奇""委曲"等等，都是与优美相连的。很多词论家都认为宋词有婉约、豪放两派，并以婉约为主，这是因为宋词大多描写的就是比较细腻的儿女情长以及秀丽的自然风光。在其他艺术品种中，诸如为数不少的山水画、花鸟画，民族音乐《春江花月夜》，民族舞蹈《孔雀舞》《荷花舞》，苏州园林，水乡拱桥，还有像昆曲、越剧、评弹等艺术种类所表演的节目中，都体现了优美的特点。西方艺术中，优美也比比皆是，李斯托威尔就这样说过："在造型艺术里，这种优美，或许在安格尔那蜿蜒多姿而又柔润的图画中，在波提切利、拉斐尔、列奥纳多和柯勒乔那种柔和温雅又流利生动的图形中，在希腊颓废时期的雕刻中，以及在十八世纪的建筑和家具中，表现得最为显著。"

（二）优美的内涵与特点

审美活动作为特殊的人生存在的实践，无论是在自然还是社会领域，总是具有一定的理性内容与感性形式。感性形式可以表现为人与自然、与社会以及人与人的联系方式。在优美这种审美形态中，自然感性形式往往具有对称、均衡、圆润、柔和、比例协调的特点，与之相适应的是生理的快感、情感的松弛快适、心灵的共鸣，并且，激发人们产生对于人生美好事物的丰富联想。例如，中国传统的意象花好月圆、芳春柔条、扶疏杨柳等，就基本上属于处在优美状态中的审美对象。即使同一事物，在不同的外在环境中，虽同属优美，也会体现出不同的审美特征。

审美形态形成的基础是人类的生存实践；而具体审美形态则是在审美活动中生成的，它既体现于审美活动的整个过程，也是审美活动的阶段性成果。所以，在优美的审美形态中，自然就不仅被感知为美的现象，更是人的实践行为的对象，自然不是作为社会的对立面出现的，而是成为人生必不可少的组成部分，成为物性与人性完美、和谐的统一。

优美也包含着人生丰富的社会性的内容，如优美既可以表现为人与人的和睦相处，互敬互爱,可以表现为天伦之乐和长幼情深,还可以表现为社会清平、国泰民安,人民处于富足美好的和谐生活境地,优美更可以表现为个体思想观念与社会时代精神以及贯穿于日常生活的种种行为的统一、和谐、一致。优美和崇高在社会领域中的区别,并不在于它们与道德伦理有没有联系,而在于道德伦理内容是否与审美主体发生矛盾冲突,是否成为对于人性或人的本质力量的阻力或否定性因素。总而言之,在社会人生领域,优美的内涵从本质上说就是真善美在最大程度上的和谐统一。

优美作为审美形态,从其形式和凝结的审美意象来分析,什么样的审美对象可以作为优美的审美对象呢?基本来看,它应该体现出如下特征:

首先,优美是超然优雅的人生境界的真实表现。优美的审美形态是一种让人感到轻松愉快、超然物外的情绪状态,优美是人在现实存在中,对自身实践的肯定;在人生存在的和谐圆融的状态中,体悟到人生和谐优雅境界。因此,在审美主体的感受中,人的存在得以自我观照,从而呈现出一种轻松愉快的和谐状态。这应该是优美的最基本的意象内涵。

其次,是秀雅协调的外在形式特征。在外在形式上,优美表现出清秀、典雅、柔和、协调的特点,具有宁静、平和、淡远的性质。清代桐城派文人姚鼐指出,所谓阴柔之美,也就是优美,"如清风,如云,如霞,如烟,如幽林曲涧……"这里的优美风格是细小、轻盈、徐缓。山明水秀、风和日丽、鸟语花香的自然美景就是优美的典型意象。杜甫的诗句"细雨鱼儿出,微风燕子斜",所描绘的诗情画意,就是一种艺术的优美境界。人的优美,则主要表现在动作和姿态上,和谐动听的声音、柔和的曲线、秀雅的面容是女性优美的写照。如博克指出的,"优美这个观念是属于姿态和动作的"。"优美的全部魔力就包含在这种姿势和动作的悠闲自若,圆满和娇柔里。"因此,人们把翩翩起舞的舞姿、悠闲自得的动作称之为优美。

再次,是和谐化一的内容。在审美意象所蕴含的内容上,优美的各个审美要素处于一种和谐化一的状态,即它们相互融合,浑然一体。作为优美的自然事物的形态,刚柔相济,强弱相合,大小相当,刚柔、强弱、大小之间没有明确的冲突与对立,如先秦时伍举论美时所说:"夫美也者,上下、内外、大小、远近,皆无害焉,故曰美。"伍举所谓"无害"即是各审美要素之间浑然一体,和谐统一,这也就是优美的审美情态。王维的诗"明月松间照,清泉石上流",明月柔和的光晕,静谧地洒在林间,清泉潺潺,在碎石间流淌。这是一幅优美的画面,明月、松林、清泉、细石。动静有致、协调化一,浑然一体。

最后,是心旷神怡、愉悦轻快的审美体验。就审美活动中的审美体验看,优美是人在审美实践中所获得的一种轻松愉快,心旷神怡的感受和体验。拉丁文中优美就称之为Gratia,意即愉快、直率。心态超越后的愉悦,是优美体验中所得到的最主要审美感受。它不像崇高的悲壮恐惧、恢宏豪迈,它的体验是轻松愉快、可亲可近的。当人们处于优美体验中时,人的生理和心理则处于非常和谐一致的状态。当人们漫步花前月下,谛听风吟鸟鸣,荡舟湖面,微风徐来,水波不兴,这是一种极度放松和舒适的愉悦感受。而在崇高的审美情状下,人的心里紧张,情感集中,伴随的是一种恐惧和敬畏为主的审美情绪。因此博克认为,松弛舒畅是优美所特有的效果。他说,优美的一个主要特性是:"它们的各部分的线条不断地变换他的方向,但它是通过一种非常缓慢的偏离而变换方向,它从来不迅速地改变方向使人觉得意外,或者以它的锐角引起视觉神经的痉挛或震动……松弛舒畅给美所特有的效果……"立普斯认为优美是一种以一种柔和的力给人以喜悦。他说:"凡是不猛烈地、粗暴地、强霸地、而是以柔和的力侵袭我们,也许侵入得更深些,并抓住我们内心的一切,便是'优美的'。"所谓的"松弛舒畅是美所特有的效果""温柔的喜乐",都是优美体验的主要特征。

二、崇高

崇高作为审美形态,它主要指对象以其粗犷、博大的感情形态,劲健的物质力量和精神力量,雄伟的气势,给人以心灵的震撼,使人惊心动魄、心潮澎湃,进而受到强烈的鼓舞和激越,引起人们产生敬仰和赞叹的情怀,从而提升和扩大了人的精神境界。在审美意象的形式构成上,崇高往往具有粗犷博大的感性形态。如巍巍泰山、滔滔长江等。在力量感受上,崇高往往具有强健的物质力量和精神力量以及压倒一切的雄伟气势。如火山、雷电、奔马等。在审美体验上,崇高往往给人以心灵的震撼,使人惊心动魄、心潮澎湃。在人生精神上,崇高总是给人以强烈的鼓舞,引人赞叹,催人奋进。

(一)对崇高的理论探讨

就审美形态的形成来看,在西方美学史上,最早涉及崇高内容的是古希腊时期的毕达哥拉斯。他把音乐的审美风格划分为两类:一种是具有男性阳刚之气、粗犷尚武、振奋人心的作品;另外一种是轻婉甜蜜,具有女性阴柔之美的作品。而柏拉图最早明确谈到了崇高,并且把崇高与优美并举。他说:"凭临美的大海,凝神观照,心中起无限欢喜,于是孕育无量数的优美崇高的道理,得到丰富的哲学收获。"[①]一般认为是朗吉弩斯的《论崇高》第一次较为明确地把崇高和优美作为两种可以并列对举的美来加以论述。他说:"一个人如果四方八面地把生命谛视一番,看出在一切事物中凡是不平凡的、伟大的和优美的都巍然高耸着,他就会马上体会到我们人是为什么生在世界上的。因此,仿佛是像按着一种自然规律,我们欣赏的不是小溪小涧,尽管溪涧也很明媚有用,而是尼罗河、多瑙河、莱茵河,尤其是海洋。"[②]朗吉弩斯认为文学作品的崇高风格应该具有庄严伟大的思想、强烈深厚的热情、符合修辞格的藻饰、高尚的措辞和把前四者联系为一个有机整体的庄严宏伟的结构,但说到底,作品的崇高风格来自于伟大的心灵,他认为"崇高是伟大心灵的回声"。因此,他赞美希腊演说家德谟斯特尼斯的演说"以他的力量、气派、速度、深度和强度,像迅雷疾电一样燃烧一切,粉碎一切。"[③]自 1674 年法国新古典主义者布瓦罗把朗吉弩斯的《论崇高》一文翻译成法文以后,"崇高"这一审美范畴在西方才渐渐引起了广泛注意。

崇高作为严格意义的美学范畴发源于近代,正如鲍桑葵所说:"随着近代世界的诞生,

[①] 柏拉图:《文艺对话集》,朱光潜译,人民文学出版社 1963 年版,第 272 页。
[②] 朗吉弩斯:《论崇高》第 35 章,转引自《西方美学家论美和美感》,北京大学哲学系美学教研室编,商务印书馆 1980 年版,第 49 页。
[③] 转引自朱光潜:《西方美学史》上卷,人民文学出版社 1963 年版,第 113 页。

浪漫主义的美感觉醒了,随之而来的是对于自由的和热烈的表现的渴望,因此,公正的理论不可再认为,把美解释为规律性和谐,或多样性的统一的表现就够了。这时出现了崇高的理论。"① 所以我们认为,直到18世纪,英国著名的经验主义哲学家博克写出了《论崇高与美》一文,"崇高"才正式作为美学范畴,得到美学家和哲学家的深入研究和探讨。严格地说,博克研究的也还不是作为今天我们所讲的审美形态意义上的崇高,而是主要研究崇高感产生的原因与崇高事物的基本特征。他对于崇高感的看法主要是从人的生命意识角度入手的。他认为,人类的情欲主要包括两个方面,一是对于延长生命的生殖欲和一般的社交愿望;二是安全的需求,即维护自己生命安全的本能。崇高感就来自于人的第二种本能情欲,当人的生命遇到危险时,首先会引起他的恐怖和警惧,引起发自心灵深处的痛苦,但是痛苦的情绪也同样可以产生愉快,即"如果处于某种距离以外,或是受到了某些缓和,危险和苦痛也可以变成愉快的"。② 他还指出,崇高的事物则往往具有如下特征:巨大的体积,表面凹凸不平和奔放不羁,经常是直线条的,即使偏离直线时也往往做强烈的偏离,阴暗朦胧,坚实笨重。他还敏锐地感觉到崇高是以痛感为基础的,与丑有着血缘关系。

真正把崇高作为审美形态来看待的是康德。康德的崇高论受到了博克的很大影响,博克在崇高中所探讨的各种性质,如无形式,力量,巨大等,后来都被康德所接受了。康德认为有两种意义的形式,一种是我们凭借感官可以把握的有限度的形式,另外一种是我们无法把握的同时也无法与之较量的无限的形式,前者包括了优美,后者则属于崇高,但两者都可以给我们带来审美的快悦。他认为巨大并不等于崇高,崇高属于伟大的东西。如果说优美在形式上是有限的或有秩序的,那么崇高在形式上则是无限的没有秩序的。崇高的事物主要存在于自然界,如呼啸的海洋、喷发的火山以及浩瀚无垠的宇宙等等。虽然巨大不等于崇高,但崇高的事物却往往是巨大的,巨大表现在两个方面,一是体积的大或数量的大,被康德称为"数学的崇高",一是力量的巨大和不可抗御,被康德称为"力学的崇高",它们是崇高的两种主要类型。康德之所以不把崇高归结于自然,是因为他认为自然中只是包含崇高的事物,并不包含崇高的根据或崇高的原因,他看到了崇高与人的不可分离性,看到了崇高说到底与人的生命体验相关。人的生命体验会形成许多理性的观念,当这种观念涉及崇高时,它就很难找到完全适合于自己的形式,也就是说当形式和内容完全统一和谐时,就只能是优美而不是崇高。所以他说:"真正的崇高不能含在任何感性的形式里,而只涉及理性的观念;这些观念,虽然不可能有和它们正恰适合的表现形式,而正由于这种能被感性表出的不适合性,那些理性里的观念能被引动起来而召唤到情感的面前。"③

所以,崇高和优美虽然都是令人愉快的,"两者的判断都不是感官的,也不是论理地规

---

① 鲍桑葵:《美学史》,张今译,商务印书馆1985年版,第10页。
② 博克:《崇高与美——博克美学论文选》,李善庆译,上海三联书店1990年版,第37页。
③ 康德:《判断力批判》上卷,宗白华译,商务印书馆1964年版,第84页。

定着，而是以合乎反省判断为前提"①。但两者是不同种类的审美形态：优美直接引起有益于生命的感觉，对于人有着直接的吸引力并唤起人的游戏的想象，崇高却不同，崇高首先是引起人们生命力阻碍的感觉，接着是更强烈的生命力的爆发，从而克服生命力的阻碍。所以康德认为，崇高引起的"感动不是游戏，而好像是想象力活动中的严肃。所以崇高同媚人的魅力不能和合，而且心情不只是被吸引着，同时又不断地反复地被拒绝着。对于崇高的愉快不只是含着积极的快乐，更多地是惊叹或崇敬，这就可称作消极的快乐"②。

在康德之后，席勒的崇高论如黑格尔所说，"克服了康德所了解的思想的主观性和抽象性，敢于设法超越这些局限，在思想上把统一与和解作为真实来了解，并且在艺术里实现这种统一与和解"③。但客观地说，席勒的崇高论与康德的崇高论并不是在一个层面上探讨崇高的内涵，席勒主要是从艺术的角度来论述崇高的实质的。康德对于崇高论述局限并不在于把崇高归结于主观情感本身，而是在于把客观存在的自然对象与人的实践行为先验地分割开来，然后说明自然是如何获得崇高的内涵的，而实际上，在存在论的前提下论述自然，自然从来就不可能脱离人生实践而独立具有任何意义，崇高之所以成为审美的范畴，是因为它首先是人类的审美形态之一，也就是人类的生命实践活动特殊形态，不是人类被动或者主动的赋予对象以意义，而是在实践活动中主体与客体彼此相互获得了新的意义。没有审美主体的自然世界和没有审美对象的人类情感都不能够形成崇高的形态，我们只是为了论述的方便才把主体和对象划分开来，而实际上在审美实践活动中，两者永远不可分离，审美活动是人的一种存在状态，我们所讲的实践也是从存在论意义上所讲的人生实践。

席勒在艺术论层面所讲的统一与康德主客两分的对立统一含义并不相同，席勒从艺术论入手，认为崇高与优美一样，都是"活的形象"，都是生命与形象、实在与形式、偶然与必然的统一。这种看法表面上看似乎具有了更大的包容性，实际上还是把崇高和优美当作人的审美对象来加以把握，把崇高看作悲剧题材所引起的一种特殊的快感，从而使崇高从一种审美形态降为一种艺术效果，崇高的含义在席勒那里变得更狭隘了。而且，席勒把艺术分为"美的艺术"和"动人的艺术"两种，进而认为"动人的艺术"就是以"善良、崇高、感动为主要对象的艺术"④。这种划分本身是含混的，因为所谓"美的艺术"和"动人的艺术"在很多时候难以区分。同时，他讲"统一"的结果是把崇高与表现对象以及崇高感混淆起来，所以，在他的《美育书简》中把崇高看作一种能产生"令人惊异的激情"的"振奋性的美"，在本质上并没有超越康德把崇高看作与优美一样具有主观的合目的性的愉悦。康德的高明之处在于把崇高纳入了人与自然的关系之中，虽然，他更加倾向于人的因素，但基本是主客结合的论述。如果我们认真研究马克思《1844 年经济学—哲学手稿》中关于"人的本质力量对象化"的论述，就可以看出，在审美问题上康德与马克思比较接近，他们

---

① 康德：《判断力批判》上卷，宗白华译，商务印书馆1964年版，第83页。
② 同上书，第84页。
③ 黑格尔：《美学》第1卷，朱光潜译，商务印书馆1979年版，第76页。
④ 席勒：《论悲剧题材产生快感的原因》，《古典文艺理论译丛》第6辑，人民文学出版社1963年版，第76页。

的观点都比席勒更为准确。

　　黑格尔对于崇高的论述是在结合康德与席勒关于崇高的探讨的基础上展开的。首先，黑格尔继承了康德的"人论"思想，肯定了康德所讲的崇高源于人的内在情感的看法，肯定了崇高涉及"无法找到恰合的形象来表现的那种理性观念"，所以，他认为"崇高一般是一种表达无限的企图，而在现象领域里又找不到一个恰好能表达无限的对象"。① 这个论点的逻辑思路与康德关于崇高的论述是完全一致的。不同的是，黑格尔认为崇高表现的不是康德所说的人类情感或观念，而是表现"浑然太一的神"和内在意义，但同时，他又同意席勒关于美和崇高应该存在于内容与形式的统一之中的观点，也就是说崇高应当存在于艺术之中，具体讲，就是存在于他所说的"象征型艺术"之中。内容与形式的统一有两种方式，一是内容等于形式，则表现为优美；另外就是内容大于形式，形式就只能是内容的象征，通过形式内容得以呈现。在黑格尔那里，形式与内容相比，只是次要的不重要的东西。形式指的就是外在的事物，内容指的是实体，即内在意义和浑然太一的神。所以，黑格尔把崇高归结为两个方面："崇高突出地表现出两点：一方面是意识到的意义与有别于意义的具体显现之间的分裂，另一方面是这两者之间的直接或间接显露出来的互不适应。"②

　　美学经历了从本体论到认识论的转变后，自19世纪末到20世纪上半叶以来，强大的现代艺术潮流汹涌澎湃，在现代艺术的直接冲击下，崇高作为一种理性主义统治下的理想艺术的风格，回归到了它的原初意义上来，这就是现代艺术及后现代艺术中对自我和存在的真正体悟和追问——现代艺术在貌似怪物的东西中，深藏着人类对自身的虚无和恐惧的呼告，正是在这种呼告中，充满着人与世界、人与自身的刹那感悟和交流，他们所要表现的不是虚幻的神、理性、理想，而是真正的人生体验，真正的来自生命深处的声音，正如利奥塔所指出的，力图表现"无法表现的东西"，这就是一种新的形态下的崇高，一种对无限性和虚无感的认同，一种超越了有限和无限之隔而进入存在的敞亮的崇高之美。

　　崇高在经历了从古典的文章的风格到近代的美学范畴，以及康德、席勒等赋予其深厚的道德伦理的内涵，在以叔本华、尼采等的哲学为背景的现代主义艺术中，彻底地失落了其伦理的内涵，而被一种生命力和存在的内容所替换，崇高直接面向生存和对人的现世存在的关注，崇高的超越不在那遥远的彼岸或是神圣的理性之中，而就在于我们自身的生命，就在于我们自身的心灵，崇高至此就开始了它的当代转向。

（二）崇高的内涵与特点

　　崇高这个概念早在古罗马时就出现了，但真正把它作为一个审美范畴进行研究，应推18世纪的英国美学家博克。他把崇高作为与美对立的审美范畴，从外在形式与内在心理情绪两个方面进行比较，提出了崇高的特点。凡是能引起人的恐惧的东西，如晦暗与朦胧，空虚与孤独，黑夜与沉寂等，都是构成崇高的因素。崇高的对象往往是无法驾驭的力

---

① 黑格尔：《美学》第2卷，朱光潜译，商务印书馆1979年版，第79页。
② 同上书，第98页。

量,具有庞大的体积,粗犷的形式,强硬的直线,坚实笨重的形式特征。这些对象使主体感到痛苦、危险与恐惧,对主体的生命造成威胁,引起人"自我保全"的本能反应,当人从心里生发出这危险与痛苦不能加害于自己时,就是崇高感。康德在其《判断力批判》中专章分析崇高,提出崇高对象的特征是"无形式",即对象的形式无规律、无限大、无比有力和无法把握,这些对人有巨大威胁的对象是人难以抗拒的。人的感官与想象都不能把这样的对象作为整体来把握,因此是对象否定主体。然而,人的理性在较量中会发现自己是在"安全地带",并能"见到"对象的整体或把它作为一个整体来理解,从观念上战胜对象,肯定主体,产生崇高感。

因此,就崇高的起源看,崇高不在对象,而在人类自身的精神,是人对自身力量胜利的愉快,对自己本身的使命的崇敬。到了后现代思想家利奥塔,则提出崇高是对现代主义宏大叙事的解构后,表现"无法表现的东西"的认识。但我们看到,崇高的特征总是和"无形式""无限性超越"等联系在一起的。

崇高作为审美形态,最为主要的是它是一种对立和冲突的审美体验。崇高是一个相对弱小却代表正义与善的主体与强大的敌对势力奋斗抗争的过程,通过这种奋斗与抗争展示人的精神与力量。因此,崇高是人的精神与力量的动态展示。崇高的价值载体首先是体现这种冲突与抗争过程的艺术作品。但崇高不仅仅限于艺术作品中,人的现实的活动过程就常常显现出崇高。崇高与壮美有着联系,因为壮美的对象占有大的空间,具有疾速的时间,力量强大,性质刚硬,往往引起人先惊后喜的审美感受。崇高主体面对的对象同样是强大的、有力的,正是这样,才造成了环境的艰苦、冲突的激烈,人的审美愉快也要由痛感转化而来。因此,历史上许多美学家把崇高与壮美相提并论。但是,崇高与壮美是有区别的。壮美是显示人的活动的一种结果,是人的胜利的静态显现。而崇高一般在冲突过程中展现,是人的力量、精神的动态展示。壮美的对象可以是一种自然的存在,崇高的对象则与人的活动有着必然的联系。自然界的事物也能引起人的崇高感,那是因为人把自然事物拟人化了,使它具有一种象征性。

崇高作为审美形态,和优美不同,它体现的是人生存在实践的另一种样态。首先,如果优美体现的是和谐化一的人生境界的话,那么,崇高则体现的是伟大超越的人生境界样态。崇高作为人生审美实践的体验,它使我们进入一种特殊的审美境界。在这个境界中,基于实践的人的存在,是一种伟大的、高尚的、严肃的、豪迈的、振奋的状态。在崇高的审美境界中,人们从所体验到的是人与自然、社会、自我对立与超越后的力量感和实现感,人对生活、人生境界赋予了伟大的意义,充满了向往和激情。其次,崇高是对人的理性存在的弘扬,是对人的生存意义的反思和体悟。它揭示的是生存的深层意义,是理性的人,在认识到自身的有限性后,对无限性的追索和超越。最后,正是在这种人生存在的超越中,体悟到积极向上的审美情感,从而导引人走向崇高的人生境界。总之,崇高是一种冲突的和谐、对立的和谐。

在不同的人生实践的领域,崇高则有不同的体现。第一,崇高体现为人与自然的对立和超越。人在自然中体验到的崇高,是那些体积大、力度强的事物所具有的一种审美属性。它通过人类的实践活动而进入人的审美视野,并因为人的超越之感而获得审美意义,从而对人类有一种激励性和鼓舞性。如高山大川、海洋广漠、雄风惊雷、暴雨骤风等,还有像动物中的雄狮、猛虎、鹰隼、海燕等,它们都因为人们从它们上面感悟到力量,从而认同了自身的超越,而获得美感。第二,崇高体现为人与社会的对立与超越。这主要体现在人的创造物和人的精神品格两个方面。在人的社会创造中,人通过自身的劳动实践,创造出属于自己的劳动产品,在这些产品中恰恰体现的是人的自我力量的实现。同样,在人的精神品格中,人因为战胜社会、自我的有限性,从而获得精神的解放,也就体验到一种崇高感。在社会中的崇高与人是一种直接关系,它体现了人的存在的力量,使人感到自豪,使人确信自己的伟大。第三,艺术作品的崇高风格。人的崇高体验通过艺术作品加以表现和反映,是自然和社会中崇高的集中表现形式。崇高艺术在内容上都反映了自然和社会中雄伟壮阔的事物,王国维在《人间词话》中指出:"明月照积雪""大江流日夜""中天悬明月""长河落日圆""此种境界,可为千古壮观"。这里他从外在形式上分析了崇高的内涵,也就是表现为语言的奔放、色影的强烈、画面的雄阔、线条的粗犷等特点。

在崇高的审美体验中,不管是人与自然的对立与超越,人与社会的对立与超越,还是艺术中的崇高风格,其基本特点都是大致相同的,也就是都体现了人的存在的有限和无限之间的对立与冲突。在这种对立与冲突中,具体则以雄伟壮阔的审美意象,刚毅坚强的审美品格,恢宏豪迈的审美体验等展现出来。脱离了基本的存在体验,崇高也就失去了它的实践存在的意义。

作为和优美对立的另一种审美境界的崇高,对于提高人的精神境界和人格是非常有益的。这种庄严的、圣洁的、严肃的、刚性的美时时激起人做人的自豪与勇气,使人不断克服自身的渺小,去创造光辉灿烂的人生。那么,崇高作为审美形态,从其审美意象构成来考察,又具有哪些特征呢?

首先,是雄伟壮阔的力量之美。在崇高的审美体验中,首先人们获得的是一种非凡的力量、压倒一切的气势,并引起人们惊愕、敬仰、神往的情绪。那些可称之为崇高的审美意象,一般其具有雄伟壮阔的外观,从而引起人们的力量之感。当人们面对自然时,如巍巍群山、浩渺大海、澎湃浪潮等,都会激起人们唤一种崇高之感,豪迈之情,原因在于它们的外在形式和人内在的崇高的存在体验相吻合,都是让人激动的形式,都能唤起人们的豪迈之情,这当然建基于自然物的雄伟壮观的外部特征。同样,绵延起伏的万里长城,气势雄伟的天安门广场,高耸入云的东方明珠电视塔等,它们的崇高之美也是通过雄伟壮观的外部造型体现出来的,但是,因为它是人的创造物,所以,在壮美的外观中,又多了一层人类创造的伟大之情。

其次,是社会价值实现的昂扬之美。崇高的内在审美不仅体现在形式意象上,主要体现在人对社会价值的肯定和认同上。在人的存在体验中,人与社会的对立超越,其实并没有可感的形式意象,但它也同样是一种崇高体验。崇高的社会审美体验,主要通过对象与社会人生的关系显示出来。宏伟的建筑、壮丽的诗篇,以及人们超越"他者"的伟大,这当然是一种具有明显社会倾向的体验。即使是自然界峻峭的悬崖,苍劲的古松,无际的广漠,它们所显示出来的审美品格,也是展现了人的内在价值而有意义的。因此,某些形体上特别巨大、力量上特别超群的自然现象,可以成为人的存在力量的一种暗示和象征,人们面对着它们,可以从中感受到自己非凡的精神超越感。所以,崇高的内在特征,主要在于它与人生存在的关系,崇高不仅是外在特定的物质形式,还要以真与善为基础,它也是人的存在超越的感性体验。

再次,是刚毅坚强的品格之美。崇高不仅具有雄伟壮阔的外观意象形式,而且还具有刚毅坚强的内在品格,充满阳刚之美。崇高感所体现的,是其刚毅坚强的人生品格。艺术领域中的崇高,主要体现在其"力度"和"气度"上,也就是体现在艺术作品的阳刚、雄浑、豪放的风格中。苏轼的词具有一种崇高风格,"须关西大汉,铜琵琶,铁绰板,唱大江东去",其中也暗含着一种"力"的意义。中国古代美学中的"风骨"说,其特质也在于刚毅坚强的内在品格的体现,在于它的"遒""劲""健""力"的在在风格,是刘勰《文心雕龙·风骨》中的"刚健既实""骨劲而气猛",这些也正是中华文化中"天行健,君子以自强不息"的内在精神特质的审美表达。

最后,是恢宏豪迈的尊严之美。由于崇高主要体现的是人的存在超越的实现,因此,人在存在实践中,在超越中体现了人的存在的尊严之美,感到存在的强大,从而肯定了存在的意义。在人的存在体验中,主体面对"他者",以及人面对自然、社会、自我时,首先产生的是恐惧和惊异,但他是敬而不惧、敬而无畏,在有限人生中体悟到无限意蕴,从而体会到自身的强大,在存在的实现中感悟到的是一种尊严。但我们还应看到,这种尊严之美的实现,受制于不同的历史条件。在人类的早期,人们产生的惊惧、恐怖的感受,主要来自于自然界,而后则是社会,乃至自身,这也正好说明,审美形态具有一定的历史性和实践性。

三、优美和崇高的比较

优美和崇高作为基本的审美形态,因为其审美形态的内涵及其所体现出来的形式特征的互补性,它们常常作为相互对立补充的一组审美形态出现。因此,对它们的探讨,也是在二者的相互比较研究中展开的。优美和崇高给人们的审美感受虽然各不相同,但完全可以在相互比较中加以认识。

在西方美学思想中,对崇高的探讨是在与对优美的比较分析中展开的。最早提出崇高的是朗吉弩斯,他在研究文章的风格时提出了崇高的风格,他之所以提出崇高的风格,主要是针对当时纤丽的文风而言,其时他已观察到宏大和精细之间的差别了。直到近代,崇高才被确定为美学范畴。18世纪英国经验派美学家们如艾迪生等,开始探究崇高的审美特征,其中博克将崇高与美并列和对立起来,立足于人们的审美经验对崇高的审美特征进行论述。博克认为,崇高与人们恐怖的情感有关,人对对象如黑暗、孤独、无限等不能理解而感到畏惧,引起自卫要求而起崇高感。康德则从哲学上揭示了崇高与美的区别,确立了崇高在美学中的独特地位。康德认为崇高不在对象而在人类自身的精神,在于人抗拒外界的威力时所引起的先是恐惧,然后是征服了的喜悦,从而获得审美的愉悦,这个过程展示了人的理性的力量,体现了伦理的胜利。黑格尔从理念说出发,认为崇高是观念与形式的矛盾,有限的感性形式容纳不了无限的理念内容,因而引起感性形象的变形和歪曲,显示了在有限的形式中理性的无限的力量,从而引起崇高感。可见,优美与崇高是既有联系又有区别的一组审美形态。

对于崇高与优美两种审美形态的联系与区别,因为对二者的本质理解差异,就产生了不同的认识。虽然有些美学家并不承认崇高是一种审美形态,但许多美学理论还是坚持认为,崇高与美具有共同的本质。这些理论强调优美与崇高的一致性,认为崇高是美的最高阶段,崇高本身就是美。席勒在《美育书简》中着重谈了这两类不同的美,比较深入地指出了它们不同的本质特征和审美效果。虽然,从美学史上的讨论看,认为崇高与优美对立的美学家,大都强调了崇高的消极和否定的一面,如博克强调崇高与恐惧的联系,康德强调崇高对感官的否定作用等;而认为崇高与优美具有共同本质的美学家,则强调崇高积极的、愉悦的方面。这两种观点都看到了崇高与优美的区别,即它们对立的一面,但从审美形态的内涵来分析,其实它们都是人的社会实践的存在方式,崇高在对立中展现出了人的存在,而优美则强调了和谐与人的存在,就此看来实则是殊途同归。

崇高和优美是两种不同形态的美,从审美形态的基本内涵出发,优美与崇高是人在社会实践中呈现出的两种存在状态。优美作为审美实践发展中的形态,主要展示了人的存在中的统一、平衡、和谐的状态,也就是说,在人生实践中,人与自然、人与社会、人与自身所呈现的一种和合化一的境界。而崇高则不然,它主要体现的是人生实践中,由于主体的巨大力量,更多地展示着主体在实践中的冲突和对立状态,并且在这一对立冲突中,显示出的作为主体的人对自然、社会以及人自身的超越。正因为如此,优美和崇高体现的是互相对立而又互相补充的两种人生境界。那么,这种内在的冲突与和谐,其实在不同的发展阶段表现各不相同,也就形成了优美与崇高不同的审美意象和不同的审美体验形式。

从人类的审美实践活动考察,在人类生活的早期,人们的审美存在方式更多地与自然联系在一起。所以,人们赋予自然界的一定感性形式以优美或崇高的意义。当人们在自然界中感受到和谐,与人的存在状态和谐一致时,人们感受到的审美体验则是优美;相反,当人们在自然界中感受到与自身的对立状态,并战胜这种对立,从而超越自然时,则显示人们自己的勇气与力量,这时人们感受到的则是崇高。随着人类社会实践领域的扩大,自然界愈来愈广泛地成为社会实践的对象和生活的环境。当它转化成可欣赏的对象,它的优美的或崇高的意义在人的实践斗争中也愈加广阔地显示出来。

由此,也就产生了优美或崇高的形式上的规定性。崇高和优美的事物在形式上有其量的规定性的方面。自然界的崇高首先以其数量上与力量上的巨大引起人们的惊讶和敬赞。它们经常以突破形式美,如对称、均衡、调和、比例等,粗糙的形态,如荒凉的风景、无限的星空、波涛汹涌的磅礴气势、雷电交加的惊人场面,以及直线、锐角、方形、粗糙、巨大等等。而这些又与优美的形式,如风和日丽、杨柳依依、莺歌燕舞,再如曲线、圆形、小巧、光滑等恰恰相反,构成崇高和优美完全相反的特点。

崇高的审美形态的具体体现,由自然、形式上的规定性,进而发展到社会伦理生活中去。在社会生活实践中,社会先进的发展趋势,不是轻而易举就能实现的,需要经过不断努力的过程。在这种进程中,显示了先进的社会发展趋势的力量,本身具有新生事物旺盛的生命活力,这种活力中就包含着崇高的审美精神。我们看到,推动社会前进的新生力量,与旧事物产生冲突,最终战胜旧事物,从而在这种冲突中体现出了崇高的精神。

同样,艺术中的崇高也包含着现实生活的崇高。在美学思想史上,美学家也讨论了艺术中的崇高问题。艺术中的崇高不可能完全再现自然界的巨大的体积和现实的力量,所以它的内容和主题多取材和侧重于重大的社会冲突,高尚的道德品质等,其艺术形式也常常以粗犷坚定等特色为主。

崇高的审美形态虽然在自然、社会、艺术表现中各有差异,但从人生存在实践的角度考察,总体都凝聚体现为特定的人生境界。崇高审美形态的核心是人的存在实践中,有限性与无限性、感性与理性、人与自然和社会等的冲突与对立,在这种冲突与对立中,显示出了人的实践存在的肯定性和超越性,从而昭示了实践存在的力量,体悟到了崇高的情感和精神境界。因此,这种肯定性和超越性的力量在不同的人生实践形态中呈现出来,就成为崇高的对象。

第四节 悲剧与喜剧

审美形态源于人生实践,审美存在方式是人生的存在方式,优美与崇高体现了人生存在实践中的和谐与对立的人生样态,悲剧与喜剧则体现的是人生存在实践中的否定性超越的样态。悲与喜是人生情感存在的基本方式,是人生审美体验中经常出现的情感,在悲喜情感的超越中,人们通过否定性的方式,超越自我,认识生活,体悟人生。这样悲与喜的情感就成为一种审美对象,进而体现为审美形态,就是悲剧与喜剧。

一、悲剧

悲剧审美形态的发展与西方悲剧艺术的发展紧密相关。作为审美形态的悲剧,是在人的生存实践中,由于人生与现实的矛盾而引起的冲突,从而体现出人的存在的力量、斗争的勇气、忘我的激情、为崇高的目的而牺牲自我等人类生命状态的艺术表现。悲剧不同于一般日常生活中的悲悯、悲哀,而是有价值的事物在社会历史的冲突、毁灭中,让人体会到斗争的勇气和理想追求的力量感,从而感受到美的内涵,引起情感的激荡和振奋,即"以悲为美"实现的审美愉快。

作为审美形态的悲剧,源于人生的悲剧性。人存在于世界,面对自然、社会,面对自我的局限性,面对无止境的未知世界时,总会处在矛盾与冲突之中,而人的有限的生命在这些冲突中,不可避免地陷入毁灭之境。在面对这种矛盾与困境时,盲目顺从,还是奋起抵抗,就构成了人的生存境遇。在这种生存境遇中如果抗争失败了,主体陷入毁灭之境,也就形成了悲剧的体验。这种悲剧体验,凝聚为审美经验,上升为审美认识,最终形成审美形态。悲剧之所以能够成为审美形态的原因在于,表面上看,人的"有限性"就构成了悲剧的全部意识,但真正的悲剧不仅表现了冲突与毁灭的存在之境,而且表现抗争、拼搏,这是悲剧成为一种审美形态的最根本的原因,没有抗争就没有悲剧,冲突、抗争与毁灭是构成悲剧内涵的三个核心因素。

(一) 悲剧理论的历史考察

"作为审美形态的悲剧"脱胎于"悲剧"这门古老的艺术,早期的悲剧艺术是指在剧场里上演的,以韵文吟唱为主导的,诗乐舞一体的艺术形式,内容多以神话和历史故事为主。之后的悲剧艺术则摆脱了乐与舞的影响,体现为对人生的悲剧性的集中与审美化的表现,因而,欣赏悲剧艺术、反思悲剧艺术,就成为人类欣赏悲剧这种审美形态的最主要的方式,也是研究"作为审美形态的悲剧"的最主要的路径。因此,悲剧艺术的实践史与理论史,往往与悲剧审美形态的演进史结合在一起。

悲剧这门艺术在人类古代社会就已经存在,悲剧的出现是以作为戏剧的悲剧形式的兴盛为基础的。古代希腊社会就产生了埃斯库罗斯、索福克勒斯、欧里庇得斯三大著名悲剧作家,在他们的作品中,几乎都渗透着"命运"观念的主题,因此古希腊的悲剧也称之为命运悲剧,也正是命运主题为作为审美形态的悲剧确立了基本的内涵。

作为审美形态的悲剧源于悲剧艺术,悲剧艺术以"悲"为作品的主导情感。悲剧艺术在西方有着悠久的历史传统。早在古希腊时代,悲剧创作就取得了很高的艺术成就,产生了一大批优秀的悲剧家,以后在近代乃至现代,悲剧艺术仍然历久不衰。与悲剧艺术的繁荣相适应,西方的悲剧理论也十分丰富和发达。其中,亚里士多德、黑格尔、尼采、马克思等人都对悲剧理论的发展做出了重要的贡献。

在西方美学史上,真正奠定了悲剧理论基础的乃是古希腊的亚里士多德。他在《诗学》中对古希腊的悲剧艺术进行了系统的理论总结,对于悲剧的情节、人物以及悲剧艺术的审美特征等问题进行了全面而深刻的探讨。他认为,"悲剧是对于一个严肃、完整、有一定长度的行动的摹仿"[①],这是悲剧理论史上第一个较为完整的定义。当然,从今天的眼光看来,这个定义有着明显的时代烙印,因为亚氏之所以如此强调行动的重要性,显然是由于古希腊悲剧对于人物行动的描写远远超过了对于性格的塑造,这一点显然并不适用于解释近现代的悲剧艺术。但无论如何,这种概括反映了当时的悲剧创作所取得的艺术成就。亚里士多德对于悲剧理论的另一个重要贡献在于他对悲剧艺术带给人们的审美体验的深刻分析。他认为,悲剧能够借助于引起人们的怜悯和恐惧之情来使人们的灵魂得到净化和陶冶。之所以如此,是因为悲剧主人公遭受到的痛苦并不是由于他的罪恶,而是由于他的某种过失或弱点,因此他的遭遇就会引起我们的同情和怜悯;而他又不是好到极点,而是和我们类似的,因此才会使我们由于担心自己由于同样的错误或弱点而受到惩罚,由此就产生了强烈的恐惧和不安。当然,这些怜悯和恐惧的体验如何能够引起我们灵魂的净化,尚且缺乏令人信服的理论说明。亚里士多德的悲剧理论也因此引起了人们的持久争议,但其理论贡献仍是不容抹杀的。这主要表现在他不仅指出了悲剧对于人的灵魂的净化作用,而且抓住了人们在欣赏悲剧时所经历的由消极情感(怜悯与恐惧)到积极

---

① 亚里士多德:《诗学》,罗念生译,人民文学出版社1962年版,第19页。

情感的转化过程。尽管后代的思想家对于这个过程提出了日益精细的理论说明，但亚里士多德所发现的悲剧感这一根本特征却始终没有被推翻，并且构成了悲剧理论研究的核心。

德国古典美学时期，黑格尔提出了悲剧的"矛盾冲突"理论，使美学史上对于悲剧实质的探讨进入了一个新的阶段。黑格尔对悲剧理论的最大贡献，在于他把辩证思维的方法运用到了悲剧现象的分析之中。他的理论，始终围绕着理念的生发展开。因此他认为，悲剧的产生源于理念的分裂。理念在一般情况下是和谐、静穆的，但在一定的条件下却会产生分裂与矛盾，这种分裂和矛盾会导致理念的内在冲突，并推动理念的运动和发展。理念冲突的显著表现就是人们的伦理观念和道德理想之间的矛盾和冲突，而描写这种冲突正是悲剧艺术的使命。与亚里士多德不同，他并不认为悲剧的发生是由于悲剧主人公的过失所致。黑格尔的精辟之处在于，他看到了悲剧冲突的双方都具有一定的合理性，同时又都具有一定的片面性。他以索福克勒斯的著名悲剧《安提戈涅》为例说明，国王与安提戈涅的冲突就是国法与家法之间的伦理力量的矛盾冲突，这两种伦理力量都是合理而片面的。国王与安提戈涅分别代表着国家利益和血缘亲情，所以，他们毫无疑问都具有合理性，然而他们又都以牺牲对方为目的，又都是有罪的，因此就必然受到"永恒正义"的处罚，从而导致悲剧的产生。黑格尔所举的一些例子已经包含了个人与社会形成矛盾冲突的内涵，其中也折射着黑格尔所处时代的特征。当时，资产阶级的启蒙运动正如火如荼地进行，人们不仅面对自身的性格问题，同时也面临着迫在眉睫的种种社会问题。个人与社会的矛盾，就自然而然地成为时代主题。他运用辩证思维的方法来阐释悲剧的本质，对于马克思主义悲剧理论的形成也产生了不容忽视的影响。

马克思和恩格斯根据辩证唯物主义与历史唯物主义的观点，从历史发展的角度论述了悲剧的实质，特别是他们在分别给拉萨尔的信中，对他的悲剧《弗兰茨·冯·济金根》提了许多见解，认为济金根的悲剧并不是由于个人的原因和某些偶然性因素，而是一场"历史必然的要求和这个要求实际上不可能实现之间的悲剧性的冲突"。"历史的必然要求"是指这位"当代思想的传播者"和他领导的贵族国民运动，在当时的历史条件下，反对诸侯、僧侣，要求国家统一，宗教自由，在客观上与当时的农民、平民运动有着一致性，符合历史发展的必然趋势，是"历史的必然要求"。这个要求和"这个要求的实际上不可能实现之间的悲剧性冲突"指由于某些主客观条件的限制，这种要求的体现者——悲剧主人公的行动不能实现这一"历史的必然要求"，从而导致悲剧结局。济金根反对诸侯、僧侣，要求国家统一、宗教自由的行动，由于没有得到农民的支持，在诸侯和僧侣的镇压下失败了，走向了悲剧结局。历史上许多重大历史事件的失败，英雄人物的牺牲，都是"历史的必然要求和这个要求的实际上不可能实现之间的悲剧性的冲突"。这就是说，在马恩看来，悲剧冲突说到底就是历史的冲突、社会的冲突。

尼采是继黑格尔之后对悲剧发生进行了深入探讨并产生了广泛影响的美学家。在《悲剧的诞生》一书中，他对叔本华的哲学思想作了进一步的发展，认为悲剧的诞生与古希腊人的两种精神有关，即日神精神和酒神精神。日神阿波罗代表梦境状态，代表着造型艺术的静态;酒神代表迷醉状态,代表着音乐艺术的振奋。两种艺术形成了鲜明的对比,在艺术发展过程中相互影响、彼此交融,最终产生了古代希腊悲剧。悲剧是两种精神的结合,"悲剧一方面像音乐一样,是苦闷从内心发出的呼号;另一方面,它又像雕塑一样,是光辉灿烂的形象"①。他的悲剧诞生论可以分为两个方面:其一,从希腊悲剧的起源和演变看,悲剧最初的形式是一种合唱抒情诗,这种抒情诗是醉境的艺术,表现了音乐的精神,是酒神气质的人的自我映现,希腊悲剧的歌队正是祭奠酒神的群众的象征。后来增加的对话部,呈现出简单明快的特征,是日神精神的体现,悲剧中的人物则是酒神狄奥尼索斯的化装。悲剧人物之所以会遭遇不幸,就是因为他们越过了日神精神的信赖自我的安心静坐,回复了酒神一般的原始本性。同时,悲剧之所以不同于普通的现实惨剧,是因为在酒神精神中,发挥出了人的一切象征能力,消除了人与人之间的隔阂,人与自然也由此建立了新的和谐关系。其二,尼采的悲剧诞生论与他的哲学观有着密切的联系。尼采受叔本华的影响很大,认为痛苦是人生的孪生兄弟,世界的本质就是痛苦,要摆脱种种人生的苦痛,就得凭借艺术的功能,使自己在酒神精神与日神精神相统一的悲剧中体验生命的永恒与快乐。在此,尼采已经把生活中的悲剧与审美意义上的悲剧有意识地进行了区别,这是美学史上的一大进步。

西方存在主义之父、丹麦著名哲学家克尔凯郭尔,对悲剧理论也有自己独特的理解和认识。克尔凯郭尔基于存在主义的思考,以个体对生活的体验和感受为基点,提出了新的主体性思想。在他看来,人的真正的主体性是建立在个体的内心感受之上的,个体及内在的体验是主体性的根本,所以,其思想的核心是个体的生存,是个体在生存的连续生成中的体验与使命。在此基础上,他考察了悲剧理论。在收于《或此或彼》一书中的《现代戏剧的悲剧因素中反映出来的古代戏剧的悲剧因素》等文章中,他提出了他的悲剧理论。第一,他提出悲剧的"罪孽说"。他认为,真正的悲剧的悲痛需要一个"罪孽"的要素,悲剧的情节和主旨也就围绕对罪孽的理解而展开和推进。悲痛的"罪过"具有不确定性,具有命运色彩,但是在对罪过和命运的抗争中,个体生存的自由意志、精神得到呈现,从而给人以悲剧美的体验。第二,他提出了悲剧情绪的"焦虑说"。他指出,焦虑的首要特征是表现为它是一种否定性精神,它展示出自由的可能性;个体在追索中感到焦虑和无所适从,焦虑总是面对未来的处境,面对的是虚无。这种焦虑处境就是悲剧情绪的源泉,焦虑和悲痛融合在一起,成为真正的悲剧体验。进而认为要寻找永恒的精神家园,就要战胜焦虑,超越有限,实现永恒。这样悲剧的内在审美性也就得以实现。总之,克尔凯郭尔的悲剧理论强调了个体的体验性特征,他从人的内心的痛苦、悲痛、焦虑等来探讨悲剧的本源。此外,他从主体性和个体的自由选择的角度肯定了悲剧的超越性,认为真正的悲剧精神在于人的生命的内在精神和完整的生存奋斗的图景。这些见解和认识,无疑都推进了现代悲剧理论的发展,使得现代悲剧理论出现了立足于存在论解释的趋向。

---

① 蒋孔阳:《美学新论》,人民文学出版社1993年版,第395页。

（二）悲剧的内涵与特点

作为审美形态的悲剧，并不仅限于悲剧艺术，还广泛地存在于历史和现实的社会生活与人的存在实践之中。

悲剧美的价值内涵，体现在悲剧事件只对自身的意义与价值的肯定，在于体现人的存在的实践主体暂时被否定，而最终被肯定的过程。具有正面价值的存在实践，在社会历史的必然性的冲突中受侵害、被毁灭，这个过程及其结果使人产生强烈的痛苦，但又被人的存在的勇气与理想力量，被更强烈的历史感与人的存在感所克服和超越，因而由痛感转化为快感，引起情感深层的激荡、振奋，这样就获得了悲剧这种特殊形态的审美体验。

悲剧审美形态在情感上的内涵表现为悲剧感，悲剧感是强烈的痛感中的快感，它的获得来自于悲剧对人生存在的价值和意义的揭示。在人的存在体验中，在存在价值的实现中，正是人的存在价值的伟大与崇高，给人们带来了强烈的审美愉快，使人能"以悲为美""化悲为美"。悲剧艺术形式是悲剧审美形态体验的主要价值载体，因为作为人生存在有价值意义的、美好事物的毁灭是令人伤悲的。因此，现实中的悲剧不能作为直接的审美对象来欣赏，只能激起人的同情、义愤等伦理情感，迫使人采取严肃的伦理态度和实践行动。这样，现实的悲剧只在客观上具有悲剧的审美性质，但它们必须以悲剧艺术的形式表现出来，才能成为人们审美的对象。

悲剧审美形态的精神内涵体现为人生的诸种矛盾冲突与人类的抗争精神。黑格尔把辩证的矛盾冲突学说引进悲剧理论，提出悲剧的本质是两种社会义务、两种现实的伦理力量的冲突，由于双方都坚持自己的理想和代表的普遍力量，又都有片面性，于是在冲突中同归于尽，造成悲剧的结局。在这个结局中，双方的片面性得到克服，矛盾得到调和，显示"永恒正义"的胜利。恩格斯则把这种冲突上升到人类社会存在的高度，指出悲剧是一种社会冲突，即"历史的必然要求和这个要求的实际上不可能实现之间的悲剧性的冲突"①。代表"历史的必然要求"的一方是正义但弱小的一方，与之发生冲突的是强大的旧势力或邪恶力量，当它们发生冲突时，正义的要求不可能实现，总是要遭到挫折、失败、牺牲、毁灭，这样就构成了悲剧。由此看来，悲剧的冲突与超越的内涵，不仅是个人命运，还包括人生存在的价值、社会存在的价值的冲突与超越的深层属性。所以，悲剧在审美中，虽然展示了人生存在的弱小、无能为力，而最后总是以失败告终的一面，但是这并没有隐含着消极的人生意义；恰恰相反，在悲剧中包含着积极的人生审美意义，因为悲剧审美的核心是对命运和冲突的抗争，正因为面对强大的对象，明知不可匹敌但仍奋起抗争，这就昭示了人的存在实践的本真意义和价值。

悲剧作为审美形态，所体现的主要特征有：

首先，悲剧审美形态是否定性与肯定性的结合，通过对人生存在的否定性体验，从而展现对人生存在价值的肯定。就悲剧审美形态的感性直观过程看，它呈现给审美主体的现实，往往是艰难困苦、曲折不幸，作为悲剧主体的存在者被压制、被摧残、被毁灭，从而与

---

① 《马克思恩格斯选集》第4卷，人民出版社1995年版，第560页。

审美主体的理想价值相抵牾。但悲剧的主体存在者,从精神上表现出对客体存在的征服或超越,表现出对自身力量的信心与肯定,从而使审美主体通过理性的领悟达到超越,获得审美愉悦。因此,悲剧的审美价值一般表现为审美存在中主客体的冲突、斗争的过程,这其实就是人生存在的否定性体验。

其次,悲剧的审美冲突具有社会性,体现的是人与自然、社会及自身存在的冲突和超越。纵观历史发展中的各类悲剧艺术形式,其实都蕴含了各个社会历史阶段的人的存在实践的悲剧冲突。例如,古希腊悲剧反映人的存在与无情命运的抗争的《俄狄浦斯王》,人与自然、社会冲突的《普罗米修斯》等。中国古典艺术中对人的存在的自由解放价值的弘扬,如《窦娥冤》《红楼梦》等命运悲剧。莎士比亚的《罗密欧与朱丽叶》等所表现的是在社会的强大压力与摧毁下个体命运的羸弱与无奈。再如巴尔扎克的小说《高老头》等,则揭示了个人存在的境遇、情感冲突的悲叹,人对自身存在的不可克服的弱点和命运的追问。正是在这种人的存在状态中的对冲突的体验,构成了悲剧艺术的基本审美价值。

最后,悲剧的情感体验具有超越性,是一种人生实践存在的深层体验。悲剧审美体验不仅停留在怜悯、恐惧等个体情感的范畴之中,还是对基于存在的对人的命运的思考和感悟。因此,悲剧不是个体的人在日常情感上的表现,它不是肤浅的悲悯和痛苦,而是在生存实践中对人的命运的大关怀和深层体验。这种情感的展现是一种审美愉悦,是人在存在实践中对整个人类命运的思考和超越。

二、喜剧

喜剧既是一种艺术类型,也是一种审美形态,它经历了由艺术形态到审美形态的历史发展过程。在人们的情感上,喜剧以"笑"为载体,因此,对笑及其原因的探讨就成为喜剧理论的核心。笑既是人类的一种本能,也是一种特殊的审美体验。它包含着一种快乐机制,同时又是一种挑衅性发泄。喜剧还包括滑稽、讽刺、幽默等次级形态,这是因为喜剧中存在着滑稽因素,如行为语言的乖讹、夸张、倒错、变形及明显的虚假和假作正经、自相矛盾等,所以也会引起笑。

(一) 喜剧理论的历史考察

在西方美学理论中,最早对喜剧进行探讨的是柏拉图,他在《斐利布斯篇》中借苏格拉底和普若第库斯的对话表达了自己的喜剧观。他认为喜剧和悲剧一样,都引起快感与痛感的混合;而滑稽和可笑大体是一种缺陷,缘起于大多数人在心灵品质方面所犯的认识错误,即"自己以为具有并没有的优良品质";"有这种妄自尊大想法的人如果没有势力,不能替自己报复,他们受到耻笑,这种情况可以真正称为滑稽可笑"。[①] 在柏拉图喜剧发生论的基础上,亚里士多德进一步指出"喜剧是对于比较坏的人的摹仿,然而'坏'不是指一切恶而言,而是指丑而言,其中一种是滑稽。滑稽的事物是某种错误或丑陋,不致引起

---

① 柏拉图:《文艺对话集》,朱光潜译,人民文学出版社1983年版,第295页。

痛苦或伤害"①。与他们的悲剧发生论一样,柏拉图和亚里士多德主要是从一般的抽象人的层面上来论述喜剧的产生,抽去了喜剧所具有的社会内容。不过,他们甚至还没有达到他们对于悲剧发生所达到的认识高度,他们论述的主要还是喜剧感的产生与状态,而没有像分析悲剧那样从矛盾冲突入手,进而辨析矛盾双方的合理性与缺陷及不足,所以,与生活和艺术创作的距离较远。

从喜剧的心理效应来论述喜剧发生原理较有深度的是康德,康德在《判断力批判》一书中举了一个很有趣的例子:"一个印第安人在苏拉泰一英国人筵席上看见一个坛子打开时,啤酒化为泡沫喷出,大声惊呼不已。待英国人问他有何可惊之事时,他指着酒坛说:我并不是惊讶那些泡沫怎样出来的,而是它怎样搞进去的。我们听了大笑,而且使我们真正开心。并不是认为我们自己比这个无知的人更聪明些,也不是因为在这里面悟性让我们觉察着更令人满意的东西,而是由于我们的紧张和期待突然消失于虚无。"所以他认为"在一切引起撼动人的大笑里必须有某种荒谬背理的东西存在着……笑是一种从紧张的期待突然转化为虚无的感情"。② 康德的喜剧发生论着重探讨的是喜剧对于人的心理效应,而实际上喜剧当然不限于心理的范围,它同样与人生实践紧密相关。

与康德相比,黑格尔从矛盾冲突的观点出发,在悲剧与喜剧的比较之中揭示喜剧产生的原因,就显得更加深刻和切合喜剧的本质。黑格尔认为,悲剧由于"片面地侧重以伦理的实体性和必然性的效力为基础,至于对剧中人物性格的个性和主体因素方面却不去深入刻画",而"喜剧则用颠倒过来的造型艺术方式来补充悲剧的欠缺,突出主体性在乖讹荒谬中自由泛滥以达到解决"。③ 他的意思是说悲剧着重于客观矛盾的冲突,着重于描绘抽象伦理力量之间的对立,相对就较少顾及人物个性特征和内心世界的细微刻画。悲剧的结果来自于悲剧人物所代表的客观伦理力量的较量;喜剧则不同,喜剧的过程及结果则来自于人物自身性格与行动、目的与动作的内在矛盾。喜剧人物所追求的目的是一个脱离实际的目标,他从根本上是实现不了的,只是在喜剧过程中不断地制造矛盾,不断地暴露自己的缺陷与可笑之处,最终使主体的意志和行动都落空而化为无意义。所以与悲剧人物相比,他们是一些自命不凡却又性格低下的人,"他们在意志、思想以及在对自己的看法等方面,都自以为有一种独立性,但是通过他们自己和他们的内外两方面的依存性,这种独立自足性马上就消灭了"④。从形式与内容的统一性上来看,悲剧与喜剧都是分裂的,悲剧是内容大于形式、压倒形式,喜剧则是形式大于内容、压倒了内容。

马克思、恩格斯从辩证唯物主义与历史唯物主义的观点考察喜剧问题,提出了一些非常深刻和精彩的见解。他们批判地吸取了黑格尔关于"历史的讽刺"的合理因素,但是他们的论述却根本不同于黑格尔从绝对精神自我运动出发,而是将喜剧奠定在现实的社会冲突之上。喜剧对象的特征是"用另外一个本质的假象来把自己的本质掩盖起来",而这

---

① 亚里士多德:《诗学》,罗念生译,人民文学出版社1962年版,第16页。
② 康德:《判断力批判》上卷,宗白华译,商务印书馆1964年版,第180页。
③ 黑格尔:《美学》第3卷下册,朱光潜译,商务印书馆1979年版,第318—319页。
④ 同上书,第245页。

正是历史的客观进程"把陈旧的生活形式送进坟墓"的最后一个阶段上的必然产物。因此,喜剧(滑稽)本质上也是两种社会力量的冲突,但由于这种冲突的性质和形式不同,矛盾的主导方面不同,形成了不同于崇高和悲剧的特点:它是新事物在取得胜利后或即将取得胜利时对旧事物的否定。当旧事物作为"旧时代的残余"已经"同众所承认的公理"发生"绝对矛盾"时,它就成了嘲笑否定的对象。因为作为旧事物的残余在实践上已经暴露出内在的虚弱,丑恶而必然被克服时,人们便可以在审美上嘲笑它。这种丑,不像悲剧那样给人带来悲剧性的激昂慷慨,它给人们的是轻松愉快的嬉笑和幽默,尖锐深刻的嘲弄、揭露和讽刺。如果说悲剧是通过丑对美的暂时压倒而揭示美的理想的话,那么喜剧则是美对丑的否定、揭露。如果前者着重在对美的间接肯定,那么后者则着重在对丑的直接否定。对悲剧来说,美是理想的境界,对喜剧来说,美已经是或即将是现实的存在。喜剧表现了在对美的肯定的基础上,对旧事物清算的历史阶段。可见,作为喜剧对象的旧事物,一方面固然要看到它是微不足道的,是"毫无价值的东西",实质上只是"内在的空虚和无意义以假装有内容和现实意义的外表来掩盖自己",另一方面也要看到这种旧势力如果不加以打击,也会有很大的危害。作为艺术形式的喜剧的深刻美学意义也正在于它揭穿了旧世界、旧势力的内在空虚和无价值,激起人们最后埋葬他的信心和勇气,使"人类能够愉快地和自己的过去诀别"。

现代美学理论更多地把喜剧和人生存在的阐释联系在一起来解释。如美国美学家苏珊·朗格反对传统的用伦理的观点解释悲剧和喜剧的做法,她认为,悲剧和喜剧都是充满生命力的形式,"喜剧情感是一种强烈的生命感","它是紧张、迅速、夸张的,生命力的显现形成一个爆发点,引起欢乐和笑声"。① 可见,她更多地把喜剧解释为人的存在的感受形式。

苏联美学家巴赫金在解释喜剧的内涵时,提出了著名的"狂欢化"理论——巴赫金从民间诙谐文化出发,考察与喜剧文化相关的民间的狂欢文化及其怪诞风格,认为狂欢文化具有解构意识形态和社会秩序的功能,而在中世纪的狂欢节文化中的艺术形象则体现出了怪诞的风格,这种狂欢节文化中的怪诞风格以后转化为纯文学传统,成为通行的喜剧、滑稽风格,这些怪诞风格的变体与狂欢节怪诞形式承担着相似的概念:"使虚构的自由不可动摇,使异类相结合,化远为近,帮助摆脱看世界的正统观点,摆脱各种陈规虚礼,摆脱通行的真理,摆脱普通的、习见的、众所公认的观点,使之能够以新的方式看世界,感受到一切现存事物的相对性和有出现完全改观世界秩序的可能性。"② 实际上,巴赫金把"狂欢节"理解为人的一种日常生活存在。他认为存在这两种生活:一种是日常生活,另一种是狂欢式的生活,集中体现在各种狂欢节上。这两种生活则表现了两种不同的对世界的感受,前者显示了严肃的、官方的态度,后者则显示了非官方、非教会、非国家地看待世界的态度,它们建立了另一种生活。狂欢则摆脱了生活的束缚,建构了另一种生活的模式,也

---

① 苏珊·朗格:《情感与形式》,刘大基等译,中国社会科学出版社1986年版,第422页。
② 巴赫金:《弗朗索瓦·拉伯雷的创作与中世纪和文艺复兴时期的民间文化》,《拉伯雷研究》,李兆林等译,河北教育出版社1998年版,第40—41页。

就是一种自由解放的审美体验。因此，在他看来，作为狂欢的喜剧，也就是人们对日常生活的另一种打破秩序、规范的自由体验。巴赫金在此基础上阐述了笑、怪诞、讽刺等喜剧性审美形态，为喜剧的发展开辟了一条新路。

（二）喜剧的内涵与特点

喜剧在欧洲古代是一种戏剧形式，与悲剧不同，喜剧属于民间的大众艺术的形式，因此，早期的理论家研究的是艺术形式意义上的喜剧，而不是审美意义上的喜剧审美形态。早期的喜剧是指用俗语方言，在街头或市集等地上演的，反映与讽刺现实生活中的一些问题的艺术形式。

从人们的审美情感的表达看，喜剧的原型是原始狂欢，在原始巫术活动中，为了表达对神灵的敬仰和感激之情，人们常常举行一种仪式，人们可以尽情地欢笑，进行模仿性表演，夸张地模拟战胜敌人或凶神恶煞的情境，嘲弄丑化对象。通过对对方的喜剧性的嘲笑，以达到喜剧的目的。当然，这里也包含着人们更多的社会生活的内容，以及对人们的存在的反思。这样，喜剧艺术的情感形式就上升为喜剧的审美形态。

喜剧具有自身的特点。

首先，喜剧具有不和谐、悖谬的形式特征。现实中的喜剧蒙有某种假象，不易看出其喜剧的本质。艺术可以运用艺术手段如夸张变形等揭示假象后的真实，突出喜剧性。只有当本质与外在现象、内容与形式的自相矛盾、倒错背理被揭开时，喜剧才真正形成。所以，鲁迅先生说得好，"喜剧将那无价值的撕破给人看"，也就是撕开假象和伪装，暴露其实质。撕破假象与伪装之后的暴露，使对象变得更加渺小空虚、可怜可鄙、毫无价值，这就使人们不可能用严肃的态度去对待，所以喜剧感必定反映为笑。喜剧的意象首先总是表现为冠冕堂皇、道貌岸然，然而实际却总是庸俗不堪、虚伪可笑，所以，康德说"笑是一种紧张的期待突然转化为虚无的感情"，鲁迅说"喜剧将那无价值的撕破给人看"，其实这都包含着对悖谬的揭示。

其次，喜剧中包含着深刻的社会现实内容，具有社会批判性。喜剧对现实生活内容的反映是以与现实错乱的形式表达出来的。喜剧就是对这种内容与形式错乱、本质与现象背离的旧事物的揭露与否定，因此能直接显现人类的理想与自信，不像悲剧只能在被摧残与毁灭中间接地显现人类的理想与自信。喜剧有两种形式，一是讽刺，一是幽默。讽刺是对丑的事物的揭露和嘲笑，体现了对正义行为的肯定和信任。当貌似强大、假充正义的丑一旦被揭穿，就暴露了其虚伪的内在本质，从而产生了可笑的效果。幽默则是一种轻度的讽刺，它常常是对人自身的缺点进行善意的讽刺，包含着对人类弱点的宽容和对人的善良本性的肯定。

再次，喜剧的情感形式表现以笑为主的特征。笑作为审美的情感形式，既是一种讽刺和批判，也是一种快乐和肯定。在笑的表达中，人们对丑的事物进行了否定，对善进行了肯定，从而实现了自我价值的肯定。在这种揶揄、讽刺、幽默的笑声中，人生的存在意义也就得以彰显，喜剧的审美形态的特征也就形成。

最后，喜剧是否定性与肯定性的统一。作为审美形态，在对对象的审美体验的理智冷静的批判态度中,是非和善恶的判断也就十分明确,真与假、善与恶、美与丑的荒谬的对立,只能引起笑声,在笑声中包含着明确的批判态度和否定评价,在笑声中烧毁着一切无价值的、虚假的、丑恶的东西。但喜剧感的笑包含着人类对人的价值的肯定,对真与善的肯定,这是喜剧具有审美价值、能引起人的审美愉快的重要原因。喜剧感的笑由于包含着深刻的理性批判的内容和犀利的讽刺,因此是一种严肃的笑,高尚的喜剧往往是接近悲剧的。这里的笑包含着深刻的理性批判的内容和犀利的讽刺,在笑声中激起人们最后埋葬旧事物的信心和勇气,所以马克思说,喜剧使"人类能够愉快地和自己的过去诀别"。喜剧也就有了新的内涵和意义,成为审美形态。

三、作为审美形态的悲剧和喜剧与具体戏剧艺术的差异与联系

作为审美形态的悲剧、喜剧既不同于日常生活中的不幸遭遇和滑稽事件,也不同于戏剧中的悲剧和喜剧的艺术形式。审美是一种广义的人生实践,美是一种自由人生境界的对象化和感性显现的过程。因此,作为审美形态的悲剧和喜剧,显然就比作为艺术类型之一的戏剧中的悲剧和喜剧的范围要宽广得多,又比生活中存在的不幸和滑稽有着更加确定的审美内涵。作为审美形态的悲剧和喜剧既可以存在于戏剧之中,也可以存在于小说、诗歌、电影等诸种艺术形式之中,同时,更多地存在于社会生活之中。

我们习惯于以戏剧中的悲、喜剧为例分析作为审美形态的悲剧和喜剧,固然有一定的道理。因为,无论审美形态意义上的悲喜剧,还是戏剧范围的悲喜剧,都是主要相对于人的悲喜情感而触发审美享受的,而且都离不开集中和激烈的矛盾冲突。戏剧中的悲喜剧由于在有限的时空中集中了尖锐强烈的矛盾冲突,能够很快使人物陷入特有的境遇之中,并由行动引出富有必然性的高潮与结局,所以,可以说是作为审美形态的悲剧和喜剧的成功呈现。

但我们不应该忽视悲剧和喜剧作为审美形态比戏剧中的悲、喜剧有更加宽泛的能指,而且,在古希腊,悲剧和喜剧本身与后来纯粹意义上的戏剧体裁有所不同:第一,希腊悲剧喜剧既是戏剧,也是诗歌。从我们今天的角度看,戏剧重视情节设计,诗歌偏向抒发情感,但由于古希腊悲喜剧深受史诗影响,所以叙事与抒情成功地统一到了一起。第二,古希腊的哲学家对于悲剧和喜剧的研究实际上既有经验主义的心理分析,更有哲学上的理性认识,无论是何种视角,都有把悲、喜剧泛化的倾向,就是把悲剧和喜剧视为模仿的艺术,从艺术论的角度而非戏剧体裁论的角度展开论证的。例如,柏拉图是把悲喜剧与荷马史诗、绘画等放到一起,以突出其表现人物情感的非理性特征;亚里士多德所讲的悲剧效应也是对审美意义上的悲剧与日常悲剧作比较,说明前者可以引发人的怜悯同情,并产生净化,后者则是恐惧压倒了人们观赏的可能。两种视角的共同之处是把悲、喜剧视为有别于理性的纯粹激发情感的形式。亚氏强调悲剧唤起以恐惧、怜悯为基础的审美情感并使得审美主体得到净化与升华。这种将悲、喜剧之审美特性泛化的倾向把悲、喜剧向审美形态提升推进了一步。

但实际上,悲剧和喜剧作为审美形态的存在并不限于艺术领域,而是现实生活中广泛

存在的社会历史现象,因此,要想从根本上说明这两种现象的本质,还必须从社会历史的角度出发,运用历史唯物主义的观点加以剖析。事实上,马克思主义的创始人正是这样做的。恩格斯在评论拉萨尔的历史剧《济金根》时讲到,悲剧产生于"历史的必然要求和这个要求的实际上不可能实现"之间的矛盾。就悲剧产生于矛盾冲突的观点而言,恩格斯显然是吸收了黑格尔的辩证法思想。人类的实践活动总是受客观历史条件的制约,但具体的人的实践行为却可以具有一定的超前性。当一种代表历史发展的价值取向的实践行为付诸实施时,它自身当然代表着"历史的必然要求",但这种实践行为却往往会因为缺少现实根基而招致失败,这就构成了实践主体的悲剧要素。这种实践行为的正义性与其失败的必然性是产生悲剧的根本原因,也是悲剧有异于一般悲惨事件的关键所在。同样,马克思也是把喜剧的产生放到一个更加宏大的历史背景中去揭示其产生的必然性的。马克思讲:"黑格尔在某个地方说过,一切伟大的世界历史事变和人物,可以说都出现两次。他忘记补充一点:第一次是作为悲剧出现,第二次是作为笑剧出现。"①在现实人生实践中,悲剧人物的行为总是具有某种历史的超前性,他们的人生实践是一种有价值而又注定要失败的实践,因此尽管他们所从事的是正义的事业,但在第一次发生的时候却往往会以悲剧的形式出现。而当历史条件已经具备的时候,正义与邪恶、进步与反动之间的力量对比就必然发生根本的转化,正义的事业也就必然会以胜利而告终,而反动和落后的势力则必然失去了自己生存的依据,落得可笑的下场。历史发展的这种必然规律正是悲剧和喜剧现象得以发生的最根本原因。

作为审美形态的悲剧与喜剧可以说是人生的两种存在状态,它们应该包含历史与现实、心理与行为、过程与结果、目标与效果等一系列因素,从而从不同的角度和层面赋予人类的审美活动以足够的丰富复杂性。由此出发,悲剧既可以是命运悲剧、英雄悲剧、性格悲剧,也可以是日常生活悲剧;既可以显示永恒的价值与崇高的境界,也可以在平凡的生活中展现小人物的辛酸和苦涩;同时,还可以以小见大,透过小人物的生活来折射一个时代和民族的历史轨迹。鲁迅笔下阿Q的悲剧、果戈理小说中小公务员的悲剧是可以与"多余人"悲剧相比较而存在的。喜剧亦然,既包括历史喜剧,也含有现实喜剧;既有代表一个没落时代而出现的丑角,也有日常生活中的滑稽人物。有的喜剧中含有严肃的内涵,而另外一些则可能属于轻喜剧,只给审美者一种轻松的会心一笑。同时,还有一些属于正面人物的喜剧。总之,人生的丰富性决定了悲剧和喜剧的多样性,也决定了悲剧和喜剧产生原因的各不相同。

悲剧和喜剧具有社会性,虽然人的实践存在活动是感性活动,但它首先必须也必然是一种社会行为,是一种包含了情感、思想和理性的行动,常常带有明确的动机、方式和目标,因而是感性与理性的统一。在悲剧和喜剧中所存在的矛盾冲突也就源于人与世界的实践关系,这种实践关系富于挑战性(即人的本质力量对象化),这种挑战可以是挑战自然、向社会挑战或者挑战自我。正是由于行动所具有的感性与理性统一的内涵,决定了悲

---

① 《马克思恩格斯选集》第1卷,人民出版社1995年版,第584页。

剧和喜剧主人公行动的发展轨迹和行动的必然结局。虽然,在悲剧和喜剧的发展过程中,充满了大量的偶然因素,但这些偶然因素在当时的时代和特定环境以及人与人的关系中都可以得到必然的解释,即偶然之中蕴涵着必然性。所以,一个登山运动员的牺牲可能是悲剧,而游山玩水者的意外却只能是一个悲惨事件,因为登山运动员的行动属于一种挑战行为,既是挑战自然,也是挑战自我,其悲剧的结果就包含于行动过程之中。人的能动性决定了人可以认识和运用自然规律去按照自己的意愿改造自然,而人的局限性又决定了人永远不可能完全控制自然,自然在多数情况下是作为人的异己力量而存在的。征服自然代表了人类的尊严,被自然所惩罚、击败则往往会是情理之中的带有必然性的事情,不可战胜的是人的精神、意志、超越结果本身的理想情怀以及在追求目标的过程中所包含的历史的合理性和行动的必然依据,同时也有人在实践过程中实现自我价值的确认。这实际上是人生存在的基本意义所在。

第五节 丑和荒诞

审美与人的现实存在实践密切相关,长期以来,人们并没有把丑和荒诞作为审美形态加以审视,这主要是丑和荒诞还没有进入人们的审美视野。在传统的观念中,人们的审美活动主要限于对正面的价值和情感的肯定,即使是负面的情感,也要肯定其正面的存在意义。因此,优美和崇高、悲剧和喜剧就自然而然成为人们的主要审美形态。但是,随着现代社会的发展,人生的荒谬、无奈,人性的丑恶,人对非人的负面价值的追逐,成为人们生活世界中不可避免的现实。因此,对于这些现象的超越和否定,在超越和否定中寻求人生的意义所在,也就成为现代美学思考的基本主题。丑和荒诞等审美形态,也就成为现代社会的主要审美形态之一。

丑与荒诞代表了社会人生的负面价值,是对于美好事物的否定性因素,是与美相比较、相对立而存在的生活样态,是人的本质力量的异化、创伤和扭曲。它们的共同特征是表里不一,内外不符,荒唐矛盾。如果说丑是一种不和谐的话,那么,荒诞就是一种虚假的和谐;如果说丑是一种否定性的价值的话,那么,荒诞就是肯定价值与否定价值的混同、错位和失落。丑与荒诞的内涵都具有一定的历史性,是特定历史条件下的产物。作为审美形态的丑和荒诞与自然形态、道德意义的丑和荒诞有着本质的区别。

一、丑

丑首先是一个人类学范畴,其次是社会历史的范畴,最后才是美学范畴、审美形态。从人类学角度看,丑的产生依赖于人类丑感的初始形成,离开对于丑的感觉能力,丑就不可能被人所把握和理解。从社会历史的角度看,丑不是一个永恒、抽象的概念,丑在不同的历史阶段有着不同的具体内涵,对于不同时代的人而言,丑也具有不尽相同的意义,而我们今天对于丑的理解,也显然是丑在社会和历史中不断发展的结果。所以,从当代的立场出发,我们研究丑,不得不首先研究丑的形成、发展过程;从美学史的发展与美学学科的构成来看,丑是一个在当代愈来愈受到重视的审美形态与范畴,也成了当代人类审美实践活动的重要组成部分。

(一)"丑"的理论的历史考察

古希腊时期的美学理论框架中,对丑的认知是从形式的关系入手的。古希腊时期关于形式律所指的形式,并不是认识论层面上所习惯使用的与内容相分离的形式,而是一种有机形式,即包含着内容的形式,主要表述为比例、匀称和适度。例如,赫西俄德在《神谱》中讲:"对任何事情,不要有太多的要求;在人类的一切活动中,适度是最好的。"早期毕达哥拉斯学派也将与适度相近似的"秩序"和"匀称"看作美的本质,反之,"无秩序"和"不匀称"和不符合尺度的则是丑的。斯托拜乌在其文集中记载:"要是任何东西越过了尺度,最令人感到快感的东西,也变成最令人厌恶的东西。"①亚里士多德就特别欣赏"体积与安排"的美,认为美的主要形式是秩序、匀称和明确性。正是由于形式是与内容不可分离的,所以,赫拉克利特说:"最美的猴子比起人来还是丑。"②德谟克利特也说:"身体的美若不与聪明才智相结合,是某种动物性的东西。"③

古希腊人认为,美与丑的区分不仅是由于对象的物性不同所致,而且是人参与其中的结果。所以,在智者运动中,普罗泰戈拉提出了"人是万物的尺度"这一著名命题,他认为:"人是万物的尺度,是存在者如何存在的尺度,也是非存在者如何非存在的尺度。"④因而"没有任何东西或是完全美的或是完全丑的,只是那掌握并区分它们的准则使得一些丑一些美。"对于智者的美丑观黑格尔有一段很精辟的评价:"智者们说人是万物的尺度,这是不确定的,其中还包含着人的特殊的规定;人要把自己当作目的,这里包含着特殊的东西。在苏格拉底那里我们也发现人是尺度,不过这是作为思维的人,如果将这一点以客观的方式来表达,它就是真,就是善。"⑤苏格拉底否定了七种关于美丑的定义,这七种定义又大体可以分为四类,即把美丑等同于具有美丑性质的事物、行为、对象的功用和快感与不快感,进而说明美丑的产生就在过程之中,具体地说,美产生于灵感创作之中,而言下之意丑则是与灵感隔绝的结果。虽然苏格拉底对于美丑的看法主要是在否定中表述出来的,并且,仍然带有上帝的影子(他的"美自身"有很浓郁的神秘色彩),但他已经意识到美丑不在主体或客体本身,而是把视野投向美丑的产生过程,投向了人的目的性,这是很了不起的。一旦美丑从物性和主观性中开始分离出来,就意味着美丑在哲学意义上的产生。

从古希腊的审美实践活动具体地看,虽然把丑与美经常相提并论,但传统美学思想的主流是研究美而不是研究丑,对丑的研究远不及对美的研究所达到的深度和广度。也就是说,在某种意义上,丑仅仅作为美的对立面而附带提出的话题,尚未成为一个独立的审美形态。

---

① 引自第尔斯、克兰茨编:《苏格拉底以前学派残篇》第2卷,商务印书馆1980年版,第92页。
② 见柏拉图:《文艺对话集》,朱光潜译,人民文学出版社1983年版,第183页。
③ 德谟克利特:《著作残篇》,引自《古希腊罗马哲学》,三联书店1957年版,第111页。
④ 柏拉图:《泰阿泰德篇》,詹文杰译,商务印书馆2015年版,第92页。
⑤ 黑格尔:《哲学史讲演录》第2卷,贺麟、王太庆译,商务印书馆1960年版,第62页。

这种情况的形成,基本有两个方面的原因。首先与古希腊民族高度崇尚美的社会风气有密切关系。选美普遍存在于古希腊社会生活的各个方面,祭神、出征、庆典、游行都穿插着健美比赛的内容,与健美以及战争相关的是在希腊民族中对于锻炼身体的舞蹈和体育的重视,以至在希腊人中,培养完美的身体成为人生的主要目的。正是这种崇尚完美的精神,促进了希腊雕塑、绘画等的高度发展和繁荣。其次与希腊风气中美善统一的观念密切相关。因为受现实生活中崇尚美的风气的影响,希腊多数的哲学家尤其是柏拉图和亚里士多德,都以"美"来论证他们的形而上学理论,并且在论证中把美和善看成了一个事物的两个方面。正如狄金森在《希腊的生活观》中所讲的:"美的观念和善的观念的融合,是希腊人的艺术理论的核心观念。"①他们甚至把美和好的德行联系到了一起。例如,亚里士多德的学生塞奥弗拉斯特曾经讲述这样一件事情:斯巴达人要求他们的国王缴纳罚金,因为他娶了一个矮小的女人,而大家认为这个矮小的女人无论如何生不出一个伟大的国王。柏拉图在《卡尔米德篇》中夸耀其先人和继父的美貌,认为这美貌与后代的德行之间有必然的联系。既然美是与善统一在一起的,那么,在希腊人的观念中,丑也就必然含混地与恶相关;丑恶的东西也就无法成为人的审美对象。这样的观念几乎成为贯穿西方美学的唯一的正统思想,一直到克罗齐还说:"我们不认为有丑,只承认有反审美的,或不表现的,这永远不能成为审美的事实的一部分,因为它不是审美的事实的一部分,因为它是审美的事实的对立面。"②

尽管古希腊人保持了"正常的儿童"(马克思语)所具有的赤子之心,而且正如歌德所说的:"在所有的民族中,希腊人的生活之梦是做得最好的梦",但并不意味着希腊人的生活中只有阳光与鲜花、浪漫与和谐以及自由创造的无限遐想。希腊文明作为一种典型的海洋文明,商业、渔业、航运业的发达以及远征的光荣梦想掺杂进了许多对于命运的畏惧和抗争,所以,他们的健康不仅是对于美的向往和崇尚,也包含了对丑的敏感和把握。他们并没有把丑从自己的世界中完全排除出去。朱光潜先生说:"古希腊关于林神、牧羊神、蛇神之类丑怪形象的描绘,也都证明造型艺术并不排斥丑的材料。"③这种说法还是符合事实的,也符合我们对于丑脱胎于原始图腾崇拜的论述。只不过希腊崇尚美的风气削弱了他们对丑的关注、把握和创造。

由此可见,一是丑在整个审美活动之中不占据主要的地位;二是在整个希腊的语境中,形而上意义的美与审美意义上的美还是有所区别的。比如,亚里士多德在《形而上学》中就将审美意义上的美与和道德行为相关的善作了明确的区分,他说"善与美是不同的",因为"善永远在行为中,而美则在不运动的事物中也可以找得到"。④ 所以,在希腊人创造艺术丑的过程中,虽然主要的标准是审美标准,而不是脱离审美而独立的审丑的标准;但在审美的标准之中,丑不仅是与美相比较而存在的,而且,也和道德伦理行为有关的

---

① 狄金森:《希腊的生活观》,彭基相译,华东师范大学出版社2006年版,第204页。
② 克罗齐:《美学原理》,朱光潜译,作家出版社1958年版,第82页。
③ 朱光潜:《西方美学史》,人民文学出版社1979年版,第315—316页。
④ 亚里士多德:《形而上学》,吴寿彭译,商务印书馆1959年版,第265页。

恶做了一定的区分。亚里士多德在《诗学》中讲:"喜剧是对于比较坏的人的摹仿,然而,'坏'不是指一切恶而言,而指丑而言,其中一种是滑稽。滑稽的事物是某种错误或丑陋,不致引起痛苦或伤害,现成的例子如滑稽面具,它又丑又怪,但不使人感到痛苦。"①

在西方美学史上,对丑的审美价值展开深入研究,源于18世纪浪漫主义者的艺术实践,以及由此产生的对审丑的意义的深入研究。

在鲍姆嘉通出版于1750年的《美学》一书中,他认为,"美学的目的是感性认识本身的完善(完善感性认识)。而这完善也就是美。据此,感性认识的不完善就是丑,这是应当避免的"。从这个前提出发,他认为,"感性认识也有同样多的丑、错误和令人讨厌的瑕疵,这些必须加以杜绝,(它们)或者在思想和事物之中,或者在各种思想的相互联系中,或者在表述中"。②鲍姆嘉通是把认识论意义上的美丑与审美活动中对象的美丑区别开来,他排除的是认识论意义的丑,即感性认识中的丑,因为,在他看来,这种丑是与感性认识的完善相对立的,也就是不符合他对于感性认识"完善"概念内涵的定义(即思想的相互一致、秩序的一致和各种符号的内在的一致)。但这并不意味着丑的事物不可以成为审美对象,因为对于"丑"的感性认识完全可以与对于"美"的感性认识同样具有感性的属性,他看到了在现实生活中:"丑的事物本身可以被想象为美的,而美的事物,也可以被想象为丑的。"③但说到底,这种区别美丑的观点实际上还是西方传统观念的延续,即在认识论的层面上让美吞并或者改造了丑,即在审美活动中,丑之所以成为一个具有审美价值的对象,或者归因于审美创造化丑为美的结果,或者归因于审美评价主体性。也就是说丑的价值并不在其自身,而在于它衬托了美,在一定程度下可以转化为美,或者可以使人透过丑的现象看到或联想到美。

对于第一种情况,早在亚里士多德那里就讲到:"事物本身看上去尽管引起痛感,但惟妙惟肖的图像看上去却能引起我们的快感,如尸首或最可鄙的动物形象。"④布瓦洛也在其《诗的艺术》中认为诗人凭借其生花妙笔"能将最惨的对象变成有趣的东西"。在西方美学中比较典型的例子还有对于丑与崇高关系的研究。博克就"承认丑(虽然它正好是美的对立面)与崇高是部分一致的"⑤。对于第二种情况罗丹有一段很有名的议论:"自然中认为丑的,往往要比那认为美的更显露出它的'性格',因为内在真实在愁苦的病容上,在皱蹙秽恶的瘦脸上,在各种畸形与残缺上,比在各种正常健全的相貌上更加明显地呈现出来。既然只有性格的力量才能造成艺术的美,所以常有这样的事,在自然中越是丑的,在艺术中越是美。在艺术中,只是那些没有性格的,就是说毫不显示外部的和内在真实的作品,才是丑的。"⑥

---

① 亚里士多德:《诗学》,罗念生译,人民文学出版社1962年版,第16页。
② 鲍姆嘉通:《美学》,简明、王旭晓译,文化艺术出版社1987年版,第20页。作者名当时又译为鲍姆嘉滕。
③ 鲍姆嘉通:《美学》第1卷第24节,此节为前注译本所删除,见《西方美学史料选编》(上卷),马奇主编,上海人民出版社1987年版,第695页。
④ 亚里士多德:《诗学》,罗念生译,人民文学出版社1962年版,第11页。
⑤ 鲍桑葵:《美学史》,张今译,商务印书馆1985年版,第265页。
⑥ 罗丹:《罗丹论艺术》,沈琪译,人民美术出版社1987年版,第23—24页。

在西方古典美学产生和发展的过程中,美学的主流显然是研究审美,而绝非审丑,丑由被抛弃和规避受到人们的普遍重视,进而上升为一种审美形态、一个美学范畴,是与美学自身对于丑的价值逐渐由否定到接纳再到认同结合在一起的。

1853年罗森克兰兹在《丑的美学》一书中明确提出,丑虽然"不在美的范围之内","但又始终决定于美的相关性,因而也属美学理论范围之内"。他认为:"如果艺术不想单单用片面的方式表现理念,它就不能抛开丑。"虽然他也说"吸收丑是为了美而不是为了丑",但罗森克兰兹与雨果的区别在于他是从丑对于美学的必要性上来论述丑的。简而言之,罗森克兰兹对丑的研究有以下几个方面的贡献:第一,他把丑明确与美对立且并列起来,指出丑"不在美的范围以内",但与美一样,同"属于美学理论的范围",并提出"丑的美学"的概念与"美的美学"相对应,认为"丑的美学所遵循的方针和美的美学很相似"。第二,丑不仅是作为提高美的衬托物而被接纳到艺术中来的,因为"美是一种明确的、积极的和独立的东西","并不需要任何衬托物或黑暗的背景"。第三,他提出艺术创作中虽不可美化丑,"因为这样做无异于在反叛之上再加上欺骗,适足使它更加可厌",然而,在表现丑时,"又必须使之服从美的一般法则,如对称、和谐、比例和富于个性的表现的力量等等法则,以便使之'理想化'。这样的理想化的结果并不是和缓或盖住它的丑,恰恰相反,而是突出了它的富于特征的和本质的轮廓"。这是"理想化",并非"美化",而是用"美的一般法则"突出丑的一般特征。这是艺术表现丑的基本原则。第四,他顾及了艺术表现丑的效果,即有可能削弱、消除丑的令人不快之感。他说,"在这样做的时候,必然要产生某种不良的后果。令人不快或讨厌的细节中的非本质的东西被消除了,正像在平凡的美的再现中,非本质的迷人的东西被消除了一样"。① 罗森克兰兹的《丑的美学》不仅是第一部专门研究丑的美学专著,而且也标志着丑从此真正成为一种特殊的审美形态,它是对于现代丑学的开启。

雨果在《〈克伦威尔〉序》中表达了一种美丑并赏的审美观:"她会感到,万物中的一切并非都是合乎人情的美,她会发现,丑就在美的旁边,畸形靠近着优美,丑怪藏在崇高的背后,美与恶并存,黑暗与光明相共。"②基于这样的观念,他在《巴黎圣母院》中描写出了一系列表现其美丑辩证思想的艺术形象,如神甫浮罗诺、敲钟人卡西莫多和卫队长巴比等。而他的戏剧《欧那尼》上演时,更是让凶杀、恐怖和死亡充斥着舞台。雨果认为:"滑稽丑怪却似乎是一段稍息时间,一种比较的对象,一个出发点,从这里我们带着一种更新鲜更敏锐的感受朝着美而上升。"③

在现代艺术中,对于丑的形态的表现,成为一个基本的主题。浪漫主义伊始,就已经开始表现丑,以反抗理性给人的压抑和摧残。现代艺术则彻底放弃了对传统的所谓美的表现,而更多地表现丑。法国象征主义诗人波德莱尔的《恶之花》就是丑之花、死之花,开拓了以丑展现人生存在的先河。其他如艾略特的《荒原》、陀思妥耶夫斯基的《白痴》、毕

---

① 鲍桑葵:《美学史》,张今译,商务印书馆1985年版,第512—522页。
② 雨果:《〈克伦威尔〉序》,引自《雨果文集》第17卷,河北教育出版社1998年版,第35页。
③ 同上书,第40页。

加索充满丑陋和恐惧的《格尔尼卡》等都以丑陋为主题,丑则成为现代艺术审美的重要形态。从艺术的意义看,丑的艺术成为对现代人生存状态和生存意义的基本诠释。

(二)"丑"的内涵和特点

丑首先源于人们对丑的感受,也就是说,人们在日常生活实践中产生和形成了对丑的认知,丑的事物也就成为人们审视的对象,丑感也就形成了,经过逻辑总结成为丑的审美形态。马克思在《1844年经济学—哲学手稿》中说:"只是由于人的本质的客观地展开的丰富性,主体的、人的感性的丰富性,如有音乐感的耳朵、能感受形式美的眼睛,总之,那些能成为人的享受的感觉,即确证自己是人的本质力量的感觉,才一部分发展起来,一部分产生出来。因为,不仅五官感觉,而且所谓精神感觉、实践感觉(意志、爱等等),一句话,人的感觉、感觉的人性,都只是由于它的对象的存在,由于人化的自然界,才产生出来的。"①丑感的形成也是如此,对于不能感觉丑的原始人类而言,丑只是一种潜在的可能性,而不会成为现实的感性存在。人必须首先在人生实践之中形成鉴别美丑的感觉能力,丑才可能从混沌的世界之中分离出来,这种感觉能力就包含在马克思所说的"五官感觉的形成是以往全部世界历史的产物"的论断之中。

从实践存在论的视野考察,丑本来包容于原始人的宗教活动中,表现的内容是对于神秘世界的恐惧,产生的基础是主体尚处于蒙昧状态,自我意识没有充分觉醒。只有当人从蒙昧状态中觉醒,当文明的曙光出现以后,主体与客体在观念上逐渐开始分离,丑的真实面目才日益暴露出来。正如德国思想家阿多诺所认为的:"丑的事物的确是一个历史的和中介的范畴(historical and mediated category)。该范畴或许是在古风艺术向后古风艺术过渡时期出现的……原始崇拜对象的面具与画脸所体现出来的古代丑,是对恐怖的实体性模仿,一般散布在忏悔的形式之中。随着神秘的恐怖性逐渐淡化与主观性的相应加强,古代艺术中丑的特征变为禁忌的目标(尽管这些特征原本作为强化禁忌的载体)。继主体及其自由感形成之后,和解的思想随之产生,丑也随之展露出自己。"②从阿多诺的论点中我们可以看出,对于未知世界,原始人既抱有恐惧,也把它作为顶礼膜拜的对象,这时他们当然还谈不上区别对象的美与丑。只有当"人的本质客观的展开"达到一定的丰富程度,即人从完全的宗教意识中逐渐解脱出来以后,人才逐步地具有了区别美丑的感觉能力。这种感觉能力形成的标志就是把原先作为自己崇拜对象的图腾或神像转变成了美的或者丑的对象,并进一步在人生实践之中逐渐形成了衡量美丑的标准。这个标准主要包括形式律和自由律,即凡是在形式上和谐并能够表现人的自由创造力的对象或者显现自由人生境界的实践行为,就是美的;反之,则是丑的。

因此,丑的产生与人们对自然、社会的极度恐惧感相关。凶残的自然和作为对立力量的社会在早期人类的意识中,都是不和谐的、陌生的、给人以恶性的刺激。在原始巫术与神话世界中,这些异己的力量被描述成十分反常的形象,从而形成了人们恐惧的审美意象

---

① 《马克思恩格斯全集》第42卷,人民出版社1979年版,第126页。
② 阿多诺:《美学理论》,王柯平译,四川人民出版社1998年版,第84—85页。

形态。这些意象形态进入人们的潜意识中,成为人们的深层欲望,在审美活动中,则表现为对丑的事物的不和谐的意义。作为审美形态,丑揭示的是现实生活中非人性的一面,体现的是一种负面的生存实践。在这种否定性的审美呈现中,肯定了正面的生存价值和审美意义。

作为丑的事物,如何成为审美形态呢?这主要是由它的特点决定的。

第一,由丑陋引起的情绪感受仍然是一种审美情感。这种情绪感受与现实的反感不同,它包含着人对生存实践的体悟和观照,在这种生存体悟的观照中,人获得的是精神的自由,因为这种对丑恶的事物和对立的力量的批判和揭露,是通过审美自由的方式进行的,人们从中获得了一种肯定的价值。

第二,作为丑的审美形态,表现为反常、混乱、给人以恶性的刺激等形式。自然界中的扭曲的、缺陷的形象,人类日常生活中的缺憾、不足甚至丑恶等,都给人以不和谐感。但这些都使人从不和谐的形式中,体悟到美的存在,感受到人生的意义和价值。艺术作品中的丑,更是以丑为美,发人深省,启迪人生。这些丑的形式经过人的内在心理的转换,成为美的形象。正如亚里士多德所说,丑的"事物本身看上去尽管引起痛感,但惟妙惟肖的图像看上去却能引起我们的快感"①。因此,丑不管怎样,总是人们的一种生存实践的表达形式。

(三)"丑"成为特殊审美形态的原因

从罗森克兰兹的《丑的美学》到20世纪中晚期一百多年间,是丑上升为审美形态的主要时期,我们寻找丑成为审美形态的基本原因,主要考察的就是这个时期的人生实践、哲学转变和审美活动的发展变化。如前所述,从人生实践的角度看,审美是一种特殊的人生实践,广义的美是一种特殊的人生境界的对象化和感性显现,它理应包括作为审美形态的丑在内。因为:

1. 在审美这种人生实践中,人能够相对全面而自由的占有自己的本质。但人的本质力量对象化的过程不仅包含有肯定性的一面,同时也包含有否定性的一面;而且人的审美价值尺度正是在否定、肯定和否定之否定的过程中得以确立、得以发展的。所以,审美活动本身必然包含对于美的发现、欣赏、创造与对于丑的揭露、鞭挞和摈弃两个侧面。

2. 美在过程中,美不是作为物化形态的结果存在于现实世界之中,而是在审美实践中不断形成和发展的,离开了审美活动,离开了审美主体和审美对象中的任何一方,都无所谓美丑。

第一,审美活动、审美主体和审美对象都是具有一定局限性的,因此,就决定了美不是纯而又纯的东西,审美对象也不是与现实世界相分裂的孤立的对象,审美主体更不是一成不变的、抽象的、永恒的人,丑也就必然会与美一起进入审美实践之中。从宏观角度看,把丑排斥在外的审美实践是不完整的审美实践,把丑排斥在外的审美对象是具有局限性的审美对象,把丑排斥在外的审美观念是一种狭隘的审美观念。

---

① 亚里士多德:《诗学》,罗念生译,人民文学出版社1962年版,第11页。

第二，美作为一种特殊的人生境界的对象化和感性显现，从存在论的角度看，一方面固然是与丑相异或相对的，但如前所说，人生境界也分层次，也有高低，有道德、天地境界，也有自然、功利境界，其中也包含丑的因素，在特定意义上，丑也可以显现为一种人生境界。此外，即使是把丑作为美的对立面来看，对丑的揭露、鞭挞和摒弃也是体现美的人生境界的另一面。

第三，劳动作为人生实践最为重要的组成部分，也是审美形态形成和发展的非常重要的创造力和推动力。人类的劳动从本质上与动物的活动不同，它应当充分发挥人的本质力量，按照美的规律来塑造物体，但由于大工业时代的到来，人的劳动在更严重的程度上失去了它应当具有的自由、自觉的性质，以至于人的劳动具有了很大的异化性。在这种情况下，它虽然还能够创造美，但创造美的工作受到了不同程度的破坏和阻碍，丑之所以成为一种审美形态，与劳动的异化有密切的关系。可以说，它是人类异化劳动的感性存在状态和结果。

第四，在这一百多年间，西方哲学、美学也发生了翻天覆地的变化，理性主义的思辨哲学和美学从统治地位上被推倒在地，代之而起的是非理性主义、个人主义、实用主义、心理分析等哲学、美学思潮，而所有这些后起的哲学、美学都为丑冠冕堂皇地走进审美领域奠定了思想基础。

第五，艺术作为人类主要的审美实践方式、主要审美成果以及重要的审美对象，在这一百多年间变得面目全非，不仅在艺术创作中包含了大量对于丑的描绘和创造，而且，呈现出了以丑代美的趋势，客观上为丑形成一种特殊的审美形态奠定了现实基础。

在上述丑上升为审美形态的五个原因中，前两个是贯穿于整个人类审美历史之中的，只是为丑的产生提供了一种可能性；同时，又决定了丑与其他的审美形态之间存在着千丝万缕的联系。下面作一简要分析：

1. 人的本质力量对象化是一个去伪存真、弃恶扬善、褒美贬丑的过程，在这个过程之中真善美与假恶丑实际上不仅是相互对立的关系，也是相互依存的关系，在一定意义上讲，没有假恶丑就没有真善美，反之亦然。具体到审美实践中来看，人类创造美的过程也是一个否定丑的过程。例如，没有假恶丑的存在，就不会产生悲剧美和喜剧美，也不会有崇高与优美的区别。我们首先考察一下悲剧和喜剧。恩格斯认为悲剧是"历史的必然要求和这个要求的实际上不可能实现"之间的矛盾，也就是说悲剧人物的理想与人生实践既具有合理性和正义性的一面，也具有非现存性的另一面。在两方面之间产生了巨大的矛盾冲突，即我们所说的悲剧冲突，悲剧冲突就是悲剧人物的理想及实践与现实中强大的丑恶力量的冲突。冲突的结果是悲剧人物在现实的丑恶力量的压迫和摧残下招致不幸，形成了悲剧命运。如果在悲剧中没有作为反面力量的假恶丑，悲剧人物就失去了性格力度，悲剧冲突就失去了存在基础，悲剧结局也就根本不会出现，悲剧最终会解体。换言之，正是因为作为反面力量的假恶丑的存在，才产生了以把"有价值的东西毁灭给人看"的悲剧。与悲剧不同，喜剧之所以存在，是因为喜剧人物的特殊的人生实践既在实质上没有合理性，也不具备历史发展的必然性和存在的必然性，所以，在与真善美的较量中，这种人物不仅以丑陋或者滑稽的面孔出现,而且,处于被揭露和嘲弄挖苦的境地,从而构成了喜剧性。所以,丑是作为审美形态的悲剧与喜剧所不可缺少的方面。

2. 丑与崇高及优美的关系。在西方美学史上,博克在把崇高作为一个美学范畴引入美学时,已经注意到了丑与崇高的关系,他认为,丑虽然是美的对立面,但与崇高有着密切的关系,甚至是部分一致的关系,因为,崇高以痛感为基础,而能够引起人痛感的现实往往也是令人不快的,从心理效应上讲与丑的心理效应非常相似,丑也是一些给人痛苦与不快的东西。博克的这种观点被康德接受下来,康德也是以痛感为基础去理解崇高的,他认为崇高感由人的恐惧所产生,而对象之所以能够引起人的恐惧感,是因为它具有"无形式"和"粗野"的特点,所以康德对于这类对象的概括所用的词语就是"丑陋"(grasslieh)。谢林也认为同一外形可以既是丑的也是崇高的。黑格尔则认为崇高是理念与形式的分裂,是"一种表达无限的企图,而在现象领域里又找不到一个恰好能表达无限的对象"。代表这种情况的艺术就是象征型艺术,黑格尔把这种情况称为不充分的表现,其特点就是丑与怪。

实际上,从博克到黑格尔,在论述崇高的特征时,主要的参照系就是优美,也就是通过比较和研究崇高与优美的差异,来论证崇高与丑的相似之处。其内容主要涉及三个方面:审美形式、审美心理效应以及观念与形式的关系。从形式上看,崇高与丑都具有不和谐、不完整、扭曲变形的特点;从审美效应上看,崇高和丑都在一定程度上引起人们的痛感;从观念与形式的关系上看,崇高和丑都具有非理性的因素,体现为观念大于形式的特征。因而,崇高和丑都是与优美处于对立的位置。

从人生实践的角度看,优美更富于理想性,是自由而和谐的审美形态,而崇高则是在强烈的冲突之中形成的富有力度的审美形态,本身具有很大程度的不自由性,也就必然包含了一定的丑的因素。当然,丑不等于崇高,这倒不仅是车尔尼雪夫斯基所说的可怕与不可怕的区别,而是因为崇高所包含的人类对于理想境界的追求以及强有力的主体意志恰恰是丑所不具备的。即使丑具有了可怕的特征,也只会变成一种恶,而不会成为崇高。可以说丑是崇高得以形成的必要条件,但却不是崇高形成的充分条件。事实上,在美与丑的区别之中,优美得以突显,在丑与美的矛盾冲突之中,崇高得以形成。

各种审美形态与丑的联系实质上展现的就是历史的或现实的人生状态。无论在历史上还是在现实中,由于人类总是处于由必然向自由转化的过程之中,就决定了无论是审美主体、审美对象还是人的审美活动都是有局限性的。作为审美主体的人,总是处于一定的自然、社会、历史之中,他与自然、社会、历史的关系是一种对立统一的关系,既有融洽和谐的一面,也有矛盾冲突的一面,自然、社会、历史对于不自由的主体而言,既可以是人的本质力量的对象化,也可以是一种异己力量,因此,纯粹的美就必然只是观念形态的东西,美不能把丑排除在审美视野之外。

上述五个原因中的后三个原因,是我们就丑在这一百多年之间最终转变为一种独立的审美形态所进行的分析。首先,审美实践既然如我们所说的,是一种特殊的人生实践,而审美境界是一种特殊的人生境界,那么,丑上升为一种独立的审美形态,就必然有着人生实践的现实根基。在这一百多年之间,正如马克思在《共产党宣言》中所说:"一切固定的古老的关系以及与之相适应的素被尊崇的观念和见解都被消除了,一切新形成的关系等不到固定下来就陈旧了。一切固定的东西都烟消云散了,一切神圣的东西都被亵渎了。"①西方的人生实践明显体现出扭曲和异化的特征,丑被人们看成是代表人类本质的东西,审丑成为清醒的表现,而审美传统反倒被认为是一种麻木或欺骗。

其次,与西方现实生活休戚相关的西方美学也相应产生了巨大变化。整个西方现代尤其是20世纪的哲学、美学中弥漫着的乃是一种反黑格尔倾向,即对于理性的思辨哲学、美学大厦的瓦解和否定。这种瓦解和否定可以上溯到叔本华、克罗齐、柏格森和尼采,也相应地成为萨特、加缪、弗洛伊德、海德格尔哲学的灵魂,甚至也可说是其他一些哲学、美学流派如形式主义、原型批评以及解释学、现象学等的理论基础。西方现代哲学和美学正是从反黑格尔的理性主义及思辨特征开始其理论建构的,现代西方人文主义美学主要的特征是反理性,西方现代科学主义美学主要的特征是反思辨。反理性的核心内容是对于人的改造,即把黑格尔之前的理性的社会的人改造为非理性的生物学意义上的个人,把人的本质等同于"自我"的生命或者其他一切非理性的心理功能,如叔本华、尼采的唯意志论、克罗齐的直觉论、柏格森的生命哲学和弗洛伊德的泛性欲论以及萨特、海德格尔的存在主义哲学和美学。西方现代科学主义哲学、美学主要以主观经验主义和逻辑实证主义为思想基础,实质上否定的是西方哲学的形而上学传统,沿着自然主义、实用主义和分析哲学等方向前进,以否定前黑格尔时代的先验论和统一性。无论是现代人本主义还是科学主义都动摇着人们的传统观念,使传统意义上的哲学转向现实的人生和个人生存状态,以求在对于新时代作出新的解释,为人们提供着选择的多样可能。肯定人的非理性特征,否定世界的统一性、普遍性和有规律性,反过来强调个别性、偶然性和单纯的经验性,实际上是在哲学、美学中抽去了传统的所谓美的永恒性的内核,从而拉开了诗意世界与现实世界的距离,并使现实世界的狰狞面目在哲学和美学的层面上凸显出来。

在哲学和美学意义上丑的凸显首先表现在对人的生存本质的基本看法上,即把丑看作人生的本质。在这一点上现代人本主义哲学、美学家可谓大同小异。小的差异表现在具体的观点和论述有所不同,在叔本华和克尔凯郭尔那里,是认为现实之所以丑恶,人生之所以充满焦虑、绝望和孤独,是因为上帝对人的抛弃,所以,叔本华认为,只有通过唯意志的体验和修炼,才可以化解主客观之间的矛盾并超越灵与肉的冲突;克尔凯郭尔则认为要想认识上帝就必须忍受痛苦。到尼采那里,则干脆宣布"上帝死了",人只有通过强力意志来唤起生命力,人生虽然注定是痛苦的,但也正是在痛苦和抗拒痛苦中,人才能实现生命的价值。萨特与加缪则把丑与荒诞结合起来,强调存在与虚无的关系。透过这些不同的具体观点,我们可以看到,在现代人本主义哲学和美学家的视界里,生命和世界已经没有了现实的和谐与美,这就为丑成为审美形态奠定了思想基础。

最后,丑形成一种特殊的审美形态,不仅是由西方现代社会的基本状况和西方哲学、

---

① 《马克思恩格斯选集》第1卷,人民出版社1972年版,第254页。

美学的跨时代变化所决定的,而且,丑在事实上已经在西方审美实践活动中占据了极大的比例和极其重要的位置。我们只要简略地回顾一下西方现当代一百多年间文学艺术所发生的重大变化,丑在审美中所获得的重要性也就不言自明。在绘画领域,西班牙著名画家戈雅的《战争灾难》,描绘了野兽化的人类;德拉克洛瓦的《萨达那帕拉之死》被当时的评论家看作混乱和堕落的作品;还有19世纪西方美术史不能越过的凡·高,他的《包扎耳朵的自画像》画出的丑陋和恶心,以及在他被送进疯人院以后作品中所使用的阴郁的色彩,其实表现的正是整个令人痛苦不安的人生。马奈的《奥林比亚》展出时被称为色情"母猩猩"和"丑八怪的艺术";杜尚画出了长着胡须的蒙娜丽莎;杜布菲用混合手段在画布上胡乱涂抹出了所谓"饱经世事的墙壁";莫奈描绘了印象中惨淡的日出;还有惊世骇俗的毕加索,无论是他的"蓝色时期"所描绘的贫困潦倒的穷人还是"粉红色时期"描绘的马戏团演员,或者"分析立体主义时期"创作的形象支离破碎的作品,都已经不是表现传统意义的美,而是一定程度上对于丑进行审视的结果。再看一下文学。在诗歌方面,艾略特1922年写出了《荒原》,以古代圣杯的传说和当代生活相互交错,写出了第一次世界大战以后,弥漫于西方社会的厌倦、失望和恐惧。还有擅长描写充满残忍和原始暴力的动物世界的诗人休斯,喜欢打乱一切固有的感觉而追寻生命直觉而写下《地狱一季》的兰波,以及父母皆死于纳粹集中营的诗人策兰所写的描写战争经历及人的异化的作品。最具代表性的当然是写出《恶之花》的波德莱尔。总之,我们可以转用诗人叶芝所作并刻于他的墓碑上诗歌:"用冷眼瞧人生,瞧死亡。骑士,跨过去!"的确有一批现代诗人是冷眼瞧人生与死亡的,但已经失去了骑士的浪漫风情。在小说创作上,我们也可以列出长长的一串擅长描绘丑的作家作品的名字,如陀思妥耶夫斯基的《二重人格》《白痴》,卡夫卡的《变形记》,乔伊斯的《尤利西斯》,劳伦斯的《儿子与情人》,戈尔丁的《蝇王》,马尔克斯的《百年孤独》,等等。在现代乐坛上,真正开启反理性和反思辨先声的音乐流派不是19世纪末20世纪初先锋派音乐,而是20世纪初出现在欧洲乐坛的表现主义音乐、十二音音乐和第二次世界大战后的序列音乐。先锋派音乐是指在德国以瓦格纳为首的晚期浪漫主义音乐和法国以德彪西为代表的印象派音乐,这种音乐放弃了传统的浪漫主义音乐对于人间矛盾的表现以及哲理性的玄想,而直接表现为瞬间的印象,用朴实自然的音调和丰富的和声色彩连续,以取代传统功能和声的动力性展开,从而减弱了音乐本身震撼人心的力量,以感性的官能的美取代音乐思想情感的强度和深度。如果说反理性和反思辨在其他艺术领域是已经出现以丑代美的趋势的话,那么,音乐显然慢了一拍,它瓦解理性和思辨的方式是以自然的优美取代传统音乐中人为的崇高和对于命运的思考。表现主义音乐则正好与印象派音乐相反,它不是以满足感官愉悦为目的,而是追求感官的刺激和对于直觉的夸张,强调表现非理性的潜意识冲动,所以,在形式上反对和谐,创造非逻辑、非均衡的音乐结构,形成的音乐风格就是尖锐、剧烈和刺激,这种风格当然不是优美,但也绝非崇高,隐于其后的正是现代意义上的丑。

综上所述,丑之所以在西方现代社会逐渐成为一种新的特殊的审美形态,是西方现实人生、哲学、美学以及西方审美实践合力的结果,是西方走出古典世界所选择的反传统的道路的必然归宿。

二、荒诞

荒诞作为一种审美形态，是西方现代社会与现代文化的产物。荒诞的本义是不合情理与不和谐，它的形式是怪诞、变形，它的内容是荒谬不真。从形式上看，荒诞与喜剧相似，但荒诞的形式是与内容相符的，并不像喜剧那样揭示的是形式与内容的相悖或形式所造成的假象，所以荒诞不可能让人发笑。从内容上看，荒诞更接近于悲，因为荒诞展现的是与人敌对的东西，是人与自然、社会的最深的矛盾。但荒诞的对象不是具体的，无法像悲剧和崇高那样去抗争与拼搏，更不会有对抗与超越。因此，荒诞是对人生的无意义的虚无性的审美感悟。

（一）荒诞理论的历史考察

古希腊时期，柏拉图因为强调灵魂与肉体的分离，于是把人分为九等，其中最完美的人是放弃世俗欲望，追求道德净化的爱智慧者、爱美者或者诗神与爱神的顶礼者，因此，当他看到在《荷马史诗》中天神与普通人一样具有各种各样的性格缺陷，也会嫉妒、贪婪和报复时，便感到荒诞，尽管他被《荷马史诗》深深打动，但他仍然认为诗人是一些不配进入理想国的人。柏拉图的荒诞感来自于理式与自由的矛盾，来自于现实生活中的爱和诗与他的理想境界中禁绝欲望、纯而不杂的爱和诗的巨大差异。基督教兴起以后，在中世纪的西方社会，荒诞的基本内容是宗教中不恰当的禁欲主义对于人性的扭曲和异化。《十日谈》收集了大量描绘僧侣纵欲放荡的作品，揭示的就是这种类型的荒诞。

文艺复兴之后，随着人文主义的全面发展和资产阶级登上历史舞台，天赋人权、自由、平等、博爱的思想开始深入人心，一切以人为中心，以人的需要和满足为衡量一切的价值尺度，宗教在理性面前逐渐退到幕后，科学技术的进步和社会契约的形成在最大限度上显示了理性的强大生命力。然而，在人与神的关系淡化的同时，人与人、人与物的关系却远远没有如同人们幻想和预设的那样理想与和谐。资本主义生产关系的确立，决定了人与人的关系成为雇佣与被雇佣、盘剥与被盘剥的关系；拜金主义的流行前所未有地腐蚀着人们的灵魂，工作变成了谋生手段，劳动异化的程度越来越高，所有的一切都说明仅仅依靠理性的确认并不能解决一切实际问题。近代意义上的荒诞于是应运而生。而且，理性与知识相联系，产生了真正意义上的近代科学，同时也产生了对于科学的迷信，以为科学可以解决所有问题，可以使得人类摆脱所遭遇的一切窘境。事实却向相反的方向发展。科学的发达固然把人们带入了大工业时代，生产力有了大幅度的提高，人的物质生活也有了明显的改善；但与此同时，人类对于机器的依赖、机器对于人的束缚与日俱增，本质与现象分裂、动机与结果背离导致人们的荒诞感普遍化。从人类发展的角度看，伴随着人类文明的进步，非理性与异化的程度本应呈现递减的态势，事实却恰恰相反，这本身就是典型的荒诞现象。由此，引发了西方社会对于理性的怀疑。尼采和克尔凯郭尔的哲学就是理性怀疑论的代表。

从广义的角度剖析荒诞，荒诞现象与荒诞感可以出现于不同的时代，但严格意义的荒诞却是一个现代意义的哲学和美学范畴,是一种在一定程度上反映西方现代社会实质的客观存在状态。之所以这样说,不仅因为西方现代社会具备荒诞得以滋生的哲学土壤和社会根源,甚至可以说荒诞在一定程度上已经融入现代性之中。20世纪人类在科学技术领域取得重大成就、物质生活极大丰富的同时,所面临的种种危机不仅没有因此而递减,反而在许多领域里动摇着人类理性的基础,动摇着人类对于未来的根本信念。

　　二次世界大战中出现的种族清洗、核冬天的到来、人口爆炸、环境污染等问题,给人们的生活以及心灵留下难以泯灭的阴影,让人们感受到社会历史荒诞的一面;人与人之间不能沟通,物质对于人性、人格的扼杀和扭曲使人对现实充满了恐惧;而最严重的是人的存在本身具有了根本的荒诞性,不仅世界不合理,而且存在本身也变为无理由了,在一定程度上,人变成为"非人",丧失了自我。存在主义哲学认为,世界是荒诞的,人的存在也是荒诞的。存在个体各有自己的思想、意志和欲望,有着与别人无法沟通的主观性,这就导致了人与人之间产生了不可避免的冲突和斗争,外在于个体的世界成为个人存在的"阻力";罪恶和丑无处不在,世界没有了中心、主宰和理性,人变成了孤独的流浪者,在荒诞而冷酷的环境中备感痛苦而无能为力。因此,死亡和永生变得毫无意义,人生成为一种多余,从而使荒诞变成了唯一的真实。在这种情况下,荒诞的实质表现为本质与现象的分裂、动机与结果的背离,其最具有代表性的特征就是非理性和异化。荒诞派戏剧、荒诞艺术与存在主义哲学只不过是荒诞现实的缩影和荒诞意识的集中体现而已。

　　在荒诞这种审美形态产生的过程中,最根本的原因是人的异化,是人变成"非人"。人变为"非人"的真实含义包括三个方面:

　　第一,人不再是全面体现人的本质的人,即人失去了自身的类的特性。这种类的特性马克思在《1844年经济学—哲学手稿》中把它归纳为两个方面:(1) 自觉,指人具有自我意识,这种自我意识在人的生命活动中表现为"目的"和"反思"两种基本形态;(2) 自由,既指人的生命活动具有超越本能需要的间接性,又指人的生命活动能够按照任何物种的尺度和需要来生产。①

　　第二,是人失去了在西方世界中所继承下来的本质,失去了终极关怀的基础。西方哲学从古希腊开始到近代社会为止,始终贯穿着本质先于存在的思想,也就是说人的个体的存在不能改变人类整体的本质。古希腊时,人的本质来自永恒的理念,中世纪时人的本质来自于对上帝的皈依,文艺复兴之后,人的本质是人可以思想,是人所具有的内在的理性,近代社会人的本质是人的情感与直觉。随着帝国主义时代的到来,人的价值体系显示出了从未有过的混乱,或者,更准确地说,是传统的价值体系已经被打碎,而新的价值体系却没有建立。西方的哲学家开始认识到不是本质先于存在,而是存在先于本质,没有超越个体的抽象一般的人,只有活生生的单个存在的个人,首先是存在,然后在存在之中人才获得自己的本质。但假定人的本质仍然是传统的理念的分有或上帝的光辉照耀,或者是人的理性或者感性,那么,所有这些可以称为终极的东西或有价值的东西,在新的时代都已

---

① 参阅赵宪章主编:《马克思主义文艺美学基础》,南京大学出版社1992年版,第76—79页。

经被打碎了，人再也没有什么可以依赖，人类成了世界当中孤独的浪子，虽然自由，然则荒诞。在这样的境遇之中，荒诞与自由的核心是人类对于失去终极关怀的恐怖。因为失去终极关怀，就意味着人失去了自己的本质。

第三，荒诞之所以与自由结合为一体，是因为西方在工业社会中建构起来的所谓自由只是哲学意义的消解权威与核心的结果，是一种观念形态的自由，而并非现实的人生的自由。恰恰相反，在现实的资本主义之中，由于"物"占据了绝对统治的地位，人的生命价值是以占有和支配"物"的数量来衡量的，而且，自动化的生产方式把人牢牢地捆在了机械上，从而造成社会对于个人价值的绝对忽略以及人与人关系的冷漠，这样，自由成为"虚无"的表征，也就成为荒诞的居所。荒诞，作为一种具有现代性的哲学、美学范畴，正是在这一社会文化背景下形成并得到强化的。

（二）荒诞的内涵与特点

作为现代审美形态的荒诞，不像悲剧那样通过理性的理解达到超越，荒诞本身就是非理性的、不能理解的，所以荒诞也不可能产生悲剧性的感受，它包含的是人生存在意义的虚无感和无助感。荒诞审美情感的产生，其实是与现代工业社会中理性的现代文明对人性的扭曲联系在一起的。在现代西方社会，随着社会工业化的加剧，在理性化的存在感之中，人被彻底工具化、物品化，人与社会、人与自然、人自身的分裂进一步加剧。现代社会的理性主义发展的现实粉碎了各种理想主义的说教，高度发展的科学技术以"物的统治"的形式加速人在社会、文化、心理方面的全面异化，使人们时刻感受到存在不再是人的存在，而是物的存在。从哲学意义上看，现代的西方哲学关注的主要问题已经从本体论转向对人类的生存意义的探究，而荒诞正是起源于人对生命与生存意义的怀疑与追问。

在西方现代艺术中，非常直观、深刻地展现出了荒诞，它们是荒诞审美形态的艺术载体。就审美形态的形成看，荒诞源于西方一个称之为荒诞派戏剧的现代艺术流派。这是第二次世界大战后出现在巴黎戏剧舞台上的一个新剧种，它没有戏剧应有的情节和完整的人物形象，甚至对白也是语无伦次，晦涩难懂。法国剧作家贝克特在1952年创作的《等待戈多》就是荒诞派戏剧的代表作。由戏剧开始，荒诞开始在西方的现当代艺术中风行。小说、绘画、音乐、电影等各种艺术样式，都表现出与传统艺术的迥然不同，把人生的无意义和不可捉摸的命运作为基本的表达主题，展现了人生存在非理性的一面。

荒诞感是指主体对荒诞的感受与经历，是人对人与自然和社会的关系、对人的存在与意义的直观和体验。荒诞感是复杂的，但其基本的感受必定是孤独、恶心、烦、畏、绝望等，因而其生理、心理的表现也是独特的。非理性的荒诞的形式与同样荒诞的内容，使人感到的是愕然，是不可思议，因而会笑。荒诞感的笑不同于喜剧感的笑，喜剧感的笑是对旧事物的讽刺，是对自己的信心与自豪，是充满希望的肯定的笑。荒诞感的笑却是对世界的荒诞的感受，因其荒诞而感到束手无策，无可奈何，是一种无望的否定性的笑。荒诞也有一种悲剧感，但悲剧感在悲情中存在希望，荒诞是无望的；它也不会让人感到悲情，它只是让人欲悲而不得，陷入一种尴尬困窘的境地。对荒诞的表现与感受，反映着人们对社会、人生、世界的不满、忧虑、恐惧、迷茫甚至绝望，但在荒诞的形式下又隐隐透出了人类对自身的完整性、自身的自由和解放的潜在追求。荒诞的艺术作品所具有的审美价值,正是在于它给予在荒诞中生存的人以反抗的勇气和力量。

从认识论角度分析,荒诞是社会、自然、人三者之间矛盾的必然产物。矛盾是普遍存在的,而这种矛盾的普遍性决定了任何事物都可以一分为二,也可以合二为一,是对立面的统一体。然而,矛盾论的基础实际上是对于理性和逻辑的充分肯定,一方面人从自己的理性出发,能够建立普遍有效的价值体系,并能够以人为中心,判断世界的是非、真假、美丑;另一方面,人凭借严密的逻辑体系,能够得心应手地对于事物进行概括、判断和推理,并进一步演绎或归纳出真理性的论断。事实上,无论是历史上还是现实中人类的知识体系,都必然存在着种种局限性,在这些局限性的制约之下,人类对于矛盾对立面的双方界限的划定往往是含混不清的,而且很难确定这种划分的正确性。恰恰相反,人类很多情况下,认识的局限性导致了行动的盲目,导致了矛盾统一体内部对立面双方的相互转化或者相互混淆。换言之,无论在历史上还是在现实中,人类追求真善美、鞭挞假恶丑的结果并不一定真正能够达到真理的显现,反而可能会由于认识和行动的盲目性,导致真假不辨、善恶不分、美丑颠倒,于是,荒诞得以产生。

广义的荒诞实质是人的异化和局限性的表现。人永远是处在历史中的人,永远有历史的局限性。在人类极为多样复杂的实践活动中,这种局限也时时会表现出来,导致人的本质在对象化过程中发生某种扭曲和异化。荒诞可以产生于一种人生的现实境遇,也可以表达人对于某种生活场景的特殊感受,即荒诞感。它既可以蕴涵在喜剧之中,也可以包含于悲剧之内。但荒诞不同于悲喜剧,区别在于:荒诞出现在悲喜剧被人们理直气壮地当作正剧的时候,出现于喜剧人物和悲剧人物的生存状态在认识上被主体确认为理所当然而在现实中又变为一种常态的时候。

荒诞作为现代审美形态,其基本特点包括:

首先,荒诞是一种对人生存在的无意义状态的体悟。荒诞表现的是人生存在的荒谬性和无意义,人对存在感到恐怖和无所适从,这种恐惧不是对对象的害怕,而是一种不可名状的心理感受。人无法了解世界,无法掌握自己的命运,生存的意义也不复存在,生命仅仅成为肉体的存在,人成为没有任何意义的"物品",这就是存在的无根状态。正如卡夫卡所说:"我总是力图传达一些不可传达的东西,解释一些不可解释的事情,叙述一些藏在我骨子里的东西和仅仅在这些骨子里所经历的一切。是的,也许其实这并不是别的什么,就是那如此频繁地谈及的、但已蔓延到一切方面的恐惧,对最大事物也是对最小事物的恐惧,由于说出一句话而令人痉挛的恐惧。"[①]这种荒诞就是荒谬可笑,但又无能为力的存在状态。

其次,荒诞的审美意象的象征性。荒诞表达的是生存意义的虚无化,那些被抽象和扭曲的艺术形象,都具有象征意义。如对人类的绝望处境的象征,物质对人的压迫和异化等等,总之,荒诞作为审美形态所表现的,无不是存在的虚妄和现实的荒谬。

---

① 卡夫卡:《卡夫卡书信日记选》,叶廷芳、黎奇译,百花文艺出版社1991年版,第321页。

最后，荒诞具有怪诞的表现形式。荒诞的审美意象通过抽象、扭曲等变形手法，表现了怪诞的艺术形象，以表现异化的世界。所以，荒诞总是体现为不合理性的、悖谬的、可笑荒唐的形式，表达了一种盲目无从、不知所措的现代社会的人的生存状态。

（三）荒诞成为特殊审美形态的原因

荒诞作为审美形态与西方现实生活中的荒诞现象既有联系又有本质的区别。可以说现实中的荒诞是荒诞审美形态得以产生的社会历史根源，而荒诞审美形态是对现实中荒诞的人生实践以审美的方式所作的否定、批判和反思。

在一般的人生实践的层面上，荒诞并不能被指称为审美形态，而只能是一种人生的异化形态，只有当荒诞成为解剖、批判和反思的对象，也就是在荒诞之中包含了新的价值取向时，荒诞才可能从原初的人的异化蜕变为审美形态。所以，我们说荒诞之所以成为一种特殊的审美形态，不仅因为荒诞的产生具有深刻的社会历史根源，更主要的是西方哲学尤其是存在主义哲学对于荒诞的清醒认识，并且艺术家以创造荒诞的艺术形式来反抗荒诞和追求自由以及人所应当具有的人性和激情。可以说荒诞艺术对于现实生活中荒诞的批判以及在荒诞艺术中所包含的哲学反思直接构成了荒诞的审美价值。荒诞艺术原先主要指西方现代派艺术中的一个戏剧流派，即荒诞派戏剧，它兴起于20世纪50年代末60年代初。1953年，贝克特《等待戈多》上演成功，使荒诞戏剧红极一时。最初这一流派还被统称为先锋派戏剧，到1961年英国马丁·埃斯林的名著《荒诞派戏剧》一书问世，荒诞派戏剧的名称才固定下来，流传开来。我们这里所说的荒诞，虽然与荒诞派戏剧以及存在主义哲学有关，但它已远远超出戏剧的范畴，也不仅是一种哲学思想，而是上升为一个普遍的深刻的重要审美形态。这一点就像悲剧、喜剧由戏剧现象上升为审美形态一样。

荒诞之所以成为特殊的审美形态，首先是因为再创和重现荒诞作为一种审美活动方式是以一种特殊的实践方式显示其特殊的存在价值的。从某种意义上说，这种创造与重现不仅是一种批判的武器，更是一种武器的批判。正如前文所述，西方对于荒诞的反思建立在对于历史的拨正和对于现实的批判基础之上，而对于现实的批判实际上几乎是所有审美实践活动所必然包含的内容。因为审美实践本身是一种特殊的人生实践，这种实践与一般的人生实践虽然是相互包容的关系，但审美实践又总是与一般的人生实践保持着一定的距离。问题在于在传统的审美实践之中包含着统一的人的生存价值观念，这种价值观念无论是永恒的理念、上帝和神性还是人的理性与尊严，在客观上都支撑着审美实践的意义，使所有的审美实践最终指向对于终极关怀的关注，这种对于终极关怀的关注最终使得传统的审美形态在肯定与否定、普遍性与个别特殊性、必然性与偶然性、世界与自我等种种对立统一的关系中得以建构起来。而这种终极关怀在存在主义哲学看来，恰恰是非常虚幻的。创造与重现荒诞却不同，审美实践失去了终极关怀统一性的基础，因为，荒诞不仅是一种现状，也包含着西方哲学所意识到的人作为存在者所无法回避的尴尬。存在就是本质，没有脱离存在而完满自足的本质，而到了当代西方，存在的一般表现是荒诞，人类审美实践不应该对这种荒诞给予认同，而是应该反抗荒诞的人生现状。重现和再创荒诞就是一种有效的反抗。当审美实践完全成为对于现实人生的反抗时，其实它反抗的就不仅是一种现存的人生状态,同时,它也反抗着积淀下来的传统。正如加缪在《西西弗的神话》中讲到的:"一个哪怕可以用极不像样的理由解释的世界也是人们感到熟悉的世界。然而,一旦世界失去幻想和光明,人就会觉得自己是陌路人,他就会成为无所依托的流放者,因为他被剥夺了对失去的家乡的记忆,而且丧失了对未来世界的希望,这种人与他人生活之间的分离,演员与舞台之间的分离,真正构成了荒诞感。"①

其次,荒诞成为一种特殊的审美形态,既然与人通过审美实践活动来反抗现实社会的荒诞境遇密切相关,那么,实际上,荒诞审美形态的出现在一定程度上把审美实践与人生实践的距离拉近了。在重现和再创荒诞的过程之中,审美活动仿佛时刻提醒着人们只有诗意的生活才是真正的人的生活,这种生活显然不同于一般的异化了的人类生活,一般的异化的生活在荒诞哲学的观照中,并不仅仅是指物质世界对于人的扭曲,更主要的是包括了从古希腊开始的西方形而上学传统所赋予生活的虚幻的终极价值,当这种价值大厦倒塌以后,追问生命意义就失去了可能性和必要性,连追问本身也变得毫无价值可言,取而代之的是生命本身的问题。当审美实践与生命实践在很大程度上相重叠时,审美的地位就超过了宗教,审美在这种情况下甚至会呈现出取代宗教的趋势。正如萨特所说:"文学把你投入战斗;写作,这是某种要求自由的方式;一旦你开始写作,不管你愿意不愿意,你已经介入了。"②而所谓介入,就是艺术家通过创作,对于社会生活中的各种问题产生作用,或揭露,或反抗,或批判,总之,通过这种个体的行动,重现和再创荒诞以消解世界秩序的方式达到了对个体加以确认的目的。既然世界的本质是虚无,个体就必须在敢于正视这虚无并承担荒诞和绝望之中显示他的勇气和自由。所以,荒诞之中的个体成了荒诞世界的独行侠,他不接受先验的理性和神秘的上帝,但却以自己的行动(即使是没有意义的行动)证明了自己的存在,同时也证明了自由、激情的存在。而这行动本身是丰富而具有生命性的,它成为人们从荒诞世界中脱身的道路和方法。

最后,荒诞之所以成为一种特殊的审美形态,实际上还有一个深刻的内在原因,就是重现和再创荒诞,从表面上看是反理性的和反传统的,但实质上仍然是西方理性主义之树上结出的果实。荒诞能够成为荒诞的前提不仅是因为荒诞存在,而且人还必须清醒地认识到荒诞的实质。正是基于这样一种理性的认识,荒诞艺术作品多数在标榜个性、提倡自由、呼吁选择和赞美超越的同时,辛辣地揭露现实,并在审美实践活动中创造出了富于个性的、有意味的艺术作品。例如萨特作品《苍蝇》中的奥利斯特不愿受任何本质、理念、规则和习俗的限制,从主体出发,自由地创造自己,并担负起由自由选择所造成的一切后果。加缪的《局外人》表现了现代人的荒谬感受。《恶心》的主角洛根丁的"恶心"不仅是一种生理现象,而且富有哲学意味,是对自己存在的厌恶感的发作。显然,这一切都基于对荒诞现实的清醒认识和理性反思;而且,荒诞艺术创作包含着一种倾向,即重视作品的思想意义与内涵,反对形式主义、表现主义、纯粹艺术和纯粹的审美态度以及享受态度。重现

---

① 加缪:《西西弗的神话》,杜小真译,三联书店1987年版,第6页。
② 柳鸣九:《萨特研究》,中国社会科学出版社1981年版,第24页。

和再造的荒诞中,个人所处的基本生存状态是畏惧、焦虑、苦闷和孤寂,所有这些都可以归入海德格尔所说的"烦",而海德格尔认为,个人正是在"烦"之中,才能领会到自己的真正存在,也才能超越自己的界限,达到对世界、他人和未来的超越。海德格尔没有能够回答个体何以超越自己的"烦",他只是认识到"凡没有担当起在世界的黑夜中对终极价值的追问的诗人,都称不上这个贫困时代的真正的诗人"①。既然没有可以依靠的现实力量使人超越,就必然产生一个悖论:人们不能证明上帝的存在,但仍可以期待上帝的存在。因此,我们认为,荒诞作为人的特殊的审美实践,实际上就是在否定之中建构其审美价值的,也正是通过否定,荒诞才作为特殊的审美形态得以确立。

思考题
1. 概述审美形态的生成性、贯通性、兼容性、二重性的内涵。
2. 简要说明审美形态形成、发展的现实和历史基础及主要类型。
3. 美学史上关于崇高与优美有哪些主要理论?举例说明崇高和优美各自的特点。
4. 美学史上关于悲剧与喜剧有哪些主要理论?举例说明悲剧和喜剧各自的特点。
5. 谈谈丑与荒诞的特点,以及它们成为特殊审美形态的基本原因。

---

① 海德格尔:《诗人何为》,《海德格尔诗学文集》,成穷等译,华中师范大学出版社1992年版,第84页。

第四章 审美经验论

上面我们已经讲了审美对象在审美活动中的生成,以及人类在长期审美实践活动中逐渐积淀下来的各种审美形态,下面我们着重讨论在审美活动中形成的审美主体的体验、感受等问题,即审美经验的问题。

第一节 审美经验的性质和特征

一、审美经验理论的历史回顾

有关审美经验的问题是审美活动研究的重要组成部分,也是整个美学研究一个重要而特殊的层面,值得我们重视。我们首先简要回顾西方美学史上有关审美经验的研究情况,而后提出我们自己的观点。

在古希腊的美学思想当中,有关审美经验的研究并不占重要的地位,因为古希腊哲学的核心是本体论问题,与之相应,古希腊美学的核心也是美的本质问题。不过在某些思想家那里,还是形成了某些审美经验理论,这些理论尽管具有草创的性质,但其历史影响却极为深远。柏拉图就曾经用"迷狂说"来描述和解释审美活动达到高峰时的经验状态。人们通常认为迷狂是一种非理性的疯狂现象,而柏拉图却认为,某些迷狂状态乃是"上苍的恩赐",也就是神灵赐福的现象。这类现象可以分为四种类型:预言的、宗教的、诗神凭附的和哲学的,其中第三种迷狂是指"缪斯凭附于一颗温柔、贞洁的灵魂,激励它上升到眉飞色舞的境界,尤其流露在各种抒情诗中,赞颂无数古代的丰功伟绩,为后世垂训"①。不难看出,柏拉图在此所描述的其实就是艺术创作中的灵感现象,只不过他对这种现象做了带有神话色彩的解释。如果说"迷狂说"所谈论的还只是审美经验中的特殊现象的话,那么他的"回忆说"则显然涉及了审美经验的一般规律。他这样描述灵魂面对美时的感受和状态:"他凝视着美丽的形象,心里产生一种虔诚感,敬美如敬神……其次,寒颤过去以后,他会奇怪地发高烧,浑身冒汗。因为美发射出来的东西穿过他的眼睛在他体内产生热量,他的灵魂的羽翼也因此而得到养育。受热以后,久经闭塞的羽翼又开始生长。羽管胀大起来,从根部向外长,最后布满灵魂的胸脯,灵魂过去本来就是遍体长着羽毛的。在这个过程中,灵魂周身沸腾跳动,正如婴儿出齿时牙根感到又痒又疼,灵魂初生羽翼时也是这样。"②表面上看来,这段文字充满了臆想的成分,似乎谈不上科学的审美经验理论,但实际上它深刻地揭示了审美经验的诸多特征:第一,它表明主体在审美经验中必然处于身

---

① 柏拉图:《斐德罗篇》,《柏拉图全集》第2卷,王晓朝译,人民出版社2003年版,第158页。
② 同上书,第165页。

心亢奋的状态,这实际上类似于美国现代心理学家马斯洛所说的"高峰体验"。第二,它把审美经验说成是灵魂而非身体的体验,并且强调审美经验能够使人的灵魂从肉体的束缚中摆脱出来,得到复苏和拯救,这显然已经触及了审美经验的非功利性和超越性特征。在柏拉图之后,亚里士多德又对悲剧问题进行了深刻的分析,认为悲剧的作用在于能够唤起人们的怜悯和恐惧之情,并且通过这些情感的宣泄而得到心灵的净化和快感。这种学说尽管谈论的仅仅是悲剧现象,但却深刻地揭示了审美心理的内在规律,因而其影响一直达于现代。

中世纪美学在根本上乃是神学的一个组成部分,因而其对审美经验的看法也明显打着神学的烙印。奥古斯丁认为,审美经验的真正内涵便是对于上帝的爱:"但我爱你,究竟爱你什么?不是爱形貌的秀丽,暂时的声势,不是爱肉眼所好的光明灿烂,不是爱各种歌曲的优美旋律,不是爱花卉膏沐的芬芳……并非爱以上种种。我爱天主,是爱另一种光明、音乐、芬芳、饮食、拥抱,在我内心的光明、音乐、馨香、饮食、拥抱;他的光明照耀我心灵而不受空间的限制,他的音乐不随时间而消逝,他的芬芳不随气息而散失,他的饮食不因吞啖而减少,他的拥抱不因长久而松弛。我爱我的天主,就是爱这一切。"① 从这段话来看,奥古斯丁所说的对上帝的爱其实是宗教信仰而不是审美经验,因此它与感官知觉无关,是一种纯粹的心灵活动。不过从另一个方面来看,他其实揭示出了审美经验的超验性维度,在对许多艺术作品如宗教艺术等的欣赏活动中,这一维度都是必不可少的。

随着西方近代哲学的认识论转向,西方美学的研究重心也转向了审美经验的探讨,这在英国经验主义美学中表现得尤为明显,其发展大体可分为两个阶段:18 世纪中叶以前为第一阶段,其代表人物主要有夏夫兹博里、荷加斯、哈奇生等人。夏夫兹博里认为,人天生就具有审辨善恶和美丑的能力,他把这种能力称为"内在的感官"或"内在的眼睛",也就是人们常说的"第六感觉"。在他看来,这是五官之外的另一种感官,它可以通过直觉把握到对象的美,而不必经过思考和推理。他的学生哈奇生对这种看法又做了进一步的发挥。他们还从经验的角度对于审美特征进行了仔细的归纳,比如荷加斯提出,美的对象一般总是体积较小,造型流畅,因为只有这样才体现出它是按自身的规律发展而不受外力的强制,也才能给人以审美的愉悦。他还通过比较认为,蛇形线是最美的线条。由此可见,近代美学对审美经验的探讨其重心已经转向了审美主体及其心理结构。经验主义美学的第二阶段开始于 18 世纪中叶以后,其代表人物是休谟。休谟的主要特点在于明确地把审美经验归结为情感活动,从而把审美与认识活动区别开来。他认为,"理智传运真和伪的知识,趣味则产生美与丑和善与恶的情感。前者按照事物在自然中的实在情况去认识事物,不增也不减;后者却具有一种制作的功能,用从心情借来的色彩去渲染一切自然事物,在一种意义上形成一种新的创造"②。不过,休谟乃至整个经验主义者的局限都在于只强调情感与理智、审美与认识之间的区别,而忽略了二者之间的联系,因此存在一定

---

① 奥古斯丁:《忏悔录》,周士良译,商务印书馆 1991 年版,第 190 页。
② 休谟:《人的知解力和道德原则的探讨》,转引自朱光潜《西方美学史》上卷,人民文学出版社 1980 年版,第 231 页。

的片面性。这种缺陷在康德以及后继的德国古典美学家那里得到了克服。康德认为,审美经验或鉴赏判断的根本特征在于"要求两种表象能力的协调一致:也就是想象力(为了直观和直观的多样性的复合)和知性(为了作为这种复合的统一性表象的概念)的协调一致"①。这也就是说,审美经验能够把理性认识和感性认识统一起来,因而克服了各自的片面性。那么,审美经验怎样才能做到这一点呢?他以为这是通过两种认识能力之间的游戏来完成的:审美经验"无非是在想象力和知性的自由游戏中的内心状态"②。或许有人会说,想象力和知性乃是两种相互对立的认识能力,两者之间何以能够产生一种游戏关系呢?康德认为,这是由于审美经验与概念无关,因而就使知性能力与知性概念发生了分离,而这种纯粹的知性能力与想象力之间并不矛盾,因为它只是对想象活动发生一种内在的制约作用而不会使其窒息或者停顿,因而两者能够和谐地统一在一起。

现代西方美学是作为对近代美学的反叛而出现的,但在审美经验问题上两者却表现出明显的连续性。这是因为,现代美学把反对形而上学思维方式作为自己的核心使命,因而在很大程度上把美的本质问题悬置甚至消解掉了,这反而使审美经验问题变得更加显豁和重要了。由于现代思想自身的复杂性,现代美学在审美经验问题上也出现了很多的分歧,形成了很多不同的流派。总体来看,这些流派可以划分成科学主义和人本主义两大类型。科学主义美学的思想基础是逻辑经验主义或逻辑实证主义,其基本倾向则是试图通过实证或科学的方法来解释审美经验。这种立场在不少学派那里都有明显的体现。自然主义美学的代表人物乔治·桑塔亚那在哲学上持主观经验主义立场,认为唯一可靠的是经验,因而在美学上提出了"美是客观化了的快感"的主张,把美的本质归结为主体的快感,这与近代的经验主义美学显然一脉相承。不过与休谟等人不同的是,现代美学并不满足于那种经验归纳的方法,而是试图把对审美经验的研究建立在实证科学的基础上。新自然主义的代表托马斯·门罗就明确表示要"拒绝超经验的价值和原因",主张以现代的心理学为基础,科学地描述和解释艺术现象和所有与审美有关的东西。实用主义的代表人物杜威则把自然主义美学实证化,认为艺术是自然经验的延续与完善化,审美经验就来自于日常经验,美的形式唯有凭借经验才能理解并得到享受。"艺术即经验"的命题,正是在此意义上提出并成为其美学代表作的书名的。这种倾向的极端代表无疑是分析美学。维特根斯坦早期把事物分为能言说、能用命题描述与不能言说、不能用命题描述这两种类型,并且认为有关后者的命题都是无意义的。在他看来,传统哲学中大部分抽象命题(包括"美""善"等)都属此类,都是无意义的。在后期他又提出语言的意义在于它的用途,如"美的"这个形容词,我们在许多场合都使用"美的"这个词,但每次都各不相同。例如:一张脸的美跟一把椅子的美,一朵花的美或一本书的装帧的美是各不相同的,关键要看使用此词的具体语境,即使用决定"美的"一词的特定的意义。我们要注意的是,分析美学的上述观点,最终还是奠基于经验——经验能否证实或证伪,其实质仍是通过语词的

---

① 康德:《判断力批判》,邓晓芒译,人民出版社2002年版,第128页。
② 同上书,第53页。

运用来分析审美经验的具体含义。英美新批评在很大程度上显然也采取了这种方法。以瑞恰兹为代表的语义学美学,其主导倾向就是运用语词意义与功能的分析方法,批评传统美学对美的种种抽象、虚幻、不精确的界定,认为所谓"美"只不过是对象在观赏者身上所引起的一种主观的情感反应即经验而已。

与科学主义不同,人本主义则极力排斥自然科学的实证方法,试图把美学建立在人文科学或精神科学方法论的基础上。仔细区分的话,西方现代的人本主义美学又可以进一步划分为直观主义和解释学这两大传统。直观主义的特点在于把审美经验归结为非理性的直观或者直觉活动,属于这一传统的思想家包括叔本华、尼采、柏格森和克罗齐等。叔本华把非理性的意志确立为世界的本原或本体,并且认为只有非理性的直观活动才能把握意志。西方传统思想总是把认识能力划分为理性和感性两种形式,并且认为理性高于感性,只有理性才是把握真理的主导方式。而叔本华则相反,他认为"直观总是一切真理的源泉和最后根据"①。"一个直接确立的真理比那经由证明而确立的更为可取,正如泉水比用管子接来的水更为可取是一样的。直观是一切真理的源泉,是一切科学的基础;它那纯粹的、先验的部分是数学的基础,它那后验的部分是一切其他科学的基础。"②这就是说,直观乃是一切真理的源泉,一切科学的基础。只有直接或间接地以直观为基础,才能获得绝对的真理。至于理性,则只能把直观所获得的知识和真理以概念的形式固定下来,因此只是直观知识的摹写或复制,近似于"镶嵌画中的碎片"。而审美经验在根本上恰恰是一种直观或者观审活动。这种活动具有三个方面的特点:第一,审美以及艺术经验的对象乃是理念,而不是具体事物或者表象:"艺术的唯一源泉就是对理念的认识,它唯一的目标就是传达这一认识。"③第二,直观活动的主体不是具体的个人,而是纯粹的主体。用叔本华的话来说,"天才的性能就是立于纯粹直观地位的本领,在直观中遗忘自己,而使原来服务于意志的认识现在摆脱这种劳役,即是说完全不在自己的兴趣,意欲和目的上着眼,从而一时完全撤销了自己的人格,以便在撤销人格后剩下了为认识着的纯粹主体,明亮的世界眼"④。第三,直观活动中人与对象之间不再是二元对立的关系,而是一种水乳交融,紧密合一的关系,人们自失于对象之中,以至于"不能再把直观者(其人)和直观(本身)分开来了,而是两者已经合一了"⑤。正是由于审美经验具有这一系列特点,因此才成了把握真理的根本途径。在叔本华之后,柏格森也提出了自己的直观主义认识论观点。在他看来,传统的认识论哲学所倡导的那种知性思维方式是无法把握生命本体的,因为知性只能处理非生物,一旦触及生活或人,就会一筹莫展:"知性的特征是不理解生命的本质。"⑥其原因在于,知性在根本上是一种主客二分的思维方式,即从事物或认识对象的外部认识事物,是一种围着事物转的认识方式。在他看来,这种方式只能认识不动的事物,而生命则

---

① 叔本华:《作为意志和表象的世界》,石冲白译,商务印书馆1982年版,第123页。
② 同上书,第107页。
③ 同上书,第258页。
④ 同上书,第259—260页。
⑤ 同上书,第250页。
⑥ 柏格森:《创造进化论》,王丽珍、余习广译,湖南人民出版社1989年版,第129—130页。

处在永无休止的运动、生成和绵延之中,因而知性是无法把握生命的。那么,生命是如何得到认识和理解的呢? 柏格森认为,直觉是把握生命及其生成过程的唯一方法。如果说知性只能围着事物打转,从外面认识事物的话,那么直觉则可以进入事物内部,与对象融为一体:"所谓直觉,就是理智的交融,这种交融使人们自己置身于对象之内,以便与其中独特的、从而是无法表达的东西相符合。"①在此之后,胡塞尔又对直观活动的内在机制进行了深入的研究,从而提出了自己的本质直观理论。西方传统思想认为,本质只有通过抽象的理性认识才能把握,直观作为一种感性活动只能把握现象。胡塞尔则认为,本质直观可以不借助于抽象思维和理性概念而直接把握到事物的本质。具体地说,本质直观是通过个别直观(即感官知觉)与"目光转向"相结合的方法来实现的。在个体直观中,意识只能把握到个别性的现象,但如果此时我们把注意力转向对象的一般性而不是个别性,那么对象的本质便会对我们显现出来。举例来说,如果我们不是注意纸的红色而是红色本身,那么我们便能直观到红色的本质。从这种直观主义的立场出发,我们便能对审美经验做出全新的解释,因为这样一来,审美经验既不是经验主义者所说的那种感性直观活动,又不像理性主义者所谈论的那种天赋观念,而成了一种非理性的直观活动。因此,直观主义美学具有强烈的非理性主义倾向。

在直观主义传统之外,现代西方思想中还存在着解释学传统。解释学最初只是一门解释《圣经》的学问,在文艺复兴和宗教改革时期,逐渐发展为一种文献学的方法论,从《圣经》解释扩展到了对一切历史文献的研究。在近代,施莱尔马赫突破了文献解释的范围,把解释学发展成了一种研究一切对话中理解得以可能的条件的科学,使解释学成为一切文本解释的基础。在此基础上,狄尔泰又把解释学与自己的生命哲学结合起来,从而使其发展成为人文科学的普遍方法论。在他看来,人文科学的研究对象乃是生命,而生命的意义则只有通过理解活动才能把握:"我们说明自然,但是,我们理解心理生命。"②也就是说,对于自然现象的意义可以进行说明,但生命的意义却只能通过理解来揭示。那么,理性活动究竟如何把握生命的意义呢? 狄尔泰认为,所谓理解就是"指通过呈现于感觉中的表现认识其心理生命的过程"③,也就是要通过各种生命的表现形式来理解生命本身。要想从他人的生命表现来追溯到他人的生命体验,就必须使自己通过移情和模仿活动来进入他人的内心。具体地说,这是一个与表现活动相逆反的过程:他人在表现活动中把自己的生命体验加以外化,而理解者则在这种外化活动的结果——诸如文本等表现形式——的指引下,使其内化为自身的体验,并且在这个过程中极力模仿他人所可能具有的生命体验,以此来获得对于他人及其作品的理解。在此之后,海德格尔又从自己的存在论现象学立场出发,对狄尔泰的解释学理论进行了彻底的改造,从而导致了所谓解释学的"本体论转折"。之所以把这种改造称为"本体论转折",是因为狄尔泰的解释学思想根本上仍然属于近代认识论哲学的范畴。在狄尔泰看来,为自然科学进行认识论奠基的工作已经由

---

① 柏格森:《形而上学导言》,刘放桐译,商务印书馆1963年版,第3—4页。
② 鲁道夫·马克瑞尔:《狄尔泰传》,李超杰译,商务印书馆2003年版,第120页。
③ 转引自李超杰:《理解生命——狄尔泰生命哲学引论》,中央编译出版社1994年版,第96页。

康德来完成了,而他的任务就是探求精神科学的认识论基础,即解决如何通过认识活动来把握人的生命体验的问题。这样一来,自然科学与精神科学就被视为两种相互并列的认识方式。不仅如此,狄尔泰还试图把自然科学对于普遍性和客观性的要求贯彻到精神科学的研究之中,这实际上就使精神科学重新沦为自然科学的附庸,因而也就无法从根本上超越近代哲学的局限性了。而海德格尔则不同,他一开始就不是把理解和领悟归属于认识论活动,而是将其视为一种"本体论的事件",因为在他看来,此在对于存在的意义具有一种本源性的理解和领悟,这种领悟尚且没有经过意识的反思和专题化,因而并不是认识活动,而是一个存在论上的"事件"。从这种立场出发,狄尔泰思想中那种难以解决的认识论难题就迎刃而解了,因为理解活动既然不同于认识活动,自然就不需要把自然科学那种客观性和普遍性要求作为判定理解活动的真理性标准。相反,自然科学等认识活动恰恰奠基于这种生存论存在论上的理解活动,只不过是把此在所领悟到的存在的意义加以专题化的分解而已。由此可见,海德格尔对狄尔泰思想的改造并不仅仅是推进了解释学理论的发展,而是从根本上超越了整个近代的认识论哲学。在此基础上,伽达默尔又提出了自己的哲学解释学思想,并且将其引申到审美以及艺术问题上来,从而形成了系统的解释学美学。他把审美经验问题,并且"试图从这个出发点开始去发现一种与我们的整个诠释学经验相适应的认识和真理的概念"。在他看来,"艺术的万神庙并非一种把自身呈现给纯粹审美意识的无时间性的现时性,而是历史地实现自身的人类精神的集体业绩。所以,审美经验也是一种自我理解的方式。但是所有自我理解都是在某个于此被理解的他物上实现的,并且包含这个他物的统一性和同一性。只要我们在世界中与艺术作品接触,并在个别艺术作品中与世界接触,那么,这个他物就不会始终是一个我们刹那间陶醉于其中的陌生宇宙。我们其实是在他物中学会理解我们自己,这就是说,我们是在我们此在的连续性中扬弃体验的非连续性和瞬间性"。① 这样,审美经验不仅能够帮助我们理解世界,同时还能够帮助我们理解自己,因而对审美经验的研究就成了哲学研究的重要组成部分。在此意义上,美学甚至变成了整个哲学的核心和基石。

当代西方美学仍然把审美经验问题作为研究的中心课题之一。1990年8月在匈牙利首都布达佩斯举行的第11届国际经验美学会议收到七十多篇论文,其中有关审美经验和艺术创造问题的论文达到一半。它们"以审美经验为中心,将艺术创造、表演、欣赏理解的心理学问题作为重点研究对象,从各个不同角度对审美过程和艺术现象进行具体的调查和研究","将美学研究与实际生活现实环境中提出的问题结合起来"。"和人们的实际生活有关的各种美学问题越来越引起经验美学研究者的兴趣和重视。"②

总而言之,从古希腊到现当代,审美经验问题一直是西方美学家谈论的一个重要问题,它构成美学学科的重要内容。这众多的谈论与描述勾画出审美经验理论初步的轮廓,但其具体的性质与特征仍有待进一步厘定。

---

① 伽达默尔:《真理与方法》上卷,洪汉鼎译,上海译文出版社1992年版,第124页。
② 彭立勋:《经验美学的新趋向——第11届国际经验美学会议观感》,见《美学的现代思考》,中国社会科学出版社1996年版,第385—386页。

二、审美经验的基本性质

"经验"(experience)一词是欧洲近代经验主义哲学的常用术语,它与纯粹思想的东西或根据权威或传统被接受的东西相对,指的是我们通过感官所知觉到的东西,包括从外部源泉或内部反省而来的东西。不过,近代美学中却并无"审美经验"(the aesthetic experience)这样的说法,经验主义美学家所使用的术语主要是"趣味"(taste)或者"趣味判断"(judgement of taste),康德在《判断力批判》中也沿用了这种用法。在此基础上,美学家们又提出了"美感"(the taste of beauty)一词,借以指称在审美活动中所产生的感受和体验。直到20世纪,"审美经验"一词才逐渐被广泛应用于美学研究当中。

现在的问题是,我们何以要用审美经验理论来取代有关美感问题的研究呢?这是因为,美感理论建立在形而上学的二元论思维方式的基础之上,所以造成了许多难以解决的问题。正如我们前面所说的,美感理论是在近代美学的背景之中发展起来的,而近代美学与近代的认识论哲学一样,都是把主体与客体、主观与客观、理性与感性等看作相互对立的范畴。这样一来,就必然使近代美学分裂为许多对立的流派,如唯物主义与唯心主义、主观主义与客观主义、理性主义与经验主义等。就美感问题而论,唯心主义者认为美就是美感,或者说美是由美感所决定的,唯物主义者则强调美是事物的客观属性,美感只是主体对美的主观反应;经验主义者主张美感是五官感觉对于审美对象所做出的反应,理性主义者则认为美是一种先定的和谐状态,因此美感与对象无关。这些流派之间无休止的争论和冲突,导致近代美学陷入了严重的困境与危机。正是为了克服这种危机,我们才主张以审美经验理论来取代美感理论。当然,如果只是简单地把美感这一概念换成审美经验,显然是无济于事的,因为经验一词在经验主义哲学中所指的恰恰就是主体的五官感觉,所以审美经验在本来意义上与美感其实是同义词。正是由于这个原因,许多美学家对这两个概念并没有进行明确的区分,认为它们指的都是主体在审美活动中的趣味、态度、感受等等。有的美学家把审美经验看作主体对于审美对象所做出的反应,比如我国学者彭立勋就认为,"审美经验是我们对于美和艺术的反应中产生的一种特殊经验。这种经验具有与科学的、道德的、实用的、宗教的等方面的经验完全不同的特性"①。然而如果我们仔细分辨的话,不难看出所谓审美反应指的仍然是主体对于审美对象所产生的主观感受,因而仍旧是把审美经验与美感等同起来了。

那么,怎样才能使审美经验理论超越美感理论所具有的根本缺陷呢?这就要求我们对经验一词的含义做出全新的界定。在我们看来,近代哲学之所以把经验归结为人的五官感觉,是由于它把人与对象之间看作二元对立的关系。而事实上在许多经验形态当中,人与对象之间并未形成这种相互对立的关系。就审美经验来说,人与对象之间便是一种浑然一体、水乳交融的关系,因为审美经验乃是一种前反思的活动,当人们沉浸在审美对象的魅力之中的时候,往往忘记了自己身外的一切。稍有艺术常识的人都知道,当我们在

---

① 彭立勋:《审美经验论》,人民出版社1999年版,第4页。

全神贯注地进行艺术欣赏的时候,常常会出现一种丧失自我意识的状态,这时我们甚至忘记了周身的一切,也忘记了现实生活与艺术作品之间的界限,以致在幻觉中以为作品中所发生的事件就是真正的事实。从某种意义上来说,只有当我们能够产生这种精神上的"高峰体验"(马斯洛语)的时候,艺术欣赏才能获得真正的成功。从这种非二元论的立场出发,审美经验便与美感之间有了许多明显的差异:第一,美感仅仅是指主体对于对象的主观感受,而审美经验则是指人在审美活动中与对象所形成的审美关系,因而如果把两者等同起来,就是对审美经验做了片面化的理解;第二,美感是指主体在瞬间的感受和体验,审美经验则是指审美对象被构成并得到感受和评价的动态过程,因而把审美经验等同于美感,就是只对审美经验做了静态化的理解;第三,美感是指主体对于某种现成对象所做出的反应,因而美感理论实际上假定美或审美对象在审美活动开始之前就已经存在了。而在我们看来,这显然是把审美对象与实在对象混为一谈了,事实上审美对象是在具体的审美活动过程中才被建构起来的,这一点我们在第三节中将做出具体的分析。正是由于审美经验与美感有着截然不同的含义,因此我们主张应该把两者明确地区别开来。

不过,上述界定还只是把握住了审美经验的外部特征。首先,如果我们把审美经验置于整个人生的宏观背景中来加以观照的话,就会发现它在根本上乃是人生实践的一种重要形式。在我们看来,任何审美活动,无论是艺术创作还是审美欣赏活动,在根本上都是人们人生实践的组成部分。艺术活动本身就是艺术家审美的人生实践,它是与艺术家探求人生真谛,追求艺术真理的人生实践相统一的。艺术家从事艺术创作并不是置身于生活之外去冷静地观察、分析和认识生活,而是直接以人生实践的方式参与到社会生活之中去。它的目的不是去把握业已存在的客观知识,而是真实地记录艺术家的人生体验和感悟。这就决定了艺术家的审美经验具有人生实践的性质。其次,这种实践性导致审美经验具有创造性和生成性。艺术家在艺术创作中所获得的审美经验,是一种切身的感觉和体验,而不是异己的存在物,是艺术家在实践中领悟到的人生价值和意义。它不是来源于对对象属性的认识,而是主体的精神创造为社会生活所增添的新维度。正是因为有了人生实践的过程作为前提,才使艺术家得以长期地保持自身的艺术激情,在艺术创造中不断地达到新的境界,从而才使审美经验不断得到创造性的体现。最后,审美经验不仅仅是艺术家的人生实践,随着艺术作品为人们所接受和欣赏,它必然要和广大接受者的人生实践发生紧密的联系。艺术作品不仅可以帮助读者认识社会,理解社会,更重要的是可以有效地作用于接受者的心灵,使他们在艺术欣赏中获得鲜活的审美经验,帮助他们净化自身的情感,陶冶他们的情操,提高他们的道德水平,从而对他们的人生实践起到正确的导向作用。由于艺术品所记录的是艺术家直接的人生体验,而不是纯粹客观的社会知识和道德意义,因而艺术接受主要不是认知或道德活动,而是以情感为中介的审美体验过程。只有当接受者全身心地投入到作品的情景和氛围之中去,切实地感受人物形象的喜怒哀乐、悲欢离合,与艺术家在创作中所倾注的感受和情绪融为一体,产生强烈的共鸣,形成真切的以情感体验为标志的审美经验,而后作品所包含的哲理和意蕴才能为接受者把握和接受。因此,艺术欣赏不仅是对接受者知识水平和审美修养的考验,而且是对接受者道德和人格境界的审视和检阅。如果接受者在人生实践中达不到相应的境界和水平,艺术作品的价值功能就得不到充分的实现;反过来,优秀的作品正是因为渗透着艺术家对社会人生的积极评价,洋溢着艺术家的人生理想和智慧,才能给接受者以智慧的启迪和美的享受。

当然,上面的分析主要着眼于艺术作品的创造和接受过程,但从中揭示出来的审美经验的实践本质却无疑具有普遍的适用性。我们知道,审美经验在艺术、社会和自然三大领域都可能发生。社会领域的审美经验由于和道德活动有着密切的联系,其实践本质尤为突出。自然的审美经验与人生实践同样有着密切的联系,无论是中国还是西方,对自然美的发现和欣赏都是与人生实践不可分割的。如中国古代在对于自然美的欣赏和表现中,源远流长的"比德"传统和以"畅神"为基础的审美经验论都是如此。所谓"比德"是指人们在艺术创作中总是习惯于把自然物的某些特征人格化,使之比附于人类的某种道德情操。不难看出,这种观点已经超出了人们的实用态度,着眼于对象带给人的精神感受,因而已经是一种真正的审美经验。孔子无疑是这种审美观的典型代表,他曾有过"智者乐水,仁者乐山"(《论语·雍也》)的说法。此外,《荀子·法行》中还记载了孔子"以玉比德"的说法:"夫玉者,君子比德焉。温润而泽,仁也;栗而理,知也;坚刚而不屈,义也。"这种观点在中国古代的审美活动中产生了非常重大的影响,以至于成为中国人审美经验的显著特点。《诗经》中的诗歌就常常以鸟兽草木来作比兴,借以抒发作者的情感志向。屈原在《离骚》中更是集中使用了这种艺术手法,比如他常以香草喻君子,以萧艾喻小人,如此等等。此外,在中国古代的绘画艺术中,也常常以梅兰竹菊等花草来表现人们坚贞高洁的精神品格。这种传统在今天的中国艺术中也仍然可见。魏晋南北朝时期出现的"畅神说"强调的是,自然景观的审美价值在于可以使欣赏者的情感得到抒发和满足,使人的精神为之变得舒畅和愉悦。所谓"情来神会""心会神融""神机凑会",说的正是这样一种审美经验。其核心是要求艺术创作要使所表现的对象呈现出一种内在的生命力,而这种生命力又只能来自于主体精神的贯注。必须强调的是,这种贯注不同于主观的比附或约定,而是源于主体与对象之间的水乳交融。虽然,"畅神说"并不具有明确的道德含义,却体现出审美经验的终极旨归在于帮助主体寻找到人生的意义和价值真谛。

就对自然的审美经验而言,西方人同样也很重视自然对象的道德内涵,不过他们不是通过比附和联想的方式赋予其一定的道德意味,而是认为自然对象可以通过对主体精神世界的作用而激起主体的道德体验。这一点最清楚地体现在康德对于崇高和崇高感的分析上。他认为,诸如险峻的高山、汹涌的海洋等,之所以能给人以审美的愉悦,根本上是由于它们激起了人们的道德体险。人们在面对这些对象的时候,首先体验到的是一种恐惧感,从而经历了生命力的瞬间阻滞,但随即产生了更强的爆发,因为主体开始动员起自己的理性能力来与之抗衡,他也因此摆脱了渺小和平庸,从而体验到一种非常强烈的自豪感和胜利的喜悦。因此,康德认为,崇高感不在于客体本身,而在于主体的内在心灵。也正是由于审美经验与道德实践的这种密切关系,康德才把审美判断看作认识活动与道德活动之间的中间环节,并得出了"美是道德的象征"这样具有普遍意义的结论。

综上所述,我们认为审美经验指的就是人们在与对象的审美关系当中,构成并评价审美对象的过程。在这个过程中,人们通过审美的愉悦而把握到了存在的意义和人生的真谛,因而构成了人生实践的一种重要形式。当然,这还只是我们对审美经验一般本质的初步界定,至于它所具有的很多特殊属性,则还需要我们做进一步的分析。

三、审美经验的主要特征

审美经验尽管是一种十分常见的经验形式,但对其内在机制的探讨却一直面临着许多困难。究其原因,概在于审美经验具有浓厚的非理性色彩,这使其显示出高度的神秘性和复杂性。古希腊的柏拉图就把审美经验归结为一种迷狂状态,这种说法尽管带有神秘主义倾向,但却把审美经验的非理性特征鲜明地揭示出来了。此后,中世纪美学又把审美经验与宗教信仰联系在一起,从而为其笼罩了一层更加神秘的光环。近代哲学对人类的认识活动和认识能力进行了全面和深入的研究,因而对审美经验的内在机制也做出了较为科学的解释,其特点是把审美经验归结为一种感性认识活动,同时又肯定知性能力在其中的参与,认为审美经验达成了感性与理性之间的统一。这一认识在很大程度上廓清了笼罩在审美经验问题上的各种迷雾,但同时又使审美经验屈居于科学认识之下,有着明显的科学主义倾向。这表明近代美学仍处在形而上学思维方式的影响之下,正是为了克服这一缺陷,现代美学重新开始了非理性的转向,把审美经验的本质界定为直观或者直觉活动。不过这并不意味着向古希腊以及中世纪思想的回归,因为现代西方的非理性主义思想有一个显著的特征,这就是对非理性活动的内在机制进行了理性的探讨和澄清。从这个角度来看,审美经验理论中的非理性主义却并不等于神秘主义。

总结以往美学研究的相关成果,我们认为审美经验在根本上是一种非理性活动,但在一定程度上达到了理性与感性、理性与非理性的统一。在这个问题上,我国学界长期存在着一种广泛的误解,认为非理性主义是一种错误的思想,主张非理性只是指那些低级、混乱的认识能力,只有理性才能把握真理。事实上这种看法只是一种形而上学的偏见而已。形而上学思维方式诞生的一个重要标志,就是对于理性认识和感性认识的区分。古希腊早期思想家巴门尼德就提出了思想和感觉、存在与非存在的区分,认为只有思想才能把握存在,因而是一条"真理之路";感觉则只能把握非存在,因而是一条"意见之路"。此后,柏拉图又把人的灵魂区分为理性、理智、信念和想象四个部分,认为只有理性和理智才能把握真理,信念和想象则只能产生意见。这种对于认识能力的划分与他的理念论结合在一起,便成了形而上学的基础。自此以后,理性高于感性便成了西方思想的基本原则。从这种原则出发,审美经验的真理性就被贬低甚至否定了,因为审美活动毫无疑问具有明显的感性特征,因此便只能被置于哲学以及科学活动之下。然而事实上这种认识论上的理性主义是建立在理性主义的本体论之上的,因为形而上学首先假定世界的本原或本体本身就是具有理性特征的,所以才主张只有理性才能把握真正的存在。这从反面说明,如果世界本身是非理性的,那么对真理的把握便恰恰只能依赖于非理性的认识能力。当然,这并不是说感性认识反过来成了把握真理的主导方式,而是说非理性的直觉或者直观乃是比理性更高的认识能力。显然,只有从这种非理性的立场出发,审美经验的真理性地位才

能得到真正的确立。由此出发,我们认为审美经验具有以下主要特征:

(一) 直观性

直观(intuition,又译直觉)一词在汉语中通常被看作感性认识的同义词,《辞海》对该词的注释就是:"即感性认识,就是实践中外界事物作用于人的感觉器官而在大脑中产生的感觉、知觉和表象。其特点是生动性、具体性和直接性。其局限性是只能把握个别而不能把握一般,只能把握现象而不能把握本质。因此,要真正认识事物,必须由生动的直观进到抽象的思维。"从思想渊源上来看,这种观点实际上来自于马克思,因为他曾在《关于费尔巴哈的提纲》中说过:"费尔巴哈不满意抽象的思维而诉诸感性的直观;但是他把感性不是看做实践的、人的感性的活动。"①在这里,马克思显然是把直观当成了与抽象思维相对的感性认识(不过在马克思看来,感性却不能反过来与直观相等同,因为他把感性看作物质活动而不是感性认识的特征)。在西方思想当中,康德也持这种观点,因为他明确说过,"借助于感性,对象被给予我们,且只有感性才给我们提供出直观"②。现代思想家胡塞尔则把直观区分为两种类型:个体直观和本质直观,其中前者也就是通常所说的感性认识。

不过在西方思想中,直观还有另一种更为常见的含义,指的是心灵无须借助于感官刺激,也不经过逻辑推理,就能直接领悟或把握真理的能力。对于这种奇特的认识能力,哲学家们又持两种截然相反的立场:诸如柏拉图、亚里士多德、托马斯·阿奎纳、笛卡尔、斯宾诺莎等人,都把直观说成是一种最高的理性能力,他们认为理性认识可以划分为理性和知性两种形式,其中知性指的是那种借助于概念进行逻辑推理的能力,至于这种推理的前提和起点则是由理性直接洞察到的,因此真正的理性恰恰是一种直观能力。这种对于理性认识的区分在德国古典哲学中进一步得到了明确,并且在费希特和谢林那里发展成了关于"理智直观"的学说。在现代思想当中,胡塞尔又提出了"本质直观"的概念,认为本质可以通过直观活动显现出来。不过从19世纪上半叶开始,叔本华、尼采、柏格森等哲学家都把直观看作一种非理性的活动,并且明确主张直观高于理性,只有直观才能把握非理性的本体或者本原。不难看出,这类学者所说的理性其实相当于前一派学者所说的知性,也就是说在他们看来,理性就是运用概念进行推理的能力,因而直观自然就成了一种非理性活动。总体来看,西方古典哲学以及近代哲学主要把直观当作一种理性活动,现代哲学则主要视之为非理性活动。

从美学的角度来看,我们认为上述两种直观行为在审美经验当中都是普遍存在的。审美活动不同于科学、道德等活动的一个重要方面,就在于它是一种感性直观的活动。所谓"感性直观性",是指在审美活动中,主体是凭借自己的感觉器官而不是通过抽象思维,直接而非间接地与对象打交道,而对象也是以自己的感性外观(即感官可以把握、感觉的外显形式)呈现给主体,从而在主体与客体之间建立起一种感性直观的关系。主体在审美

---

① 《马克思恩格斯文集》第1卷,人民出版社2009年版,第505页。
② 康德:《纯粹理性批判》,邓晓芒译,人民出版社2004年版,第25页。

活动中所形成和获得的审美经验也因而具有感性直观性。我们且以朱光潜先生曾举过的松树为例,来说明审美活动与科学活动、道德活动的区别。山上一棵挺拔的青松,科学家从植物学角度去研究分析它,这种科学经验基本上不停伫于对松树感性外观的观赏,而切入到对松树本质的认识和思考;一位小学教师带学生到一棵被偷伐的大松树根前面,教育学生要保护国家森林,反对滥砍滥伐,这种道德经验同样置松树的感性外观于不顾,而主要从松树与人的价值关系出发作道德判断。而当我们完全离开科学或道德经验的态度,一心一意地只用视觉去观赏松树的"外观",即那挺拔的躯干、四季常青的针叶,及它那浑朴的造型与陡峭山壁一起构成的雄壮风光时,我们感受、体验到的就是与科学、道德经验全然不同的审美经验。面对自然对象时如此,面对艺术对象时更是如此。我们看画展、听音乐、读小说,都主要用感官与具有感性直观性的艺术意象打交道。对象只有具有感性直观性,才有可能成为审美的对象。同样,主体也只有主要凭借感官感觉才能直接把握到对象的感性意象,产生审美愉悦。因此,审美经验的感性直观性是包含着对象与主体两个方面的感性特征的。离开了感性直观性,就没有审美经验。

然而另一方面,如果审美经验仅仅是一种感性直观活动,那么它也就只能把握事物的现象而非本质,这样一来,审美经验便像柏拉图所说的那样与真理"隔着三层"了。而事实上当我们进行艺术欣赏或者审美活动时,常常并不仅仅只是获得了感官的愉悦,而是同时得到了深刻的思想启迪,感悟到了宇宙人生的意义和价值,这表明审美经验同时也是一种本质直观活动。对于这个问题,许多思想家都已做过明确的论述。康德在分析人的认识能力时曾经认为,人类只有感性直观而没有智性直观(也就是本质直观)的能力,因此他说:"知性不能直观,感官不能思维。只有从它们的互相结合中才能产生出知识来。"① 但当他分析审美经验的时候,却不得不肯定美是"那没有概念而普遍令人喜欢的东西"②,这显然是说审美经验具有直观本质的能力。柏格森更是明确主张,直觉活动可以进入事物内部,并与事物融为一体:"所谓直觉,就是……使人们自己置身于对象之内,以便与其中独特的、从而是无法表达的东西相符合。"③这也就是说,直觉活动能够透过现象看到事物的本质,因此显然是一种本质直观而非感性直观。胡塞尔尽管并没有直接分析过审美经验,但他也曾指出,"现象学的直观与'纯粹'艺术中的美学直观是相近的"④。这表明他把艺术经验也当成了本质直观行为,因为所谓"现象学的直观"在胡塞尔的文本中其实就是本质直观的代名词。那么,审美经验既然始终不脱离事物的感性外观,何以仍能把握到其内在本质呢?康德的分析可以给我们丰富的启发。在他看来,审美判断在根本上乃是"想象力和知性的自由游戏"⑤,也就是说审美经验能够有效地把感性认识和理性认识统一起来,因而既能够把握事物的现象,也能够揭示事物的本质。或许有人会说,感性与理

---

① 康德:《纯粹理性批判》,邓晓芒译,人民出版社2004年版,第52页。
② 同上书,第54页。
③ 柏格森:《形而上学导言》,刘放桐译,商务印书馆1963年版,第3—4页。
④ 倪梁康选编:《胡塞尔选集》下卷,上海三联书店1997年版,第1203页。
⑤ 康德:《判断力批判》,邓晓芒译,人民出版社2002年版,第53页。

性(知性)乃是两种截然不同的认识能力,两者怎么能够建立一种和谐的游戏关系呢?这是因为审美经验不涉及抽象的概念,因此就能够使知性能力与知性概念分离开来而获得自由。既然消除了概念的羁绊,知性与感性之间的矛盾也就不复存在了,因为正是概念参与才使事物的感性外观(现象)陷于解体,从而使知觉和想象等感性认识能力失去了用武之地。审美经验排除了概念的干扰,恰恰为理性的参与敞开了大门,而且这种纯粹的理性只能是一种直观能力,因为它不可以依托概念来进行逻辑推理。正是在这个意义上,审美经验把感性直观与本质直观集于一身,从而达成了感性与理性的完美统一。

(二) 非功利性

在日常语言当中,"功利"一般是与"道义"相对而言的,前者是指现实的物质功效和利益,后者则是指超越个人利益的普遍原则和信念,因此人们通常把物质活动称作功利性的,而道德活动则被看作非功利性的。然而当我们谈论审美经验的非功利性的时候,却并不仅仅是说审美活动的目的不是为了满足人们的物质需要,同时也是要把审美经验与道德实践区别开来。这是因为,美学理论中所说的功利指的是各种与主体有利害关系的现象,在这个意义上,道德实践也是一种功利性的行为,因为道德现象显然与主体有着精神上的利害关系。

审美经验之所以具有非功利性,是由两个方面的因素所决定的。第一,从审美对象的角度来看,由于审美经验具有直观性的特点,所以只涉及事物的外观和形式,与事物的实际存在毫无关系,自然也就不会与对象发生任何利害关系。物质活动之所以是功利性的,就是因为人们在这种活动中总是试图实际地占有并利用对象本身,以此来满足自己的实际需要。因此在物质活动中,事物的外观和形式只具有次要的意义,人们所关注的主要是事物本身的物质构成和功能。道德活动尽管不是为了直接占有事物,而是将其与普遍的道德法则和信念联系起来,然而作为道德活动对象的仍然是现实的事物本身,比如当某个人出于道义的考虑而把自己的财物转赠给别人的时候,他仍然是把事物当成了他人所占有的对象。从这个角度来说,主体在道德活动中仍旧与事物发生了利害关系,只不过这种关系的主体不是自身而是他人而已。而审美经验则不同,因为主体始终关注的只是事物的外观和形式,对于事物本身的存在则是漠不关心的。康德曾经指出,"为了分辨某物是美的还是不美的,我们不是把表象通过知性联系着客体来认识,而是通过想象力而与主体及其与或不愉快的情感相联系"[①]。这也就是说,审美经验并不是从事物的表象或形式深入其内容,而是直接将其形式与自身的感受相联系,因此审美活动既不会形成对于事物的科学认识,更不会实际地占有事物。或许有人会说,这样一来审美经验岂不仅仅只是一种感性认识,无法把握事物的本质了吗? 这与我们把审美经验说成是本质直观活动不是相互矛盾的吗? 事实上这里包含着一个不易觉察的误区,即把事物的外观与现象等同起来,认为事物的本质隐藏在现象之下或之后,因此只有穿过现象才能把握事物的本质。在我们看来,这种把本质与现象对立起来的观点其实只是形而上学思维方式的偏见而已。我

[①] 康德:《判断力批判》,邓晓芒译,人民出版社 2002 年版,第 37 页。

们之所以强调审美经验既是感性直观又是本质直观,就是因为在审美活动当中,现象与本质本来就是一体的,或者说审美经验所要把握的本质直接就在现象之中,而不是处在现象之下或之后的。因此,当我们在审美活动中直观到事物的形式的时候,同时也就把握到了事物的本质,只不过这种本质与形而上学或自然科学所谈论的那种本质截然不同而已。

第二,从审美主体的角度来看,审美经验的基本功能在于让人们产生审美的愉悦,从而满足人们的审美需要,这就要求人们排除各种功利因素的干扰,因为这些因素的存在不可避免地会损害或者减弱人们的审美愉悦。之所以如此,是因为审美愉悦与一般的快感之间有着本质的区别。从理论上来说,任何经验只要满足了人们的某种需要,都可以让人们产生一定的快感,但由于各种活动的目的和需要存在着广泛的差异,因而所产生的快感也是各不相同的。物质活动满足的是人们的实际需要,所带来的主要是感官的快适和愉悦,其功利性可说是显而易见的;科学研究满足了人们的认知需求,所带来的是一种智性的愉悦。从某种意义上来说,求知乃是人的本能,因此古希腊哲人柏拉图和亚里士多德等人都把沉思的生活看作世间最大的幸福。但由于科学认识总是牵涉到事物的实际存在,因而归根到底仍是服务于物质实践的,在这个意义上,科学研究的乐趣仍带有一定的功利性;道德活动满足了人们的思想信念和人生追求,带来的是精神上的自豪感和满足感,这种满足感从个体的角度来看当然是非功利的,但从群体或者社会的角度来看,却仍是具有功利性的,因为道德的本质就在于通过限制甚至牺牲个体的利益来维护群体以及社会的存在和发展。与之不同,审美活动要想正常进行,就必须要求主体持一种非功利的态度。马克思曾经精辟地指出,"忧心忡忡的、贫穷的人对最美丽的景色都没有什么感觉;经营矿物的商人只看到矿物的商业价值,而看不到矿物的美和独特性……"①其原因就在于,当主体从某种功利需要出发来看待对象的时候,审美经验根本就不可能产生,主体自然也就不可能感受到审美的愉悦。不仅如此,哪怕主体是从某种高尚的信念和原则出发来对待事物,同样也会妨碍审美活动的正常进行。在革命战争年代的延安曾经发生过这样一件耐人寻味的事情:一次文工团正在为八路军演出《白毛女》,当演到地主黄世仁强奸喜儿的时候,有位战士义愤填膺,忍不住拿起枪来就向扮演"黄世仁"的演员开枪。显然,这位战士是把艺术作品与现实生活混为一谈了,以至于用道德的眼光来看待审美对象,结果就使审美活动被完全破坏了。从这里可以看出,任何利害因素的参与都会对审美经验产生不利的影响。因此,康德认为"鉴赏是通过不带任何利害或不悦对一个对象或一个表象方式作评判的能力"②。

不过,我们把审美经验说成是一种非功利性的行为,却并不意味着审美经验不可能产生任何功利性的作用。这是因为,第一,人类的各种经验是相互关联的,审美经验尽管就其自身来说排除了任何功利性的因素,然而审美需要的满足却不可避免地会改变主体的

---

① 马克思:《1844年经济学哲学手稿》,人民出版社2000年版,第87页。
② 康德:《判断力批判》,邓晓芒译,人民出版社2002年版,第45页。

精神结构,从而间接地满足各种功利性的需要。从对象的角度来看,审美经验尽管所涉及的只是对象的形式,但由于任何形式总是与一定的内容结合在一起的,因此纯粹的形式恰恰不能成为理想的审美对象。康德曾经把那些完全符合审美判断各种契机的对象称作自由美或纯粹美,至于那些部分地掺杂了概念和功利因素的对象则被称作依存美,然而当他用这一标准来考察具体的审美对象时,却不得不承认那些符合纯粹美标准的事物是极为罕见的,只有花朵、贝壳、卷叶饰(一种装饰性的图案)等寥寥几种,理想的美恰恰是依存性的。这是因为,理想乃是"一个单一存在物、作为符合某个理念的存在物的表象"①,也就是说理想乃是一种与理念相符合的表象,因而是形式与内容的统一体。之所以会出现这种看似矛盾的现象,就是因为审美经验尽管本身不是为了表达人们的思想观念,但却能够成为某种理想或观念的有效载体。从一个方面来说,这种观念的参与损害了审美经验的纯粹性和自由性,但从另一个方面来说,这却极大地拓展了审美经验的领域和功能,从而使其对于人类的生存和发展来说具有了更大的意义和价值。

第二,从主体的角度来看,审美经验尽管要求主体排除各种功利或利害的考虑,从而获得一种纯粹的审美态度,但由于审美对象本身就包含一定的思想内容,因而不可避免地会改变人们的精神结构和思想境界,从而产生一定的思想教育和道德启迪作用。从某种程度上来说,审美经验的这种作用甚至较之单纯的思想工作和道德实践更加有效。这是因为,思想观念和道德法则在审美经验中并不是以抽象的知性概念的形式存在的,而是以表象的形式与特定的内容结合在一起,因而更易于为人们所接受。不仅如此,由于审美经验直接作用于人们的情感而不是理智,因此更能够引起人们精神上的共鸣,使人们在灵魂深处受到深刻的感染,从而对人们的生存实践产生十分深远的影响。古往今来,那些优秀的艺术作品总是能够通过各种感人至深的故事情节和人物形象不断地打动我们、影响我们,使我们在潜移默化中受到思想的熏陶和心灵的启迪。从某种意义上来说,这恰恰是审美以及艺术活动的内在真谛和终极目标。

那么,我们究竟应该如何对待审美经验的非功利特征与其功利性功能之间的关系呢?在我们看来,审美经验就其自身来说,毫无疑问是非功利性的,但由于审美经验归根到底乃是人生实践的一种形式,在现实的生存活动中,它不可避免地会与其他的人生经验发生关联,在这个过程中,它也必然会浸染上一定的功利色彩。这种浸染尽管使审美经验显得不再那么纯粹和自由,但却使其变得更为丰富和重要。

(三) 超越性

在日常用语当中,"超越"一词指的是"自我提高""自我进步"的意思,也就是说人们通过学习和努力可以不断地提高自己的知识修养和思想境界。在哲学研究当中,"超越"则有着更加复杂的含义。该词最初起源于中世纪,经院哲学提出了此岸世界和彼岸世界的划分,前者是指世俗的人生和现实世界,后者是指神的世界或者天国。在经院哲学家看来,彼岸世界是对此岸世界的超越,因为彼岸世界是超验的。"超验的"一词源自拉丁文

---

① 康德:《判断力批判》,邓晓芒译,人民出版社2002年版,第68页。

trans(超越)和 scandere(攀登、上升),字面意思是胜过、超越,或者说是与某种界限分离,在哲学上指的是超越了某种决定性界限而存在的东西。人们认为上帝正是这种超验之物,因为他超越了现实世界的有限性,甚至超越了概念思维的范围,因此是用语言无法描述的。在近代哲学中,康德把超验之物说成是超越经验界限的东西,包括关于灵魂、世界整体和上帝的观念,以及现象世界背后的"物自体"。现代思想家海德格尔则认为,超越包含两方面的意思:一是指从个别之物向普遍之物的超越,二是指从经验之物向超验之物的超越。从某种意义上来说,前者可以称作"横向超越",后者则可以称作"纵向超越"。

在美学研究中,当我们谈论审美经验的超越性的时候,既包含了该词的日常语义,又涵盖了该词的哲学用法。之所以如此,是因为审美经验归根到底是一种人生实践活动,其作用就在于让人们在获得审美愉悦的同时,不断地在审美修养和思想境界方面超越自己。而审美经验之所以具备这种功能,则是因为其内在机制中就蕴涵着超越性的因素。大体上说来,我们认为这种超越性主要体现在以下三个方面:

第一,审美经验能够实现从物质世界向精神世界的超越。从存在方式上来说,人是心灵和肉体、物质和精神的统一体,因此人类既生活在物质世界当中,也生活在精神世界之中。不过深入一步来看,只有精神世界才是人类的本质属性,因为物质活动其实是人与其他动物共有的特征。马克思曾经指出,"有意识的生命活动把人同动物的生命活动直接区别开来"[1]。这就是说,人与动物的根本区别就在于人是一种有意识的存在物,因此能把自己的存在与生命活动区别开来,而动物则是无意识的,它直接就是自己的生命活动。正是由于这一差别,人类才从动物界当中分离出来,成为一个特有的物种,因为人类能够把自己的生命活动当作自己意识的对象,这就使人类的任何活动都具有了对象性,或者说人的生命活动变成了本质力量的对象化活动。通过这种活动,人类得以确证并发展了自己的本质力量,从而最终使自己的各种感觉具有了人的属性:"只是由于人的本质客观地展开的丰富性,主体的人、人的感性的丰富性,如有音乐感的耳朵、能感受形式美的眼睛,总之,那些能成为人的享受的感觉,即确证自己是人的本质力量的感觉,才一部分发展起来,一部分产生出来。"[2]从这里可以看出,意识活动乃是使人类成其为人类的起点和前提。然而在现实的社会生活中,人们主要从事的却是物质活动,这种活动尽管也包含一定的精神因素,但主要满足的却是人们的物质需要。长此以往,必然会使物质世界压倒精神世界,从而导致普遍的异化现象。而审美经验则不同,它直接诉诸人们的精神需要而不是物质需要,因此它所产生的并不是感官的快适而是精神的愉悦。经过审美经验的长期熏陶之后,人们必然会提高自己的生活品位,使自己的趣味变得越来越高雅,从而不再沉溺于物质欲望的诱惑。近代美学之所以把审美经验直接等同于趣味判断,其原因也正在这里。当我们沉浸在大自然的美景之中的时候,常常会感到自己获得了一种精神上的升华,日常生活中孜孜以求的功名利禄瞬间变成了过眼云烟,如同古人所说的:"鸢飞戾天者望峰息

---

[1] 马克思:《1844 年经济学哲学手稿》,人民出版社 2000 年版,第 57 页。
[2] 同上书,第 87 页。

心,经纶世务者窥谷望返"(梁吴均:《与朱元思书》),这正表明了审美经验在提升人们精神境界方面所起的作用。而在艺术欣赏活动中,这一特点体现得还要更加明显。艺术作品总是思想内容和艺术形式的统一体,因此不仅能够通过完美的形式来提高人们的审美修养,还可能给予人们深刻的思想启迪,从而使人们树立起更高的生活目标和精神追求。

　　第二,审美经验还能实现从现实世界向理想世界的超越。所谓理想就是我们为自己的人生实践所悬设的目标,它有赖于我们通过具体的行动和努力来加以实现。然而需要注意的是,理想并不是一种纯粹的个人观念,而是包含着一定的社会内容和普遍意义。这是因为,人的本质属性在一定意义上就是人的社会性,这正如马克思所说的,"人的本质并不是单个人所固有的抽象物。在其现实性上,它是一切社会关系的总和"①。因此一个人如果只是把个人的幸福和快乐当作自己的人生目标,那恰恰是缺乏理想的表现。从这个意义上来说,真正的理想就应该是超越个人的利益追求,把集体、国家甚至整个人类的福祉作为自己奋斗的目标。当然,这并不意味着我们反过来否定了理想的个体因素,而是说有价值的理想应该是个体性与普遍性、个人性与社会性的统一体。但在现实的社会生活中,人们总是易于把个人的利益和幸福放在第一位,把集体的利益和价值放在次要的位置。由此导致的结果就是,人们常常为了现实的需要而放弃应有的原则和信念,从而逐渐丧失自己原有的理想。正是在这个方面,审美经验有着不可替代的作用。这是因为,审美活动的进行本身就要求人们把现实的功利态度放在一边,转而确立起一种非功利的审美态度,这就促使人们把注意力从现实世界转向了审美世界,并且受到审美经验中所蕴含的理想因素的熏陶。当然,在审美经验结束之后,人们又不得不重新返回到现实世界中来,但由于人们在审美活动中已经受到了思想情感的熏陶和理想世界的召唤,因而在此后的人生实践当中,他势必在一定程度上恢复自己对于理想的追求。古往今来,许多仁人志士正是从艺术作品当中受到了深刻的影响,从而确立起了远大的人生理想。保加利亚著名的共产主义战士季米特洛夫在受到反动统治者审判的时候,就曾明确表示,自己之所以投身于共产主义事业,就是因为受到了车尔尼雪夫斯基著名小说《怎么办》的影响,因为这部作品塑造了一个革命民主主义者拉赫美托夫的光辉形象。在中国革命和建设实践中,诸如《牛虻》《钢铁是怎样炼成的》等优秀的文学作品也曾对许多人产生过不可磨灭的影响。因此,审美经验是帮助我们确立人生理想的一个重要途径。

　　第三,审美经验还能实现从经验世界向超验世界的超越。从字面上来看,认为审美经验可以把握超验之物显然是一种自相矛盾的说法,因为所谓超验之物恰恰是指那种通过经验无法把握的东西。问题在于,那种与超验之物相对的经验指的是感官知觉,也就是通常所说的感性认识,而审美经验却并不仅仅是一种感性认识,而同时是一种本质直观活动。康德之所以提出"物自体"等超验之物不可知的命题,主要是基于两个方面的理由:一是超验之物没有知性概念与之对应,因此无法成为理性的知识对象;二是人类只有感性直观而无知性直观能力,因此也无法通过直观来加以把握。在我们看来,前一条理由无疑

---

① 《马克思恩格斯选集》第1卷,人民出版社1972年版,第18页。

是正确的,因为知性概念之所以被创造出来,只是用来描述经验现象而不是超验之物的。至于第二条理由则是站不住脚的,康德之后的思想家已经不止一次地论述了理智直观或本质直观的合理性。事实上康德本人在这一问题上的立场也不无矛盾之处。他在认识论中明确否定了知性直观的可能性,但在美学理论中却把审美经验说成是一种反思判断,其特点是从特殊出发而寻找一般,并且认为"美是那没有概念而普遍令人喜欢的东西"①,这显然是说审美经验能够通过直观活动达到普遍性的要求,因而间接地把审美经验说成了一种本质直观活动。我国学者叶秀山曾经指出,"在知识论里,康德否认有'理智性的直观'存在,因为他从二元论的立场出发,认为理智与感觉各有来源,所以知识不可能是绝对的,所谓绝对知识(形而上学)只是一种'理念',而'理念'是找不到直觉作为根据的;但是,我们觉得,在情感判断领域里,在鉴赏判断中,在对美的鉴赏中,康德应该承认'理智的直觉'的合法权利"②。我们认为,这一说法是基本合理的。那么,审美经验究竟是如何把握和表现超验世界的呢?这主要是通过象征的方式。德国当代著名神学家蒂利希曾经指出,象征乃是"谈论上帝的唯一真实的途径",因为"上帝是与我们终极相关者之基本的普遍的象征。作为存在本身,他是终极实在,是真正实在者,是每一件实在事物的根基和渊薮。作为我与之有人格交往的上帝,他是我表达自己的终极关切的一切象征性陈述的主体。关于存在本身,关于存在之根基和渊薮,我们所谈的一切必然是象征性的"。③ 象征之所以有这种神奇的功能,是因为它能够实际地介入它所表现的实在之中去。正是在这一点上,象征与一般的符号或者标志有了本质的区别:"标志不以任何方式介入它所表指的实在和实在的力量;而象征,虽与它所表指的东西不同,但却介入了它所表征之物的意义和力量。象征和标志之间的差别在于:介入被表征的实在这一点使象征成为象征,而不介入被表指的现实这一点使表指成为标志。"④形而上学的概念化语言之所以无法言说作为存在本身的上帝,就是因为它只是一种标志或者符号,因此与存在和上帝是相外在的;而象征则能够实际地介入上帝之中,从而使上帝真正地在场。在这个问题上,我国当代的美学和文学理论存在着一种不应有的误解,在谈论文学艺术的超越性的时候,总是把这种超越性局限在群体或者社会的层面上,认为只要作家在自己的创作中不是局限于个人的狭小天地,而是能够关心广大人民群众的疾苦和要求,并且把握到社会现实的本质内涵,就已经完成了文学的社会使命。然而在我们看来,这种对文学的社会性的强调还只是一种"横向的超越",至于"纵向的超越"尚付诸阙如。与文学理论的这种局限性相对应,我国当代的文学创作也普遍缺乏超验性的维度,时至今日,大多数作家仍然延续着19世纪的现实主义创作手法。阅读这类作品,我们固然常常为作家对于社会现实的关注所感动,但也难免总有一种无法摆脱的缺憾,因为反映在作品中的现实总是平面性的,我们无法从中体会到来自作家精神和智慧的启迪与震撼。把这些作品与古往今来的伟大作品加以对

---

① 康德:《判断力批判》,邓晓芒译,人民出版社2002年版,第54页。
② 叶秀山:《论美学在康德哲学体系中的地位》,《外国美学》第1期。
③ 蒂利希:《爱、力量与正义》,《蒂利希选集》上卷,上海三联书店1999年版,第366页。
④ 同上书,第421页。

比,我们就不难明白其中的差别所在。即便同是现实主义作品,伟大的作品也总是能让我们深切地体会到终极或者超验之物的力量。诸如托尔斯泰的《战争与和平》《安娜·卡列尼娜》《复活》,陀思妥耶夫斯基的《罪与罚》《卡拉马佐夫兄弟》等,之所以能成为不朽的经典,固然也是因为作家对当时俄国的社会现实进行了精彩的描绘和深刻的批判,但更主要的是因为作家总是在这种描绘中强烈地显示出某种终极关怀,从而使现实本身显示出真正的超验本性。在我们看来,正是这种超验本性才构成了现象学美学家英加登所说的艺术作品的"形而上质"。按照他的说法,一般的文学作品在结构上的最高层面乃是某种"再现客体",也就是由作品中的人物形象和故事情节所构成的完整世界,但在某些杰出的艺术作品中,却还存在着一个更高的层面,这就是作家通过"再现客体"所表达出的某种深邃的内涵或者意蕴,这种意蕴作为一种精神性的氛围弥漫在整个作品之中,笼罩着作品中的所有人物和事件,其光芒足以穿透一切事物而照亮整个作品。我们以为,我国当代文学之所以迟迟无法产生真正的传世杰作,一个重要的原因就在于大多数作品都还局限在"再现客体"的层面,尽管这种再现客体也蕴涵着作家对于社会人生的评价和态度,但作者所依据的评价标准却无真正的超验性可言,这样的作品尽管可能因其对现实的关注而轰动于一时,但却注定了无法万世流芳。

第二节 审美经验的内在结构

在指出了审美经验的基本特征之后,我们还必须对其内在结构和活动过程进行具体的分析。这种分析可以从两个方面来进行:一个方面是静态的、共时性的结构分析,另一个方面则是动态的、历时性的研究。本节我们进行前一个方面的探讨。静态研究又包括了两个方面:第一是对于审美经验的构成要素的分析,第二则是对于它们之间的相互关系的研究。

一、审美经验的构成要素

一般说来,感知、想象、情感和理解是构成审美经验的四种基本要素,它们之间的相互作用、相互交融最终形成了主体的审美心理机制。

(一) 感知

感知活动实际上是感觉和知觉的总称。其中,感觉是对于对象的个别属性的把握,而知觉则能够通过对于感觉材料的加工和整理而达到对于对象的完整把握。不过,在具体的经验活动中,感觉和知觉经常交织在一起,共同构成了经验行为的基础层面。

经过近代经验主义美学的长期探索,感知活动在审美经验中的重要作用已经得到了公认。尽管各派美学家在美的本质等问题上存在着广泛的分歧,但他们都认为主体的审美感受只有通过对于对象的感知才能够产生。正如美国当代美学家帕克所说:"感觉是我们进入审美经验的门户;而且,它又是整个结构所依靠的基础。"①究其原因,是因为感知活动在一切经验行为中都处于基础地位,审美经验自然也不例外。人的感觉当然是通过眼、耳、鼻、舌、身等感觉器官来进行的,但它们在审美经验中所起的作用却不是相同的。其中,视觉和听觉无疑起着主导作用,而其他如味觉、嗅觉和触觉则只能起到辅助作用。对此,美学史上曾经进行过广泛的探讨。古希腊的柏拉图就认为,视觉和听觉所产生的快感高于饮食色欲之类的快感②;而中世纪的托马斯·阿奎那则认为,这是由于视觉、听觉和认识的关系最为密切,它们是"为理性服务的"③;黑格尔甚至直接将它们称为"认识性的感觉"④,并断言其他感觉完全与艺术欣赏无关。由此可见,肯定并推崇视觉和听觉在审美活动中的作用乃是美学史上的共识。这些观点总体上还是与人们的审美经验相符合的。不过,黑格尔等人的看法显然只是从认识论的层面来着眼的,这只能把审美感知能力归结为人类意识活动的先验特征,却无法找出其现实和历史的根源。在这方面,马克思的观点无疑更具有指导意义。他认为,"五官感觉的形成是以往全部世界历史的产物",正是在社会实践的基础上,人通过自身各种本质力量的对象化活动,不断地在对象身上直观和确证自己的本质力量,从而使自己的五官感觉与动物的本能区别开来,由此形成了"有音乐感的耳朵""能感受形式美的眼睛"。这就说明,人的五官感觉之所以会具有审美能力,根本上是由于感觉在实践中获得了社会性,而视觉和听觉之所以比其他感觉具有更强的审美能力,也正是由于它们的社会化程度更高。马克思说过,感觉人化的标志是"需要和享受失去了自己的利己主义性质"⑤,而视觉和听觉就其生理基础而言就更容易被社会化。因为这两种感官本身就要求人与对象拉开一定的距离,从而减弱了其利己和占有的性质;而其他感觉则不然,因为它们都以对于对象的直接接触或占有为条件。不过,这并不意味着这些感觉将像黑格尔所说的那样,永远也不可能具有审美能力,相反,随着人类社会化程度的日益提高,这些感觉也在逐渐地获得自己的社会性,并越来越多地参与到审美活动之中来。古今中外的艺术实践和审美经验早已证明了这一点。钱锺书曾经对诗歌等语言艺术中的"通感"现象进行过精辟的分析,他认为,在日常经验中,各种感觉经常可以互相打通,比如颜色似乎会有温度,冷暖似乎会有重量等等。⑥ 这种现象早已为人们所知,并且被诗人们巧妙地运用到了艺术创作之中。宋祁的名句"红杏枝头春意闹"便是用"闹"字把杏花本来无声的姿态说成好像有声音的波动,仿佛在视觉里获得了听觉的感受。这种通感现象显然并不仅仅存在于视觉和听觉之间,而是各种感觉之间的普遍现象,这就为艺术家们发掘出其他感觉的审美潜能提供了有力的依据。比如陆机的《拟西北有高楼》中说,"芳气随风结,哀响馥若兰",以兰花的香气来形容琴声,便是把嗅觉叠加在听觉之上,从而产生了奇妙的艺术效果。当然,通感现象还只是通过感觉之间的交融来间接

---

① 帕克:《美学原理》,张今译,广西师范大学出版社2001年版,第50页。
② 柏拉图:《文艺对话集》,朱光潜译,人民文学出版社1988年版,第198页。
③ 北京大学哲学系美学教研室编著:《西方美学家论美和美感》,商务印书馆1980年版,第67页。
④ 黑格尔:《美学》第1卷,朱光潜译,商务印书馆1991年版,第48页。
⑤ 马克思:《1844年经济学哲学手稿》,人民出版社2000年版,第86页。
⑥ 钱锺书:《七缀集》,上海古籍出版社1985年版,第63页以下。

地使嗅觉等感觉形式产生审美功能,至于直接把它们当作审美经验的主导形式则还需要艺术家们的长期努力。但这显然不等于否认这些感觉的审美潜能,而只是表明感觉的社会化仍然是一个长期的社会历史过程。

与一般的感知活动相比,审美感知具有一系列自身的特点。首先,审美感知作为审美经验的一种构成要素,当然具有自己不同于一般感知活动的特点。审美感知总是与情感活动紧紧地交织在一起。在日常的艺术创作和审美欣赏活动中,人们往往是由于对象激起了我们强烈的情感体验,才进入审美活动之中的。当代著名美学家英加登甚至据此认为,审美活动是从这种强烈的原始情感才真正开始的。[①]

其次,审美感知具有积极的选择能力。感知活动虽然处于心理经验的基础层面,但却不是一种被动的接受行为,相反,它能够积极地对对象的属性作出自己的选择。当然,这并不是说感觉具有理性的判断能力,而是说人类的感觉能力由于已经高度社会化了,因而在这种感性的直观行为中也已经具有了智性的因素。正像马克思所说的:"感觉在自己的实践中直接成为理论家。"[②]感觉的这种能动性在日常生活中实际上也已经表现出来,但在审美活动中这一点就表现得更加突出。这是因为,无论是艺术创作还是审美欣赏,都要求人们能够敏锐地把握到审美对象的感性形式,而这种形式无疑又是千变万化、神妙莫测的。

正是由于这个原因,艺术家们无不十分重视对感觉能力的培养。在他们对于生活和自然的观察中,一个很重要的内容就是训练自己如何凭借直觉在一瞬间把握到对象的感性形式,这种能力也被人们称为形式感。形式感看似神秘,实际上也仍然是艺术家有意识地培养和磨炼的结果。比如画家对于事物的色彩和线条,音乐家对于自然界的声音和节奏都十分敏感,原因就在于他们日积月累的专业训练。反过来,对于艺术欣赏来说,同样也必须具有一定的形式敏感性,否则就无法成功地完成欣赏活动。艺术家为了表达自己的主观意图,常常会有意地突出艺术形象的某些特征,欣赏者如果缺乏相应的训练和敏感,自然也就无法与作品进行成功的艺术交流。这些都说明,能动性和选择性是审美感知活动的一个显著特点。

最后,审美感知总是以完形的方式来把握对象的,因而具有整体性的特点。所谓完形乃是格式塔心理学的核心概念,是指人的知觉总是倾向于把对象的形式当作整体来把握。这包含着两方面的意思,一方面是指人的知觉并不是各种感觉元素的相加,而是以整体的方式来把握对象的;另一方面则是指知觉活动总是倾向于通过修正和改造感觉材料来把握对象的完整形式。格式塔心理学认为,在人的知觉能力和对象的形式之间存在着一种同构对应关系,正是这种关系使主体与对象之间获得了统一。从马克思主义的立场来看,这种同构对应关系正是人类实践活动的产物,是人类通过本质力量的对象化而在对象身上确证自己的结果。在艺术创作中,艺术家们也常常自觉地运用审美知觉的整体性原则。

---

① 英加登:《对文学的艺术作品的认识》,陈燕谷、晓禾译,中国文联出版公司1988年版,第194页以下。
② 马克思:《1844年经济学哲学手稿》,人民出版社2000年版,第86页。

比如在中国的山水画中,常可见到大片的空白,它们显然不等于空无一物,而是与可见的景物构成了虚与实的对比,从而收到了奇妙的艺术效果。有时,画家又会在这些空白处题诗钤印,这又巧妙地把绘画与书法、诗词、篆刻的多种艺术形式融为一个和谐的整体。总之,审美知觉的整体性是审美经验的一个重要特征,需要我们加以掌握,并自觉地运用到艺术实践和审美欣赏之中去。

从哲学高度来看,感知在审美经验中的主要功能在于,它使审美主体与对象之间出现了一种物我不分、主客统一的密切关系。事实上,在一般的经验活动中,感知本身也处于这样一种原初的状态,只是由于在这些活动中主体一般处于实用目的的支配之下,所以理智的因素迅速地参与进来,从而打破了主客体之间的统一状态,使它们处于分离和对立的关系之中。而在审美经验中则不同,感知活动所导致的主客统一状态始终得以保持,一旦这种状态被打破,审美活动也就随之结束。以往的美学理论由于看不到这一点,所以或者把审美感知当作对于对象属性的客观反映,或者把审美活动看成纯粹主观性的,其共同的特点都在于把审美经验当作主客分离的认识活动。审美经验的根本特点恰恰在于,它是一种处于物我不分、主客统一状态下的经验。古今中外的艺术实践一再证明了这一点。李白的诗句"相看两不厌,只有敬亭山"所抒写的正是这种人与自然之间亲如知己、密不可分的忘我状态。而苏轼的不朽之作《水调歌头》写道"明月几时有?把酒问青天。不知天上宫阙,今夕是何年?"在这里,湛湛青天、朗朗月色与主人公的亲情和乡愁完全交织在一起,大自然不再是没有生命的东西,而成了可以倾诉衷肠的亲朋知己,实际上是将其当作体验和交流的对象。

(二) 想象

想象力是人类在长期的社会实践中发展起来的一种高级思维能力。早在人类社会的原始时期,人们就开始借助于想象力来改造和征服自然,将自然力形象化,从而创造了大量的神话和史诗。因此,想象力乃是人类一切艺术创作和审美的必要条件,当然更是构成审美经验的一个要素。

从心理学的角度看来,想象是一种通过加工和改造记忆中的表象来创造新的思维表象的过程。想象活动包含着初级形式和高级形式两种形态。其初级形式是简单联想,它又可以划分为接近联想、类似联想和对比联想等多种形式。想象的高级形式则包含了再造性想象和创造性想象两种形式。所有这些想象活动都在审美经验中承担着各种不同的作用。

接近联想是指由于两件事物在时间和空间上比较接近,人们在有关经验中经常把它们联系在一起,因而很自然地会从其中的一个联想到另一个。所谓"睹物思人""爱屋及乌"等说的正是这种现象。艺术家在创作活动中经常会自觉地运用这种心理规律,来创造出奇妙的艺术形象。国画大师齐白石经常只在纸上画几只虾,却能够让我们感到满纸皆水,就是因为虾的游动自然会让我们联想到波动的水面;京剧艺术家的手在胸前拂动也能让我们明白他是在抚摸胡须。反过来,读者也必须具有这种联想能力,才能够领会艺术家的匠心。

类似联想是由两件事物在性质和特征上的相似而引起的。人们常用的比喻、拟人等修辞手法,本质上都建立在类似联想的基础上。中国古代诗歌创作中的比、兴等表现方法也与此相关。苏轼的诗句"欲把西湖比西子,淡妆浓抹总相宜"便是以此为基础。皎然在《诗式》中说:"取象曰比,取义曰兴",正是把比兴建立在事物外在特征和内在意义的相似之上。

对比联想则与此相反,它是指由对于某一事物的感知和回忆,而引起与其具有相反特点的其他事物的联想形式。这种联想主要建立在两种事物的性质和特征的对比关系的基础之上,其功能不在于强化对于某一事物的感受,而在于强化对这两种事物所具有的对立关系的理解和感受。杜甫的诗句"朱门酒肉臭,路有冻死骨"之所以具有震撼人心的艺术感染力,就是因为作者通过强烈的对比,使我们对于剥削者和被剥削者生活状态的巨大反差有了深刻的直观感受。高鹗在写到黛玉之死的时候,有意识地同时描写宝玉与宝钗新婚之喜的欢庆场面,无疑更突出了黛玉命运的悲剧色彩,这也正是高鹗的《红楼梦》后四十回续作能够获得广泛承认的重要原因。由此可见,成功地运用对比联想形式可以极大地提高作品的艺术感染力。

以上三种类型都属于想象活动的初级形式,它们只是简单地在现有表象的基础上建立一种或一致、或对比的关系。高级形式的再造性和创造性想象则不同,它们都属于综合性的想象形式,也就是综合运用上述三种想象形式,因而能够进行更加复杂的艺术创造和审美欣赏。

再造性想象是指主体根据自己或他人原有的知觉表象进行加工和综合,从而在自己的头脑中重新形成关于事物形象的心理功能。这个过程看起来只是一个简单的复现或再现过程,实际上却要求主体能够依据自己的判断力,来合理地建立表象之间的联系。主体必须在感知材料和理智之间建立和谐的关系,同时又不能违背形象思维的一般规律,也就是说,想象活动既要在表象之间建立合理的联系,又不能依赖于直接的逻辑推理。相对而言,这种想象能力在艺术欣赏中显然比在艺术创作中具有更为重要的作用。这是因为,欣赏活动所面对的对象乃是艺术家精心创作的结果,已经是完整的艺术形象。当然,有的时候,艺术家会有意在作品中保留一定的空白或未定之处,借以激发受众的想象力,但在这种时候,艺术家也必然会在作品中留下足够的暗示来规范和约束受众的思考方向,以免受众感到无所适从,或者陷入主观任意的胡思乱想之中。正如鲁迅所说的,读者在阅读小说时,由想象所推测出的人物形象,虽然未必与作者原来的设想相同,"不过那性格,言动,一定有些类似,大致不差"[①],否则就谈不上是成功的艺术欣赏。在这种情况下,想象力的主要任务就不是去创造新的艺术形象,而是尽可能忠实地再现作品中已有的艺术形象。因此创造性的想象力就必须自觉地加以抑制,而再现性的想象则显得尤其重要。

创造性想象则不是为了再现原有的思维表象,而是要通过主体的创造性思维产生原来没有的新表象。然而,无论是多么离奇的想象,事实上都不可能是无中生有,而必须以

---

① 《鲁迅全集》第5卷,人民文学出版社1957年版,第430页。

主体原有的某些记忆表象为基础,只不过主体不是局限于此,而是有意识地增添或削减其中的某些组成部分,或者是把不同事物的表象组合起来,从而产生符合主体意愿的新表象。还是鲁迅说得好:"天才们无论怎样说大话,归根到底,还是不能凭空创造。描神画鬼,毫无对证,本可以专靠了神思,所谓'天马行空'似的挥写了。然而他们写出来的,也不过三只眼,长颈子,就是在常见的人体上,增加了一只眼睛,增长了颈子二三尺而已。"①这表明,创造性想象实际上是与再造性想象有密切联系的,主体的创造要以自己脑中储存的记忆表象为基础。就艺术创作活动而言,艺术家要成功地进行创造性想象就必须正确地处理观察生活和艺术创造之间的关系。一方面,艺术家必须认真细致地观察生活中的人和事,积累尽可能丰富的记忆表象,由此才能为自己的艺术创造打下坚实的基础。另一方面,如果没有丰富的艺术想象力,那么,再丰厚的生活积累也是无济于事的,因为纯粹对生活的记录和再现显然并不是艺术。真正高明的艺术家恰恰就是那些能够在这两者之间维持一种巧妙的平衡的人,他们的艺术想象能够既出乎受众的意料,又使人感到在情理之中。《西游记》里的孙悟空、猪八戒等人物虽然完全是一种神话形象,是艺术家创造性想象的产物,但却仍然让我们感到真实可信,其原因就在于作者在人性与神性、人与动物的特征之间进行了一种合理的嫁接与组合。孙悟空的筋斗云显然是作者从其猴性出发,加以合理的想象和夸张的结果,这就使他身上的动物性与神性弥合无间。而猪八戒的贪吃、贪睡、懒惰等特性无疑也是从他猪的本性上演化而来的。现代艺术家为了更好地发挥想象力的作用,进一步拓宽人们的艺术视野,又创造出了许多新的艺术手法,诸如意识流、荒诞、梦幻等等,使想象的创造性显得更为突出。

总之,在审美经验中,想象是一个核心因素。

(三) 情感

情感活动是审美经验中最为活跃的因素,它一方面构成了其他各种心理因素产生的诱因,另一方面又是它们进一步发展的动力,同时,它还作为一种弥漫性因素伴随于审美活动的全过程,从而使整个审美活动都显示出明显的情感色彩。因此,情感在审美经验中的重要性早就为人们所公认。

然而,对于情感活动的本质特征及其产生的根源,却一直存在着广泛的争论。人们或者认为情感是事物的客观属性,或者认为它是由主体赋予的,或者认为它是主客体之间的一种同构对应关系。

客观论者认为,审美对象的情感性质是其本身所固有的,比如一幅画所产生的忧郁、悲哀或欢乐的情感,就是由画中色彩和线条的搭配所客观地决定的,与观赏着的主观态度无关。但事实上绘画作品虽然也是一种客观的存在,却毕竟与无机的自然物有着本质的区别,因为它是人类实践活动的产物。而与人无关的自然物显然是无所谓情感特征的,这就表明情感总是与人及其活动分不开的。当然,与人相关并不表明情感就是主观性的。问题在于,客观论者表面上是在否定情感的主观性,实际上是在否定情感的属人的本质,

---

① 《鲁迅全集》第6卷,人民文学出版社1957年版,第219页。

或者说它把属人性与主观性混为一谈了。

主观论者与此相反,他们认为情感是由主体投射或灌注到对象之中去的。这派观点的主要代表是立普斯的"移情说"。在他看来,审美情感并非审美客体所固有的,而是主体在审美活动中将自己的人格和情感移入或投射到对象之中,与之融为一体,使对象呈现出人格化的情感特征。正如他所说,"审美的欣赏并非对于一个对象的欣赏,而是对于一个自我的欣赏。它是一种位于人自己身上的直接的价值感觉,而不是一种涉及对象的感觉"①。比如,当我们在欣赏古希腊神庙中的道芮式(多立克式)石柱时,会感到石柱似乎不受石料的重压而显出耸立上腾的气势。他认为,产生这种感受的原因不在于石柱本身,而在于欣赏者的自我,因为是人把自己在承受重压时奋力向上的感觉转移到了石柱身上。这样一来,与其说观众是在欣赏石柱,不如说他是在自我欣赏,石柱充其量只是起到了一种诱因的作用。这种观点的积极因素在于强调了观赏者在审美活动中的能动作用,同时,对于审美经验的内在机制进行了有益的探索。但它把审美经验看作与审美对象无关,只是对于主体自身情绪体验的玩味,则是片面的。

介于以上两者之间的是同构说。这种观点把审美情感归结为主客观之间的同构对应关系。提出这一观点的是格式塔心理学美学,它们认为,自然事物和艺术形式之所以具有情感特征,是因为外在世界与人的心理世界具有同构对应关系。按其代表人物阿恩海姆的说法,"那推动我们自己的情感活动起来的力,与那些作用于整个宇宙的普遍性的力,实际上是同一种力"②。之所以如此,是因为外物的力的结构与大脑皮层生理力的结构一致,它们都服从共同的组织规律。他认为,这种一致关系是人类的知觉活动的固有规律,是人与外在世界相互作用的结果。从这种观点出发,阿恩海姆断然反对移情说等主观论的立场。他举例说,一株垂柳之所以看上去是悲哀的,并不是因为它像一个悲哀的人,而是由垂柳本身的知觉样式和力的结构所决定的。"因为垂柳枝条的形状、方向和柔软性本身就传递了一种被动下垂的表现性"③。从某种意义上说,这种观点的确克服了前两种观点的片面性,因为它把情感特征归结为主客体之间的相互关系。但归根到底,这还只是一种生物学意义上的解释,或者说它只是指出了情感现象的生理基础,而没有上升到哲学反思的高度。如果知觉中的同构对应关系仅仅是自然规律的产物,那么情感现象就不应该局限于人类,而应该是整个动物界特别是高等动物,而美感现象却为人类所独具。这样一来,即使同构说成功地解释了知觉和情感活动的秘密,它也无法说明审美知觉和审美情感的特殊本质。

从我们的角度来看,格式塔心理学把情感特征归结为主客体之间的相互关系,本身是一种正确的观点,但还需要进一步探究这种关系背后的社会根源。这是因为,情感活动与人的感觉一样,都是在本质力量的对象化过程中获得自己的属人的本质的。而对象化活动的后果总是双方面的,即一方面是人的感觉和情感的人化,另一方面则是自然的人化。

---

① 立普斯:《论移情作用》,《古典文艺理论译丛》第 8 辑,人民文学出版社 1963 年版,第 44 页。
② 阿恩海姆:《艺术与视知觉》,滕守尧、朱疆源译,中国社会科学出版社 1984 年版,第 625 页。
③ 同上书,第 624 页。

这就是说,情感和感觉无非是一种对于现实的肯定方式,其特征是由主客体双方共同决定的,审美情感自然也不例外。马克思指出,忧心忡忡的穷人甚至对最美丽的景色都没有什么感觉,其原因就在于主体缺乏相应的本质力量。那么,对象的情感特征为什么会与主体的知觉结构产生相互对应的关系呢?根本上还是因为自然的人化与感觉的人化是相互对应的。自然界人化的标志在于人通过自己的实践实际地改造自然,使之在整体上被纳入到实践活动的范围之中来,因而我们所看到或感受到的已经不再是与人无关的大自然,而是经过人类活动改造的自然;另一方面,感觉之所以能够人化,也是因为我们能够在对象身上直观到我们自身,这样,主体与对象之间就建立了一种相互肯定、相互对应的关系,正是这种关系为情感活动的属人本质提供了本体论的基础。

情感因素在审美经验中究竟会起到什么样的作用呢?或者说,与一般的情感活动相比,审美情感具有怎样的特殊本质呢?简单地说,日常生活中的情感具有更多的个人色彩,而审美情感则具有更为显著的社会性和理性特征。这是因为,日常生活中的情感体验通常只是由于直接的肉体或物质需要的满足而引起的生理快感。苏联心理学家彼得罗夫斯基曾经指出,情感作为人在活动中对于客观事物所持的态度和体验,总是"需要的主体与对他有意义的客体的关系在他头脑中的反应"①,这表明情感本身是一种价值体验,凡是能够满足人们的主观需要的对象,主体就会对其作出肯定的情绪体验;反之,就会产生否定性的情绪体验。问题在于,日常的情感只是由本能需要的满足而引起的,因此并不需要经过超越性的反思和判断。而审美情感则不同,它是从对象能否满足自己的审美需要和审美理想出发来作出判断的,因而具有更多的理性因素和社会色彩。康德曾经对此进行过精辟的分析,他认为,快感在先还是判断在先是区别快感和美感的关键,由于对象引起了自己的快感而判断其为美,这并不是真正的审美判断;只有当主体首先判断其为美的,而后引起的愉悦感才是真正的审美体验,这是很有道理的。

(四) 理解

审美经验虽然是一种感性的直观行为,但却离不开理性因素的参与,因而同时是一种本质直观行为。这是因为,审美经验不同于一般的感性行为,它不仅要形成关于对象的感性形象,而且要超越性地把握对象的意义,并在此基础上做出具有普遍性的审美判断和评价。

在感性的审美直观活动中如何才能容纳理性的因素呢?这无疑是审美经验研究中的一个关键和难点。我们认为,审美经验之所以能够既保持自己的认识功能,又不违背感性活动的一般规律,关键在于理性因素在审美经验和科学认识活动中的参与方式有根本的区别。康德对规定判断力(认识)和反思判断力所作的区分就令人信服地回答了这个难题。所谓"反思判断力",不像规定判断力那样从普遍性的概念、规律出发去判断特殊事实,而是从特殊的事物和感受出发去寻找普遍。显然,这才是审美经验中理性的活动规律。正是由于反思判断力的这个特点,决定了理性在审美经验中不是独立起作用的,而是

---

① 彼得罗夫斯基主编:《普通心理学》,朱智贤等译,人民教育出版社1981年版,第394页。

与其他心理要素和谐无间地交织在一起,否则,审美活动的过程就会受到破坏和中断。

据此,我们可以把审美经验中理解的特点归结为以下两个方面:第一,审美理解具有非概念性的特点。由于在反思判断中主体并没有明确的规律可循,而必须直接从特殊的审美对象出发去发现其普遍性,所以他不需要也不可能把对象分解为抽象的概念,而必须保持其完整的感性形象。这样一来,在审美创造和审美欣赏中,理解因素必然表现为既超乎感性又始终不脱离感性,而是积淀在感性之中,与想象和情感水乳交融,无法分解。

对于这一点,中国古代诗论有许多精辟的论述。司空图说:"不着一字,尽得风流,语不涉难,已不堪忧。"所谓"不着一字",显然不是要求诗人不要使用文字,而是说要不必使用概念性的语词,就能表现出深刻的含义和丰富的意蕴。李白诗云:"玉阶生白露,夜久侵罗袜,却下水晶帘,玲珑望秋月。"后人誉之为"无一字言怨而隐然幽怨之意,见于言外",正是因为作者并没有用概念性的语言来描写思妇的哀怨之情,而是通过一系列富有表现力的感性形象,把抒情主人公的内在感情细腻而传神地表达出来。钱锺书也曾指出,"理之在诗,如水中盐、蜜中花,体匿性存,无痕有味"①,其意也在强调艺术作品感性与理性相互统一的基本特征。对于这一点,西方理论家也有着深刻的领悟。黑格尔曾指出,审美活动是一种"充满敏感的观照"。他认为,"'敏感'一方面涉及存在的直接的外在的方面,另一方面也涉及存在的内在本质。充满敏感的观照并不能把这两个方面区别开来,而是把对立的方面包括在一个方面里面,在感性直接观照里同时了解到本质和概念"。② 在这里,黑格尔辩证地解决了审美经验中感性和理性的关系问题。在他看来,审美经验作为感性的观照或直观行为,与一般的感性行为的不同之处,在于它把感性形象和理性内涵辩证地统一在一起了。

第二,审美理解具有多义性的特点,从而使审美对象的含义显得丰富多彩和不可穷尽。由于审美对象中所包含的理性因素并不是以抽象概念的形式表现出来,而是通过感性形象暗示出来的,因而对其的理解也不可能以抽象思维的方式来进行,而必须通过渗透着理性因素的直观活动来进行。与抽象的逻辑推理相比较,这种直观活动看似更加具体,实际上却更加模糊和含蓄,所把握到的意义也显得不够确定,却意蕴丰富,回味悠长。

这种现象在艺术欣赏中经常出现,以至引起人们的许多争议。李商隐的无题诗即是一例:"相见时难别亦难,东风无力百花残。春蚕到死丝方尽,蜡炬成灰泪始干。晓镜但愁云鬓改,夜吟应觉月光寒。蓬山此去无多路,青鸟殷勤为探看。"这首诗的艺术魅力是毋庸置疑的,读来也显得意味深长。但它究竟要表现什么样的主题?对此人们却众说纷纭,莫衷一是。两情相悦、至死不渝的爱情?还是聚少离多、变幻莫测的人生况味?似乎都有其根据,但又都缺乏明确的证据。再如李煜的名句:"流水落花春去也,天上人间",其意在表现国破家亡的怨恨,还是相见无期的惆怅?艺术欣赏中有着太多这样的"悬案",而且这并不是艺术的缺陷,反而是其特有的魅力。叶燮在《原诗》中说,"诗之至处,妙在含

---

① 钱锺书:《谈艺录》,香港国光书局1979年版,第274页。
② 黑格尔:《美学》第1卷,朱光潜译,商务印书馆1979版,第167页。

蓄无垠,思致微妙,其寄托在可言可不言之间,其指归在可解不可解之会",便是抓住了艺术作品的意义含蓄蕴藉、令人回味无穷的特点。此外,古代诗论中还有"文有尽而意有余""言有尽而意无穷"等说法,都是在强调审美对象蕴涵着概念所无法穷尽的丰富内涵。

审美理解的这种多义性特点,除了与审美对象自身的特性相关之外,也是由理解活动自身的特点所造成的。我们已经说过,审美理解所运用的是反思判断力,这也就决定了在审美经验中主体自身要更深地参与进来,正因为这样,审美主体所获得的才不是科学认识,而是对于对象带有个体色彩的审美体验,这也是审美经验中理解有多义性的一个重要的原因。那么,审美理解是否因此而没有客观的规律可循,从而必然走向主观任意呢?事实并非如此。的确,审美理解的多义性和不确定性是一个客观的事实,人们也因此而提出了"有一千个读者就有一千个哈姆雷特"的说法,但这并不意味着审美经验是一种主观任意性的活动。这首先是因为,审美对象必然具有自身的规定性,这种规定性在一定意义上决定了欣赏者的思考和理解方向。艺术家在创作活动中尽管也会出于各种原因而留下一些未定之处,但艺术形象在整体上却必然是相对完整的,否则,艺术创作就没有完成。即便如此,审美理解的多义性现象也是无法从根本上避免的,因为这是由审美经验的内在特点所决定的。审美对象的意义在理论上就是难以穷尽的,但可能出现的每一种意义却都不是随意性的,而必然有其内在的根据。现代解释学的理论对此进行了深入的分析。其代表人物伽达默尔认为,对艺术作品意义的理解实际上是一个"视域融合"的过程。所谓视域即看视的区域,是指从一定的角度出发所看到的事物。就艺术欣赏而言,读者总是具有一定的、由他的审美理想和阅读期待所构成的视域,而文本也具有自己的、由自身的结构和作者的意图所构成的视域,欣赏活动就是这两个视域相互融合的过程。如此一来,理解活动的偏差就是无法避免的,因为不同的欣赏者必然具有不同的视域,也就必然形成对作品的不同理解。不仅如此,随着欣赏者艺术修养和人生阅历的变化,其期待视域也在不断变化,因而同一个欣赏者对于同一部作品也会形成不同的理解。因此,伽达默尔认为,"对一个本文或一部艺术作品里的真正意义的汲舀是永无止境的,它实际上是一个无限的过程"[1]。这就是说,审美理解中的多义性现象是由理解活动自身的规律所造成的,而不是主观任意的。因此,我们不能以多义性为借口而忽视理解活动的基本规律,相反,应该更加仔细地筹划和把握文本自身的视域,因为只有这样产生的理解才是合理的。

总之,审美理解是与科学认识活动具有本质区别的一种新的理解形式。从根本上来说,它是一种实践性的理解活动,而不是一次性的认识行为,因而,只有在实践中不断积累自己的审美欣赏经验,提高自己的艺术修养,才能逐渐提高自己的艺术欣赏和审美理解能力。

二、审美经验的结构法则

在审美活动中,各个心理要素虽然有着自己的特点和作用,但它们却不是独立存在

---

[1] 伽达默尔:《真理与方法》上卷,洪汉鼎译,上海译文出版社1992年版,第383页。

的,而是相互交织在一起,既互相渗透,又相互制约,从而组成了主体的审美心理结构。结构决定功能,因此,对各个心理要素之间的相互关系加以研究,就是一件十分必要的事情。

在整个审美经验的发展过程中,直接与现实相联系的感知无疑处于起点的位置,因而对于其他心理要素来说,感知都构成了它们的基础。首先,想象活动是对于思维表象的加工、改造和组合,因而显然需要感知活动先来提供一定的表象材料。有人或许以为,想象是一种自由的活动,不必依赖于知觉来提供表象材料。其实,这是一种误解。虽然完全自由的想象在理论上也是存在的,但这样的想象恰恰是没有任何审美价值的。因为艺术家的想象无论多么丰富和自由,终究必须表达一定的意义,这就决定了艺术想象必须维系与现实的本质联系。因此,艺术家就必须使自己的艺术想象与审美知觉密切联系在一起。

同时,审美知觉与审美情感、审美理解之间也有着密切的联系。情感的渗透使艺术家的感知活动染上了浓厚的情绪色彩,因此,客观事物不论自身的意义多么重大,如果不能在情感上打动作者,艺术家必然会漠然置之,无动于衷;反之,如果契合了主体的情感需要,即使是微不足道的东西,也会激起人们巨大的情感波澜,成为人们全神贯注、心醉神迷的对象。在这里,情感实际上成了人们进行审美感知的选择尺度。与此同时,理解的因素必然也会介入审美感知之中来,否则,情感和想象就可能把感知引向任意的方向。

审美想象除了与审美感知联系在一起之外,还与审美情感和审美理解有着密切的联系。我们首先看想象与情感在审美经验中的相互关系。在审美活动中,想象总是伴随着强烈的情感活动,没有强烈的情感,也就没有活跃的想象。对此我们可以从以下几个方面来看:

第一,审美情感是审美想象的原动力。艺术想象力的激发离不开情感的作用。艺术家们在创作活动中就常常在情感的驱动下以致分不清现实与想象的界限。巴尔扎克的朋友就曾经发现,他有时甚至会与自己创造的人物发生激烈的争吵;而福楼拜也曾经在想象中,亲身经历他笔下的人物包法利夫人的生活。在这里,艺术家的想象完全是靠强烈的情感来滋养和推动的。审美欣赏活动也不例外。只有那些在情感上打动了我们的艺术作品,才会激起我们阅读和欣赏的兴趣,我们也才会调动起自己的想象力,在自己的脑海之中重构作品中的艺术形象。而一旦我们的情感活动趋于停止,那么审美经验也就随之消失。

第二,情感不仅是审美想象的动力,而且在某种意义上也是审美想象的对象和内容。在西方美学史上影响很大的"表现说",把审美活动和艺术创造看作对于主体情感活动的表现,它强调情感活动在审美经验中的重要性,有其合理性。所谓把情感当作艺术想象的对象,是指在审美活动中必须经历一个外在对象与主观情感的相互交融过程。用英国诗人柯尔律治的话来说,艺术创作要"使外部的变成内部的,内部的变成外部的,使自然变成思想,思想变成自然"。在审美活动中,只有经过了这样一个内与外的相互转换过程,我们才能与审美对象建立起真正的审美关系。

第三,情感活动对审美想象的支配和调节,渗透在艺术形象之中,使其染上明显的情感色彩。杜甫的名诗《闻官军收河南河北》:"剑外忽传收蓟北,初闻涕泪满衣裳!却看妻子愁何在,漫卷诗书喜欲狂。白日放歌须纵酒,青春作伴好还乡。即从巴峡穿巫峡,便下襄阳向洛阳。"该诗通篇洋溢着难以抑制的喜悦之情,这种情感支配着作者的艺术想象,使作者创造出的艺术形象也打上了明显的烙印。诗的最后两句几乎纯粹是一种激情的宣泄,是情感的顶峰状态为诗人插上了想象的翅膀,抒情主人公仿佛真的踏上了归乡的旅途。在这里,现实与幻想的界限已经完全泯灭了,而艺术家的审美想象和情感活动也就密切地交融在一起了。

再看审美想象与审美理解的关系。我们已经说过,过度自由的想象活动很容易使它成为天马行空的精神遨游,这对审美活动并无好处。因为,无论是艺术创造还是审美欣赏活动,都不仅仅是为了满足想象力自由活动的要求,而是为了满足一定的审美需要。而审美需要除了包括情感的愉悦之外,还具有一定的意义和思想内涵。这就是说,想象活动本身并不是审美的最终目的,而只是产生一定审美价值的工具和手段。这样一来,想象活动就必须受到一定的限制,而这种制约力量就来自于审美理解。当然,理解活动并不是以逻辑推理的方式参与进来的,而必须保持审美活动的感性本质。

那么,理解和想象究竟是怎样在审美活动中和谐地统一起来的呢?借用康德的话来说,它们之间应该是一种自由的游戏关系。把游戏活动与理解力相联系似乎是一件很奇怪的事情,因为在日常语言中游戏恰恰是与休闲、娱乐联系在一起的,似乎根本不需要严肃的理智活动的参与。康德对此也没有作出进一步的解释,而只限于指出想象力与知解力的自由游戏是审美活动的根本特点。以后席勒和斯宾塞提出的"游戏说"更是只把游戏与审美经验的感性特征相联系,因而也没有从理论上解决理解力如何与想象力想统一的问题。而伽达默尔则从解释学的角度提出了富有启发性的论述。他认为,审美经验的游戏本质并不是指主体在审美活动中所获得的自由体验,而是指艺术作品或审美对象的存在方式。换言之,他是从本体论的角度来论述游戏活动的本质的。按照一般的理解,游戏活动的主体是从事游戏活动的人即游戏者,而在伽达默尔看来,"游戏的真正主体并不是游戏者,而是游戏本身"。[①] 其原因在于,游戏活动并不受游戏者的支配,而是按照自身的规则来进行的。游戏在现象形态上呈现为一种无目的的来回重复的运动,但由于游戏总有一定的规则,因此它又能包含一定的理性目的,人们通过这种看似无目的、非功利的活动又能够达到一定的理性目的,这就是游戏者的自我表现。这就是说,游戏活动的存在方式本身就决定了它包含着一定的理性因素。而艺术活动的游戏本质也就决定了,它必然是以游戏而不是逻辑推理的方式包含着一定的理性内涵。同理,审美经验在一定意义上也是一种想象力的游戏活动,而理解力或理性因素本来就是一切游戏活动的本体论内涵。正是这样一种本体论特征从根本上决定了,想象力和理解力在审美经验中是以游戏的方式统一在一起的。

审美经验中情感与理智的关系问题也是极其重要的,这个问题是美学研究中一个历史久远的话题。早在先秦时代,中国古典美学就提出了这一问题。一方面,艺术与情感的

---

① 伽达默尔:《真理与方法》上卷,洪汉鼎译,上海译文出版社1992年版,第137页。

密切关系得到了高度的重视,比如《礼记·乐记》中说:"凡音者,生人心者也。情动于中,故形于声,声成文,谓之音。"而汉代的《毛诗序》也说:"诗者,志之所之也。在心为志,发言为诗,情动于中而形于言。"这都是认为艺术品是艺术家为了表达自己内心的情感和志向而创造的。另一方面,中国古代诗论又十分强调艺术要"情理交至",也就是说艺术活动中的情感须受伦理政治的规范和约束,使作品的艺术性和思想性获得高度的统一。荀子《乐论》云:"以道制欲,则乐而不乱。"《毛诗序》云:"发乎情,止乎礼义。"不过,在中国思想中,"理"的概念内涵相当复杂。它除了指人们的思想愿望以外,更多的是指伦理道德和政治规范。而随着封建社会的发展,这种规范也日益成为压制个体情感自由抒发的借口,这在很大程度上影响了这种观点的合理性。但就这种思想避免了使艺术活动沦为动物性的情绪发泄这一点而言也并非一无是处。值得注意的是,中国古代诗论自宋以来,对情与理的关系的论述还是比较符合艺术的规律的。宋代诗论家严羽在其《沧浪诗话》中指出:"夫诗有别裁,非关书也;诗有别趣,非关理也。而古人未尝不读书,不穷理。所谓不落言筌者,上也。"即反对抽象说教,反对引经据典掉书袋,并不反对诗歌中的理性。清代的诗论家叶燮在《原诗》中提出创作的四大原则即"才、胆、识、力"。而以"识"——见识、理解力为统帅,认为"识为体而才为用""识明则胆张"。这里的"才"与"胆"更多地具有情的含义。因此,中国古代的道统诗论与学者诗论在对情与理的关系问题的看法上是有一定的距离的。

如果说中国古代儒家的正统诗论把"理"主要归结为伦理规范的话,那么西方思想则主要将其解释为理智、思想的意思。事实上西方美学也十分重视情感与理智的关系问题。一方面,西方近代有着源远流长的理性主义传统,把理性看作人类的本质特征,认为人类的一切行为都应该满足理性的要求;另一方面,随着浪漫主义思潮的兴起,表现说的观点又在西方近代占据了主导地位,艺术和审美被认为是为了满足人的情感需求。可以看出,无论在中国还是在西方,情感与理智都构成了审美经验中的一对难以解决的矛盾。

情感与理智的关系之所以在美学和哲学中成了难以解决的问题,是由人们日常的二元论和逻辑中心主义等形而上学的总体思想特点所决定的。要解决这个问题,可以将德国古典哲学和美学中的辩证法思想与马克思的实践唯物主义观点结合起来进行思索。在实践中人的感觉和情感的人化过程为情感与理智的融合提供了本体论的条件。在审美经验中,情感与理智的关系表现为,理智渗透于情感之中,而情感又受到理智的引导。鲁迅曾经讲过,"我以为感情正烈的时候,不宜做诗,否则锋芒太露,能将'诗美'杀掉"[1],这就是说,单纯关于主体情感的抒发并不能产生美,只有当情感经过提升与净化,经过理智的筛选和改造之后,才能够真正转化为艺术表现的对象。别林斯基也说:"热情永远是在人的心灵里为思想点燃起来的激情,并且永远向思想追求。"[2]这都是强调在艺术创作中,艺

---

[1] 《鲁迅全集》第9卷,人民文学出版社1958年版,第79页。
[2] 《别林斯基论文学》,梁真译,新文艺出版社1958年版,第53页。

术家的情感活动要受到思想的制约。总之,情感与理智在审美经验中只有和谐地统一在一起,才符合审美活动的基本要求。

第三节 审美经验的动态过程

审美经验的动态过程就是审美主体与审美对象相互作用的过程。由于审美主体的心理结构千差万别,审美对象也是多种多样的,因而审美主客体之间的关系以及审美活动的过程必然是十分复杂的。不过,从根本上说来,任何审美活动都必须经历一个由对象的初步感知到作出审美判断的过程,而这个过程又必然是在审美主体动力机制的积极参与下,通过各种审美心理要素的共同作用来完成的。根据审美主体与审美对象在审美活动中关系的变化,我们可以把审美经验划分为呈现阶段、构成阶段和评价阶段。其中,呈现阶段就是通过感知活动使审美对象的素材在主体的意识中初步呈现出来。不过,由此获得的还只是关于对象的原始经验材料,因而还需要通过想象力的作用来构成完整的审美对象;在此之后,主体才能运用自己的审美理想和审美标准来对审美对象作出价值评价。因此,只要我们能够准确地把握主体在审美经验的各个阶段所经历的精神状态,并且通过对于各种心理要素的分析来对这些状态的产生和变化过程加以说明,那么,我们也就不难掌握审美经验的活动规律。

一、呈现阶段

审美经验的第一个阶段是借助感知对对象的感性特征加以把握,也就是使对象在主体的意识之中呈现出来。不过,感知活动乃是一切经验活动的出发点,审美感知的最大特点在于它是以审美的态度对待对象的,因而审美态度的确立就成为审美活动开始的主观标志。所谓审美态度就是指主体在摆脱了日常的功利和实用态度之后,所产生的一种观照、欣赏的态度。主体是否具有这样一种态度是其能否与对象建立审美关系并进入审美活动的关键。

在美学史上,许多美学家都已经注意到了审美态度的特殊性问题,并进行了深入的分析。英国经验派美学家哈奇生认为,在审美活动中,主体对对象不能产生占有欲或自私心,而必须持一种不涉及对象的"原则、原因或效用的知识"的态度。在这里他所强调的显然就是审美态度的非功利性特点。如果说这还主要是一种经验描述的话,那么康德的分析则已经上升到了哲学的高度。他认为,主体在审美中既没有官能方面的利害感,也没有理性方面的利害感,只是通过纯粹的观照来进行审美判断。不过,对于主体的审美态度进行了最细致分析的应该说是叔本华。他认为,主体在审美活动中不让"抽象的思维、理性的概念盘踞着意识",而是"把人的全副精神能力献给直观,沉浸于直观,并使全部意识为宁静地观审恰在眼前的自然对象所充满"。此时,审美主体就成为一种"纯粹的、无意志的、无痛苦的、无时间的主体"。① 在我们看来，叔本华对审美活动的论述应该说是十分深刻的。他不仅继承了康德的思想，强调了审美经验的非功利特点，而且进一步指出主体在审美状态中为对象所充满，这实际上是认为在审美活动中主客体之间处于物我不分、交融合一的状态。这种思想对于我们超越主客二分的形而上学思维方式显然具有不容忽视的意义。

由上面的分析可以看出，审美态度可以归结到主客体之间的一种特殊关系。以往的美学史在谈到审美活动的问题时，总是把审美状态的生成归结为主体的审美注意，而这种注意又是由对象的感性特征，如色彩、线条、形状、声音、节奏、韵律等等的刺激所引起的。这样一来，审美关系实际上是建立在主观的感觉能力与对象的客观特征之间的。这种关系本质上仍是一种特殊的认识关系，因为它建立在主客体相互对立的基础之上，只不过在科学认识中是以抽象思维的方式，在审美活动中则是以形象思维的方式罢了。这种思想的必然结果就是把审美活动当作科学认识的附庸，因为审美终究只是以特殊方式对于对象的反映和认识而已。这种思想的根本缺陷就在于，它一开始就把审美关系建立在主客二元对立的基础上。而事实上，真正的审美关系或状态的根本特点恰恰在于主体与对象是水乳交融、密不可分的。

然而，在日常生活中我们却经常处于与对象的分离和对立关系之中。那么，我们是怎样由与对象对立转入交融即由日常状态转入审美状态的呢？换言之，审美经验的真正起点在哪里？我们认为，就在于主客体之间一开始就超过了二元对立的认识论关系，而呈现为主客无间的审美状态。这是因为主体在审美活动中并不是首先通过自己的五官感觉，而是通过自己的整个身心来与对象建立关系的。五官感觉只是主体的主观属性，因而它与对象所建立的必然是相互对立的认识关系。而身体则不同，严格说来，它既不是主体的主观意识，也不同于客观存在的各种对象，而是介于主客体之间的一种特殊存在物。传统思想往往简单地把身体作为主体进行各种精神和物质活动的中性工具，认为身体本身是没有任何自主性的。事实上，这是一种建立在身心二元论基础上的十分错误的观点。人的身体并不是与其精神相对立的物质存在，而直接就是人作为特殊物种的存在方式，或者说它就是人的本质特征的体现。无论是在物质活动中还是在精神活动中，它都是人据以与对象建立关系的根本方式。

海德格尔曾经指出，人与对象的关系首先是一种存在关系，而后才是一种认识关系，因此人首先是寓于物而存在的，而后才通过感觉器官去把握事物。举例来说，人们总是首先"听"汽车，而不是首先"听"汽车的声音，汽车本身比我们感觉到的汽车声更接近于我们。② 我们通常总以为自己是首先听到汽车声，而后才判断出这是汽车，但实际上我们在这种明确的认识论判断之前，就已经对其有了存在论上的领悟，也就是了解了汽车作为一种存在物所具有的基本特征和意义，只不过这种领悟并没有经过意识的反思，上升为明确

---

① 叔本华：《作为意志和表象的世界》，石冲白译，商务印书馆1982年版，第249—250页。
② 海德格尔：《存在与时间》，陈嘉映、王庆节译，三联书店1987年版，第163—164页。

的判断和推理而已。正因为如此,在存在论上是不存在所谓主客体的分离与对立关系的。之所以会出现这种关系,是由于我们采取了形而上学的思维方式的结果。如果说海德格尔是从存在论的角度对传统哲学进行了反思和解构的话,那么梅洛-庞蒂则直接分析了人的身体在意识活动和审美活动中所处的关键地位。他认为,知觉行为是人类经验的基础层面,因为在知觉行为中蕴藏着冲破主体与客体对立关系的要求。在知觉行为中,主体既不是被动地反映客体的特征和属性,也不是单向性地构成关于客体的表象,而是在主体与对象之间进行一种连续性的相互"投射"。之所以如此,是因为知觉不是发生在主体的感觉与对象之间,而是直接在身体的层面内进行的。身体并不是无知无识的物质存在,而是有着自己的智慧,这种智慧来源于身体对于人的实践活动的直接参与,在这种参与中身体受到了各种不同的训练,也就具有了对于各种现象进行直接反应的能力,而不必经过认识活动的反思与调节。这种思想虽然有着现象学和存在论思想的背景,但与马克思关于"感觉通过自己的实践直接变成了理论家"的基本精神也基本相符。

就审美是用整个身心来进行的而言,中国古代艺术家也有很深切的体会。北宋著名画家郭熙在《林泉高致·山水训》中指出:"盖身即山川而取之,则山水之意度见。"即指以整个身心对山水作直接的审美观照,这时山水的审美形象就会显现。"身即山川"亦指身物、心物浑然一体。明代的祝允明在《送蔡子华还关中序》中说:"身与事接而境生,境与身接而情生。"即讲审美的整体把握。

从这种角度来看,人在审美活动中就不是首先通过五官感觉来与对象发生关系的,而是直接通过自己的身体或以自己的整个身心来把握对象的。这种看法表面看来不符合审美经验非功利性的特点,但实际上恰恰是这种非功利性产生的根源。这是因为,审美主体与对象的合一状态并不意味着对于对象的实际占有,而是摆脱物质欲望的束缚之后出现的一种忘我状态。在审美状态中主体与对象的统一是建立在相互平等基础上的精神交流关系。正是在这个意义上,蒋孔阳精辟地指出,审美关系是"人作为一个整体","经整个身心","来和现实发生关系"的。① 审美对象对于身体的呈现是审美经验第一阶段中必不可少的重要一环。因此,在这种呈现中,通过作为整体的身心来进行原初的审美知觉活动,就成了审美经验的根本特点。

二、构成阶段

如果说在审美经验的呈现阶段主要是通过审美知觉来进行的话,那么在其第二阶段即构成阶段中,审美想象的作用就是关键性的了。由于在构成阶段审美主体与对象处于浑然一体的状态,因而主体所获得的只是关于对象的原始经验材料。虽然此时主体已经由于对象与身体的契合而感受到一定的审美愉悦,但主体尚未构成对象的完整表象,因而也就无法对其加以评价和判断,其感受自然也就不具有真正的普遍性和客观性。因此,主体还必须通过想象力的作用来构成较完整的审美对象。

---

① 《蒋孔阳全集》第3卷,安徽教育出版社1999年版,第14页。

在上一章中,我们对想象力在审美经验中的作用进行了分析,但这种分析还只是局限于想象力的经验功能,而没有涉及想象力的先验特征。从哲学的层面来看,想象力在本质上也是人类的一种认识能力,或者说它为人类的认识活动提供了必要的前提条件。这是因为,想象力除了具有对记忆表象进行加工和改造的功能之外,它还是主体对对象进行直观的本体论前提。按照康德的观点,对事物的直观需要时间和空间两方面的直观能力,而这两种能力都是和想象力的先验功能分不开的。根据法国现象学家杜夫海纳的分析,先验想象力具有开拓和后退两种功能。所谓后退,是指主体必须与对象拉开一定的距离,才能对其进行思想。当然,这并不是指空间距离而言的,而是说主体必须在意识中与对象相分离。在原初的知觉经验中,主体和对象处于一种物我无间的统一状态中,在这种状态下,主体显然无法对对象进行思考。而想象力的作用就在于,它可以帮助主体在意识中拉开与对象的距离,从而打破原有的那种浑然状态。当然,这不是说主体和客体已经对立起来,因为这毕竟不是纯理智的反思活动,而仍然是一种感性活动。但无论如何,主体此时已不再保持那种原始的混沌状态了。其原因在于,只有通过想象力在意识中使主体与对象分离开来,才能获得使对象得以被直观的空间条件。而这种后退恰恰就是一种开拓,因为意识从对象面前后退必然同时形成一个精神上的距离或者空间,这个空间就是对象据以成形的空间性本源,也就是康德所谓的空间直观能力。另一方面,无论是开拓还是后退,都是一种时间性行为,因为主体之所以要从对象面前后退,就是为了使自己在精神上置身于过去,从而使对象得以在将来显现在意识之中,因为只有使主体脱离迷失于对象之中的现在,才能不再与对象合一并进而形成对对象的认识。

就审美活动而言,想象力的先验层面和经验层面显然具有不同的功能。简单地说,先验想象力可以打破主体与对象的浑然一体状态,从而形成审美活动所需要的审美距离;而经验想象力则能够在此基础上,通过改造主体在呈现阶段所获得的原初经验材料,形成关于审美对象的格式塔。所谓审美距离是由瑞士美学家布洛提出的一个审美心理学概念,指的是主体在审美活动中必须与对象保持一定的心理距离。他曾举了一个著名的海上遇雾的例子来说明这种心理距离的含义。当轮船在海上遇到大雾的时候,无论船员还是乘客都会产生一种焦虑、紧张甚至是恐怖的情绪,因为大雾给航行带来的危险是不言而喻的。在这种心情下乘客似乎很难有闲情逸致去欣赏浓雾中的美景。然而,布洛认为,只要人们能够与大雾保持一定的心理距离,那么,"海上的雾也能够成为浓郁的趣味和欢乐的源泉"。[①] 也就是说,如果我们有意识地忘掉实际的利害关系,把注意力转向"那仿佛由半透明的乳汁做成的看不透的帷幕",我们仍不难从中感受到浓雾所具有的魅力。那么,这种心理距离究竟是怎样形成的呢?布洛认为其关键在于主体摆脱了利害关系的束缚,转而以非功利的态度来对待事物。从这个意义上来看,心理距离是关于审美态度的一种说明。但从另一方面来看,审美经验中的心理距离还应有更深一层的含义,这就是说,审美

---

① 布洛:《作为艺术因素与审美原则的"心理距离"说》,载《美学译文》第2辑,中国社会科学出版社1982年版,第93页。

主体只有与对象拉开一定的距离,才可能在意识中构成对象,并对其做出具有普遍性的审美评价。布洛的心理距离说一经提出就产生了很大的影响,但也始终面临着很多争议。其最为人所诟病者就在于,所谓心理距离乃是一个极不严格的概念。作为对于一种心理现象的描述,其客观性与合理性都是不容置疑的,但作为对于这种现象的理论阐释却又是缺乏严密性的。实际上,布洛思想的理论基础无非就是康德等人早就阐发过的审美活动的无利害性和非功利性,他只是在心理学的层面上做了进一步的展开和发挥而已。究极而言,审美经验的非功利性是一个早就解决了的问题,因而关于审美距离的探讨所真正面对的应该是审美对象的构成问题和审美判断的普遍性问题。在这方面,先验想象力的作用正好为审美距离的形成提供了坚实的理论根据。审美经验的一个显著特点就是主体与对象要保持一定的距离,而不能单单在对象的呈现地点附近进行体验。我们曾经说过,与视觉和听觉相比,嗅觉、味觉和触觉在审美经验中的作用要低得多,这从审美心理学的角度看来,就是因为它们在一定程度上是一些无距离的感觉。烹调艺术主要仍是一种技术,而美食家也不是真正的审美鉴赏家。这里的区别就在于,只有借助于先验的想象力使我们与对象拉开一定的距离,对象的审美特征才能够充分地显现出来。当然,审美活动也需要一定的参与,但这绝不是彻底的参与,否则主体就会丧失真正的审美态度。这正如观众对于表演的兴趣应该是以能够看下去,但又不使自己信以为真为限度,既要使他同情剧中人又不至于把自己与他们等同起来,既紧跟着情节的发展又不致把情节混同于真正的现实。总之,审美活动虽然需要身体和知觉的参与,但却不能仅仅停留在这一阶段,而必须借助于想象力的作用与之拉开一定的距离。我们认为,布洛的"心理距离说"只有从这个角度加以补充,才是真正完整和全面的。

不过,先验想象力在根本上还只是为审美对象的构成提供了前提条件,至于实际的构成活动则还必须通过经验的想象来进行。对于想象活动在审美经验中的活动规律,前面已做了详尽的分析,这里所要强调的是,想象活动的最终结果乃是构成了关于审美对象的格式塔。格式塔理论十分强调心理活动的整体性和创造性,这一点对于审美活动来说无疑也是极为适用的。该派主要代表之一考夫卡就认为,艺术作品是一个有机的整体,即一个格式塔("完形"),其中的各个组成部分都相互依存,处在一个有机结构的统一体中。他认为,"艺术品是作为一种结构感染人的。这意味着它不是各组成部分的简单的集合,而是各部分互相依存的统一整体"。[①] 在他看来,艺术作品应该成为一种"优格式塔":"一种优格式塔应具有这样的特点:它不仅使自己的各部分组成一种层序统一,而且使这统一有自己独特性质。对一个优格式塔作任何改动势必改变它的性质,而如果这种改变属于次要的方面,这格式塔势必退化。"[②] 不难看出,这实际上是从现代心理学的角度,对于近代浪漫主义文艺观关于文艺作品是一种有机整体的思想所作的进一步阐发。在此需要注意的是,审美活动中格式塔的形成并不是通过简单的直观和反映,而是主体积极地构成的

---

① 考夫卡:《艺术与要求性》,载李普曼编:《当代美学》,邓鹏译,光明日报出版社1986年版,第412页。
② 同上书,第418页。

结果。阿恩海姆认为,知觉活动就已经具有这种构成能力。但要进一步强调的是,由于知觉活动中主客体并未加以区分,因而知觉经验具有不可避免的暧昧性和原始性。要想形成完整的知觉表象,就离不开想象活动的参与。不过,想象活动在艺术创作和审美欣赏中所发挥的作用却并不完全相同。就经验的想象力而言,其自由性和创造性在创作中的作用显然十分重要,但在审美欣赏中却不得不受到一定程度的抑制。这是因为,审美对象与其他知觉对象不同,它所需要的经验材料在创作活动中都已经提供了,无须欣赏者自己去添枝加叶。即使有时作品中存在一些未定之处,需要接受者主动加以填补,但这也必须处于作品本身的严格控制之下。这样一来,想象力就失去了狂放无羁的性质。它必须时刻保持审慎,以免对审美活动造成损害。当我们进行艺术欣赏之际,如果我们不去感知而去随意想象,审美对象就会消失得无影无踪。面对画布上的阴云,我们不应该去设想天要下雨,而应该去感知这"云"本身。这一点在面对空间艺术时比较容易理解,在面对时间性艺术时则显得较为困难。乍一看来,我们只有通过强有力的记忆和想象,才能保持并理顺我们在时间进程中所获得的艺术经验,并把握到作品所描绘的对象。一座建筑物可以一览无余,一首奏鸣曲或一部小说则是逐步呈现出来的。但即使在这种情况下,我们的想象力也必须保持谨慎。这是因为,艺术作品都有自己的时间进程和空间结构,想象力的作用必须严格局限于在此结构内展开。如果我们在不经意间超出此结构,把作品的内容想象为或置于现实世界之中,审美对象就立刻消失了。当然,这并不是说我们否定了想象力在艺术欣赏中的作用,而是说,欣赏活动中的想象须服从艺术作品本身的内在规定性。

最后,我们需要注意的是,我们区分先验的想象力和经验的想象力,并不意味着我们认为在每一次审美活动中,主体都必须先后进行这两种想象活动。事实上,这并不是两种不同的想象力,而是同一种思维活动的两个方面。所谓先验的想象力并不是独立存在的,它在根本上乃是一切想象活动得以进行的先决条件。而这种条件是任何人的想象力都必然具备的,我们这里只是通过意识的反思将其确定下来而已。简言之,我们的任何想象都是以经验的方式进行的,但这种经验都必须符合某种先验的前提条件。

三、评价阶段

审美体验的最后阶段是评价阶段,在这个阶段上,主体要从自己的价值标准出发,对于已经构成的审美表象做出具有普遍性的评价和判断。因此,主体的理解力在此无疑起着关键性的作用。

从上文的论述可以看出,想象力的自由本质决定了它一方面使审美体验具有创造性的特点,另一方面也可能使主体对对象的再现受到干扰,为此就必须运用理解力来对其加以校正。审美理解的作用首先就表现在它可以抑制处于实际体验本源处的想象力,松弛它在我们与世界之间结成的纽带。这是因为,想象力虽然拆开了这两者之间的统一关系,但又在它们之间维持着一种连带关系。思维要想具有一定的普遍性,就必须把这种关系发展为一种必然的联系,而这必须借助于理解力的作用。而主体的理解力又是通过判断活动来进行的。按照康德的说法,判断力就是在普遍与特殊之间寻求关系的一种心理功能。根据这两者之间的逻辑关系,判断力可以分为两种:一种是《纯粹理性批判》中所说的"决定判断力",即辨识某一特殊事物是否属于某一普遍规律的能力,在此规律是既定的、现成的;另一种则是《判断力批判》中所说的"反思判断力",它不是从普遍性的概念、规律出发去判断特殊事实,而是从特殊的事物和感受出发去寻找普遍。显然,审美判断乃是一种反思判断。那么,这种从特殊的事物和感受出发做出的判断何以也具有普遍性和必然性呢?康德的解释是,"既然判断力就评判的形式规则而言,撇开一切质料,只能是针对一般那判断力运用的主观条件的;因而是针对那种我们可以在所有的人中都预设的主观的东西;所以一个表象与判断力的这些条件的协和一致就必须能够被先天地设定为对每个人都有效的"①。显然,康德之所以强调审美判断不涉及质料而只涉及形式,是因为质料关系到利害或单纯的感官享受,因而很难保证判断的普遍性。而形式则不会因人而异,它只是指向主观性的东西。问题在于,不同的审美主体何以具有相同的认识机能呢?康德对此只是诉诸一种理论设定或假设,这显然是不能令人满意的。我们认为,在这方面现象学有关主体间性的思考对我们是极有启发的。这一学说较之康德的进步就在于,它不是笼统地假定一切主体具有某种共同的认识结构,而是切实地通过现象学的分析和描述来把握主体之间获得这种共同性的根源。当然,由于现象学内部也存在着立场和方法上的分歧,所以对主体间性的看法也不尽相同。按照胡塞尔的看法,我们是通过与他人的自我进行"结对"来把握到他人的存在的:"自我和另一个人的自我总是必然要在本源的结对中给予的。"②所谓结对不是指构成一般的对象性关系,而是指在不同的自我之间形成一种对应关系。具体地说,他人自我显现在我的意识中总是以其躯体为媒介的,这个躯体不同于其他实在之物,它必然与我的躯体出现"结对"关系。由于我的躯体及其行为必然伴随着我的意识活动,所以我就联想到他人的躯体也必然伴随着他人自我的意识行为。这样,我们就由我的自我的统一性联想到他人自我的统一性,从而把握到他人自我的存在。不难看出,胡塞尔实际上是把他人自我看作由我的自我通过意向活动所构成的,这就不可避免地陷入了唯我论的错误之中。而产生这一错误的根源,又在于他从自己的先验唯心主义立场出发,把先验自我置于主体间性或交互主体性之上。因此,胡塞尔之后的现象学家都把这一关系颠倒了过来,认为单一自我的主体性是在主体间的交往活动中形成的。同时,这种交往也不再是意识的意向性活动,而是主体在自己的生存活动中所进行的相互交流。按照梅洛-庞蒂的看法,我们对他人存在的领悟当然是通过意向性的筹划或投射(project)来完成的。但意向性并不是源于所谓先验自我或纯粹意识,而是源于我们的身体本身。因此,我们对他人的发现也不是通过意识的意向性活动,而是通过我们的身体来完成的。而身体的存在本身就是前个体和前反思的,因此身体的知觉就不存在所谓唯我论的问题。以孩子对他人动作的学习为例,孩子并没有也不需要意识到所谓他人的意识,而是直接在一种前反思的状态中与他人建立了一种主体间的交流。他用自己的身体

---

① 康德:《判断力批判》,邓晓芒译,人民出版社2002年版,第132页。
② 倪梁康选编:《胡塞尔选集》下卷,上海三联书店1997年版,第881页。

直接知觉到他人的身体及其意向，并在他人的意向与自己的意向之间建立了一种前反思的交流系统，这个系统不需要任何翻译就可以正常运转。其原因在于，孩子一开始就置身于一个主体间的文化世界，并且从婴儿时代起就通过自己的身体能力发展起了与他人以及整个人类世界的关系。正是通过这种前反思的相互作用，孩子才发展起了主体性的概念。因此，主体间性的形成必然先于具有个体性和反思性的主体性。胡塞尔曾经把先验自我的存在看作绝对的和自明的，他人自我的存在则不是自明的，需要通过先验自我来加以构成。而在梅洛-庞蒂看来，事实恰恰相反，他人的存在以及主体间性都是自明的，而个体自我则是在此基础上才逐渐形成的。我们认为，梅洛-庞蒂的上述看法可以说是为康德的理论设定提供了一种现象学和存在论上的证明。

既然反思判断的主体不是纯粹自我，而是我们的身体——主体，那么其结果也就不是走向纯粹的理解，而是保持着感觉的形态，只不过这是一种包含着理解因素的高级感觉。前文说过，审美体验的第一个阶段就是感知活动，而其最终结果也是一种审美感觉，这表明审美体验既是从感觉开始的，也是以感觉而告终的。但这两种感觉显然有着本质的差异。第一，它们的对象不同。前者所把握的只是对象的外观，而后者所把握到的则是具有一定深度的意义。在审美体验的开始阶段，感觉虽然也具有一定的选择性和辨别力，但由于主体与对象还处于合一的状态，因而这感觉还只是我们通常所说的"第一印象"，它可能是十分强烈和鲜明的，但却缺乏足够的深刻性和普遍性。而处于审美体验高潮和终点处的感觉则不同，它已经经过了理解活动的参与，因而全面地把握了对象各方面的特征，其体会自然也就更加深刻。第二，它们的区别还在于，主体在后一种感觉中呈现出了一种新的态度。对于审美体验在对象身上揭示出的深刻而普遍的意义，主体必须在自己身上产生同样的深度才能加以把握。这就是说，审美体验对主体形成了一个考验，能否产生这种感觉就成为衡量其知觉能力和存在深度的标志。总而言之，审美体验是对主体感觉和审美能力的一种提高，处在审美体验终点的感觉与起点处的感觉相比较，总是具有更大的深度和普遍性。

审美体验在对象身上所把握到的这种深度，从根本上说来是与审美对象的存在方式分不开的。审美对象与各种自然对象、实用对象之间有着本质的区别。与自然对象相比，审美对象有着明显的人为的痕迹，也就是说，审美对象总是某种人类活动的产物，或者说它已被纳入人类活动的范围之中了。这样一来，审美对象总是与人的存在联系在一起的。而与实用对象相比，虽然它们都是人类实践活动的产物，但由于实用对象总是规范化的物质生产劳动的结果，因而反映不出其具体的生产者的个性特征和人格状况。现代商业为了改变这一点，常常通过广告等经销手段来拉近产品与消费者之间的距离，但毕竟这只是一种纯粹的消费行为，人与产品及其生产者之间不存在真正的精神交流。而艺术作品等审美对象则与此不同，它们总是渗透着艺术家的精神与灵魂，从而闪烁着不灭的精神之光。这里可能出现的疑义在于，自然对象有时也会进入我们的审美活动中来，这似乎消除了审美对象的人性色彩。但实际上自然对象之所以会具有一定的审美价值，根本上也是因为它与人类的实践活动发生了关系。马克思曾经说过，实践活动乃是"整个现存的感性世界的基础",因而那种"先于人类历史而存在的那个自然界"①在理论上是毫无意义的。这就说明,马克思主义所说的自然界乃是经过了人类实践改造过的自然界,人类的感觉能力和审美能力也是在这种实践活动中产生和发展起来的。自然对象之所以会具有审美特征,是因为它的形式契合了人类感觉的需要,从而给人带来了美的愉悦。在这种情况下,自然对象所呈现出的深度和意义也就成为对于人的本质力量的确证。

对于这种深度,我们的理解力常常感到无能为力。这是因为,一旦理解力把审美对象加以肢解,这种深度也就荡然无存。为此就必须求助于我们的审美感觉。感觉之所以能够读解对象所表现的意义,是因为它有智力活动无法达到的那种特殊的理解力。当然,感觉并非天生就具有这样神奇的理解力。只有经过长期的艺术鉴赏和审美体验的磨炼和熏陶,我们的感觉才能超越那种单纯的表面印象,把握到审美对象的深层内涵。对于那些纯粹的外行来说,音乐带给他的只是杂乱的噪音,而建筑物也可能成为摸不着门径的迷宫。这是因为,他在对象之中还辨别不清方向,眼睛和耳朵也就迟疑不决,跟不上作品的节奏,分辨不清作品的旋律和结构。总之,对象对他来说还没有形成,因此也就不具有表现力。这就说明,对于审美对象的感觉不是先天就有的,而是后天培养的,这种后天的培养正是审美教育的根本使命。

对于审美对象的深度体验使审美活动本质上成为一种与对象的精神交流,审美活动中的理解活动也就成了一种特殊的交感思考。所谓交感思考乃是发生在主体之间的一种精神交流。主体与审美对象之间之所以也会发生交感思考,是因为审美对象的特殊存在方式实际上使它成了一种准主体。用杜夫海纳的话来说,"我不再把作品完全看成是一个应该通过外观去认识的物,而是相反,把它看成一个准主体"②。现代美学反对那种在作品之中寻求所谓作者意图的做法,认为这导致了一种作者中心主义或者"意图谬说"③。但我们这里所说的准主体却并不是指实际存在的作者而言的。这个主体是我们完全以审美对象为依据而构造出来的。就艺术作品而言,由于它总是作家的意识活动的结果,我们自然也可以在阅读中进行一种模仿性的意识行为,即在自己的意识中重新开始作家的思想行为,这样,我们就能够发现他的感觉和思维方式,由此回溯到作者的自我。这实际上也就是比利时现象学家乔治·普莱所揭示的"我"的意识被他人意识所取代的现象。按照他的说法,我们在艺术欣赏中所思考的是另一个人的思想,"这些思想来自我读的书,是另外一个人的思考。它们是另外一个人的,可是我却成了主体"④。正是通过这种回溯和置换现象,我们就以作品为媒介而与作者建立起了精神上的交流关系。我们认为,这种看法尽管来自于对艺术欣赏经验的分析,却也适用于其他形式的审美体验活动,因为我们的

---

① 《马克思恩格斯选集》第 1 卷,人民出版社 1995 年版,第 77 页。
② 杜夫海纳:《审美经验现象学》,韩树站译,文化艺术出版社 1992 年版,第 432 页。
③ 参看威姆萨特与比尔兹利:《意图说的谬误》,《二十世纪文学评论》上卷,上海译文出版社 1987 年版,第 567 页以下。
④ 乔治·普莱:《批评意识》,郭宏安译,百花洲文艺出版社 1993 年版,第 257 页。

审美活动本身就不同于认识活动中的那种主客体关系,而是我们与作为对象的准主体之间的精神交流。

思考题
1. 简谈审美经验理论的发展历程。
2. 什么是审美经验的基本性质?
3. 审美经验有何基本特征?
4. 审美经验包含哪些基本要素?
5. 审美经验各构成要素间的关系如何?
6. 谈谈审美经验的动态过程。

第五章 艺 术 论

审美活动是我们的主要研究对象,这个对象中最典型、最高级的形态是艺术活动。在我们的日常活动中包含着很多审美活动的因素,在现代社会中,从我们的穿衣打扮到家居用品,到工业产品,都有审美活动参与其中。但是只有在艺术活动中,审美活动的最根本的特性才能最充分地体现出来。艺术活动是审美活动的集中、完备的体现,而艺术则是人对现实的审美关系、各种审美对象、美感经验和审美范畴的集中体现和典型形态,只有通过研究艺术,我们才能更准确、深刻地把握和认识上述各种审美现象。如果离开了对艺术的研究,上述这些内容都会被"架空",无法得到全面、深入的研究。

由于艺术所涉及的范围极大,我们只能集中探讨有关艺术的核心问题。在西方美学史上,艺术一直是美学研究的中心课题,特别是黑格尔美学,明确把艺术美列为主要对象,他的《美学讲演录》开首第一句话就说:美学的"对象就是广大的美的领域,说得精确一点,它的范围就是艺术,或者毋宁说,就是美的艺术"。他还进一步提出美学"这门科学的正当名称却是'艺术哲学'"。① 换言之,美学应从哲学高度研究艺术。

第一节 艺术的存在方式

按照通常的思路,研究艺术就需要先给艺术下个定义。"艺术"这个词最初出现在古希腊,是一个意义比较丰富的词,它不完全是我们现在所讲的美的艺术的概念,它更多的是和技艺、工艺联系在一起,而在古希腊比较发达的艺术形式比如悲剧、喜剧、诗等并没有和"艺"联系在一起,更没有用"艺术"这个词来概括各种艺术种类,缪斯女神掌管着九种技艺。这在中国也是一样的,《说文解字》解释"艺"这个字是种植的意思,是跟工艺、农艺相结合的,六艺讲的也不是纯粹的艺术。从词源学的角度来讲,东西方都没把"艺"当作艺术。把艺术一词称作各种门类的艺术的总称,这种情况出现得很晚,大约到了17世纪才把艺术一词专指诗歌、绘画、舞蹈、戏剧、雕塑。后来英文中把这种"艺术"概念称为"fine art",一般译为美的艺术或精致的艺术,这才是我们今天意义上的艺术,也就是纯艺术,这就和技艺有了区分。但就是在"fine art"的意义上我们也还是有各种不同的看法,从而形成了对艺术的不同的定义。弄清这些定义,可以说是我们研究艺术的出发点。

一、历史上对艺术的定义

自从艺术诞生以来,人类就开始了对艺术本质的追问和考察,翻开美学史,古今中外

---

① 黑格尔:《美学》第1卷,朱光潜译,商务印书馆1979年版,第3、4页。

关于艺术的定义不计其数。下面我们举几种有代表性的艺术定义略加考察。

(一) 从艺术起源角度定义的

1. 游戏说

游戏说首先由德国古典美学的奠基者康德提出,后由席勒、斯宾塞等人发展加以完善。游戏说的倡导者认为,艺术本质上是一种游戏,是由游戏发展而来的。一方面,艺术和游戏具有虚构的力量,富有拓展性和能动性,另一方面,它们所引起的快感是消除了一切主观偏见和现实差异的,是忘我的。席勒更认为,游戏是消除人性分裂的一种特有的理想活动,"只有当人是完全意义的人,他才游戏;只有当人游戏时,他才完全是人"①。从心理学上看,艺术与游戏的确有相通之处,这是"游戏说"的合理之处;但两者又有本质区别。游戏给予人们的是纯粹的虚幻性,艺术则提供给我们深刻的真实性;游戏可以使我们沉浸在单纯的悠闲的快感中,艺术却能以其深邃而广阔的思想内涵,给我们以审美快感以外的人生启迪。因此,把艺术仅仅归结为游戏显然是片面的。

2. 集体无意识说

集体无意识说由瑞士心理学家荣格提出。荣格发展了他的老师弗洛伊德的"无意识"理论,把"无意识"分为"个人无意识"和"集体无意识"两种,认为"集体无意识"是由遗传保存下来的一种具有人类普遍性的潜藏于意识深层的朦胧精神。艺术家正是在"集体无意识"的驱动下进行艺术创作的,艺术起源于集体无意识。从这个意义上讲,艺术不是以某个人为代表的,而是体现出人类群体超越时空界限的心灵。这种理论有其合理因素,它揭示了艺术与人类集体无意识的某种内在联系。然而,遗憾的是,"集体无意识"只是一种心理学的假设,并没有足够的生理学和神经科学的根据;同时,这种理论抹杀了艺术家的个性,也是不符合艺术创造的实际的。

除了这两种学说之外,从起源的角度为艺术下定义的学说还有劳动说和巫术说,这两种学说在第二章讨论审美活动的发生时已经介绍过了,此处不再赘述。

(二) 从艺术本质角度定义的

1. 模仿说

模仿说是古希腊时人们界定艺术的普遍观点。大哲学家柏拉图认为,世界的本质是理念,现实世界是对理念世界的模仿,艺术又是对现实世界的模仿,艺术的本质因而是模仿的模仿,这种模仿也就是不真实的、虚幻的。柏拉图的学生——另一位哲人亚里士多德则肯定了现实世界的真实性,因而也就肯定了模仿它的艺术的真实性。后来艺术家们还提出了"艺术模仿自然"的原则。以再现现实为宗旨的现实主义文艺可以说是模仿说的最高发展阶段。模仿说在西方雄霸两千多年,影响极大。其合理性在于,始终把艺术与现实世界紧密联系在一起,把艺术看成是再现和认识世界的一种特殊方式,因而把握到了艺术产生的源泉。然而,其根本缺陷在于,一方面它把艺术本质局限于"模仿"世界的认识论范围,而忽视了艺术自身的审美特质;另一方它忽视了艺术创造的主体性和表现性,因

---

① 席勒:《美育书简》,徐恒醇译,中国文联出版公司1984年版,第90页。

而未能全面揭示艺术的本质。

2. 表现说

西方 18 世纪、19 世纪浪漫主义思潮，标榜"自我表现"，冲破了"模仿说"的罗网，表现说于是兴起。康德最早提出"天才"论，强调艺术是天才的创造和表现，指出"天才是和模仿精神完全对立着的"①。表现说批评模仿说机械复制，强调艺术必须以表现主体情感为主。法国浪漫派画家德拉克洛瓦说，人即使练习作画，感情的表达也应该放在第一位。德国直觉主义哲学家柏格森说："诗意是表现心灵状态的。"②意大利表现主义美学家克罗齐更是干脆宣称艺术即直觉，即"抒情的表现"③。

在中国，言志说、心生说和缘情说大体上亦可划入表现说。《尚书·尧典》首先提出"诗言志"，《左传·襄公二十七年》记载赵孟说"诗以言志"，意思是说，诗歌艺术的本质是表现情感志向。心生说由《礼记·乐记》提出："凡音之起，由人心生也"，音乐"其本在人心之感于物也"，人心被物感动，要表现出来，遂诉诸音乐。此处"心"即"情"，所以音乐在本质上也是主体情感的表现。缘情说最初出现于晋代，陆机提出"诗缘情而绮靡"，认为诗只有表现情感才婉约。稍后，刘勰进一步发挥了这一观点，提出"立文"之道最根本的在"情文"，"辩丽本乎性情""情者文之经""情发而为辞章"，只有以情为本，表现情性，诗、文才会美。

表现说把艺术本质同艺术家主体情感的表现联系起来，突破了把艺术仅归结为模仿、认识外在世界的局限性，突出了艺术的审美特性，比模仿说更接近真理，在美学史上是一大进步。但是，表现说完全回避艺术与现实世界的联系，无视主体情感的客观根源，因而仍然是片面的。

3. 有意味的形式说

20 世纪英国美学家、艺术鉴赏家克莱夫·贝尔认为，艺术的本质在于"有意味的形式"。所谓"形式"，就视觉艺术而言，指由线条和色彩以某种特定方式排列而组合起来的纯粹的关系，它把通过形式组成的画面所可能有的指示、意义、记录的信息、传达的思想以及教化作用等现实生活的内容全部排除在外；所谓"意味"，贝尔认为乃是这种纯形式背后表现或隐藏着的艺术家的独特的审美情感，审美情感是意味的唯一来源。艺术就是艺术家创造的、能激发观赏者审美情感的纯形式，是美的结构，也即"有意味的形式"。

"有意味的形式"说突出了艺术的审美本质方面，比表现说更进一步，但它把"意味"及"审美纯形式"与一切现实——包括主体的现实情感的联系完全切断，完全脱离人类的具体实践，脱离社会的历史发展，脱离人类本身文化—心理结构的历史演进，抽象地谈论审美情感和有意味的形式，陷入了形式主义和神秘主义。

---

① 康德：《判断力批判》上卷，宗白华译，商务印书馆 1985 年版，第 154 页。
② 转引自《西方文论选》下卷，上海译文出版社 1979 年版，第 279 页。
③ 克罗齐：《美学原理·美学纲要》，朱光潜译，外国文学出版社 1983 年版，第 89 页。

4. 符号说

当代美国女哲学家苏珊·朗格提出,艺术是人类情感的符号形式,是一种非逻辑非抽象的符号,具有表现情感的功能;艺术符号所表现的情感不应是个人瞬间的情绪,而应表现一种人类的普遍情感或情感概念,它能展示人的经验的、情感的、内心生活的动态过程,即人的"生命形式",能表现出人类的情感和"生命形式"的内在本质。朗格的符号说,综合了表现说和有意味形式说,把艺术的本质与人的符号本质联系起来,理论上达到了更高的层次;但也因而把艺术本质非社会化、非历史化了,由于将人的社会、历史本质降低为自然性、生物性的"生命运动",所以仍不能正确地解决艺术本质问题。

(三) 从艺术功能角度定义的

1. 载道说(或教化说)

载道说,较早可追溯到孔子;唐代文学家、哲学家韩愈则加以完善。他认为,古文是为了宣传儒道而存在的,并非是为了缘情。在《原道》中他又指出了道乃先王之道,即仁义之道、儒家之道;与他齐名的文学家柳宗元亦认为,文章因道而贵,文章家因道而尊。将文置之于道的约束下,先道而后文,猛烈地抨击了无情而故意以矫情为文的风气,这在当时是有积极意义的,但完全摒弃文的缘情作用,仅仅突出文的政治教化作用,显然不符合艺术的发展规律,也是片面的。

2. 娱乐说

娱乐说可分"自娱"和"娱人"两个方面。清初戏剧家李渔说,制曲填词,"非但郁借以舒,愠之为解,且尝作传两间最乐之人,觉富贵荣华,其受用不过如此";"你想作官,顷刻间便会富贵荣华,你欲致仕,转盼之间又入山林,欲作人间才子,即为杜甫、李白后身,欲取绝代佳人,即作王嫱、西施之元配……"(《闲情偶寄·词曲部》)这是说,艺术家是借助于创作中的想象,在幻想世界中实现自己虽向往但在现实中却不能实现的愿望、追求、希冀和理想,从而达到自娱。但"自娱"只是一方面,"娱人"同样是很重要的,如荀子云,君子"以琴瑟乐心"(《荀子·乐论》);古希腊诗人缪色奥也说:"令人怡悦,莫如歌咏",都是说的音乐的娱人特性。亚里士多德更明确地说:音乐"总是世间最大的怡悦"。[①] 其实,不独音乐,一切艺术都能使人产生快乐,都有娱人的特性和功能。

以上所举中西各种艺术定义,虽然角度不同,重点不一,但都有其一定的合理性,因而都在历史上产生了一定影响;但也有各自的局限性与片面性,因而都未能得到人们的普遍赞同。那么,迄今为止的艺术理论为什么始终未能产生一种被人们公认的艺术定义呢?这是因为艺术的内涵和形态从来就不是固定不变的,不同的时代有着不同的艺术,同一种艺术在不同的时代也发挥着不同的功能,因此,试图为艺术下一个定义,乃是一件徒劳无益的事情,是本质主义思维方式的产物。有鉴于此,我们打算换一种方式来探讨艺术,不再去给艺术下定义,而是探讨艺术的存在方式。

---

① 亚里士多德:《政治学》,吴寿彭译,商务印书馆1965年版,第418页。

二、艺术的存在方式

本体论(ontology)原是一个哲学范畴,是西方哲学中研究世界本原或本性的最根本部分,亦可译为"存在论"。现在我们借用到美学中来,主要是讨论艺术的存在论,即艺术的存在方式。从艺术的独特存在方式中,我们亦可窥见艺术的本性(根本特性)。在几千年的人类文明中,尽管人们对艺术的看法与态度千差万别,可是从没有人否认艺术的存在。所谓艺术的存在方式问题,就是追问:艺术怎样存在?换言之,就是探讨艺术通过何种方式、途径或程序,才获得现实的存在和生命。

(一) 艺术首先存在于艺术的意象世界中

在肯定艺术存在之后,我们就要问,艺术究竟如何存在?以何种状态存在?这就必须要到具体的艺术品中去寻找答案。因为艺术只是一切艺术品的总称,世界上不存在一个"艺术"实体,它只存在于一切具体艺术品之中。

而艺术品的核心,如前所述,是意象,每一个实在的艺术品都由意象世界构成。虽然艺术品是一个多层次结构,但意象是艺术品之所以为艺术品的关键层次。我们在无限多样的艺术品中可以提取到所有艺术品共有共通的东西,那就是艺术意象。无论我们是聆听一曲动人的音乐,欣赏一幅精美的绘画,还是阅读一篇隽永的小文,我们首先感受、把握到的是作品所展现的意象。意象不仅仅是我们"看"到的画面、图像,也可以是我们"听"到的乐音、旋律,还可以是一种虽无法指明,不可言说却可以感受、体验到的自由时空,乃至"抽象"。意象是我们欣赏所有的艺术品时都能感受到的,它像艺术的灵魂,在万千艺术品中流动,它是艺术品所提供给我们的最基本的东西。换言之,如果一件东西不能提供意象,或不能转化为意象,就不能称之为艺术品。在这个意义上,我们可以说,艺术的本质体现于意象世界,从存在方式说,艺术只能存在于艺术品的意象世界中。

(二) 艺术只能存在于主体(人)的审美心理活动和审美经验中

艺术意象并非一种客观的物质存在,而是一种精神存在,一种心理活动的过程和成果,或者说,是主体在艺术创造和欣赏时所生成的一种综合的意识形态。一方面,意象与艺术创作主体的审美心理活动和审美经验有本质的联系;艺术工作者无论是描摹物象还是抒发情感都是在已有表象的基础上,涌动自己所积累的审美经验重组和创造一个能被感官直接感受、把握、体验的意象体系,然后通过特定的形式符号表达出来,凝定下来,形成特殊的存在——艺术品。在此,意象实际上是创作主体在创作过程中审美心理活动的过程和成果。

另一方面,意象又与艺术接受主体的审美心理活动和审美经验有本质的联系。因为接受者在欣赏艺术品时,是以自己已有的审美经验为基础的,他在观照艺术品中所凝定的意象世界时,并非被动地照本全收,而是在感受、体验的同时加以重建和再创造,形成新的意象世界,这才是接受主体所欣赏的真正的审美对象。

创作主体意识中的审美意象,经艺术品的中介,传递到接受主体的意识中,经其再创造而获得生命。由此可见,艺术意象始终只能存在于艺术创作者和接受者的主体意识和审美心理活动中,存在于这两个主体的审美经验中。一旦创作主体进入创作状态,接受主体进入欣赏状态,艺术意象就在他们的心理、意识中出现、形成并活动起来;一旦离开创作、欣赏,意象就在两个主体心理中消失。在此意义上,艺术意象只存在于主体(创作和欣赏)的审美经验和活动中,它本质上属于人的心理活动范围,不可能脱离主体的审美经验而独立存在。艺术品一方面作为创作主体的创作成果是其审美经验和意象创造的形式符号化的沉淀,另一方面又是接受主体借以激发审美经验,进行审美意象重建与再创造的中介与契机,它本身也是审美经验和意象的物态化和物化存在。一句话,意象属于主体心理、意识活动的动态时空范围,属于主体的审美经验范围,它的存在有赖于创造和接受主体的创造和滋养,没有主体,意象是不可能存在的。这样,我们就从"艺术存在于艺术品的意象世界中"这一初级规定前进了一步,获得了艺术存在方式的深层规定,那就是:艺术存在于主体的审美心理活动和意识中。

(三) 艺术存在于艺术创造—艺术品—艺术接受的动态流程中

从结构角度而言,艺术品的核心是意象;但从艺术存在方式而言,艺术品则是创作主体与接受主体之间的中介与桥梁。作为中介,艺术品有三个基本特征:

第一是他律性。艺术品就其中介功能而言不是独立自足、自在自为的,而是为他者存在,受他者制约的。首先,艺术品是为接受、欣赏者而存在的,正如黑格尔所说,艺术品"是为人类心灵而存在的"[①]。离开了接受主体,艺术品就没有存在的意义。其次,艺术品的意象是创作主体审美经验和心理创造的结果,其基本特质决定于创作主体;同时,艺术品中凝定的艺术家创造的意象只是潜在的,只有通过接受主体的欣赏活动,才能重新被激活,所以它也受制于接受主体。就此而言,艺术品为接受主体而存在,又同时为两个主体所决定、制约,因此艺术品具有"他律性"。

第二是形式符号性。艺术品作为连接两个主体间的桥梁,是一种过渡性的存在,创作主体的审美经验和意象创造要传达给接受主体需外化为特定的形式符号,凝定在一定的艺术品中,接受主体才可能借助这些符号来接受创作主体的审美经验与意象信息,并加以再创造,这里艺术品以形式符号的方式负载着艺术意象而成为沟通两个主体的纽带。

第三是开放性。艺术品作为中介,不能是封闭的,而只能是两头开放的,一头向艺术家开放,一头向欣赏者开放。在一定意义上可以说,只有两头开放的艺术品才成为艺术品。一方面,只有向艺术家开放,艺术家创造的意象世界才能物态化,物化为艺术品。文与可画竹先"胸有成竹",然后将胸中竹通过笔墨表达出来,形成了不同于自然之竹的艺术之竹,节节蕴涵着他胸中的意象。另一方面,艺术品只有向接受者开放,才能呈现它的基本特质。一个艺术品如果无人欣赏,它只是一个与其他东西一样的物质存在,而不是具有审美价值的精神存在。只有通过欣赏,潜藏于形式符号中的艺术意象才有可能被激活和重组,从而形成现实的审美对象,作品潜在的审美特质才可能转化为现实的审美价值,这时艺术品才从潜在变为现实,而获得实在的生命,因此,艺术品向接受者开放,主要就是

---

① 黑格尔:《美学》第1卷,朱光潜译,商务印书馆1979年版,第45页。

向接受者提供重建艺术意象世界的可能性、钥匙和向导。"只有音乐才能激起人的音乐感;对于没有音乐感的耳朵来说,最美的音乐也毫无意义,不是对象。"①这就是说,音乐只有向人(接受者)开放才可能成为音乐,音乐只有向有音乐感的主体开放,才能成为现实的音乐作品。所谓"对牛弹琴",由于琴曲根本不具备向牛的开放性,对牛来说也就无从欣赏,无从成为艺术品了。

在现实中,自我封闭的艺术品是不存在的,就其本质而言,艺术品只有在向艺术家与接受者两头开放时才能成为现实的艺术品。这样,也就引进了艺术的存在方式的第三个,也是最终的规定:艺术存在于从艺术创造→艺术品→艺术接受这样一个由三个环节组成的动态流程之中。这个流程就是艺术的存在方式,展现出艺术的真谛。研究这三个环节及其交互作用,即可把握艺术的可触及的生命,从而理解艺术之魂——艺术的本体。

这三个环节的动态流程是一个整体系统,任何一个环节有了缺陷或发生了障碍,艺术也就失去了其存在的意义,也就无所谓艺术了。

艺术家的艺术创造过程是艺术存在的三环节中第一个也是首要的一环。因为没有艺术家的创造就不可能有艺术品,艺术也根本就不存在。可是光有艺术家的艺术创造还是不够的,因为只有接受者的欣赏活动才能赋予艺术以生命,艺术才能获得现实存在的意义。所以,二三两个环节亦缺一不可。意大利美学家克罗齐认为,艺术家只要在心灵中完成了对世界的直觉,产生了直觉的意象,即直觉品,就算完成了艺术,无须通过一定的媒介加以表达或传达。这种看法是片面的,它把艺术的本体存在仅仅归结为艺术家直觉创造的心理意象或称"心象"。但实际上,艺术家在表达自己心象的过程中,艺术形式符号的组织,包括技巧的运用,乃是形成意象的不可分割的重要因素。没有传达,意象创造仍不能真正完成。而且,艺术家如果不把意象表达出来,即物态化和物化为艺术品,就无法达到交流、传播的目的,也就无法在人类社会和文化的历史中构筑成艺术现实即艺术的整体存在。所以艺术品也是艺术存在的中介环节,不可缺少。同样,艺术接受也是非常重要的,每个接受者都有着自身特有的素质,他们带有自己的期待视界来欣赏艺术品,并在艺术品提供的意象框架基础上进行重建与再创造,发展丰富艺术的意象世界。可见,艺术不只存在于艺术家的意象创造中,而且也必定存在于艺术家意象的物态化表达——艺术品中,还存在于接受者的欣赏活动中。因此,克罗齐的艺术即直觉说在本体论上是片面的,残缺不全的。完整地说,艺术存在于上述三环节动态的全过程。

现代阐释学对艺术本体论的看法值得重视。它认为艺术的本质体现在人类无限延伸的审美经验中。艺术品的意义是艺术家的审美情感以及千千万万的接受者的不同感受在时间推移中的总和,它将随着接受者的审美经验的改变而不断扩大与丰富。所以,就本体论而言,《红楼梦》绝不只是曹雪芹写下或以后转抄、印刷的一个语言文本,它应存在于从曹氏创作到历代流变的各种版本的文本,再到二百多年来(以至未来)形形色色的读者的阅读欣赏活动这样三个环节的全过程中。这不仅是三个环节的运动,而且是历史的演进。

---

① 《马克思恩格斯全集》第42卷,人民出版社1979年版,第125—126页。

《红楼梦》就在这种运动与演进中获得其现实的存在与历史的生命。

这三个环节的流程构成了艺术的现实存在,也促成了艺术的社会交流。艺术作为人类社会文明的重要组成部分存在于人类心灵之中,但更重要的是它存在于人类社会之中,它代表着人类心灵对自身与世界的感悟和人类相互交流中对人类文明的创造,在这个时空中,艺术作为一种存在现象,通过三个环节的交互活动,不但获得了自身的存在意义,也为人类文化与文明创造了不断更新的因素。

第二节 艺术的创造

一、艺术创造的核心是意象的孕育与生成

前面讲过,意象是艺术存在的核心。艺术首先存在于意象世界及其流程之中。艺术活动的开端即由意象的产生为标志。在艺术的"创造—艺术品—接受"的流程中,贯穿始终并处核心地位的是艺术创造阶段艺术家意象的生成。《乐记·乐本篇》说:"凡音之起,由人心生也,人心之动,物使之然也。"这表现了中国古人对艺术创造的认识。音乐之起首先在于人心之"动"。艺术家的"人心之动"就是意象的创造和生成。其中一个"动"字包含着一个十分复杂的精神活动过程。具体来说,这个过程又可分为意象的孕育与意象的生产两个阶段。

首先是意象的孕育。意象的产生是一个从无到有的过程。无和有之间有着十分复杂精微的关系。中国古代认为无产生有是由于阴阳相生、物物相感的运动所导致的。同样,艺术意象的产生也并非无缘无故的突现,物物相感而生发的原则体现于艺术意象的产生:主体意识和客观世界的相互作用。

艺术存在于人类社会之中,艺术意象也是由社会中的人所孕育产生的,是人类以一种特殊的方式掌握世界的成果,因而具备人类文化的性质。意象的孕育,并非无源之水,无本之木,它首先是艺术家实践的产物,是艺术家主体同客观世界的存在发生交互关系、交互作用而生成的。艺术家创造意象的过程实质上是艺术家主体在与客观世界的存在发生相互作用时创造出一个新的精神性的对象世界的过程,这一过程,一方面是艺术家主体本质力量的对象化,另一方面则是对象世界经艺术家加工改造的"人化"或"主体化"。马克思说,人类"通过实践创造对象世界,即改造无机界,证明了人是有意识的类存在物"[①]。同样,人类在主体的对象化和对象的主体化的双向流动中也创造出自身的文化,从而也证实了自身的精神文化存在。

因此,作为艺术创造开端的意象的孕育,必然是以主客体的相遇开始的。这种相遇又不同于其他文化创造如科学认识等的主客体相遇,它是主体与客体感性的、不期而遇的、无法用逻辑解释的相互感动。正是通过这种方式,对象化世界才向艺术世界展示其审美

---

① 《马克思恩格斯全集》第 42 卷,人民出版社 1979 年版,第 96 页。

的真谛;而艺术家也才能从日常的逻辑状态中超越出来,调动起自身的诸心理功能进入自由创造的状态。此时,主体与对象世界的关系,主要不是反映与被反映,模仿与被模仿,认识与被认识的关系,而是一种因感动、感应而引起内在情感激荡的关系。刘勰在《文心雕龙·物色》说,"人禀七情,应斯感,感物吟志,莫非自然";又说,"物色之动,心也摇焉"。钟嵘在《诗品序》说,"气之动物,物之感人,故摇荡性情,形诸舞咏",这些都是讲主客体之间的感动关系是孕育艺术意象的内在动力。

光有"感动"还不够,孕育意象需要艺术家具备一种"虚静"的精神状态。所谓虚静,就是一种一要排除功利杂念,集中精神;二要超越知性逻辑,进入感性直觉的状态,这种状态使日常"自我"暂时退隐与丧失,却能在审美状态下以虚空的心胸接纳万物,孕育意象。庄子曾提倡用一种超逻辑超知性的方法去体察自然,他描述了隐士南郭子綦"隐机而坐,仰天而嘘,荅焉似丧其耦"(《庄子·齐物论》)的情状,这实际上就是面对自然自身精神进入审美状态,以至于丧失了日常意义上的"自我"。东汉书法家蔡邕谈书法创作时说:"书者,散也,欲书先散怀抱,任情恣性,然后书之,若迫于事,虽中山兔毫不能佳也",即指必须避开"迫于事"的日常意识,才能进入"任情恣性"的自由创作状态。而晋陆机《文赋》中则提供了另一种方法:"其始也,皆收视反听,耽思旁讯,精骛八极,心游万仞",即以虚静来排除杂念,使精神自由地与世界交流。刘勰明确总结道,孕育意象,"贵在虚静,疏瀹五藏,澡雪精神"(《文心雕龙·神思》)。可见,艺术家要获得艺术感受,必须首先调整自我状态,以便主体与客体、自我与世界的更好交流。

艺术家的主体意识与世界相遇,在特定条件下,会撞出火花,引发艺术家的创作冲动。别林斯基说,艺术家应当首先感觉到有创作的要求,并且"这要求是突然地、出乎意料的、不得许可并且完全跟他的意志无关地临到他身上来的。因为他不能指定哪一天哪一小时哪一分钟来进行创作活动"。看起来,艺术家的创作激情是突如其来的,难以预料的,这一点正昭示了艺术意象的产生与意志、逻辑无直接关系,它是主体与客体的特殊联接,当两者相撞时,艺术家便沉浸在一种非功利、非认识的审美状态中,通过主体与客体、意与象、情与景、内与外、质与文等的反复碰撞,不断渗透,相互交融,酝酿出艺术的意象,如孕妇十月怀胎,艺术意象在孕育中逐步成形。

意象孕育中所发生的主客体交流的形式完全不同于功利认识、判断的形式。它是主体意识的自身协调或主客体契合达到共振的一种自由状态。刘勰出色地描绘了孕育意象最佳的"神思"状态:"夫神思方运,万涂竞萌,规矩虚位,刻镂无形。登山则情满于山,观海则意溢于海,我才之多少,将与风云而并驱矣。"主体意识异常活跃,并且超越了人类日常的时空意识、逻辑意识和功利意识,多种感觉表象在艺术的自由境界里重新整合,确定关系,结果便是独特的艺术意象的诞生;这种意象可能有客观对象的原型,但已完全不同于其原型。首先,客观原型转变为知觉表象;其次,表象上渗透着主体的主观情感因素;再次,表象与表象的关系依主体自身的特定心境、情感逻辑等发生转变;最后,表象本身作为主体的心理形式与原型就完全不同。另外,也有意象根本无客观原型。例如许多较为抽象的艺术形式如中国书法,及一些无标题音乐、现代抽象艺术等。这些艺术形式的存在拓展了意象的内容,将意象扩展到主体意识自由活动的全部时空范围。意象无论有无原型,从根本上说,都是主客体的交融、契合,主体心理进入了审美自由状态时意象才能得到最好的孕育。

艺术家的意象孕育成熟,其自身有加以表达的内在趋向,狄德罗说:"情感在胸怀堆积、酝酿,凡是具有喉舌的人都感到说话的需要,吐之而后快。"①许多艺术家都有艺术意象"长期孕育,一朝生成"的体会,在这个时候,就进入了艺术意象的生产阶段。

意象的生产意味着艺术家心中的意象得到物态化和物化的表达。在这个阶段,艺术意象进一步完善并获得形式符号和物质实体,使艺术品最终得以产生。这里,生产具有双重含义:它既有生命孕育分娩的意思,即事物的从无到有,存在的由隐到显,同时又有工艺制作、生产之义,这两种意义都与艺术品的产生有关。

首先,意象的从无到有就是要将主体在酝酿中的隐藏在深层潜意识中的意义明晰化,把散漫的、不可把握的感觉整合为一个完整的整体。这个整体就是艺术意象的整体。这里艺术家的主体意识得到充分发挥。它不同于科学思维、道德判断,而主要运用意象思维将意象酝酿推向完成完整的作品。而艺术品的产生就是意象的完美整合的表现,标志着艺术家意象创造的终结。

其次,意象的从无到有,还在于意象的意义内容在"无"的运动中最终获得外在形式符号,转变为"有"。意象并不仅仅是一种意义,它包括意义和意义存在的时空(象)。意义能借感官加以把握、得到体验才是意象。故而,当主体的意识活动还没有获得形式符号之前不能说意象已产生。而艺术品的产生,也就是意象的意义与符号形式的结合。

再次,意象的从无到有,没有物态化与物化的实在形式(即艺术品)是不可能实现的。这在抽象艺术中尤能深切感受到。中国书法家在创作前,活动在其心中的主体意识、情感是无法把握的,只有当它们在书法家笔下龙飞凤舞地展现时,其意象才骤然产生。这里意象的物态化和意象的生成是同步的,离开了物态化,也就没有了意象。此外,艺术意象的完成常与艺术品的形式符号及传媒质料有关。诗与画所借用的符号形式不同,导致了两种不同性质的意象,中国篆刻的"石味""刀味",木刻艺术的"木味"都是构成艺术意象的重要内容。一个高超的艺术家是非常善于利用特定的形式符号和传媒质料达到自身与形式、质料的统一无间的,犹如庖丁与他的牛刀一样合为一体,从而使意象获得最佳的表达。

最后,艺术意象的创造和艺术品的完成,实质上也是一种生产。马克思把物质生产与精神生产看成人类两种基本的生产活动,把艺术生产看成是精神生产的重要形式。在此意义上,艺术意象的创造就是一种生产。意象的生成也是一种生产过程。艺术意象如何变为现实的艺术品,"生产"给我们提供了解答。因为从艺术意象的孕育到艺术品的物态化与物化,需要通过种种必需的技巧与操作来完成,这就属于"生产"范围。在古希腊,"艺术"一词是包括工艺性制作的含义的。在许多其他生产中,人的意图、目的要通过特定物质手段,包括制造与操作才能实现。艺术意象的生产也是这样,把"胸中之象"转化

---

① 《文艺理论译丛》1958年第2期,第137页。

凝定为"手中之象",这一阶段中操作与技巧同样是十分重要的。艺术生产在本质上与其他生产是一致的,同样凝聚着人类的智慧、劳动和技巧。所不同的只是其制造与操作的特殊规律。艺术意象生产的完成就是艺术品的产生。艺术产品的价值首先取决于凝定在其中的意象;同时艺术品作为物态化的存在,为开启艺术之链的下一阶段,即人类审美经验的交流和传播提供可能。

二、艺术创造力与艺术技巧

艺术创造是艺术存在动态流程三环节的第二个环节,在艺术存在诸环节中,艺术创造不仅本身是艺术审美体验的集中场所,也是艺术品的生产环节、艺术内涵的赋予环节。艺术创造的主体是艺术家,因此艺术家的艺术素质,也就是他的艺术天才就成为艺术创造的原动力。

(一) 艺术天才是客观存在的

艺术史上,有许多艺术家具有超于常人的能力,他们创造的作品超绝群伦,旁人难以比拟,甚至难以理解,他们就好像是天助神功一样,这样的艺术家人们称之为"天才"。例如中国大诗人李白被称为"诗仙"。这位天才诗人的作品气势雄伟而又飘逸无踪,十分富有感染力。李阳冰云:"李白不读非圣人之书,耻为郑卫之作,故其言多似天仙之辞。凡所著述,言多讽兴。自三代以来,《风》《骚》之后,驰驱屈、宋、鞭挞扬、马,千载独步,惟公一人。"(《诗人玉屑·谪仙》)所以人们把他目为天人。奥地利作曲家莫扎特也是一位"天才"人物,他六岁即举行钢琴独奏会,被人称为钢琴神童,十二岁就创作了两部歌剧。在他短短三十多年的艰难生涯中,创作了大量的歌剧、交响曲、协奏曲等作品。他的著名歌剧《唐璜》序曲是在公演前两个晚上写成的。最后三部交响曲的创作只用了两周时间。他的钢琴协奏曲扣人心弦,是前无古人的杰作。这样一位音乐全才,好像就是上天为了向人类展示音乐而降生的。

从古今中外的许多杰出艺术家的例子中,我们确实可以看到,天才是客观存在的。《文心雕龙·体性》指出,"夫才有天资"。这种能力最根本的就是具有与众不同或高于常人的创造意象的天然资质和能力。

天才的形成是先天的生理心理结构与后天的实践两个方面合力的结果。艾布拉姆斯曾举艾迪生的话来分析两种"天才":艾迪生把天才分为生就的天才——"自然天才"和造就的天才。自然的天才人物有荷马、品达,写作旧约的那些诗人和莎士比亚,他们是"人中奇才,凭借自然才华,不需求助于任何技艺和学识,就创造出荣耀当时、流芳后期的作品";另一类天才人物则"按照规则行事,他们的自然天赋的伟大受制于艺术的修正和限制",柏拉图、维吉尔和弥尔顿就属于这一类[①]。斯宾塞也说,诗"不是艺术,而是神圣的才能,天赋的本能;诗不能由劳作和学习产生,却又以劳作和学习作为文饰,它通过某种'热情和

---

① 艾布拉姆斯:《镜与灯》,郦稚牛等译,北京大学出版社1989年版,第295页。

神圣的灵感'输入才智中"①。天才独特的艺术创造力主要表现为艺术敏感(感受力)、艺术想象力、艺术技巧和灵感等方面。

(二) 艺术敏感

主体接触客体并受感动、感应是孕育艺术意象的第一步。如果主体特别容易对客体发生意象体验、感悟与联想,那么主体就具有某种艺术敏感。艺术敏感主要是指主体感受生活、欣赏艺术、体验和孕育意象的敏锐性和悟性,天才的敏感是指这种感受体验的细致、快捷、丰富和深刻。

艺术家一般都具有对生活的不同于常人的感受能力。在艺术敏感面前,平凡的生活会具有特别的风貌与意义。艺术家常常由此而开始展开艺术的想象。这种敏锐感受、体验生活的过程甚至可以形成某种艺术形式,如中国先秦《诗经》中赋、比、兴的"兴",古代理论家称之为《诗经》的一义,它是什么意思呢?孔颖达《毛诗正义》引众语注《毛诗大序》说:"则兴者,起也;取譬引类,起发己心。"兴就是指艺术家因感受到某种存在而发生了主观情绪的变化。刘勰《文心雕龙·比兴》云:"起情,故兴体以立。"在《诗经》中,我们可以看到许多这样的例子。当诗人看到"关关雎鸠,在河之洲",顿时有了感触,将它和"窈窕淑女,君子好逑"联系起来;当诗人看到"彼黍离离",马上就感到一种朝代改换、庙堂倾覆的悲伤。需要指出的是,这种感觉开始时只是由对象引发而得的感触,仅仅是朦朦胧胧的意象的雏形,还未形成完整的意象,所以,这种敏感只能激发艺术家的意象思维,是艺术家意象创造的最初动力。

有时候,这种敏感似乎从天而降,莫名其妙,艺术家根本没有察觉到他受了什么触动,就突然具有了某种冲动。巴尔扎克谈道:"某一天晚上走在街心,或当清晨起身,或在狂饮作乐之际,巧逢一团热火触及这个脑门,这双手,这条舌头,顿时,一下子唤起了一整套意念。"②正是由于这种感触是突发的,所以难以把握,常常被人视为一种"天启"。艺术敏感不仅是艺术意象创造的一种启动,同时还为艺术家意象创造准备了丰富的素材。生活中的许多感触,未必会引起艺术家创造一个完整的意象的冲动,但是,由于它霎时引起了艺术家的某一种心理感受,在艺术家的意识中,它就和这种感受牢牢联系在一起,在一定的时刻,艺术敏感就会围绕着这些感受充分调动起艺术家的诸心理功能,创造出一个完整的意象。

艺术敏感不只是主体对客体的被动感受能力,更是主体对客体的赋予能力,面对丰富驳杂的现实生活,艺术家为什么会对其中某些方面特别敏感呢?这就只能从艺术敏感的能动性得到解释。由此我们可以发现艺术敏感与先在主体的文化心理结构有本质的关系。艺术家与非艺术家对某种存在的不同感觉不在于这种存在给予艺术家艺术感受而不给非艺术家艺术感受,而在于艺术家能凭着先在的文化心理结构发现并赋予这种存在以艺术意义,而非艺术家则不能。艺术家具有艺术敏感首先在于艺术家具有艺术敏感的可

---

① 艾布拉姆斯:《镜与灯》,郦稚牛等译,北京大学出版社 1989 年版,第 296 页。
② 巴尔扎克《论艺术家》,《古典文艺理论译丛》第 3 辑,人民文学出版社 1962 年版,第 96—101 页。

能性,即具有特殊的审美文化心理结构。

分析这种先在的结构与状态,就可以发现,除了艺术家天生的多愁善感的心理生理特质外,还有长期的艺术修养对艺术敏感的培育。故刘勰说:"夫才有天资,学慎始习。"(《文心雕龙·体性》)包括艺术敏感在内的艺术天才并不仅仅是"天"才。

艺术敏感是艺术家感受、体验世界,孕育审美意象的基础与起点,它是艺术家生产意象必不可少的重要条件。

(三) 艺术想象力

艺术想象力是指艺术家在感受生活、孕育意象的过程中展开想象、联想、幻想或意象思维的能力的程度。当艺术家通过艺术敏感获得创造的动力时,即开始了由敏感出发的艺术想象。

试看李商隐的诗《锦瑟》:"锦瑟无端五十弦,一弦一柱思华年。庄生晓梦迷蝴蝶,望帝春心托杜鹃。沧海月明珠有泪,蓝田日暖玉生烟。此情可待成追忆,只是当时已惘然。"从这首诗,我们可以推测出李商隐在孕育此诗的意象时,意识和想象处于十分活跃的状态中。首先,触物而感:"锦瑟无端五十弦",想到年华逝去,岁月苍苍;其次,由这一感受引发了他许多类似的体验,也许是从前读书时看到什么有感的,也许是生活中偶然兴起的,具体内容是什么,是很难解析的;再由这些体验引发的过去的所见、所闻、所读、所历的无数生活场景,在想象中联成一体,于是庄生晓梦,杜鹃啼血,沧海珠,蓝田玉这一切带有浓厚情感色彩的东西就总汇到一块了。这些事物的联系可以不合逻辑,不合日常生活的真实,可以天南海北,可以远古今朝,可梦可真,它们组合在一起却烘托出了李商隐这一刻最强烈的感受:"此情可待成追忆,只是当时已惘然。"这种深切的无奈,怆然空濛的感慨便是作者真真切切体会到的岁月的真谛,体会到艺术的本体的标志。这样一个构思过程,便是李商隐发挥艺术想象力而创造意象的过程。艺术家在意象孕育中充分调动起自身经验中的一切可感的事物、场景、情感,甚至难以捉摸的情绪表象,紧紧围绕其艺术感悟主旨而组合为整体艺术意象的能力,就是艺术想象力。在这种想象中,由艺术敏感所激发的艺术意象逐渐得以发展、鲜明和形成。正如陆机在《文赋》中所描述的"其致也,情瞳昽而弥鲜,物昭晰而互进,倾群言之沥液,漱六艺之芳润,浮天渊以安流,濯下泉而潜浸……收百世之阙文,采千载之遗韵,谢朝华于已披,启夕秀于未振,观古今于须臾,抚四海于一瞬"。

艺术想象力不同于日常的逻辑思维能力,它可以超越抽象概念、判断、推理,超越正常的逻辑时空,以艺术的感悟主旨为归,形成独特的心理时空和情感逻辑,来追忆、引发、整合心理意象。歌德谈到他创作的《浮士德》时说:"人们还来问我在《浮士德》里要体现的是什么观念,仿佛以为我自己懂得这是什么而且说得出来!从天上下来,通过世界,下到地狱,这当然不是空的,但这不是观念,而是动作情节的过程。"这就说明艺术想象可以超越逻辑。他还说:"总之,作为诗人,我的方式并不是企图要体现某种抽象的东西。我把一些印象接受到内心里,而这些印象是感性的、生动的、可喜爱的、丰富多彩的。正如我的活跃的想象力所提供给我的那样。作为诗人,我所要做的事不过是用艺术方式把这些观照和印象融会贯通起来。"①

需要强调的是,艺术想象力不仅仅是唤醒和引发丰富的形象、感受,更重要的是将其融会和整合。这种融合的基础就是艺术想象中基本的主体感悟主旨。它自然规划着情感与形象的流向与整合,形成艺术意象的灵魂。黑格尔在谈到"想象"的重要时说:"通过渗透到作品全体而且灌注生气于作品全体的情感,艺术家才能使他的材料及其形状的构成体现他的自我,体现他作为主体的内在的特性。"②黑格尔把"情感"作为凝聚意象的核心,他揭示了这种整合的主体力量。不过我们进一步指出,这种核心不仅仅是情感,它比情感更深一层,是艺术家在艺术创造中体味生活、反省自身所得到的感悟主旨,它既是艺术家所聆听到的世界本体的声音,又浸染着艺术家主体的情感。

艺术家通过艺术想象力把艺术感触丰富、充实起来,艺术意象的胎儿就这样通过想象力而发育成长。想象力在生产意象全过程中始终是最重要、最有决定性的艺术创造力。

(四) 灵感

艺术家有时会突然从生活中获得一种启示,顿时便产生了创作冲动和不断涌来的诸般感受,有时会在意象孕育中苦苦思索,突然似有所感,茅塞顿开,豁然开朗。这就是艺术创造中的灵感现象。所谓灵感,是艺术家在意象创造中,由于各种心理机制、功能处于高度协调的自由状态而突然生成的精神昂奋、注意力集中、情绪激动、想象力空前活跃的一种思维活动的境界。这种"突然"出现的灵感往往像火花一样给艺术家照亮了另一个艺术的世界。所以,西方文论中有时会把闪现灵感的心灵称作"灯"。

灵感理论历史悠久。在西方早期美学中,灵感是一种神秘力量对诗人的启示。古希腊哲学家柏拉图的《伊安篇》借苏格拉底之口将灵感说成是一种磁性的疯狂,一种神灵的凭附,一种非理性的迷狂状态,在此状态下,诗人能不由自主地写出最美妙的诗;罗马时期的朗吉驽斯则在《论崇高》中把创作的源泉归结为神赐的神秘灵感。③ 在中国,灵感作为主体与自然奥妙的契合,是一种"顿悟"与体"道"。人们往往把灵感与"天才"联系在一起,当作天才的才资。因为人们无法解释灵感的突发性与神秘性,只能从"天"寻找答案。认为灵感与天才互为因果,超人的力量给予人以灵感,使人成了天才,而天才正因为有超凡的才能,所以带有灵感。

我们认为,在创作中,灵感作为一种心理现象,是客观存在的。但它不是来自天启,而是艺术家在自身生理—心理素质与后天深厚的生活体验和学养积累基础上综合形成的一种心理体验状态和活动。它是艺术家创造力极为旺盛、勃发时一种神思活跃、意象奔涌的心理状态。雪莱说:"在创作时,人们的心灵宛若一团行将熄灭的炭火,有些不可见的势力,像变化无常的风,煽起瞬间的火焰;这种势力是内发的,有如花朵的颜色随着花开花谢而逐渐褪落,逐渐变化,并且我们天赋的感觉能力也不能预测它的来去。"④灵感往往在平

---

① 《歌德谈话录》,朱光潜译,人民文学出版社 1978 年版,第 147 页。
② 黑格尔:《美学》第 1 卷,朱光潜译,商务印书馆 1979 年版,第 359 页。
③ 卫姆塞特、布鲁克斯:《西洋文学批评史》,颜元叔译,中国人民大学出版社 1987 年版,第 259 页。
④ 艾布拉姆斯:《镜与灯》,郦稚牛等译,北京大学出版社 1989 年版,第 303 页。

凡的心理状态中突如其来地出现，有时也会在苦苦的艺术孕育中突然到来。这两种情况的出现都是意识不可把握和预测的。因为艺术意象创造本身主要是感性的心理活动，它的动力与运动形式主要来自于感性和潜意识层次。灵感更是如此。意识把握不到的东西突然被潜意识体悟到了，而我们却误认为是"天启"。有时意识冥思苦索不得的东西在潜意识的层次上却会突然得到。所以，这种看似神秘的现象，其实有其客观的心理机制，因而并不神秘。

灵感的出现总是表现为理性意识以外的主观感受突然得到解放，就势不可遏地奔涌泛滥，充满整个的主体意识空间。原本处于逻辑结构坐标中的主体状态，突然被另一种充满意象的主体状态所攻袭和占领。故在此意义上说，灵感是主体艺术状态对日常状态的超越。艺术家仿佛在一个拘谨、规则而阴暗的房间里面，窗突然打开，早晨的阳光洒满每一个角落，一切都沐浴着艺术的光辉，这一瞬间的心理活动状态就是灵感。灵感是艺术家意象创造中最为旺盛、纷泛的状态，也是艺术家应努力获取的一种重要创造力。

（五）艺术技巧

艺术操作也是艺术创造才能的一个重要方面。在艺术意象的生产过程中，艺术操作一方面是意象生产不可或缺的一个重要因素，另一方面又赋予意象以最终的形式符号，将意象孕育的成果物态化和物化为现实的可传达的艺术品。表面看来，艺术操作纯然是一种外在的技艺，实际不然。在艺术家准备表达、操作时，心中意象并不一定已非常清晰、完善，正是靠着表达和操作运动，艺术意象才逐渐鲜明、完整并得以最后定型、完成。如郑板桥讲他画竹的体会："江馆清秋，晨起看竹，烟光日影霜气皆浮动于疏枝密枝之间。胸中勃勃遂有画意。其实胸中之竹，并非眼中之竹也。因而磨墨展纸，落笔倏作变相，手中之竹又不是胸中之竹也。"①此言可谓深得艺术三昧。"胸中之竹"之所以不同于"眼中之竹"，是因为经过了艺术家的意象孕育和改造，这一目了然；而"手中之竹"又不同于"胸中之竹"，则常为人忽视。其实，这是艺术家把心中孕育的意象用艺术操作加以表达并且用特定形式符号将之凝定下来。因此，我们不能轻视艺术操作与技巧，它是意象孕育的继续与完成。

艺术操作既然是意象创造的有机组成部分和深化，我们就应当重视艺术操作中的技能与技巧，因为艺术操作作为一种实践活动，作为主体本质力量的对象化，是离不开特定的技能与技巧的。一定意义上也可以说，艺术操作就是艺术技能与技巧的运用与发挥。

各种不同门类的艺术，由于其形式符号及传达媒介的不同，各有其不同的操作和不同的技能、技巧。对于外行（包括某种艺术的欣赏者），由于不能掌握其操作技能与技巧，就不可能进入艺术的创作过程，即便有了"胸中之竹"，也变不成"手中之竹"。因此，操作技能与技巧是艺术创作中不可逾越的环节。

然而，如果离开艺术意象的创作过程整体，孤立地追求操作技能与技巧，就会沦为匠艺。我们常常看到有些广告画，其技能和技巧角度是符合"画"的要求的，然而其中缺乏

---

① 《郑板桥全集》，上海古籍出版社1979年版，第154页。

艺术不可少的灵动与生气，所以算不上真正的艺术。

艺术技巧的操作在质料上留下的痕迹就是艺术的形式。它是艺术技巧运动的物态化和凝定。艺术技巧所展示的美就作为意义凝聚于形式的符号中。形式静态地表现了艺术生产的动态运动。艺术欣赏者可以通过艺术形式体会到其中蕴含的技巧的美。因此，艺术形式具有独立的审美价值。

中国书法最明显地表现了艺术形式与形式技巧的关系。中国书法是通过线条结构来建立其美的意义的。这些线条结构不是线条的拼凑结合，而是书法家一气呵成的技巧操作的结晶。在书法理论中，这个形式形成的原因归结为三个因素：笔锋、笔势与笔力。这三个因素，都是在书法创作的过程中，书法家运笔必须注重的方面。同时，在其物化的形式中，也可以分析体味这三种因素的组合所呈现的技巧美。

绘画中也有这个现象。黑格尔说："这样说，并不是要否认像拉斐尔和阿尔伯列希特·杜勒之类大画师的素描，特别是信手的素描，具有很大的价值。相反地，我们承认，从某一方面看，正是这类信手的素描具有最高的兴趣，因为它们使我们看出一种奇迹，这就是全副精神仿佛直接贯注到手的灵巧上，使手极轻而易举地，不假探索尝试地在一霎时间的创作中就把艺术家的心灵中所含蓄的一切都揭示出来。"①

艺术家在对艺术真谛的体味与投入中，运用熟练的技巧，在审美状态中所创造出的形式，是合规律性与合目的性在形式符号层次上的统一，是艺术的意义凝聚于"有意味的形式"。

第三节 艺术的构成

一、艺术作品的层次结构

艺术作品有其存在的结构方式，为了更具体地把握艺术品的审美特质，有必要对其内在结构进行层次分析。符号学美学将艺术品分成两个层次：符号和意义；现象学美学家罗曼·英伽登则将艺术品分为四个层次：语音层、语义层、图式层、客体层。这些都不无道理。艺术品的任何结构分析都是相对的，都是以各自的理论假设为前提。传统美学由于把形式和内容分割开来，在形式之外寻找内容，从而使艺术作品的内容成为一种非艺术的情感、心理、生活、世界，即一种非艺术的存在。为避免机械地割裂艺术的内容与形式，我们将我们的理论前提定位为：艺术品是以审美意象为中心、传达审美经验为目的的多层次开放系统，由此出发，将艺术品的基本层次结构作如下分析：

（一）物质实在层

指艺术品赖以在时空中存在的物质实体和媒介，如大理石、画布、颜料、纸、舞台、铅字、银幕、胶卷、录像带等。它是就艺术品首先作为物质实体，是由各种物质材料构成的存

---

① 黑格尔：《美学》第3卷上册，朱光潜译，商务印书馆1984年版，第271页。

在而言的。艺术品的创造既然是人类的一种生产活动,艺术品的生产和消费就不能仅仅是一次性的,它需要一些相对稳定的物质载体和媒介,以保证自身相对稳定的存在。当一位雕塑家构建艺术品时,他必然要用一些基本的物质材料,如大理石、刻刀等,经过各种各样的造型处理才能雕刻出一个雕塑作品。虽然大理石等作为"隐含"的部分早已为欣赏者所忽视,但对于保存艺术品本身来说是必不可少的载体;同理,对于绘画来说,没有画布、画笔、水墨等是难以完成一幅图画的;对于音乐而言,没有钢琴、小提琴、大号等乐器,美妙的音乐亦无从谈起。这些物质材料和媒介并不等于艺术品的本体存在,仅仅是本体存在的一个不可缺少的必要前提或构成因素。然而正是它们负载着艺术意象跨过了许多个世纪,艺术品才得以为一代又一代人所欣赏;而且人们对艺术品的审美知觉,正是始于这些实在的载体,有时不同的质料以及质料的不同组合,也会给人以不同的审美感受。比如,中国传统的泼墨山水,如果不是用宣纸而用别的纸张,就不可能造成那种酣畅淋漓的艺术效果,即使同是用宣纸,还有生宣熟宣之分。清代画论家戴熙指出:"古人书画多用熟纸。今人以用生纸为能,失合古意矣。"[①]前人所谓"粗绢恶扇,败人意兴"之说,是有道理的。可见,在一定条件下,物质实在层本身亦有助于审美意象的创造。同时,不同的艺术门类因其存在方式不同,它们所凭借的物质载体也会不同,如果把一块大理石交给一位舞蹈家,他大概会不知所措,而若把一双舞鞋送给一位作家,他也会感到莫名其妙。各门艺术所赖以存在的物质材料,各有其相对的稳定性和界限。

(二) 形式符号层

各类艺术都有自己独特的指向意象世界的形式符号,如色彩、线条、形体、音符、旋律、词语等,它们构成艺术品的第二层次。如果说物质实在层是它的间接性物质存在,那么形式符号层则是艺术品的直接性物质存在,克莱夫·贝尔将在不同作品中,线条、色彩以某种特殊方式组成某种形式或形式间的关系,当作美的本质。其实,这恰恰就是艺术品的形式符号层。当艺术家怀着审美情感去用色彩、线条、旋律等构建一件艺术品的形式符号层时,在某种程度上就已经开始赋予艺术品以审美价值了,因为当读者或观众面对一件艺术品时,首先是借助于形式符号层来进入作品的意象世界层,进而形成现实的审美对象,经受审美体验的。形式符号层,在艺术品的结构中,有时有其独立的审美价值。以词语为例,中国古诗词讲究炼字,不仅追求字(词)的视觉效果(如"春风又绿江南岸"),而且追求字音的听觉效果,如贾岛与韩愈的"推""敲"之辨("鸟宿池边树,僧敲月下门")。至于诗词格律的音乐美则更为历代诗人、词家所重视,被后人誉为七律压卷之作的杜甫的《登高》格律谨严,字句工整,仅从其形式符号层看,就有不可替代的审美效果。该诗云:"风急天高猿啸哀,渚清沙白鸟飞回。无边落木萧萧下,不尽长江滚滚来。万里悲秋常作客,百年多病独登台。艰难苦恨繁霜鬓,潦倒新停浊酒杯。"此诗从首至末,四联均是对句,读起来音律和谐悦耳。沈德潜评《登高》云:"八句皆对,起二句对举之中,仍复用韵,格奇而变"(《唐诗别裁集》),评语确有道理。

[①] 戴熙:《习苦斋题画》,《中国画论类编》下册,中国古典艺术出版社1957年版,第993页。

形式符号层更重要的作用在于它直接指示、负载着艺术的意象世界,在艺术品的整体结构中,形式符号层指示、负载意象的功能远大于其独立的审美价值。在艺术接受者面前,它是一扇必经的大门,只有叩开这扇大门,艺术品的整个绚丽的意象世界才会展现在我们面前。譬如一座雕塑,首先映入人们眼帘的是它的形体、线条、颜色等形式符号;一首歌曲,首先叩动人们心弦的是其起伏跃动的乐音、节奏、旋律、和声等形式符号。这些形式符号亦有其自身一定的审价值,但整个艺术品的审美价值还蕴含在形式符号层背后的意象界中。因此,在艺术品的结构中,形式符号是引导审美主体进入真正殿堂的第一步,也是艺术品动态结构中一个外在过渡层次。没有这一层次,整个艺术品就失去依托,意象世界只能成为虚无缥缈突兀的存在。但如果只注重这一层次本身或执着于这一层次滞步不前,忽视这一层次背后包含的丰富的意象世界,则艺术品的结构就将显得残缺不全,成为无意味的或浅薄的形式。

(三) 意象世界层

所谓意象世界层是指建立在前两个层次基础上的、非现实的、展现人类审美经验的、能转化为被感性把握的、富有意味的表象世界,这是艺术品结构的核心层次。

物质实在层仅仅是艺术品在物理时空中的存在层次,形式符号层则是艺术品由物理时空向心理时空存在转化的过渡层次。但艺术品的精华并不存在于上述两个层次中,它有着自己独特的中心——审美意象。这种审美意象虽然以物质实在层为基础,以形式符号层为指示,但它却是艺术品的一个更为高级、深入的层次。艺术意象从物理时空向心理时空跨越的结果是艺术品的纯然精神性存在。意象并不一定直接呈现于形式符号层,它往往要借形式符号层的指示,在鉴赏者心中形成现实的、生动的表象。所以准确地说,意象世界只潜在地存在于形式符号层,而现实地生成于接受者鉴赏时的心理活动中。这意象也就是鉴赏中生成的审美对象。这是纯然精神性的、超越物理时空的。譬如卢浮宫藏的雕像,就物理时空而言,其鼻梁上有一块污痕,其胸脯上有许多粗斑、空穴、水孔等等,但在大量观赏者的实际审美中,这些物理"缺陷"往往会被忽略,其物质实在层与形式符号层一旦将人们引入想象世界后,完美的审美意象似乎就把这些物理瑕疵全都克服了。精神性征服、否定并战胜了物质实在性,消解了形式符号的外在性。

可见,艺术的审美意象是作为其载体的物质实在层和形式符号层引导鉴赏者进入审美状态后,经鉴赏者的审美知觉和想象而产生的,它是一种非实在的精神性存在,或如萨特所说是一种"非现实的幻想存在"。只有当主体心理经历了一种从实在性向非实在性的飞跃,穿越了物理时空,才可能创造出属于自己的审美意象。艺术作品只能通过呈现为感觉的东西才能容许我们把它作为一个审美对象来理解。

意象世界层虽然只潜藏于形式符号层中,只有借助鉴赏活动才能在鉴赏者的心灵中现实地生成,但它却确实是艺术品动态结构最为重要、最为核心的层次。艺术品的审美特质和价值集中体现于此。

(四) 意境超验层

意境超验层是意象世界背后所蕴含着的富有形而上的人生哲理意味的最高境界。如果说,意象世界层是人类经验范围内的东西,意境则是一种超越人类特定经验领域的形上至境。艺术本体由物质实在层、形式符号层次向意象层次的深化,意味着艺术品从物理时空的存在状态向心理时空存在状态的转化,而从意象世界向意境世界的深化,则更将艺术品推向人生哲理意味的更高层次,进入了"玄之又玄,众妙之门"的至境。

意境超验层次又可有广义、狭义之分,一是就人生境界而言,一是就艺术品本身的内涵而言。这两种含义又往往混合为一体,这一点在中国书画中表现得最为明显。中国书法是一种类似音乐或舞蹈的节奏艺术,其中的线条、形状,是艺术家情感与人格的表现。它不去模拟实物,亦不纯粹抽象,而是表现出各个时代的生命情调与文化精神,如字与字、行与行之间,能"偃仰顾盼,阴阳起伏,如树木之枝叶扶疏,而彼此相让。如流水之沦漪杂见,而先后相承"。这就是一条生命之流,一回舞蹈,一曲音乐。而书法中所谓气势,所谓结构,所谓力透纸背,表现的都是空间意境,它引导人的思绪在空空如也的时空中穿行,思虑生命之哲学意味与艺术情趣。一幅八大山人的画鱼图,只一张白纸,中心寥寥数笔,勾勒出一条极生动的鱼,此外别无他物,然而观赏者却顿觉满纸江湖,烟波无尽。中国书画里的这种意境完全走向了一种非经验的层次,这里的世界是艺术品的终极和归宿。

再如罗丹的雕塑作品,不仅仅是一种物质性的塑造,更是从意象中表现出的精神生命的韵律。他的《思想者》《巴尔扎克》等作品,每一条线,每一缕折皱,每一划刀痕,无不生动活泼,神致如飞,其中的物质被精神所化,欣赏者只能浸淫到一种艺术意境里,思慕人类生命力的表现与张扬。

当然,意境的超验层是以意象世界层为中介的,没有意象的导引,意境根本无从谈起。中国戏曲不设布景,只凭动作意象来暗示一种境界;中国古诗,少用动词,仅凭名词、形容词构成的意象引导读者进入一种超验境界。总之,意象层是进入意境层的必由之路。

从物质实在层到形式符号层,到意象世界层,再到意境超验层,艺术品一层层走向了纵深。从以上例子可以看到,艺术品是一个动态的、开放的、不断生成的结构系统,又是一个内在统一的有机的整体,其中各个层次相互联系,相互依凭,层层相衔,环环相扣,缺一不可,它们只有在整体的结构系统中才有其存在价值与各自的地位,离开了整体,每一单个层次都毫无意义。

二、艺术品的本质:创造意象世界

艺术品既然以审美意象为中心,那么意象究竟是什么,以及如何构成意象,便是一个至关重要的问题。只有弄清这个问题,才能更深刻地认识艺术品的本质。

要回答什么是意象,即为意象下定义,并不是一句话能说清楚的。因为意象本身是一个内容丰富、复杂的系统,我们可以从不同角度、不同侧面去考察它。这里主要就结构、生成、类型、特征四个方面来考察、界定意象。

(一) 意象的结构

意象,如前所述,不是一种物质存在,而是一种心理存在,一个审美的表象系统。它也有自己的基本结构,即意与象两个方面。"意"指主体在审美(包括创作)时的意向、意图、意志、意念、意欲、表达的思想情感、人生体验、审美理想、艺术追求等等;"象"则指由想象创造出来,能体现主体之"意",并能为感官所直接感受、知觉、体验到非现实的表象(包含艺术抽象之表象)。

当主体意欲传达某种情感或表达某种体验时,"意"便出现了;"意"所借以显现的、具有直观性的个别、特殊、具体的感性表象,便是"象"。"意"与"象"之间是一种辩证关系,"意"无"象"永远无法显现,"象"无"意"就失之为空洞、肤浅;"意"借"象"而成形,为感官所把握,"象"以"意"为自己的灵魂,凭借"意"而获得意义。二者唯有结合才有生命力。比如:中国的书法艺术,单靠线条——无意义的线条,是没有任何审美价值的,只有布满了意的线条才会构成生动活泼的审美意象。再如北宋前期,杨亿等人所倡导的生硬地把典故强加于诗的办法,便是无视"意",只求"象"的做法,这样的作品当然味同嚼蜡,不会在接受者心中唤起审美情感。

(二) 意象的生成

"意"由"象"来负载,"象"由"意"来充实,二者合为一体便是"意象"。但二者并非是机械的相加或凑合,而是主体与客体、思想与形象、情与景、内与外、质与文等在特定的审美状态下的碰撞、渗透、交融、化合,是一个动态的心理过程。比如,读一篇小说,首先接触的是文字符号,潜藏于这些符号背后的内涵,渐渐地在读者心中逗引出一种审美情感,这种情感的发生正预示着主客体之间、思想与形象之间、情景之间、内外之间、质文之间的融合,也便是意象的生成过程。

在意象生成过程中,意向和想象起着巨大的作用。意向是主体在审美中思想倾向、意志追求和愿望企图的一种曲曲折折的融合,它是人类的一种潜在审美需求的表现,与内在生命的动态平衡相联系,或者说,同人们内在情感形式相联系,便构成了审美心理的基础动力和构建意象的"先入之见"或"基本取向"。想象则是一种运用表象自由把握世界和创造形式的心理能力和机制。在审美活动中,想象以原有的表象为基点,融合思想理解、情感及其他"意"的因素,对表象进行加工、改造和创造性的重组,从而使"意"与"象"达成和谐的结合。正由于想象具有突破现实的种种限制,将记忆表象自由地加以综合、重组,并创造出新颖、独特的意象的特性,故而在想象中一切现实的界限都消失了,现实生活的经验,逻辑思维的规律,时空的限制,生物与非生物的区别,物质世界与精神世界的对立都不存在了,一切现实中不可能不合理的事在想象中都具有了合理性。比如《西游记》《封神榜》等小说,天上地下,人、鬼、神面对面交流或冲突的一幅幅图景,均是现实生活所不可能有的,但想象却能创造出来。

想象与意向结合,在超越一切的无限的自由中,创造性地缔造出一个丰富多彩、绚丽多姿的意象世界。

(三) 意象的类型

意象可以从各种角度来归类,这里从主体与对象世界的关系来加以区分。

1. 仿象。它是主体通过模仿对象世界的形态创造出的意象,它在感性形态、具象上与对象相似,甚至非常逼真,这里,"主体"有意退居幕后,其创造性仿佛就体现在意象的仿真性上。比如左拉、福楼拜、莫泊桑等人的小说,他们所采取的手法是主体冷静地站在幕后,虽说是在逼真地刻画现实,但实际上构成了作品中的"现实"的一种仿真性,从而也形成了仿象。尤其是梅里美的小说《嘉尔曼》等,接受者仿佛面对的是没有主观性的客观世界,这便是很成功的仿象效果。

2. 兴象。它是主体以客观(对象)世界的物象为引导,给接受者提供借以触发情感、启动想象而完成意象世界的契机,物象使"感兴"得以发生,联想得以展开,在此基础上生成的"象"便是兴象。这个概念原出自中国古典美学,它的最主要的特点一是要"天然",不可有做作之迹;二是要"隐蔽",不可外露,更不可明白说出。出色的兴象所达到的境界应是主体的忘我与对象的"连续性"的融和,即从自然到自然。我国古典诗歌中赋、比、兴中的"兴",便是典型的创造兴象的方式。

3. 喻象。如果说兴象是把"主体"熔铸于世界中,满足于"世界"的"自相",喻象便是创作主体以"自我"为体,以"世界"为自我的延伸,并根据主体心灵来创造新的世界。主体在客观世界摄取象征物,赋予其一定的象征意义,以此种方式形成的意象便是喻象,它带有极明显的人工痕迹。比如:以鸿雁孤飞比喻孤独的无终极归宿的旅行者,以梅、兰、竹、菊象征士大夫所标榜的洁身自好、清高自许、孤芳自赏的人格,构成设置喻象的过程。

4. 抽象。抽象指创作主体经过自己的头脑加工,将客体提炼、升华,舍弃具象而代用一些纯粹的形式符号来唤起读者审美情感的一种意象。它不具有再现性、概念性和比喻性,亦不是指一种思维形式(抽象思维),又不等同于现代的"抽象艺术",它与自然对象之间没有直接的、显明的关系。比如,中国书法艺术中一点一划,一行一段,均是一个个抽象的个体,但各个抽象符号之间血脉相通,一气呵成的艺术魅力,最有力地证明了抽象意象之于艺术品的重要意义。

(四)意象的特征

意象世界集中体现着艺术品的审美特质,如前所述,艺术品是为了传达人类的审美经验而存在的,而审美经验的传达势必要借助一种媒介——意象。在意象世界中凝聚着艺术品的全部审美特质,通过意象世界,主体之"意"从内涵到显现,艺术品才现实地成为审美对象;借助意象世界,艺术家与鉴赏者之间审美经验的交流才得以展开与完成。因此,意象是艺术品具有审美特质的根源,也是艺术品之所以为艺术品的奥秘所在。在此意义上,我们可以说,艺术品就是要创造意象世界,这是艺术品能否真正成为艺术品的关键。

艺术意象之所以集中体现艺术品的审美特质,是由它的基本特征决定的,这些特征主要是:虚拟性、感性、想象性和情感性。

1. 虚拟性

虚拟性是现实性的反面,意象一经物态化和物化进入艺术品中,便成为艺术意象,也就同时进入了非现实(存)的层次。意象可以"任意"地编造和虚构,有时甚至可以违背现实的常情常理。一句话,它可以表现现实世界所没有的,所应有的,甚至不可能有的东西,不必是符合实存的现实;即使表现现实中已有的或可能有的东西,也采取一种非现实的形态,意象的这种非现实性就是虚拟性。比如,孟浩然的"野旷天低树,江清月近人"两句诗所描写的"景物"并非实存的,而经过了主体创造性的加工,即虚构、虚拟,目的是表现一种苍凉的人生况味。

2. 直观性

直观性是指意象可以为主体感官直接把握、感知、体验和接受的直观性和具体性,主体不需经过自觉的理性反思,仅凭感觉便可直接感知到意象的存在;这就是意象的感性特征。比如:八大山人的名画《猫》,接受者目所视见的,便是一只活灵活现的猫,仅凭自己的直觉,不需理性分析,便可直接感知"猫"这一意象的存在;又如凡·高的画《向日葵》,观赏者同样无须分析,就可直接感受到"向日葵"这一意象。这些均是意象感性特征的表现。

3. 想象性

审美意象是经过艺术家的意向和想象将"意"与"象"融合一体而构成的,它本身是想象的产物,不同于普遍的直观表象和传统的人工表象或单纯的回忆表象。想象性是审美意象的最重要特征,也是艺术品超越现实,具有虚拟性的内在原因。任何意象如果仅仅停留在感性层次上,不能与接受者的审美情感产生共鸣,便不是真正的审美意象。中国古诗中的许多意象便是借助想象力的作用,使主客体、创作者与接受者发生感情的交流与融合。前引杜甫"无边落木萧萧下,不尽长江滚滚来"的诗句,正是借助想象,将多种人生感慨熔铸在一起了。

4. 情感性

艺术意象的情感性形成于艺术家创造意象的活动中。情感与"意"有密切联系,是艺术熔铸意象的重要动力和导引,并伴随着意象创造的全过程。艺术意象中总是包含渗透着某种形态的情感因素,使意象具有强烈的感染力。艺术家作一幅画,便要体现自己的人生态度或一种情感;写一首诗,便想表达自己的某种心境,这都是需要付出主体情感的,没有情感的意象只能是干枯的、没有生命力的,自然也不会引起接受者的情感共鸣。

创造有高度审美价值的艺术意象是一切艺术家的共同目标,这从中西美学的两个论题中可以看出,一是"有意味的形式"论,一是"隐秀"论,二者共同指向一个完整的、富有感情意蕴的意象世界。"有意味的形式"说,所强调的"形式"是内容与形式的统一,本质上是意(味)与象(形式)的有机结合,希冀在有形物的纯形式中显示"终极实在"的意义,使形式含蕴意味,意味包容形式,要求艺术创造一个超越现象实在的、虚拟的、通向人生终极实在的意象世界。

"隐秀"说是刘勰在《文心雕龙》提出的,"隐也者,文外之重旨者也;秀也者,篇中之独拔者也"。"状溢目前"曰秀,"情在词外"曰隐,秀为外在感性物象,隐为内在"意"蕴。可见,隐秀即意与象的有机交融,也即内容与形式的合二为一,体现了中国古典美学对审美意象创造的追求,不但比贝尔的理论要早得多,且无神秘色彩。

从以上两个美学理论的比较可以看出,创造完美的意象世界,通过丰富、生动的形象来显现艺术品的丰富意蕴是中西美学与艺术共同的追求。

第四节 艺术的接受

一、艺术接受的核心仍是意象的生成,即重建

艺术存在之链的第三环节——艺术接受,本质上仍是一个意象生成的过程。接受者所欣赏的仍然是艺术意象,通过意象欣赏,接受者才能获得审美愉悦和艺术体味。

白居易浔阳江头夜听琵琶曲,深受感动。他说:"凄凄不似向前声,满座重闻皆掩泣。座中泣下谁最多?江州司马青衫湿。"这表明他接受了这件艺术品,因为他"出官二年,恬然自安;感此人言,是夕始觉有迁谪意"。商人妇以琵琶倾诉,激起了他强烈的共鸣。"觉有迁谪意",这个"意"是一种深深感受到曲中情感的体会,是一种艺术意象的指称。《列子·汤问》篇记载:"伯牙善鼓琴,钟子期善听。伯牙鼓琴,志在高山。钟子期曰:'善哉,峨峨兮若泰山!'志在流水。钟子期曰:'善哉,洋洋兮若江河!'伯牙所念,钟子期必得之。"这显示了钟子期所得是一种艺术意象,能感获、重建意象才能和艺术所创造的意象发生共鸣,才能接受艺术品,成为"知音"。必须指出,艺术接受中的意象是要靠再生成的,而非直接传递的。它需由接受主体意识运动所生成。因为艺术家心中的意象不能直接为接受者所感知、体验和欣赏,接受者须借艺术品为中介来接受艺术意象。"夫缀文者情动而辞发,观文者披文以入情"(《文心雕龙·知音》),观赏者须借于"文""辞"符号的诱导才能进入"情"——艺术的意象世界。可见,艺术品本身并非直接的艺术意象,它是艺术意象的符号化和物态化。它本身能给予接受者的,还只能是艺术意象的符号形式。接受者要获得意象仍然要靠自身的主体意识活动去生成。与艺术创造者不同的是,接受者的意象生成的契机来源于艺术品。艺术品的符号与意义的关系,导致了一个对符号的读解过程。符号形式提供了接受者借以获得意象的潜在可能性或暗示的轨迹(导向)。艺术品这个中介,即启动了另一个与艺术家的意象创造同样重要的艺术再生成的过程,在此过程中艺术被大大丰富了。

接受者在读解形式符号的过程中,根据符号的暗示而由自身的主体意识重建意象。因为艺术符号的特殊性,它对其意义的表达只能通过象征与暗示。这样,艺术接受者就不可能完全获得来自于艺术创造者的原始意象。《周易·系辞上》说:"子曰:书不尽言,言不尽意。"指出符号不能完全表达出主体的意义;而在艺术接受中,主体亦不能完全理解符号,这不是简单的理解力的问题,而是符号与意义的根本矛盾。所以,接受主体所感受的意象,不同于创造者所具体创造的意象,它是接受者根据符号提供的意象导向而重建的意象。当然,接受者重建的意象由于受艺术符号的暗示与引导,不能完全脱离原有意象的基础,不是一个与艺术家创造的意象毫无关系的新意象,二者之间基本是相通的。因此,意象的重建是艺术接受的核心问题,艺术接受中意象的重建实质就是艺术意象的重建。但这种重建,是受艺术家的意象创造所限制的。它是一种创造,但与艺术意象创造相比是低一层次的。这就是何以意象接受者多而艺术家少的缘由。

二、艺术接受的主体性

艺术意象的重建不只是艺术家创造的意象的简单复制,而是一个能动的再创造过程。艺术接受是艺术接受者主体的意识活动。

首先,艺术意象的再创造是审美对象在被接受过程中的现实生成。接受者不可能直接领悟到创造者的艺术意象,而是调动主体性因素对创造者提供的一个文本和形式符号进行意象的创造。那么,它的意象重建就是在文本的解读过程中的重建。而每个不同的接受者对文本的解读都是不同的。鲁迅谈《红楼梦》的解读时说:"单是命意,就因读者的眼光而有种种:经学家看见《易》,道学家看见淫,才子看见缠绵,革命家看见排满,流言家看见宫闱秘事……"他又说:"文学虽然有普遍性,但因读者的体验的不同而有变化。读者倘没有类似的体验,它也就失去了效力。譬如我们看《红楼梦》,从文字上推见了林黛玉这一个人。但须排除了梅博士的'黛玉葬花'照相的先入之见,另外想一个,那么,恐怕会想到剪头发,穿印度绸衫,清瘦,寂寞的摩登女郎;或者别的什么模样,我不能断定。但是去和三四十年前出版的《红楼梦图咏》之类里面的画像比一比罢,一定是截然两样的,那上面所画的,是那时的读者的心目中的林黛玉。"①可见,每个接受主体所理解的文本意义都有很大的主观性,而导致这主观性的原因在于文本解读、符号体验中的主体性因素,如意志、认知、情感想象力等的参与。王夫之《薑斋诗话·诗绎》中谈到《诗经》的接受时说:"作者用一致之思,读者各以其情而自得,故《关雎》,兴也。康王晏朝,而即为冰鉴。'訏謨定命,远猷辰告',观也。谢安欣赏,而增其遐心。人情之游也无涯,而各以其情遇,期所贵于有诗。"指出因主体性因素不同,读者得到了各自不同的读解。这里必须强调指出,接受者在艺术欣赏中所欣赏的审美对象,是他自己在读解文本基础上所重建的艺术意象。换言之,我们欣赏的审美对象,既不完全是作者创造时心中的艺术意象,因为接受者不可能直接感知到它;也不是艺术品,因为它只是提供了作者传达意象的形式符号,而是他在欣赏过程中重建的艺术意象,这个意象当然不是接受者凭空创造的,而是以艺术家的创造即艺术品形式符号所提供的意象暗示与导引为基础和框架的。但它毕竟是在接受者自己主体性参与下重建和再造的,而且就是在接受者的心理活动中生成的,是接受者的"心象"。所以,结论只能是:艺术的审美对象不是先在的艺术品,而是接受者在艺术的形式符号暗示和引导下,由接受者主体性的参与而在接受者的心理活动中重建生成的艺术意象。

其次,艺术接受的主体性,源于接受者不同的"期待视界"。西方接受美学认为,人自身的生理素质、文化教育、传统积淀以及所处的社会历史环境等,形成了每个艺术接受者在接触艺术之前的主体境况,包括其自身的敏感度、想象能力、文化基础、艺术修养、审美趣味以及传统影响、现实社会变化的影响因素等等,造就了接受者的接受眼光和特定的审美文化心理结构,即"期待视界"。它对于作品来说,是一种先在的结构。德国哲学家海

---

① 《鲁迅全集》第5卷,人民文学出版社1981年版,第531页。

德格尔认为,任何存在都是在历史环境中的存在,存在的历史性决定了理解的历史性。我们理解任何东西的意识,在理解之前都不是一片空白。阐释是以我们已经先有、先见、先把握的东西为基础的。这种"先在结构"决定和制约着我们在理解时进行着某种自觉或不自觉的选择和取舍。同理,艺术接受也受到主体先在心理结构、特点的"期待视界"的制约和引导,加之艺术品符号与意义的特殊关系,使"期待视界"在审美过程中具有更为广阔的活动空间和自由度。任何接受者对一件艺术品的欣赏都不可能完整地得到创造者的意象,同时不同接受者对同一件艺术品的接受也不可能完全相同,这都是由接受者的"期待视界"的不同决定的。

再次,艺术品形式的结构,是一个特殊的结构。波兰哲学家罗曼·英伽登认为,文学作品提供给接受者一个"图式化"的结构框架,其中有许多空白和不确定点,读者只有在一面阅读一面将它具体化时,作品的主题意义才逐渐表示出来。接受者对作品形式的读解具有时间性、延续性,他在这一时间的延续中展开主动的读解,进行重建意象的活动,并对作品形式结构不断进行期待、预测、判断和修正。可见,接受者重建意象是主体不断对艺术品提供的总体框架进行填补空白、揭示意义、参与创作的动态过程。这种主体参与创作的过程贯穿着欣赏的全过程。

最后,不但文学作品,一切艺术品皆然,其意象潜藏在复杂的结构系统中。艺术品只提供了一个较为模糊的、概括的总体形式框架,接受者只有通过主体性的参与,填补图式结构中的空白,使其不确定的意象确定下来,才能重建起具体的意象体系。

三、艺术品的鉴赏过程

接受者对艺术品的接受,不是一蹴而就的,而且也没有封闭的最终结果。艺术的接受是一个过程,对不同群体、不同时代的个体而言,都是如此。一件优秀的艺术品,在不同的时候对不同的接受者有不同的施予。

接受者所面对的艺术品是一个多层次的结构。拿语言作品来说,作品所运用的语言符号,本身就是一个多重的结构。但丁说:"我们通过文字得到的是一种意义,而通过文字所表示的事物本身所得到的则是另一种意义。头一种意义可以叫做字面的意义,而第二种意义则可称为譬喻的、或者神秘的意义。"[1]它首先有一个我们约定俗成的意义,一个字面的基本意义,然后它有第二层次的引申义、隐喻义,暗示着与基本意义相关的其他不那么确定的意义。又由于语言的语境因素,词还具有在语境中展现运用者独特体验的个性意义。而作品的结构安排,又使语言所构筑的整体的表面意义暗示着另一层丰富的意义,因而作品的意义是难以穷尽的。所以,对于接受者,也要求其对意义作层层深化的理解。同时,作品的意义不仅在层次上有由浅到深的关系,有的作品甚至有相互矛盾的意义,给不同的接受者相反的感受。

因此,接受者对艺术品进行意象的重建,并不是立即就得以完成的。第一,他在接受

---

[1] 但丁:《致斯加拉大亲王书》,见伍蠡甫主编:《西方文论选》上卷,上海译文出版社1979年版,第159页。

过程中犹如意象的孕育一样,有一个由朦胧到清晰的过程;第二,重建的意象,也会因为接受条件的变化而变化,接受情况的不同而不同。

故而,艺术的接受是个阶段性的过程。其中阶段性的变化,指的是接受者随着对艺术品的符号与意义之关系的深入发掘而导致的主体感受的变化。我们可以初步把这个接受过程分为三个阶段,即观、品、悟。

(一) 观

观是指接受者透过艺术的形式符号在直观层次上初步感受和重建意象。接受者开始接触艺术品,首先是初步了解艺术符号的意义,也许只了解到了字面的意义,也许已开始感受到表面意义后面的隐含意义。借此理解,可以初步在主体意识中形成不完整或粗浅的意象。在这样的主体意识中,接受者也许能直观地感受到美。《太平御览》引邓粲《晋纪》:"太子洗马郭讷字敬言,尝入洛观伎人歌,言佳。石崇问其曲,郭曰:'不知。'崇笑:'卿不识曲,那得言?'讷答:'譬如见西施,何必识其姓名,然后知美。'"对一件艺术品并不熟悉,可是凭着主体的艺术敏感力,也能直观地感到有美的存在,但在这种程度上,对艺术的感受毕竟是浅层的。有的接受者在这个阶段甚至不能感受到美。宋郭若虚《国画见闻志》记载:"唐阎立本至荆州,观张僧繇旧迹,曰:'定虚传名耳。'明日又往,曰:'犹是近代佳乎?'明日往,曰:'名下无虚士。'坐卧观之,留宿其下,十余日不能去。"阎立本初见张僧繇的画,没有体会到其中的好处,后来随着对其中意义发掘的加深,方体味到画中的真美。梅晦庵这样评价只了解文义的谈诗者:"谓公不晓文义则不得,只是不见那好处。如昔人赋梅云:'疏影横斜水清浅,暗香浮动月黄昏。'这十四字谁人不晓得?然而前辈直凭地称叹,识他形容的好,是如何?这个便是难说,须要自得他言外之意,须是看得他物事有精神方好……这个有两重:晓得文义是一重,识得意见好处是一重。"(魏庆之:《诗人玉屑·命意·晦庵沦诗有两重》)故而,直观地了解艺术品是不够的,必须有发展,正如朱熹说:"读书之法,既先识得他外面一个皮壳了,又须识得他里面骨髓方好。"(《朱子语类辑略》卷五)

(二) 品

对艺术品有了直观的了解后,必须将接受活动进一步展开与深化,才能使意象的重建得以实现,直观阶段,接受者的主体性尚未充分地调动起来,还未完全进入审美状态,因而对艺术品所蕴含的审美意义往往容易忽略。葛洪说:"夫文章之体,无难评赏。苟以入耳为佳,适心为快,是少知意味之九成,《雅》《颂》之风流也。"(《抱朴子外篇·辞义》)因为生活在日常社会中的人,不可能随时处在审美的期待状态中。日常的意识状态要转变成审美状态,需要凝神专注,仔细地体味才成。要实现这个转换,需要主体意识的积极参与,全神贯注,用志专一,静心体味。从作品这一方面来说,一件优秀的艺术品往往将其意味深深地蕴藏在形式符号之下,并不直露于外。清方薰在《山静居画论》中指出"画有初视平淡,久视神明者为上乘;有人眼为佳,转视无意者。"作品的这种符号与意义的关系,必然使接受者不可能凭一味直觉就立即把握其全部精髓,也正是这种作品才能将接受主体的意识充分调动起来。前面讲的张僧繇的作品就是这样。还有所谓"曲高和寡""知音难求"等,正反映了接受主体与作品之间的鸿沟。故而,接受者只有通过"品",才能跨过这条鸿沟。

"品"是指接受者根据各自的审美文化心理结构和经验,凝神观照,发挥想象力,细致地体味作品,充实、丰富、发展意象,使意象更具接受者的个性。可以说"品"就是意象的重建过程。接受主体进一步把握了形式符号的深层意义,在把握过程中把意象建立起来,丰富起来,完满起来。

古代艺术理论家认为,要品评艺术作品,除必须具备的丰富的艺术鉴赏经验外,当需"知人论世"。章学诚《文史通义·文德》云:"是则不知古之人也,不可妄论古人文辞也。知其世矣,不知古人之身处,亦不可以虚论其文也。"了解了作品的具体创作境况,然后对艺术品进行反复地解读,在解读中体味形式的细致变化,从中获得启发。所谓"人之愈深,其进愈难,而其见愈奇"(王安石:《游褒禅山记》)。这样,艺术品的中心意义就逐渐被发掘出来,同时主体意识中的意象也逐渐丰富。

(三) 悟

悟是主体对艺术品的意象品鉴渐入佳境后,终于升华为对意境的感悟。清薛雪说:"夫读之既熟,思之既久,神将通之,不落言诠,自明妙理。"悟是接受主体在意象重建中的灵感,主体的意识在"品"的过程中逐渐活跃起来,意象也一步步鲜明,终于,主体的意识在一瞬间升华为高度自由的境界。

主体在"悟"中终于克服了艺术品中符号与意义之间的矛盾,进而通过意象重建直接地把握了其内在意蕴。在这里,不是说接受主体的意象把握是对创造主体意象的简单复制。其直接把握的意义,指的是接受者也沿着符号形式进行意象创造而终于进入了意象世界,在意象世界中获得了主体意识的自由,从而真正沉浸在自由、活跃的审美状态中。接受者审美状态的获得是对创造者的呼应与共鸣,创造者的创造终于通过艺术品得到回应,艺术在这一瞬间获得了存在的意义。

由于接受主体完全进入意象世界,于是形式符号就被克服了。主体不再执着于符号的形式,而直接与艺术意象合而为一,进而直接领悟其意味。所谓"得意而忘象,得象而忘言",这就是悟,也就是艺术接受的最高阶段和理想境界。

应当说明,在实际的艺术接受活动中,接受者由于经验和素养水平的不同,及当时的艺术品质量与品位的不同,不一定都能达到"悟"的境界。可以说,观、品、悟三个阶段实为三个层次,在实际鉴赏中都存在,尤其前两层次更为普遍。因此,应当努力普及审美和鉴赏的知识,开展各种形式的艺术鉴赏指导活动,不断提高广大艺术接受者的审美文化水平和艺术素养,使更多人在欣赏中达到更高的阶段,进入"悟"的境界。

以上,我们以艺术意象的创造、凝定和重建为中心线索,分别从艺术创造、艺术品和艺术接受三个环节展开了论述。以上全部内容归结到一点,就是艺术的本体论的扫描,揭示了艺术存在于艺术创造→艺术品→艺术接受这样一个意象不断转换的动态流程中,论证了艺术的这样一个独特的存在方式。艺术就存在于斯,艺术的本质就存在于斯,艺术的审美特性就在于斯。

第五节 艺术的功能

(一) 艺术的功能是多元的

艺术的功能是通过接受者对艺术品的意象、意境的欣赏来实现的,包括审美、娱乐、消遣、认识、道德、教育、宗教感化、思想启迪、政治宣传、心理平衡、社会干预、文化交流、商业广告等多元功能。

艺术的审美功能指凭借艺术意象、意境的感染力、诱发力、震撼力来使接受主体在获得美感的同时获得审美愉悦,从而提高艺术素养,改善审美文化心理结构,拓展艺术鉴赏视野,增强艺术的想象力和敏感性。通过对艺术品提供的意象世界的欣赏、玩味,接受主体发现其中丰富多彩的美的形态,激发起内心的情感波澜,体验到那种人生情趣和意蕴,有时还可领悟到宇宙、历史的无限和永恒,从而获得畅神悦志的精神愉快——审美快感。

艺术的娱乐消遣功能主要指欣赏艺术品常常能使人们在紧张工作之余,获得一种精神性的放松和快怡,因而与游戏一样,成为一种娱乐的手段。如人们出差旅行,在飞机、火车上常读一些通俗小说来消磨时间,便起了娱乐消遣作用。听流行音乐,唱卡拉 OK 主要也是为了消遣和娱乐。

艺术的认识作用是指人们通过艺术品的欣赏,能从虚拟的意象世界背后获得对世界和历史的认识,可以了解到自己从未经历过的事物,从而增长识见,开阔眼界。如《荷马史诗》就提供了丰富的古希腊的历史资料,它把希腊民族"在整个历史阶段的意识方式,都要描绘出一幅图画",所以成为"认识希腊的民族精神和历史……最生动最单纯的资料来源了"[1]。恩格斯在谈到巴尔扎克的小说时指出,"他汇集了法国社会的全部历史,我从这里,甚至在经济细节方面(如革命以后动产和不动产的重新分配)所学到的东西,也要比从当时所有职业的历史学家、经济学家和统计学家那里学到的全部东西还要多"[2]。可见其认识价值之高。

艺术的道德教育功能是指通过艺术品的意象体系向接受主体显现和指示某种典范,以对其进行潜移默化的伦理、道德教育。如卢梭的教育小说《爱弥儿》,通过年轻的家庭老师的行为与学生的活动,对读者进行了打破陈规陋习、张扬个性的教育宣传;俄国作家列夫·托尔所泰的《复活》则通过主人公聂赫留朵夫的人生经历和心理历程,引导读者进行道德的自我完善。

艺术的宗教感化功能指以艺术品的形式描绘或再现宗教情绪或宗教故事,在接受者心中引起一种感化作用,如《圣经》中的许多故事,不仅感动了教徒,亦感动了许多非教徒,这些非人间的事例,在艺术品中却具有了精神渗透的作用。

艺术的思想启迪作用指艺术品所具有的对接受主体进行引导与启蒙的功能,如苏轼

---

[1] 《美学》第3卷下,朱光潜译,商务印书馆1981年版,第122页。
[2] 《马克思恩格斯全集》第37卷,人民出版社1971年版,第42页。

词《念奴娇·赤壁怀古》,以宏阔的气势,洗练的语言,向接受者昭示了深刻的人生哲理。"五四"运动时期鲁迅等先进作家都用自己的作品批判落后的国民性,揭露千年专制制度的"吃人"本质,张扬个性解放,起到了伟大的思想启蒙作用。

艺术的政治宣传功能,指借助艺术品这一形象化的传播媒介来宣传某些政治主张、观念、理论等,这主要不是指那些公式化、概念比、标语口号式的作品,一些优秀的作品也可以有政治宣传功能,如《子夜》,通过艺术家的刻画,令人信服地揭示了中国民族资产阶级的软弱性,宣传了中国革命必须由无产阶级领导这一政治观念。当代的一些优秀作品,也从不同角度起到了为改革开放鸣锣开道的作用。

艺术的心理平衡功能就是通过艺术品的欣赏、娱乐,使主体得到一种心理补偿和平衡。对浪漫幻想型的接受者而言,现实生活的平淡使他们感到厌倦,而科幻小说、浪漫小说给他们创造了一个幻想世界,能使他们获得某种程度的心理平衡。又如当人心境压抑时,观赏喜剧,一定程度上也可用笑冲淡郁闷,保持情绪的稳定。

艺术的社会干预功能,指艺术以自己独特的方式,感染接受者,影响他们参与改造社会的活动。如"五四"时期陈独秀、李大钊、胡适等人发表的新诗,就具有鼓动青年起来改造人生、变革社会的干预作用;《人到中年》这一小说,引起了领导人对中年知识分子问题的关注,制定了新的政策,这些都是艺术直接干预社会的实例。

艺术的文化交流功能,指艺术品作为文化的集中载体,通过各地区、各民族、各国家乃至全球性的互相传播,起到一种文化交流的作用。因为艺术往往负载着民族、国家的文化内涵,所以艺术交流,本质就是文化交流。在我国唐朝时与日本、朝鲜的文化交流中,诗的传播起了重要作用。

艺术的商业广告功能是艺术品的一种外围功能,在现今商品社会中,艺术品往往兼具审美与商品两重价值,商业广告功能即源于此。有的艺术品在意象创造中附带夹杂了一些商业广告因素,许多商业广告则借助艺术意象形态达到宣传效果。由此可见,艺术的功能是多元的,而不是单一的。

(二) 审美是艺术最核心的功能

1. 艺术的核心功能是审美

意象、意境在本质上是虚拟的、审美的,以意象世界作为核心的艺术品的首要功能只能是审美。艺术家创造艺术品,首要是创造意象,意象的生成,伴随着艺术创造的全过程。艺术意象的最根本的特征是它来自实在的世界却追求虚拟的审美效应。接受主体在对待艺术品这一精神产品时,首要的态度只能是对意象的态度,在作品的意象导引、暗示下,主体不断重构意象,趋向虚拟境界。这是一个超功利的、审美的过程,艺术在其中实现的也主要是其审美功能。同时,艺术意象的营构主要也是为了传达人类的审美经验,只有当人们欣赏艺术品时,艺术品所负载的审美经验才得以转移与传递,艺术的审美功能才算实现了,如张孝祥的词:

洞庭青草,近中秋,更无一点风色。玉鉴琼田三万顷,著我扁舟一叶。素月分辉,明河共影,表里俱澄澈。悠然心会,妙处难与君说。　应念岭表经年,孤光自照,肝胆皆冰雪。短发萧骚襟袖冷,稳泛沧溟空阔。尽挹西江,细斟北斗,万象为宾客。叩舷独啸,不知今夕何夕!

此词上景下情,清澈空灵的景与萧疏空阔的情交融,是情景合一的有意境的意象,读者从中能体验到一种超尘脱俗的审美心境、情趣和经验。在此,审美是艺术最核心的功能。

2. 艺术的多元功能须通过审美功能间接实现

前述艺术有许多非审美的功能,但这种种功能只有通过审美功能才能得以实现。因为艺术的核心是意象世界,艺术的种种非审美因素在作品中不能单独存在,只能体现在意象体系中,离开了意象,这种种因素就不再是艺术的有机组成部分,艺术的多元功能正是这些非审美因素在艺术欣赏过程中间接实现的。在鉴赏艺术意象的过程中,审美经验的传达始终是最主要的,但也不排斥消遣娱乐、认识效应、道德教育、思想启迪等功能同时发生。在张孝祥的词中,洞庭秋色的潇洒淋漓首先满足了接受主体心灵深处对这样一种审美情感的需求,同时通过体验创作主体的审美心境与心情,在词的境界中,忘掉自己现时现地的处境,纯化、净化自己的心灵并使之升华,获得思想的启迪。可见,说审美是艺术的首要功能,并不是说艺术的其他功能只能在审美功能实现之后才发生,而是说艺术的所有功能是以审美功能为核心而同时发生的;它们所起的作用必须借助于审美功能才能实现,因而其作用不是直接的而是间接的。罗马诗人贺拉斯所说的"寓教于乐",是指寓教育功能于审美功能中,通过审美功能的实现间接地实现教育功能。

(三) 审美在艺术诸功能中的首要地位

艺术的诸功能中,审美功能的首要地位是毋庸置疑的,但是,在实际生活中,审美功能却往往被人们忽略、遗忘,甚至有意贬低。在我国当代,"十七年"时期与"文革"期间,由于极"左"路线的干扰,艺术的审美功能遭到了曲解。虽然人们一般把艺术功能归结为认知、教育、审美三个方面,但在实际操作中,往往只重视教育、认识功能,而忽略审美功能;在某些情况下,甚至把艺术的政治宣传、教化功能提高到无以复加的程度,而审美的功能却被打入冷宫,成为可有可无的东西。艺术的认识、教育包括政治宣传功能当然不应忽视,因为如果只讲艺术的首要功能而无视艺术的其他诸功能的存在,易于导致艺术上的"唯美主义"或"艺术至上主义",这是危险的,它会使艺术脱离大众,远离现实,路越走越窄。但是,应当强调指出,在我国的艺术和审美实践中,忽视审美的不良倾向根深蒂固,影响更大。纠偏甚于防弊。总的说来,艺术的功能是多元综合的,诸功能之间又有首要和次要之分。它们必须以审美功能为核心,与其他诸功能相融合的、综合性的功能系统,任何颠倒、割裂这种主次、综合关系的观点都是片面的。

第六节 艺术的形态

艺术展示自身的形态是多种多样的,它展现为各种门类的艺术作品。对于艺术作品形态的划分以及各类艺术审美特征的研究,自古就是美学和艺术研究的重要组成部分。

许多重要的美学家都曾经提出过自己的艺术分类原则和标准。因此,我们需要首先简单地回顾一下历史上的艺术形态学研究,而后再提出我们自己的艺术分类标准,在此基础上再来分析各类艺术的审美特征。

一、艺术形态的划分标准

艺术形态学研究的第一步是确定艺术形态的划分标准。为此,我们首先必须掌握各类艺术的审美特性,从中发现它们相互间的联系与差异。在西方美学史上,亚里士多德的分类方法曾经产生过广泛而持久的影响。他认为,一切艺术都是对于现实的"摹仿",因此,可以根据各门艺术摹仿的媒介、对象和方式的不同而对其加以分类。① 从摹仿的媒介来看,绘画、雕刻等艺术用颜色、姿态来摹仿事物;音乐、舞蹈等则用音调、节奏来摹仿事物;而诗歌等文学艺术则用语言来摹仿事物。从摹仿的对象来看,有的艺术如悲剧摹仿比一般人好的人物;有的艺术如喜剧则摹仿比一般人坏的人物。从摹仿的方式来看,有的通过口述,如史诗;有的通过人物的动作,如戏剧表演。这种分类方式仍只是外在的和初步的,不能涵盖所有的艺术形式,也不能揭示各门艺术形式之间的联系。

从艺术的审美特征出发来确立艺术形态的划分原则,这是直到18世纪欧洲启蒙运动时期才出现的。法国美学家阿尔贝·加托首先注意到各门艺术在审美特性上的差异,并据此把艺术分为三种类型:美的艺术如音乐、诗、绘画、雕塑、舞蹈等,机械艺术,以及介乎其间,既有实用目的又使人获得审美愉悦的艺术,如建筑与修辞等。这种分类方法尽管很粗糙,但却考虑到了艺术作品给予人的审美感受的问题,因此仍是值得重视的。

德国古典美学家黑格尔为艺术的分类问题做出了重要的贡献。由于他把美看作"绝对理念的感性显现",所以,美的理念的形式与内容的辩证关系,就成为黑格尔划分不同艺术的出发点。他认为,这种辩证关系的演变是一个历史的过程,在此过程中先后出现了三种形式的艺术:象征型艺术、古典型艺术和浪漫型艺术。象征型艺术是人类最初的艺术形式,"在建筑里达到它的最适合的现实和最完善的应用";古典型艺术以古希腊的雕刻为代表,这也是人类艺术的最高成就;浪漫型艺术是近代的产物,它以"绘画和音乐作为它的独立的绝对的形式,诗的表现也包括在内"。② 黑格尔的划分方法把哲学的思辨与丰富的经验事实相结合,做到了历史与逻辑、理论与实践的统一,因此,在艺术形态学的发展史上具有里程碑式的意义。

现代西方的美学家们也从各自的立场出发,提出了各种不同的艺术分类原则。具体来看,有的美学家从主体的感觉器官如视觉、听觉出发来进行划分;有的则把艺术分为时间艺术和空间艺术;还有的把这两个标准结合起来。此外,有许多美学家从艺术与现实的关系出发,把艺术划分为摹仿艺术与非摹仿艺术、客观艺术与主观艺术、再现艺术与表现艺术等等。这些标准和原则的提出固然大大推进了艺术形态学的发展,但也造成了不可

---

① 亚里士多德:《诗学》,罗念生译,人民文学出版社1962年版,第3页。
② 黑格尔:《美学》第1卷,朱光潜译,商务印书馆1979年版,第114页。

忽视的混乱状态。

纵观艺术形态学的发展历程,划分艺术类型的标准尽管千差万别,但仍有内在的规律可循。从总体上来看,美学家们在划分艺术类型的时候,大致依据以下三种标准:第一种标准是艺术与现实之间的关系,亚里士多德的分类方法就是一个典型的例证。此外,近现代的美学家把艺术划分为主观的与客观的、再现的与表现的,也是在依据这一标准。第二种标准是艺术作品与欣赏者之间的关系。莱辛把艺术分为视觉艺术和听觉艺术就属此类。第三种标准则是艺术作品自身的存在方式。有些美学家把艺术划分为动态艺术与静态艺术、时间艺术与空间艺术,依据的就是这一标准。我们认为,第一种标准必然会陷入主观与客观、再现与表现的二元对立之中,而且容易忽视艺术作品的内在特征,导致把艺术混同于一般的现实生活。第二种标准完全依据欣赏者的接受方式和审美体验来划分艺术作品,显然也有片面性。而第三种观点则是从艺术作品的存在方式出发,是一种存在论或本体论的观点,我们比较赞同。据此,我们可以把艺术作品划分为时间艺术和空间艺术两种形态。前者包括了音乐、戏剧、舞蹈、文学、影视等艺术形式;后者包括建筑、雕塑、绘画、摄影等艺术形式。当然,这种划分只是相对的,因为从理论上来看,既然任何艺术作品的存在都离不开一定的物质材料,因此也就必然具有一定的空间性;而任何艺术的欣赏又必须把这种空间排列还原为审美经验中的时间意识。这就是说,任何艺术实际上都是时间与空间的统一。不过,就艺术作品的直接存在方式而言,仍然是有时间与空间之分的。

二、各类艺术的审美特征

在漫长的艺术实践过程中,各类艺术都形成了自己相对固定的审美特征。掌握这些特征,对于促进艺术实践的发展具有重要的意义。

那么,怎样才能完整地把握各类艺术的审美特征呢?我们认为,这种研究必须以我们对艺术作品一般结构的分析为依据,而后再来弄清这种一般结构在各类艺术中的具体表现。

(一)空间艺术

一般来说,空间艺术是直接诉诸人们的视觉的。这是因为,空间艺术的首要特点就在于它总是由一定的物质材料按照一定的形式规范在空间之中排列而成的。人们在欣赏这种艺术的时候,当然就必须首先通过自己的视觉活动,把握作品的空间特征。从这个意义上说,空间艺术的形式特征就显得十分重要。因此,我们在把握空间艺术的审美特征的时候,首先就必须弄清其形式规律。然而另一方面,任何艺术都必然要塑造一定的审美意象并表达一定的意蕴和内涵,空间艺术自然也不例外。

1. 建筑

建筑可以说是一种介于审美和实用之间的艺术形态。建筑被赋予一定的审美功能,正好反映了人类在满足物质需要的基础上追求精神需要的满足这一基本规律。简单地说,建筑艺术的审美特征体现在以下三个方面:

(1)建筑材料的审美性质。建筑艺术一定要依赖物质材料,为了满足建筑目的的要求,也出于审美的需要,建筑艺术家自然也会有意识地选择一些较有艺术表现力的材料。比如中国古代建筑喜欢在屋顶上使用一些颜色鲜艳的琉璃瓦,既有防风遮雨的实用功能,也有强烈的装饰效果,让人看上去感到赏心悦目。而西方的教堂也常常使用彩绘的玻璃,这既可以通过其神秘色彩而起到宗教上的作用,也具有不容忽视的审美功能。此外,各种建筑都经常使用花岗岩和大理石作为材料,既是为了发挥这种材料坚固耐用的特性,也是由于它们具有美丽的花纹和光滑的表面。总之,要想使建筑在实用功能之外兼有审美功能,选择一些具有装饰性的材料显然是一个有效而便捷的途径。

（2）建筑的形式结构。物质材料要想真正组合成一件完整的艺术品,还必须使它们之间的排列关系符合艺术作品的结构规律,优秀的建筑艺术总是能够使材料的排列显示出一定的风格和情调。欧洲中世纪的教堂一般都选用冷色调的石块,其内部空间显得十分空旷,屋顶形成一种尖锐的穹隆形,教堂的外观则是一种高耸入云的尖顶,整个建筑的风格十分鲜明,人们一观赏,就会置身于一种神圣而崇高的氛围之中,感受到精神上的无限性和超越性。而中国封建时代的四合院则是一种规范、封闭的建筑形式,井然有序地排列着正房与厢房,借以渲染出上尊下卑的等级观念和安静、迟缓的生活节奏,以及自给自足的生活情调。这些都表明,建筑艺术的外观和形式有着十分明显的思想意蕴和审美情调。

（3）由于建筑艺术一般都要占用较大的空间和场地,因此,建筑与周围环境的关系对其艺术上的价值有着直接的影响。这种关系常常对建筑艺术构成一种约束和局限,要求艺术家因地制宜,从整体格局出发,对自己的艺术构思做出调整。但如果艺术家能够巧妙地运用环境的因素,那就可能反过来极大地增加建筑艺术的审美效果。比如欧洲中世纪的许多城堡都修筑在险峻的山崖之上,在当时固然是出于防御和安全上的考虑,但今天来看,这些古堡与周围的环境显得格外协调,自然的美景与城堡的古意相映成趣,建筑的审美价值也随之大大地增加了。再如澳大利亚的著名建筑悉尼歌剧院之所以被称作建筑艺术的不朽之作,固然是由于剧院本身的造型别具一格、匠心独运,但我们也不能不看到,这座建筑与周围的环境十分协调。试想如果它不是坐落在大海之滨,而是处于闹市区,那么其价值必然大打折扣,那种如同船帆和海鸥翅膀一样的造型恐怕只会让人感到怪异和不可理解。环境对于建筑艺术来说并不仅仅是一种外部因素,在某种意义上,它也是建筑本身的一个必要组成部分。

2. 雕塑

雕塑是一种较为纯粹的艺术,雕塑艺术一经产生,就始终是为满足人们的审美需要服务的。对雕塑的审美要从以下几个方面展开:第一,物质材料,雕塑对物质材料的选择有更严格的要求。与建筑材料的多样性不同,雕塑所用的材料一般不外乎石质、木质等几种形式。当然,随着雕塑艺术的发展,艺术家们也在不断地寻求新的雕塑材料,比如现代雕塑常采用钢铁等工业材料,然而任何一种材料都必须符合雕塑的基本要求,如易于塑型、不易变质等。

第二,内容与形式之间的统一。雕塑之所以会对材料提出特定的要求,是因为只有这样艺术家才能较为自如地塑造一定的艺术形象,雕塑艺术也因此更能达到思想意蕴与外在形式的完美统一。黑格尔认为,"在雕塑里感性因素本身所有的表现都同时是心灵因素的表现,反之,任何心灵性的内容如果不是完全可以用身体形状呈现于知觉的,也就不能在雕塑里得到完满的表现"①。

第三,作为一种空间艺术,雕塑仍然要受到这类艺术一般特征的影响。既然雕塑是一种静止的空间结构,因此它就无法动态地展示一个完整的事件,而只能选取最有代表性的一个瞬间加以表现。如果艺术家选取的题材包含一定的动作,就必须设法以暗示的手法来化静为动。具体来说,就是要在动作发展的直线上选取某一点或动作期间的某一顷刻,这一顷刻必须是最富于暗示性的,能让想象有活动余地的,所以最好是动作达到高潮前的一瞬间。有时,艺术家为了弥补雕塑艺术在连续性上的缺憾,会以群雕的方式来连续地表现同一事件在不同时刻的发展状况,借以做到时间性与空间性的较好的统一。但无论如何,以静态的方式来暗示某种丰富的含义和意境,这应该是雕塑艺术的根本特征。

3. 绘画

绘画是在平面内营造空间的艺术,它以人的视觉为基础,捕捉对象的影像并将之展现在平面中。比起雕塑与建筑,绘画所运用的物质材料进一步减少了,一般有纸(画布)和水墨(颜料)。不过,这恰恰表明绘画对于物质材料的依赖性大大地减少了,而在艺术表现上的自由度也随之大为增强了。达·芬奇就曾经以此来为绘画辩护,他认为绘画"具有雕塑所得不到的无限可能性"②,因为绘画艺术可以表现一切事物,可以更充分地发挥艺术家的想象力和技巧。作为一门平面的艺术,视觉效果是绘画追求的最基本的审美效果,而视觉效果的传达则要靠绘画语言中的形、光、色、结构等要素,这些要素本身都是具有审美感染力的表象符号,不同艺术家运用它们的方式不同,就产生出各具个性的艺术作品。

绘画艺术的语言决定着我们对绘画进行审美的方式。在我国古代,有"观画之法,先观气韵,次观笔意、骨法位置敷染,然后形似"(《画鉴》)的说法。在西方,则有"探究作品功用、印证文化背景、衡量写实程度及分析形式构成"的"四问法"(《剑桥艺术史指南丛书·如何看画》)。这些理论说明,对绘画的欣赏首先要关注它的内在意蕴,前者讲的是看画主要看"气"——整个画面的生机活力,后者讲的是要注重作品的内容。因此人们欣赏绘画时往往先问"画的什么""画得像不像"。面对作品,费神地寻找故事情节、人物身份和相互关系,赞许的只是"画得真像"。其次要掌握绘画的基本语言的审美性质。线条、形式、构图、色彩、色调,画面的动感与空间感都构成绘画的基本因素。线条的质感与韵律,形式的象征性和组合关系,色彩的情感性和色彩间的组合关系,色调与主题的统一等等都体现着绘画的美。最后,画面内在的韵律,也就是动感的捕捉是绘画美的灵魂。它既指通过构图和造型形成的某种感觉效果,又指涵盖其他因素形成的画面整体精神。古代中国论画将"气韵生动"列为第一要义,强调画面的"活""生""畅",忌讳"滞""板"

---

① 黑格尔:《美学》第1卷,朱光潜译,商务印书馆1979年版,第107页。
② 《莱奥纳多·达·芬奇笔记》,郑福洁译,三联书店1998年版,第198页。

"僵",都体现了注重绘画表达万物生命与生机的审美倾向。在许多油画中,人物处在运动的瞬间状态,欣赏时,从画面静态的形象可以联想人物或事件的前因后果,增加对所描述情节的领悟。

在空间艺术的各种形态中,绘画最具有主观性和精神性,从而能够突破空间形态的局限。正是因为这样,绘画在某种意义上成了空间艺术与时间艺术之间的一种过渡形式。正如黑格尔所说的:"绘画最不同于雕刻和建筑,而较接近于音乐,形成了由造型艺术到音调艺术的过渡。"① 从我们的角度来看,所谓造型艺术实际上是空间艺术的代名词,而音调艺术(音乐)正可以作为时间艺术的典型代表。不过,绘画终究仍是一种空间艺术,这一点应该是没有任何歧义的。

(二) 时间艺术

如果说绘画是空间艺术中与时间艺术最为接近的艺术形态的话,那么在时间艺术中最接近空间艺术的却并不是音乐,而是戏剧这样的舞台艺术。这是因为,音乐艺术实际上是最不具有空间特征的一种纯时间性的艺术。而戏剧艺术则不同,它必须借助于一定的舞台空间,因此,我们对于时间艺术的考察自然也应该从戏剧开始。

1. 音乐

音乐是一种通过声音来传达思想感情的艺术。在各种艺术形式中,音乐是对物质材料的依赖程度最轻的,这使它成了一种与情感活动联系得最为紧密,也最具有动态色彩的艺术,从这个意义上说,音乐是最为纯粹的时间艺术。音乐的美由以下几方面构成:

第一,音乐所依赖的媒介就是声音,声音自身的质量决定着音乐的美感,同时,声音间的组合关系,各种音色的组合关系也决定着音乐的美。

第二,各种声音按照一定的节奏、旋律、和声等规范组合起来,就能够塑造出一定的音乐形象,表达一定的思想情感。不过,声音所构成的形象是十分模糊和宽泛的,这使音乐所表现的对象和思想显得极为抽象。有时,音乐似乎也能模拟某种实际存在的声音,比如钟声、马蹄声、鸟鸣声、流水声、松涛声,等等,借以唤起人们的想象和联想,并把某种具体的场景或事物烘托出来。比如《梁祝》中的尾声《化蝶》就很容易让人联想到蝴蝶在花丛中翩翩起舞的情景。有些音乐的标题能够在一定程度上引导听众的感觉和想象,比如贝多芬的《英雄》《命运》《田园》等交响曲就属此类。不过,即使是在这些作品中,标题也只是一种十分概括和抽象的提示,这远不能具体地决定我们对每一个乐音和旋律的理解与感受。实际上,音乐所表现的就是某种情绪状态和情感体验。尽管我们不能在音乐的意境与现实事物之间找到准确的对应关系,但这两者所唤起的情感体验却必然是一致或相近的。因此,音乐形象尽管变动不居,却也绝不是什么抽象的理念,而是某种特定的情感和审美意境。

第三,音乐的另一个显著特征在于,对音乐作品的欣赏必须以表演者的演奏为中介。从某种意义上说,作曲家和演奏者都是音乐作品的作者,他们共同为听众提供了欣赏的对

---

① 黑格尔:《美学》第3卷上,朱光潜译,商务印书馆1979年版,第229页。

象。演奏活动对于音乐欣赏来说是必不可少的,我们在欣赏音乐时所把握到的只能是演奏家所诠释出来的东西,而不是作曲家所创作的原始作品。往往是演奏者对作品的理解和表达构成了音乐艺术的现实存在方式。

第四,从音乐艺术的形态学特征上来说,它是完全动态的艺术。在其他任何艺术形式中,我们都可以或多或少地通过视觉直观地把握到某种固定和静止的艺术形象,即使对于文学作品来说,语言的排列组合方式也具有某种美学效果。唯独对于音乐作品来说,我们只能通过自己的听觉来把握不断变换着的节奏和旋律,在自己的时间意识中重新组合出较为完整的形象和意境,节奏与旋律之间的动态变化是音乐美的重要组成部分。因此,音乐艺术最鲜明地表现了时间艺术的根本特征。

2. 戏剧

从戏剧的存在方式来看,它实际上综合了建筑、雕塑与绘画等空间艺术的基本特点,只不过它把这些空间艺术的基本元素展现在了一种动态的时间进程之中。戏剧的舞台本身就是一件建筑艺术的作品,而戏剧中的人物在某种意义上也可以看作一些富有生命的雕塑,有时人物出于剧情的需要还会有意识地设计出某种瞬间的造型,这时它与雕塑的相似性就更加明显了。除此之外,舞台上的背景实际上也是一幅绘画作品。因此,戏剧实际上综合了时间艺术与空间艺术的共同特征。不过,从总体上来看,戏剧艺术的根本特点仍然是它的时间性。这是因为,自古以来,戏剧的主要目的就是要表现一种动态的事件和情节。亚里士多德早就指出,"悲剧是对一个严肃、完整、有一定长度的行动的摹仿"①,黑格尔也说过,"戏剧把一种本身完整的动作情节表现为实在的,直接摆在眼前的"②。这一点可以说至今仍是戏剧艺术的根本特征。

由于戏剧艺术具有某种综合性的特点,因此它所依赖的媒介和形式也是多种多样的,戏剧美的表现也是多样的。第一,媒介自身的审美作用,各种艺术的媒介和材料都可以合理地运用在戏剧艺术之中。不过,戏剧艺术对于媒介有着自己特定的要求。具体来看,演员的身体和各种道具是戏剧必不可少的物质材料,而语言则是戏剧运用的主要符号形式。因此,舞美、演员的表演和道具、戏剧对白等都是戏剧美的组成部分。由于戏剧是时间艺术,所以所有这些部分都必须体现为动态性,必须和整个戏剧的动态性统一起来,和戏剧情节的要求与发展统一起来。

第二,戏剧既然表现的是一个动态的事件,其结构自然也就具有相应的特点。一般来说,戏剧的情节结构总有一个从开端、发展,再到高潮和尾声的变化过程,这种安排的目的就是为了使戏剧中的事件显得完整与统一。也就是说,戏剧的结构方式要求剧中的任何事件都必须成为一个有机整体中的部分。亚里士多德就已经发现了戏剧艺术的这一特征。他的思想在近代还被新古典主义者布瓦洛概括成了所谓"三一律",即要求戏剧必须做到时间、地点、事件的严格统一。戏剧艺术在结构上的统一性同样是相对而言的,只要

---

① 亚里士多德:《诗学》,陈中梅译,商务印书馆1996年版,第63页。
② 黑格尔:《美学》第3卷下,朱光潜译,商务印书馆1979年版,第241页。

这种统一能够使动作和情节构成一个整体,并且成功地表达出作品的主题和意蕴,就可以说已经完成了戏剧艺术的使命。

戏剧艺术有时还可以与其他艺术的因素综合起来,从而构成一些新的艺术形态,比如戏剧与音乐的综合就产生了歌剧;戏剧艺术抛开舞台的限制,与摄影、蒙太奇等现代艺术手法相结合,则产生了新兴的影视艺术,如此等等。这些艺术形式在一定程度上仍然保留着戏剧艺术的基本特征。

思考题

1. 简释下列各范畴:
(1) 游戏说;(2) 集体无意识;(3) 模仿说;(4) 形式;(5) 表现说;(6) 有意味的形式;(7) 符号说;(8) 载道说;(9) 娱乐说。
2. 试述艺术作品的存在方式。
3. 什么是意象?意象是如何生成的?
4. 意象有哪些主要类型?
5. 艺术作品中的审美意象是如何物态化的?
6. 艺术意象主要有哪些特征?
7. 天才的艺术家有哪些特征?
8. 什么是灵感?
9. 谈谈你对艺术技巧作用的看法。
10. 试述艺术品的层次结构。
11. 在艺术作品的接受过程中,欣赏者是如何实现意象的重建的?
12. 谈谈你对艺术品的鉴赏过程的理解。
13. 试述艺术中审美功能的作用及其意义。
14. 谈谈艺术分类的主要原则。
15. 谈谈各门艺术的审美特征。

第六章 审美教育论

审美作为一种自由自觉的实践，贯穿人生的始终，造就审美的人生。生活中到处都有美，到处都有美的创造。在漫长的岁月里，人们在自然界、社会生活和艺术领域中进行着各种各样的实践活动，创造着自然美、社会美与艺术美等，还要通过美育，实现自身的美化。美育，有广义和狭义之分。广义的美育，泛指自觉和非自觉的一切审美活动本身所具有的感染人、影响人、陶冶人的教育功能，以及社会、学校或家庭有意识地利用审美的特点对人进行塑造的种种教育活动。狭义的美育则专指与智育、德育、体育并列的一种独特的教育方式。在21世纪的今天，人们的物质生活极大丰富，而精神生活却日趋贫乏，人的片面发展凸显为社会问题，人们日益增长的美好生活需要和不平衡不充分的发展之间的矛盾，成为社会主要矛盾。在新时代，高扬美育这面旗帜具有重要的现实意义。

第一节 美育思想源流

一、中国美育思想简述

"美育"一词的出现在中国美育思想史上相当晚近，但中国美育思想的源头，却可以追溯到两千多年前的先秦，那时，美育的基本内涵一般蕴含在"乐教""诗教"思想中。上古的美育意识从自发到自觉，在诗、歌、舞一体的"乐"中表现得尤为明显。到西周时代的庠序之教，已经将礼、乐并列纳入。当然那时的"乐"对人的感化远不限于学校对孩童的启蒙，而是对全社会朝野上下、男女老少的全面感化。因此，当时的"乐"的美育作用不只是在教育之中。《乐记》中就已经开始强调美育潜移默化的感染功能，到王夫之又继承上古以降的"习与性成"思想，强调日积月累的长期感化。而近代的王国维、梁启超和蔡元培等人，则在借鉴西方、体现时代要求和建立全球视野下的中国美育观方面，给我们提供了宝贵的探索经验和思想资源。

"育"，本于毓，像母产子状，生的意思。《周易·渐卦》："妇孕不育，凶。"引为养之使长。《诗经·大雅·生民》："载生载育，时维后稷。"这主要指形体上的育，后来才引申为精神上的"使之作善"，如《周易·蒙卦》："君子以果行育德。"因此，这时的"育"，不仅指育其身，还指育其德。《孟子·告子下》有"尊贤育才，以彰有德"，其"育才"乃指智育。因此，在中国传统思想中，育后来便有两方面的意义。一是它的本义的引申，指其身，尤指使人体格强壮，健康成长，这是今天所说的广义的体育。二是它的引申义，指育其心，包括今天的德育、智育、美育，亦即使人智力发达、思想健康、情操高尚。这种把自然与社会贯通起来育人的看法，本身就是审美的思维方式在语言中的表现。

中国古代以乐感化的传统,最早可以追溯到传说中的舜的时代。《尚书·舜典》云:"夔!命汝典乐,教胄子,直而温,宽而栗,刚而无虐,简而无傲。诗言志,歌永言,声依永,律和声。八音克谐,无相夺伦,神人以和。"上古时期的诗、歌、舞蹈、音律等各种艺术交融在一起,"乐"是诗、歌、舞的统称,开始成为自觉的美育的主要形式。在社会功能上,古代社会中礼乐一体,音乐对于维护宗法制度和社会的等级秩序具有特殊意义,因而历代的统治者都十分看重音乐的社会功能,特别强化其政治作用,音乐被认为是教化民众、治邦安国不可或缺的一种重要手段。礼乐在社会中的广泛作用及其特殊地位,决定了它必然会成为教育中一项重要的内容。西周时期,礼乐便纳入当时的学校教育。后来朱熹在《诗集传序》中对此作了这样的描述:"昔周盛时,上自郊庙朝廷,而下达于乡党闾巷,其言粹然无不出于正者。圣人故以协之声律,而用之乡人,用之邦国,以化天下。"他认为周代统治者已经重视诗、乐的教化作用,以使民风淳朴、国家安泰。

《左传》中季札观乐时,非常推崇《颂》,认为它"五声和,八风平,节有度,守有序,盛德之所同也"。颂乐中各种感情互为对立而又不走向极端,达到了和谐统一、"至矣"的境界。早在此时,"和"作为美育的最高理想,已经进入国人的观念。《国语·郑语》中提到"和实生物,同则不继",把"和"与"同"严格区分开来,"和"是各种事物多样性的统一。晏婴也曾用烹调来比喻说明,必须"济其不及,以泄其过",多种因素相辅相济,才能达到和谐。这种中和的思想后来对我国的美育产生了极大的影响,尤其表现在儒家的美育观里。

到了先秦儒家,审美活动包括艺术活动的目的,则多指实现以下两种和谐:一为天人关系的和谐,一为人际关系的和谐。这在《乐记》中表现得尤其明显。《乐记》则把天地的阴阳化生视为宇宙间最大的乐。"天地䜣合,阴阳相得,煦妪覆育万物"(《乐记·乐情》),乃说天以气育(煦)万物,地以形覆育(妪)万物。由此推及音乐对人的感化,也与天地(包括阳光、水分和养料)覆育万物一样,使之生机勃勃,健康成长。这种以情动人的音乐感化作用便是美育。在天人关系上,本来乐所表现的是天地之和,并"与天地同和"。《乐记》首先认为,天地的自然相合,阴阳的有机统一,进而覆育万物,是人间最大的"乐",可促进万物随之生长、勃兴。而人作为天地整体中的有机部分,从本质上与宇宙精神是一致的,是天地和谐的一部分。因此,人们作乐,首先就是为了体现天地之和,并使人自身得到调节,从而"合同而化"。以这种天人关系为前提的人际关系,通过乐化,可以调节人们的心理,使"刚气不怒""柔气不慑",从而达到一种异文合爱的和睦状态,并使君臣"和敬",长幼"和顺",父子兄弟"和亲"。

从《乐记》开始并逐渐发扬光大的一个重要思想,认为乐和其他艺术具有潜移默化的感化特征。《毛诗序》强调"风以动之",认为作品对人的感化像是风的吹动那样,触动人的心灵,强调了艺术感动的潜移默化特征。董仲舒认为:"乐者,所以变民风,化民俗也,其变民也易,其化人也著。故声发于和而本于情,接于肌肤,臧(藏)于五内。"他们认识到乐对于人心的作用,从而成立乐府,观察民风民俗,用乐府诗歌来感化人心,达到移风易俗、维护统治的作用。

《淮南子·泰族训》中有一段比方,正可说明美育当顺应人的本性而进行感化的原理:"夫物有以自然,而后人事有治也,故良匠不能斫金,巧冶不能铄木;金之势不可斫而木之性不可铄也。埏埴而为器,剖木而为舟,铄铁而为刃,铸金而为钟,因其可也。"审美教育对人的塑造也同样如此。孔子赞赏《关雎》"哀而不伤,乐而不淫",认为"过犹不及",讲究中庸之道。《中庸》:"中也者,天下之大本也;和也者,天下之达道也。致中和,天地位焉,万物育焉。"儒家美育的目的就是中和,"故乐行而伦清,耳目聪明,血气和平,移风易俗,天下皆宁"(《乐记·乐象》)。这正是儒家所要求的艺术感化的效果,正是因人的本性而进行疏导的结果。

建安时期,徐幹首次提到了"美育"一词:"美育群材,其犹人之于艺乎?"(《中论·艺纪》)这里的美育和今天所说的美育概念虽不尽相同,而且美育是一个偏正词组,但它基本上还是指用礼乐为主的先王之教来培养文质兼备的君子。美育仍是道德教化的工具,和德育不可分割,由统治者自上而下推行的。魏晋时期是人性觉醒、个性发展的时代,审美也开始摆脱礼法的束缚,直接发现了山水之美,欣赏人的个性之美,美育也因此拓展了疆界,有了自己的范围,而不再只是教化的一部分。这时的人们纵情山水,开阔了胸襟,体味到"畅神"的愉悦;发掘了自己的深情,对朋友、亲人都满怀深情,所谓"情之所钟,正在我辈"(《晋书·列传·王衍》),深化了对人生宇宙的认识。美育逐渐与道德教化有了不同的内涵和领域,呈现出不同的风貌。

美育实现目标的过程,便是朱熹"消融查滓"的过程。朱熹在解释孔子的"成于乐"时说乐教的作用仍在于消融渣滓。《朱子语类》卷三五:"查滓是他勉强用力,不出于自然而不安于为之之意,闻乐则可以融化了。"《朱子语类》卷四五:"查滓是私意人欲,天地同体处如义理之精英,查滓是私意人欲之未消者。人与天地本一体,只缘查滓未去,所以有间隔;若无查滓,便与天地同体。"人因私意人欲,违背自然规律的念头等渣滓而使生存状态欠佳,于是可以通过美育泄导人情,消融渣滓,实现天人和人际和谐,以此提升人格,完善人生。这种说法,类似于亚里士多德关于悲剧效果的"净化"思想。

明清时期的美育思想主要体现在当时的小说、戏曲论著中。金圣叹要求读者能够见文观心。他说:"见文当观心,见文不见心,莫读我此传"(《水浒传》第五回夹批)。文心之把握,比揣摩文字更进一步,是对言与意之深层关系的体悟,同时,见文以观其心,亦体现心物交融之审美体验,历来为中国古典美学所推崇;李渔强调戏曲之情、文、风兼备:"……卜其可传与否,则在人事,曰情,曰文,曰有裨风教。情事不奇不传,文词不警拔不传,情文俱备而不轨乎正道,无益于劝惩,使观者听者哑然一笑而遂已者,亦终不传"(《笠翁文集·香草亭传奇》)。在这里,李渔指出戏曲要情节离奇,文词警拔,有益于道德教化,三美俱擅。

中国的社会发展决定了美育不可能在封建时代获得独立的地位,而只能是一种依附性的存在。直到近代,由于王国维、蔡元培等人的倡导,美育才成为一门独立的学科。

率先把"美育"一词引入中国的是蔡元培。1901年他在《哲学总论》一文中就用到了"美育"概念,是中国近代以倡导美育著称的学者。因他先后担任过教育总长和北京大学校长等教育界的领导,故他的美育思想在近代最具影响力。首先,蔡元培把美育看成审美理论在教育中的运用,如他曾说:"美育者,应用美学之理论于教育,以陶养感情为目的者也。"①但同时强调了美育的目的在于陶养感情。他在《美育与人生》中说:"人人都有感情,而并非都有伟大而高尚的行为,这是由于情感推动力的薄弱。要转弱而为强,转薄而为厚,有待于陶养。陶养的工具,为美的对象;陶养的作用,叫做美育。"他曾说:"纯粹之美育,所以陶养吾人之感情,使有高尚纯洁之习惯,而使人我之见,利己损人之观念,以渐消沉者也。"其次,以美育的方式陶冶人的性情,净化人的心灵,这本身既是方式,也是目的。他还说:"美育之目的,在陶冶活泼敏锐之心灵,养成高尚纯洁之人格。"②在《二十五年来中国之美育》中说:"美育的名词,是民国元年我从德文 ÄstheticheEriehung 译出,为前所未有。在古代说音乐的,说文学的,说书画的,都说他们有陶冶性情的作用,就是美育的意义;不过范围较小,教育家亦未曾作普及的计划。"③再次,美育是自由的、进步的、普及的,他在倡导"以美育代宗教"的时候,他拿宗教与美育作比较:"一、美育是自由的,而宗教是强制的;二、美育是进步的,而宗教是保守的;三、美育是普及的,而宗教是有界的。"④最后,他还把美育看成提升人生价值的途径和激发创造力的动力。在 1912 年 1 月发表的《对于教育方针之意见》中,蔡元培说:"提出美育因为美感是普遍性,可以破人我彼此的偏见;美学是超越性的,可以破坏生死利害的顾忌,在教育上应特别注重。"他认为美育可以突破个体私利的束缚,成就自由无碍的人生。

梁启超是中国近代美育思想的另一位先驱者。他的美育思想因他本人的社会地位和思想影响力而颇受时人重视。他虽然沿袭西方"美育"概念的含义,把美育视为一种教育,但他结合实际的具体论述却超越了这一点。首先,他认为美育是一种"趣味教育",这趣味对人的感发和影响,显然不同于一般的强制教育。他明确提出他的美育观与欧美的美育观是不同的:"他们还是拿趣味当手段,我想进一步,拿趣味当目的。"⑤拿趣味当手段,是教育的一种方法,借用趣味以强化教育的效果,而拿趣味当目的,才是真正的美育。美育自身有着独立存在的价值,而不是一般教育的工具,不是止咳糖浆里的糖。梁启超在这里恰恰道出了美育不同于一般教育的独特性。其次,他有时还把"美育"称为"情感教育",强调其动之以情的特性。他认为:"情感教育的最大利器就是艺术。音乐、美术、文学这三件法宝,把'情感秘密'的钥匙都掌住了。"⑥在梁启超那里,情感是天下最神圣的,"天下最神圣的莫过于情感",情感"是人类一切动作的原动力"。⑦最后,在梁启超那里,美育是通过情感去感化别人,如同春风化雨,滋润着人们的心田。在《论小说与群治之关系》中,他把小说对人的感化作用看成熏、浸、刺、提四种力,强调其潜移默化的熏陶、感染

---

① 《蔡元培美学文选》,北京大学出版社 1983 年版,第 174 页。
② 同上书,第 169 页。
③ 《蔡元培选集》上卷,浙江教育出版社 1993 年版,第 312 页。
④ 《蔡元培美学文选》,北京大学出版社 1983 年版,第 179 页。
⑤ 《趣味教育与教育趣味》,《饮冰室合集》文集第 13 册。
⑥ 《中国韵文里头所表现的情感》,《饮冰室文集》卷三十八。
⑦ 同上。

和激发、提升功能,同样也是美育功能的含义。特别是其中的"熏"与"浸":"熏也者,如入云烟中而为其所烘,如近朱墨处而为其所染","浸也者,入而与之俱化者也"。(《饮冰室文集》卷十)在这里,梁启超强调了小说熏陶和感化的一面,正是他的趣味教育观的补充。

王国维则把西方的美育理论较为全面地介绍到中国来。在 1903 年 8 月第 56 号《教育世界》上,王国维发表了《论教育之宗旨》一文,将美育与德、智、体三育并称"四育"。虽然王国维沿用西方的美育称谓,将美育作为教育的一种加以论述,但毕竟已经注意到美育不同于一般教育的特殊性。在当时国家积贫积弱、人们精神空虚、无所寄托的社会背景下,特别是在那吸食鸦片又屡禁不止的环境中,王国维提出实施美育,以促进国民的高尚趣味和健康情调,发展国民的新精神。他特别强调繁荣文学艺术,以满足人们的精神需要。他说:"美育者,一面使人之情感发达,以臻完美之域,一面又为德育和知育之手段,此又为教育者所不可不留意也。"[①]他甚至认为,美育"即情育"也。王国维认为,美育能陶冶人的性灵,丰富、发展人的情感,培养起人们的审美鉴赏力和创造力;同时又能成为德育、智育的手段,促进德育和智育的实施和发展。这一方面强化了美育的情感感化功能,另一方面又把它作为智育和德育的工具,显示出美育以情感为动力的感性特征的魅力。

总而言之,美育成为一门学科在中国虽然历史短暂,但作为一种"化育"的思想却有其源远流长的传统。

二、西方美育思想简述

古希腊罗马是西方文化和文明的发源地,也是西方美育思想的最早开端。在古代雅典的教育中,美育占有相当重要的地位。从幼儿教育到成人教育,从学校教育到社会教育,无不贯穿并渗透着美育的内容。在当时由私人开办并收取学费的初级学校——文法学校和琴弦学校中,诗歌与音乐都是学生学习的重要内容。即使当学生十二三岁升入体操学校,集中进行竞走、跳高、角力、掷铁饼、投标枪等竞技活动的专门训练时,音乐仍是不可或缺的重要内容。他们在进行各项体操训练时,常常辅之以箫笛琴弦各种乐器的伴奏,把体育与美育有机地融合在一起。这种教育具有较为全面和完整的特点,它是把培养身体和精神两方面都美的人作为主要的宗旨。在古代雅典,注重美育,可以说是一种普遍的社会风尚,诗歌、音乐、舞蹈、戏剧、体育竞技构成了他们社会生活和文化活动中极为重要的内容。"在雅典,文学和音乐的教育是和公共的宗教节日联系着的。每一年中,这种节日大约有六十次。一些主要的节日不但以游行队伍、体育比赛和竞技,而且还以公众合唱和戏剧表演来庆祝。每一节日都有新的剧本上演,作家们也在热烈竞争之中。"[②]还有大家所熟知的,雅典时期,在各种体育比赛中,运动员们无论男女都裸体上场,体育盛会同时又是人体美盛会。这种独特的社会习俗和文化氛围本身就具有十分显著的美育性质和意义,它们既是古希腊人生活实践的重要组成部分,又包含着大量的美育实践,也是古希腊

---

① 《中国近代教育史料》下册,人民教育出版社 1961 年版,第 1008 页。
② 海斯、穆恩、韦兰:《世界史》上,三联书店 1975 年版,第 151—152 页。

美育思想得以产生和形成的深厚的社会基础。此外,"自由"也是我们在谈古希腊美育之前应该涉及的一个重要概念。德国艺术史家温克尔曼在分析古希腊艺术之所以能取得高度繁荣的原因时曾经指出:"就希腊的政治体制和机构来说,古希腊艺术的卓越成就的最主要的原因在于自由,在希腊,自由随时都有它的宝座","由于自由,全民族的思想得到提高,有如干强枝茂","正是自由……在人初生时仿佛就已播下了高贵性情的种子"。[①] 古希腊这种特殊的社会、文化土壤便造成了古希腊美育活动和美育思想的极其兴盛和发达。

在西方,最早明确谈到审美教育的是柏拉图。首先,通过审美教育可以陶冶人的心灵。柏拉图认为必须从幼年起就对人施行严格的教育,这是因为,"一个儿童从小受了好的教育,节奏与和谐浸入了他的灵魂深处,在那里牢牢地生了根,他就会变得温文有礼;如果受了坏的教育,结果就会相反。一个受过适当教育的儿童,对于人工作品或自然物的缺点也最敏感,因而对丑恶的东西会非常反感,对优美的东西会非常赞赏,感受其鼓舞,并从中吸取营养,使自己的心灵成长得既美且善"[②]。至于怎样才能使儿童从小就受到良好的教育,柏拉图在总结古希腊教育实践的基础上,明确提出"这种教育就是用体操来训练身体,用音乐来陶冶心灵"[③]。在柏拉图看来,"用故事来形成儿童的心灵,比起用手来形成他们的身体,还要费更多的心血"[④]。可见,柏拉图是想通过情趣健康、高尚的文艺作品来对青少年施教,培养和陶冶他们的心灵。其次,艺术作品的影响既有正面的也有负面的。柏拉图认为艺术起源于摹仿,并潜移默化地影响到欣赏者的摹仿,因此艺术作品中的淫秽内容会把人们教坏。但同时,如果作品中摹仿一切好的人物和行为,又会对人们产生积极的影响。他说:"我们不是应该寻找一些有本领的艺术家,把自然的优美方面描绘出来,使我们的青年们像住在风和日暖的地带一样,四围一切都对健康有益,天天耳濡目染于优美的作品,像从一种清幽境界呼吸一阵清风,来呼吸他们的好影响,使他们不知不觉地从小就培养起融美于心灵的习惯吗?"[⑤]最后,柏拉图很重视音乐教育。他认为"音乐教育比其他教育都重要得多",因为"节奏与乐调有最强烈的力量浸入心灵的最深处,如果教育的方式适合,他们就会拿美来浸润心灵,使他也就因而美化,如果没有这种适合的教育,心灵也就因而丑化"。"受过良好的音乐教育的人可以很敏捷地看出一切艺术作品和自然界事物的丑陋,很正确地加以厌恶;但是一看到美的东西,它就会赞赏它们,很快乐地把他们吸收到心灵里,作为滋养,因此自己性格也变成高尚优美"。[⑥] 这里,柏拉图是把音乐作为一种艺术美来看待的。音乐教育广义地应该归结为审美教育,柏拉图自己曾说,"音乐应该归宿到对于美的爱"[⑦]。

[①] 朱光潜:《西方美学史》(上),人民文学出版社1963年版,第304页。
[②] 柏拉图:《理想国》,郭斌和、张竹明译,商务印书馆1986年版,第108页。
[③] 同上书,第70页。
[④] 柏拉图:《文艺对话集》,朱光潜译,人民文学出版社1980年版,第22页。
[⑤] 同上书,第62页。
[⑥] 同上书,第62、63页。
[⑦] 同上书,第65页。

亚里士多德是继柏拉图之后又一位重要的思想家,其美育思想也颇为丰富。亚里士多德并不否定人的情欲,他认为美育的特殊作用就在于能够通过理性对感性加以节制和净化。他在阐述悲剧的效果时,认为悲剧有一种"净化"作用,这种借怜悯与恐惧使情感得到净化也是一种情感的陶冶。他在《政治学》卷八《论音乐教育》中也曾谈到音乐的净化作用:"某些人特别容易受某种情绪的影响,他们也可以在不同程度上受到音乐的激动,受到净化,因而心里感到一种轻松舒畅的快感。因此,具有净化作用的歌曲可以产生一种无害的快感。"①亚里士多德强调艺术净化心灵的教育功能,但他是将艺术的审美(即愉悦的精神享受)功能与净化心灵的教育功能有机地统一起来,他认为:"消遣是为着休息,休息当然是愉快的,因为他可以消除劳苦工作所产生的困倦。精神方面的享受是大家公认为不仅含有美德因素,而且含有愉快的因素,幸福正在于这两个因素的结合,人们都承认音乐是一种最愉快的东西,无论是否伴着歌词。"②这同时将艺术陶冶心灵的作用与道德教育区别开来,对古罗马贺拉斯的"寓教于乐"有一定的影响。

贺拉斯在关于美育与德育、艺术教育功能与娱乐功能的关系问题上有深刻的思考。贺拉斯在谈到文艺的功能时,提出了著名的"寓教于乐"的原则,认为文艺必须具有以下三个方面的特性:一是真实性,艺术的内容必须真实可信、合情合理;二是形象性,艺术表现要具体可感;三是情感性,艺术要有魅力,能够以情感人。这种寓教于乐的原则实际上是美育和道德教育的统一,同时又符合文艺的规律,要有魅力,直接给人以感动。此外,贺拉斯还认为:"一首诗仅仅具有美是不够的,还必须有魅力,必须能按照作者愿望左右读者的心灵。"③在他看来,文艺的教育功能与娱乐功能不应该是彼此游离、相互外在的关系,而应该水乳交融、有机地统一在一起。"诗人的愿望应该是给人益处和乐趣,他写的东西应该给人以快感,同时对生活有帮助。在你教育人的时候,话要说得简短,使听的人容易接受,容易牢固地记在心里。……如果是一出毫无益处的戏剧,长老的'百人连'就会把它驱下舞台;如果这出戏毫无趣味,高傲的青年骑士便会掉头不顾。寓教于乐,既劝谕读者,又使他喜爱,才能符合众望。"④

在随后的中世纪里,美育被纳入宗教的范畴,心灵的净化成为信仰上帝的根本途径。正如中世纪基督教美学的奠基人普罗提诺所说:"心灵一旦经过了净化,就变成一种理式或一种理性,就变成无形体的、纯然理智的,完全隶属于神,神才是美的来源,凡是和美同类的事物也都是从神那里来的。"⑤中世纪中后期,世俗文化深入神学,古希腊罗马的"七艺"也被用来作为教会教育的内容。不过,它们主要是用来帮助学生理解教义,净化感情,为神学辩护的。他们让艺术皈依于宗教,用来净化人的世俗心灵,最终虔诚地信仰上帝。尽管如此,这种宗教化的美育还是体现了艺术的规律。野村良雄曾说,在中世纪"音乐确

---

① 《政治学》,朱光潜译,伍蠡甫主编:《西方文论选》上卷,上海译文出版社1979年版,第96页。
② 《西方美学家论美和美感》,商务印书馆1980年版,第45页。
③ 亚里士多德:《诗学》,罗念生译,人民文学出版社1962年版,第142页。
④ 同上书,第155页。
⑤ 《西方美学家论美和美感》,商务印书馆1980年版,第57页。

实是被当做'教会的婢女',但她不是卑贱的婢女,而是负有最高贵使命的美丽的婢女。"①这就包含了美育的成分。事实上,基督教为了要进一步深入人心,后来便因势利导,逐步地向世俗艺术学习。例如神学家托马斯曾说:"严肃作为一种美德,并不排除所有的愉悦,而只是排除多余的和混乱的愉悦。"②这就给美育的方式和途径留下了地盘。到了但丁,更是在肯定上帝永恒的美的同时又肯定世俗的美,主张艺术能给人以教育和快感。这就回到了"寓教于乐"的轨道上来了。

文艺复兴时期,人文主义精神取代神学观念,倡导继承希腊和罗马传统回归自然。如马佐尼在《神曲的辩护》中,认为"诗史一种摹仿的艺术","它是由人的社会功能制作出来的,使人既获得娱乐,又获得教益"。③ 锡德尼在《为诗辩护》中,也有类似的说法,他认为诗作为摹仿的艺术,"就是一种说着话的图画,目的在于教育的愉情悦性"④。卡斯特尔维屈罗在《亚里斯多德〈诗学〉疏证》中,讲到诗人给人娱乐、教益的方式不同于哲学家和科学家,认为诗关系到一般人民的教育。他主张"诗的发明既然是为着提供娱乐和消遣给一般人民大众,它所用的题材就应该是一般人民大众所能懂的而且懂了就感到快乐的那种事物"⑤。

经过英国经验主义、法国启蒙运动和德国理性主义的发展,西方学术史上对艺术问题的研究逐步深入,对审美心理、美的价值问题的研究也不断取得进步。以1795年席勒《审美教育书简》的出版为标志,美育作为一门独立学科在人类文化史上正式出现了。在书中,席勒第一次提出了"审美教育"的概念,并对美育的性质、特征和社会作用作了系统的阐述,《审美教育书简》是第一部系统的美育著作。席勒认为,审美教育是实现人的自由的唯一途径,审美活动是自由的,"通过自由去给予自由,这就是审美王国的基本法律"。他还认为"我们为了在经验中解决政治问题,就必须通过审美教育的途径。因为正是通过美,人们才可以达到自由"。⑥席勒的美育理论在西方美育思想史上占据十分重要的地位,主要体现在以下几个方面:第一,从哲学的高度解释审美教育不同于其他教育形式的独特目的,并把审美教育的目的与审美活动的性质内在地统一了起来。席勒说:"有促进健康的教育,有促进认识的教育,有促进道德的教育,还有促进鉴赏力和美的教育。这最后一种教育的目的在于,培养我们感性和精神力量的整体达到尽可能和谐。"⑦第二,明确揭示审美教育的价值是完满人性。第三,回答完满人性的方式——人性统一的根据就在于自身。"我们可以说,就其天赋和素质而言,在每一个个体的人的身上都具有纯粹理想人的成分,在各种变化中与这种不变的统一体保持和谐,这是它生存的伟大使命。"⑧审美教

---

① 野村良雄:《音乐美学》,金文达、张前译,人民音乐出版社1980年版,第7页。
② 转引自塔塔科维兹:《中世纪美学》,褚朔维等译,中国社会科学出版社1991年版,第317页。
③ 伍蠡甫主编:《西方文论选》上卷,上海译文出版社1979年版,第200页。
④ 锡德尼:《为诗辩护》,钱学熙译,人民文学出版社1998年版,第12页。
⑤ 《西方文论选》上卷,上海译文出版社1979年版,第194页。
⑥ 席勒:《美育书简》,徐恒醇译,中国文联出版公司1984年版,第39页。
⑦ 同上书,第108页。
⑧ 同上书,第42—43页。

育的任务就在于要不断拓展人身上的这种"纯粹理想人的成分"。

马克思则从对异化现实的批判出发,从培养全面发展的人为终极目的确立美育的基本任务。他认为"艺术对象创造出懂得艺术和能够欣赏美的大众"。他还指出,审美教育也是需要基本条件的,在不能解决基本温饱的情况下奢谈审美教育是不现实的。同时,没有能力获得基本艺术修养的人,对于艺术的教育作用也是难以接受的。

第二节 美育的内涵

美育的内涵,即美育是一种什么样的教育,历史上无数美学家和教育家们都曾试图从各自的角度作出界定,但至今未取得一致意见。归纳起来主要有以下三种:美育是人格教育,美育是情感教育,美育是艺术教育。

认为美育是人格教育,事实上是把美和善混为一谈。这种观点无论在西方,还是在中国,都有其深厚的历史渊源。柏拉图认为"一个受过适当教育的儿童,对于人工作品或自然物的缺点也最敏感,因而对丑恶的东西会非常反感,对优美的东西会非常赞赏,感受其鼓舞,并从中吸取营养,使自己的心灵成长得既美且善"①。节奏与和谐这种美的质素最终落实到"礼"这种善的行为,美与善、丑与恶是紧密相连的;中国先秦的诗教与乐教,更开启了将艺术作为教育手段促成人格之美的传统。孔子以山水比德,屈原以芳草自喻,直至古之君子对梅兰竹菊的精神认同,中国审美文化中历来流淌着美善相兼的价值观。这种观点发展到一个极致,便是将美育视为统治者自上而下推行的道德教化的工具。导致美善不分的原因,一方面是由于在人类文明的初期,社会尚处于低级阶段,统治者更为关切的是等级、秩序,所有的教育都是巩固统治地位的手段。另一方面是由于在古代,学科尚处于未分化的混沌状态,真、善、美熔于一炉,难以廓清。美的独立内涵与价值在当时不可能得以凸显。审美基于个体的精神自由,道德基于群体的礼法伦常,将美育的目标落实到德行,其结果必然是以礼法伦常窒息了个体的精神自由,美育事实上也就沦为以美为手段的德育,取消了自身的独立性。

认为美育是情感教育,体现了近代西方二元分立的思维特点,即主体与客体、思维与存在、感性与理性的对立。鲍姆嘉通创立美学之初,就是于认识、伦理的科学之外填补关于感性的科学的空白,美始取得了与真、善相抗衡的地位。康德继而把美划出纯粹理性、实践理性的领域,命名为情感判断,美在情感的领域获得了自身的合法化。近代西方美学在这种理性的形而上的基础之上,恪守严格的分类方式。20世纪初的中国学者也接受了这种分类方式并且运用到美育研究中,像王国维、蔡元培、朱光潜等人的美育观就建立在这种分类理论之上。美学的独立使情感得到了前所未有的重视,审美心理学应运而生,围绕情感的各种学说纷涌而起。应当承认,在特定的历史条件下,呼唤情感的解放,把美育归结为情感教育有其积极的意义。正如有的学者所说:"在人类历史上,人的自觉意识表

---

① 柏拉图:《理想国》,郭斌和、张竹明译,商务印书馆1986年版,第108页。

现在文学艺术当中的典型形态就是审美的自觉,就是要求文学艺术的独立,这种独立的要求看起来似乎是要文学艺术远离社会现实,其实正是要求文学艺术回归到人的本位上来。这种人本主义思想集中体现于对'情'的高度肯定和热情拥抱,因为在旧的价值观体系笼罩下,惟有发乎本性的'情'最能表征人性的需要,最能体现摆脱了各种现实羁绊的人性之真和个性之域。在旧道德、旧政治的框架里,'情'是最无用的,而新美学、新文学恰恰要用这个'情'把人从道德或政治的工具、附庸地位解放出来,这其实就是所谓'无用之用'、'无所为而为'的深层意义。"①对情感的重视使个体价值得到肯定,人性得到了张扬。

然而,把美育界定为情感教育于学理上却是不妥当的。把美育简单地划归情感领域,事实上反映了在主客二分的思维方式中将美等同于美感,而美感又进一步泛化为情感的混淆。美关乎情感而不等于情感,美与情感无论在内涵上还是外延上都有着很大的差异,情感从根本上说属于心理学的范畴,它的外延亦涵盖道德感、理智感及广阔的日常生活情感。另一方面,通过美育虽能够直接激发主体高尚的审美情感,但美育在此只是一个中介,一种手段,审美情感为其直接效应,而非整体价值目标。情感是主体对客体是否满足自身需要所流露的一种主观态度,它本身并没有内在的目的性,也没有稳定而持久的价值指向。虽然情感伴随着审美的全过程,在审美关系中,其地位和作用无疑相当重要,甚至在某种程度上可以说,没有情感就没有美和艺术。正因如此,古今中外的美学家、艺术家在论述艺术和审美的本质特征时无不十分强调情感的特殊意义。但是,情感却既不是审美和艺术的同义语,也不能直接地就等同于审美心理结构本身。就实际的审美效应而言,它也并不单纯地仅仅表现为情感的满足。正如有的美学家所说:"审美快乐不仅多来自视、听等高级感官的感受,而且还要从这种感受一直贯穿到心理结构的各个不同层次(如情感、想象、理解),这种贯通性,会使整个意识活跃起来,多种心理因素发生自由的相互作用,产生出一种既轻松自由、又深沉博大的快乐体验。"②很明显,审美愉快并不等于情感的激动,而审美情感之所以不同于日常生活中的一般情感,就在于它既渗透着认识、评价等理性因素,又溶解于想象力与理解力的和谐运动中,正是这种整体的心理过程才表现为一种审美愉快。因此,把情感从整体的审美心理结构中剥离出来,作为审美教育所追求的目标对象,显然是失之偏颇的。

除了上述两种观点外,把美育等同于艺术教育也是对美育内涵的一种误解。这一观点一方面过于夸大了艺术在审美教育中的地位和作用,它看不到除艺术以外,还有很多的自然审美现象和社会审美现象可以充当审美教育的教材和媒介,这些艺术以外的审美现象所具有的审美价值、所产生的审美效应并非艺术所能完全代替。另一方面这种观点也限制以至遮蔽了审美教育更深刻的目的和更高远的价值追求。实际上审美教育并不仅仅是要培养人们的艺术感受力和艺术鉴赏力,它的目的也不是要造就出几个艺术家来。如果我们不能从更高、更广阔的视野上来理解审美教育的内涵,就最终会把审美教育视为一

---

① 杜卫:《美育论》,教育科学出版社2000年版,第49页。
② 滕守尧:《审美心理描述》,中国社会科学出版社1985年版,第305—306页。

种技艺和手段而取消了它实际存在的独立地位。蒋孔阳认为:"艺术教育是要培养艺术人才,培养音乐家、画家等,因此,它着重在艺术才能和艺术技巧等方面的训练。美感教育则不同,它只是通过艺术等的美感活动和审美方式,来提高人的素质和修养,来转移人的心理气质,改变人的精神面貌,从而达到全面培养人的目的。因此,美感教育和艺术教育,虽然都离不开艺术,但它们的目的和方法却是各不相同的。"①因此,艺术教育不能替代美育。

如何正确理解审美教育的内涵?我们认为,在分析审美教育的内涵时应该首先注意以下原则:一是手段与效果一致的原则;二是直接效果和间接效果兼顾的原则;三是独特性原则。只有把这几个方面有机地统一起来作整体分析,我们才能较为全面地而不是片面地、完整地而不是局部地把握住审美教育独有的内涵。

首先,对美育内涵的确定应该体现手段与效果相一致的原则。关于美育的手段,一般认为主要是艺术以及各种形态的美的欣赏。但是由于艺术和美这两个概念本身是复杂多义的,又处在不断的发展变化中,没有、也难以有统一的定义,又由于艺术和美本身无论从类型还是从风格上来说也都是多种多样并不断发展的,所以它们既是相对自身完整、自成目的的,又各自具有多种不同的、动态的功能,因此,这就要求我们必须从艺术和美这种多样、生成的根本性质入手,并结合艺术和审美在人生实践中的独特作用来确定审美教育的内涵。一方面,审美教育毕竟不同于一般的艺术鉴赏课或美学理论课,它不是以知识性内容的获取为目的,而是以充分有效地实现对象的审美价值、最大限度地发挥其审美的教育作用为指归,如果不能深刻把握审美教育与一般的艺术教育之间的这种区别,就很可能会迷失在审美教育所使用的媒介对象中,即把目的消融于手段中;另一方面,审美教育作为一种教育,它之所以不同于一般的教育,就在于它是以审美(包括艺术和各种形态的美)作为其特殊的教育手段。以艺术和审美活动作为审美教育的手段,它既要服从于审美教育的目的,又以其特殊性必然会反过来制约审美教育的目的。因此,我们必须要处理好审美与教育二者之间的关系,既不能以审美吞没教育,把审美教育变成一种消遣、娱乐活动,又不能不顾艺术和美自身的审美特性,而导致审美教育主旨的丧失。把审美与教育有机地统一起来,这正是确定审美教育独特内涵的基本出发点。

其次,确定美育的内涵还应遵循直接效果与间接效果兼顾的原则。所谓直接效果,主要是指通过审美教育,在个体身上所产生的陶情冶性、意志感发、心灵愉悦等直接的成果效应。所谓间接效果,则是指通过审美教育直接效果的不断积累,从而导致个体心理结构的重大变化以至形成完美人性的终极性的成果效应。当然所谓完美的人性,并没有一个绝对的尺度,任何人都不可能达到人格修养的终点,所谓完美的人性只是说随着修养的深化使人性与人格尽可能地趋向于完整和丰富而已。与此相关,所谓终极性的成果效应,也不能理解为有一个绝对值,这只是就其对人性生成的根本性影响而言。我们认为,确定审美教育的内涵,必须同时兼顾直接效果与间接效果两个方面,舍弃任何一个方面都可能走

---

① 《蒋孔阳全集》第3卷,安徽教育出版社1999年版,第366页。

向片面。美育是情感教育的规定只揭示了美育的中介因素,美育是艺术教育的规定也只揭示了美育的主要形式,二者都忽视了审美教育终极的价值指向。美育是人格教育的规定虽然揭示出了审美教育的间接效应,但却显得过于宽泛。人格的因素是多方面的,包括各种个性心理特征和个性心理过程,人格的完善也是多方面教育的结果,美育至多不过是人格完善的催化剂和调谐器,而不能完全等同于人格教育。上述三种关于美育内涵的观点,其失误就在于各执一端的片面性。这说明只有把审美教育的直接效果与间接效果统一起来,才能为确定审美教育的内涵找到坚实的立足点。

最后,确定美育的内涵还应遵循独特性的原则。所谓独特性,就是指审美教育不同于智育、德育、体育等其他教育形式所独具的本质属性,审美教育的本质属性,是确定审美教育内涵的根本依据。为了揭示审美教育的独特性,我们应进行双重的比较,一是要把审美教育与其他的教育形式比较,一是要把审美教育与一般的审美活动比较。就审美教育与其他教育形式之间的关系来说,它们同属于教育活动必不可少的重要内容,它们既各自独立,又相互渗透,是一种相互推动的辩证关系。如果说智育是以传授科学文化知识、培养人的求真能力为目的,德育是以锤炼人的道德品质,培养人的求善意志为指归,体育是以强化人的体能,培养人的健壮体魄为宗旨的话,那么,美育的独特性就在于,它通过对人内在情感的直接感染,调动起人的各种心理能力并使之和谐运动,从而潜移默化地实现对人的塑造,以不断提升人的精神境界。

审美教育的这种独特性质根本上是由作为其实践基础的审美活动的性质所决定的。

第一,美育与审美活动之间也同样是一种相互依存、相互促进的辩证关系,一方面,审美活动本身就具有陶冶人、塑造人的教育功能,如果没有审美活动,也就不可能有审美教育;另一方面,审美教育通过提高人的审美能力,唤起人追求美的无限热情,又必然会推动审美活动的不断发展。但是值得注意的是,审美活动与审美教育之间虽然存在着不可分割的内在关系,我们却不能把它们简单地混同起来。二者之间的区别主要是:第一,从活动的存在形式上看,审美活动是一种带有很大随意性的个人行为,它具有很强的即兴性、偶发性等特点,而审美教育则是一种有意识、有组织的群体行为,它是一个按照预先拟订好的目的有计划、有步骤地向受教者施以定向审美培育的活动过程。第二,从活动的存在结构上看,审美活动是由审美主体与审美对象两个因素构成,审美活动的现实发生,就是审美关系的确立和展开的过程,也就是审美主体与审美对象同时被建构、生成的过程。而审美教育则是由施教者、作为教育媒介的审美对象以及受教者三个因素构成,审美教育的现实发生,就是施教者以审美对象为中介与受教者有机结合的过程。

第二,审美活动与美育之间的联系与区别,决定了二者在发挥教育功能以及对人的具体影响上也必然存在种种差异。在审美活动中,审美主体既是审美行为的实施者和主动者,但同时他又是一个受教者。审美主体从审美活动中究竟会受到什么影响以及所受影响的程度如何,都以审美主体自身审美能力的强弱和审美趣味的雅俗为前提。就像鲁迅曾说过的那样,一部《红楼梦》,单是命意,就因读者眼光的不同而有种种:经学家看见《易》,道学家看见淫,才子看见缠绵,革命家看见排满,流言家看见宫闱秘事,等等。不同审美主体从同一部作品中会形成种种不同的理解,这种现象正说明了审美活动实现其教育功能的独特方式。事实上,不仅不同主体面对同一审美对象会形成种种不同的感受和体验,就是同一审美主体面对同一审美对象,因时空条件的变化也会形成不同的评价和理解。审美对象的审美价值和意义随着时空条件的变化而发生变异,这就使得审美活动的教育功能具有了一种不稳定的特性。同时,审美活动又是一种极自由的精神活动,它不仅能激活人的整个意识层面,而且常常会伸展到人的无意识的生命领域,从而引人进入一种既趋向于理解又不能形成明确概念的十分复杂微妙、精微独特的审美体验中,审美活动的这一特点,必然会使其教育功能的发挥呈现出一种多极性的特点。

第三,在美育中,要真正实现教育的目的,施教者必须首先遵循审美活动的特点和规律。施教者应积极引导受教者充分发挥自己的主观能动性,以深刻领悟审美对象的价值意蕴。受教者越是能够沉潜于审美对象所呈现的审美世界中,他就越是能够获得无比丰富的感受和体验。但是审美教育与审美活动不同的是,这一切都是在施教者的精心安排、巧妙设计与有意控制下有组织、分步骤地进行的。因此,与一般审美活动相比,审美教育不仅能够使审美对象的审美特性得到更为有效的发挥,而且它还能通过创设一种特定的情境(比如可以根据时空条件的特殊性,或者根据受教者的年龄特点选择相应的审美手段和媒介,也可以把文学作品的内容分成不同的角色,让不同的学生去朗读等等)使受教者获得较为明确、稳定、持久的定向教育。

总之,通过上述三个方面的分析,可以看出,美育作为一种特殊的教育方式,其独有的内涵和性质,并不能由人主观任意去设定,而是由其所使用的媒介手段、所达到的直接和间接效果,以及作为其实践基础的审美活动的根本价值所必然决定的。根据这三个原则,我们对审美教育的内涵可以作如下界定:审美教育是以艺术和各种美的形态作为具体的媒介手段,通过审美活动展示审美对象丰富的价值意味,直接作用于受教者的情感世界,从而潜移默化地塑造和优化人的心理结构、铸造完美人性、提升人生境界的一种有组织、有目的的定向教育方式。

第三节 美育的特点

美育是主体通过不断的审美体验,水滴石穿般地浸润人的内心,慢慢地塑造着人的个性,仿佛清风拂过人的心田。而由于不同的个性追寻着不同的美的形式,得到不同的审美体验,并使人性得到升华,从而造就了完整意义上的人。诉诸感性、潜移默化以及能动性被视为美育的主要特点。

一、诉诸感性

与一般的教育方式相比,美育的基本特点首先在于,审美对象以其感性特征,通过丰富的形象,以情感为中介,悦耳悦目,并打动人的心灵,从而激发共鸣,达到提升人的精神境界、丰富人的心灵的目的。它不需要任何抽象的理智形式,像知识灌输一样,像道德说教一样,像行政命令一样,像法律制裁一样,从外面强加于人,美育是以感性的方式,来陶冶人的精神,转移人的气质。黑格尔曾经说:"美只能在形象中见出",是我们"可观照,可用感官接受的东西"。① 车尔尼雪夫斯基也认为"形象在美的领域中占着统治地位"②。审美活动的过程,就是美育的过程,就是通过审美对象的感性形态对人进行感化的过程。因此,审美享受的过程就是美育的过程,而不是在审美活动之外利用审美对象进行有意识的教育。为着研究的方便,我们通常在强调真、善、美的区别,实际上在现实中真、善、美常常是融合在一起的,是互相促进、互为推动的。美育在积极地推动着认知和道德的发展和实施,但它本身有着感化心灵、陶冶心灵的更高目标,而不只是推动认知和道德实现的工具。

各种具有审美价值的对象,在对人们进行感化时,首先展现在人们眼前的是具有吸引力的感性对象。孔子说:"吾未见好德如好色者也。"(《论语·子罕》)其中的"色",正是指感性形态对人的吸引力,而其中的"德"则是一种理性对人的约束。喜欢美的容貌与悦耳的声音是人的本性,美育便是从顺应人的这一本性开始的,它首先以美的形象吸引人。荀子曾经把审美活动视为调节身心的手段,与善相辅相成,而其前提,则首先在于养目养耳,满足感性要求。"雕琢刻镂,黼黻文章,所以养目也;钟鼓管磬,琴瑟竽笙,所以养耳也。"(《荀子·礼论》)在养目养耳的基础上,美育的目的在于通过感性形态悦情悦意。孔子说:"知之者不如好之者,好之者不如乐之者。"美育就是使人"乐"的教育。当人们"乐在其中"的时候,他陶陶然,融融然,他们的身心是自由的。因此,美育是在满足人的感性需要和前提下感化人,通过满足人们的感官需要给人以心灵的快适,从而使人成为完整意义上的人。

感性形态的审美价值所给人的感官享受中,包含着与人的生理同构的节奏和韵律。如音乐中长短、高低不同声响的和谐搭配,能使人的身心产生共鸣,进而影响到人的社会交往。故《乐记·乐化》说:"故乐者,审一以定和,比物以饰节,节奏合以成文,所以合和父子君臣,附亲万民也。"徐上瀛《溪山琴况》所说的"琴之为音,孤高岑寂,不杂丝竹半内,清泉白石,皓月疏风,翛翛自得,使听之者游思缥缈,娱乐之心不知何去",正是琴的音乐形态对人的感化功能。

美育领域宽阔,多种多样,丰富生动,随时随地都可以实施美育。我国近代美育理论家蔡元培说:"名山大川,人人得而游览;夕阳明月,人人得以赏玩;公园的造象,美术馆的图画,人人得而畅观。"③这自然世界是美育的主要方式之一,也是美育的理想目标之一,高山大海使人心胸壮阔,小桥细水使人低回不已,长河落日促使人昂然兴起,飘风骤雨令人痛快淋漓。唐志契《绘事发微》:"岂独山水,虽一草一木,亦莫不有性情,若含蕊舒叶,若披枝行干,虽一花而或含笑、或大放、或背面、或将谢、或未谢,俱有生化之意。"在自然中,我们放弃无聊的名缰利锁,超越世俗社会的限制,在或宁静优美,或雄奇阔大的自然世界中任性率真,怡然而乐。这一直是中国人追求的生活理想。人们对审美境界的不断追

---

① 黑格尔:《美学》第1卷,朱光潜译,商务印书馆1979年版,第161页。
② 《西方美学家论美和美感》,商务印书馆1980年版,第251页。
③ 《蔡元培美学文选》,北京大学出版社1983年版,第220—221页。

求,使得美育的对象更加宽广,美育也不再局限于狭窄的一隅,天地万物都可以进入审美的视野。

正是由于诉诸感性,不需要进行直接的推理,不需要作深刻的理解,因而具有更广泛的普遍性价值。明代的徐渭在《南词叙录》里说:"夫曲本取于感发人心,歌之使奴童妇女皆喻,乃为得体。"这是在强调作品的感性特征对人心感发的一面,这种感性特征无疑具有普遍有效性。蔡元培在《以美育代宗教》中说:"纯粹之美育,所以陶养吾人之感情,使有高尚纯粹之习惯,而使人我之见,利己损人之思念,以渐消沮者也。盖以美为普遍性,决无人我差别之见能参入其中。"①

在艺术作品中,感性形象正是情感的载体。艺术家们产生强烈的喜、怒、哀、乐情感时,常宣之于咏歌等艺术形式。所谓"动诸琴瑟,形诸音声,而能使人为之哀乐"(《淮南子·主术训》),琴动而"音声"发,这种作为感性形象的"音声"就包含着哀乐、悲喜之情。这种诉诸感性对于接受主体来说,是通过情感的途径让人感动,达到怡情悦性的效果。感性、生动的审美对象作用于人的感官,感发着人的情感。"情以物迁,辞以情发"(《文心雕龙·物色》),被引发的情感涤荡着人的心灵,使情感得以升华。梁启超曾说:"用情感来激发人,好像磁力吸铁一般,有多大分量的磁,便引多大分量的铁,丝毫容不得躲闪。"②强调感性物象通过情感的途径对人的吸引力。因此,美育以形象为基础,是审美对象在形式上与情感相契合,在本质上是情感的体验,是最终实现感知、理解、想象、情感等方面的综合功能的协调活动。

美育的过程便是使人的感情得到表现和升华的过程,而艺术作品正是通过感性意象表现作者的情感的。美育的过程是艺术家受到大千世界感性物态的感动的结果,又通过艺术品去感动欣赏者。艺术家必先自己受到感动,然后才能感动别人。而感性形态乃是艺术家与欣赏者沟通的中介。欣赏者在欣赏过程中,则通过感性意象与作者产生了情感上的共鸣。欣赏者所受到的感化,正是在这共鸣中产生的。

很多艺术作品对人所进行的感化,由动之以情激发人的至诚之心,从而使其中所蕴含的"道"能够深入人心。刘安说:"悬法设赏,而不能移风易俗者,其诚心弗施也。"(《淮南子·主术训》)赏罚的手段只能要求人做什么不做什么,却不能使人在情感上受到感化,因而难以使人达到"移风易俗"的目的,而审美的感化正好能与赏罚互补,从内心打动人、成就人。

诉诸感性的美育意味着人的感受能力的丰富,用直观、个性的形式来把握审美对象,从中折射出某些价值观,蕴含着对人生和人性的感悟和体会,为人们开拓一片感性的天地,以利于人的全面发展。

二、潜移默化

美育主要是一种"化育",即潜移默化。中国思想虽有儒、道、禅之别,但其美育思想

---

① 《蔡元培美学文选》,北京大学出版社1983年版,第70页。
② 《中国韵文里头所表现的情感》,《饮冰室文集》卷三十八。

在这一点上却是一致的。

在儒家看来，美育的目的，乃在于让人精神上获得解放，进入一种顺应自然，与天地同体的和谐境界。孔子在回答子路如何成就最高的人生境界时说："若臧武仲之知，公绰之不欲，卞庄子之勇，冉求之艺，文之以礼乐，亦可以为成人矣。"(《论语·宪问》) 即在智慧、节欲、勇敢、多才多艺的基础上，以礼乐塑造自身的文采，便可以成就最高的人生境界。其礼之教，乐之化，更进一步推而广之，就是德育和美育。它们各自以不同的方式，通过不同的途径，对人生进行造就。

孔子将"乐"的感化放到对人的全面造就的背景下，让人在诗、歌、舞的感性享受中得以熏陶，并在个体的感性欲求得到满足的同时符合于社会文化心理。这就是当时人对美育的提倡，朱光潜说："诗与乐原来是一回事，一切艺术精神也都与诗乐相通，孔子提倡诗乐，犹如近代人提倡美育。"[①] 孔子将礼、乐并重，将乐的感化放在造就人的最高境界的位置上，与礼相辅相成。他提出"兴于诗，立于礼，成于乐"(《论语·泰伯》)，其"兴于诗"主要指感发情意，启迪智慧；其"立于礼"主要指通过道德规范约束来立身；而"成于乐"则把"乐"提高到至高无上的地位。他所谓的"知之者不如好之者，好之者不如乐之者。"其"知之"属于认识的范畴，"好之"属于意志的范畴，而"乐之"则是超越了个体的认知层面与个体官能欲望和功利之上的审美范畴。正是通过"乐之"的范畴，主体成就了审美的最高境界。他所谓的修身原则是"志于道，据于德，依于仁，游于艺"(《论语·述而》)："志于道"，乃求知探道；"据于德，依于仁"，则主要指道德约束；而"游于艺"乃指徜徉在艺术的享受和共鸣中获得快乐。审美的感化正是与求道和据德依仁一起，共同成就了人生境界，成就了人的那种"乐以忘忧"的忘怀得失、与道一体的审美境界。

而道家追求的理想境界是天人合一，要求达到更高层次的人与自然的和谐。对此，老子和庄子分别提出了自己的看法。老子看到了文明对人的负面影响，反对文化对人的熏陶和造就，动机可以理解，方式却不能为人们所接受。他所谓"圣人处无为之事，行不言之教"(《老子》第二章)，要求从被污染的社会环境中让人们回归自然，恢复淳朴之心。后世的学者在肯定老子思想的合理之处的同时，强调回归自然依然要借助于文明，而非倒退。这在庄子那里，就已经看到了进步。

具有诗人气质的庄子在其愤世、厌世的背后，追求冲决罗网，进入无所待的逍遥境地。与儒家孔子等人不同的是，孔子讲究美善协调，在社会背景中提升人格；而庄子则追求个体与宇宙大化的贯通合一，从而达到心灵的自由境界和对现实的人生的解放与超越。《庄子·天道》："夫明白于天地之德者，此之谓大本大宗，与天和者也。与人和者谓之人乐，与天和者谓之天乐。"而艺术的创造和欣赏过程，就是主体涤荡心灵，完善自我，合天地之道，达人际之和的过程。庄子虽然反对艺术，但对宇宙精神的把握却正是从审美的方式和艺术化的角度入手的。其对天籁的感受，也正是从人籁、地籁入手的。由技入道的庖丁解牛，本身就是一种审美观照和享受。其出神入化，合乎桑林之舞，乃中经首之会，等同于艺

[①] 《朱光潜全集》第9卷，安徽教育出版社1993年版，第144页。

术活动。这乃是以心灵相照,忘功利、忘自我的自在活动,以自我的本性与天性相结合。又如梓庆削鐻,必欲斋以静心,忘庆赏爵禄,忘非誉巧拙,忘自身四肢形骸,于是达到审美的境界(《庄子·达生》)。这种创造活动的整个过程,便是美育的过程。

作为中国化佛教的禅宗,既吸取了印度佛教的精髓,又植根于中国的土壤,对后世产生了重大影响。其对审美感化的看法,既有宗教的痕迹,又反映了世俗的心灵净化和超越的特征。与佛教其他学派相比,禅宗乃注重于自身的修养,注重个体的自我领悟。禅宗认为,要获得解脱,只能从自己的内心着手,反对求生西方,寻找救世主。从美育的角度说,便是"自己感化自己"。在这种领悟中,禅宗突破了时空的界限,扩张了自我,从有限中看到了无限,从片刻中看到了永恒,进入了"万古长空,一朝风月"(《五灯会元》卷二)的最高境界。从而使自己跃身大化,与宇宙融为一体,显示出一种异常恬淡、宁静的心境。如果脱去宗教的外衣,我们可以进一步看到,禅宗是借对自然大化的感受来体味这种玄妙之境的。他们要求通过借鉴自然界那种无所求取而成全自身的自然道德观,而领悟到妙悟过程中的淡泊。以至后来移性于物,以为"青青翠竹,尽是法身;郁郁黄花,无非般若"(《景德传灯录》卷六)。这实际上是在不动声色中陶冶了人生,是不动之动,从中体现了禅宗对人生,对生命的热爱。而这正是一种审美的活动,正是在审美中成就人生。

在具体方式上,禅宗虽有顿悟、渐悟之别,但客观上,他们却都是注重渐修顿悟。慧能的主张,虽在提倡"顿悟顿修"(《坛经·顿渐品》),但那种直觉的体验,却是以渐修垫底的。通过渐修,人们便可豁然开朗,幡然醒悟。这种渐修顿悟的特点,是始终不脱离感性,而又从具体感性中获得人格的飞跃。这种飞跃,这种个性解放,是浸泡在感性中不知不觉、潜移默化的结果,是不着痕迹地顿入佳境。回首望去,却如"羚羊挂角,无迹可求"(《沧浪诗话·诗辨》)。

中国的儒、道、禅在美育思想上都不约而同地采取了"化育"的方式。可见,美育对于人性情的陶冶、情感的净化都不是一朝一夕可以完成的,而是如春风化雨般的逐渐沁入人的心灵,是一个潜移默化的过程。通过不断的熏陶和浸染,审美主体可能不会有立竿见影的改变,但却会在不知不觉中受到影响,发生着微小的变化,渐渐形成一种心理结构,持久地影响着精神生活。孔子曾用风做比喻,说:"草上之风必偃"(《论语·颜渊》)。风并不着意表现什么,却能让万物感受得到,春风一吹,百草偃伏,百花盛开,美育正是以这种感性的方式,来陶冶人的精神,提升人的气质。

王阳明曾说:"今教童子,必使其趋向鼓舞,中心喜悦,则其进自不能已。譬之时雨春风,沾被卉木,莫不萌动发越,自然日长月化……故凡诱之歌诗者,非但发其志意而已,亦所以泄其跳号呼啸于咏歌,宣其幽抑结滞于音节也。导之习礼者,非但肃其威仪而已,亦所以周旋揖让,而动荡其血脉,拜起屈伸,而固束其筋骸也。讽之读书者,非但开其知觉而已,亦所以沉潜反复而存其心,抑扬讽诵以宣其志也。凡此皆所以顺导其志意,调理其性情,潜消其鄙吝,默化其粗顽,日使之渐于礼义而不苦其难,入于中和而不知其故,是盖先王立教之微意也。"(《训蒙大意示叫读刘白颂等》)他主张用儿童喜闻乐见的方式,使之耳濡目染,渐渐潜移默化,就像大自然培养花木一样,日积月累地成长。这种潜移默化不仅仅是指美育的日积月累,还表明处在自然社会环境中的人时刻都有被感化的潜能。孔子说:"天何言哉!四时行焉,百物生焉,天何言哉!"(《论语·阳货》)大自然虽然不言不语,却默默滋润着万物的生长,美育也正是这样像大自然的和风细雨之于禾苗,使之茁壮成长,但又是以"润物细无声"的方式对人熏陶感染,使人的心灵得以净化的。

王夫之则在继承前人的基础上强调日常生活对人的感化和习惯对人的日积月累的作用,这对于美育的长期感化和影响无疑是有启发的。《尚书·太甲上》有"兹乃不义,习与性成"。王夫之对此加以发挥,强调习与性成的逐渐感化作用。他在《尚书引义·太甲二》中说:"性者生也,日生而日成之也。""目日生视,耳日生听,心日生思。"人性的本质是生,日日更新,日生日成,说明个人的成长是随着时光的推移而日渐生成。这给我们的启示便是,美育对人的造就,不是一朝一夕的,而是长期影响的结果。

美育的终极目的是要培养自由全面发展的人,具备敏锐的审美能力、良好的审美趣味、健康的人生态度、完善的心理结构、丰富的个性魅力,并具有自由的超越精神和炽热的理想追求,这就注定美育是一个长期实施和发展的活动,并且其目的体现和实现在美育的全过程中,其过程本身就是目的。

三、能动性

美育诉诸感性、潜移默化,意味着美育不是强制性的,而是建立在主体的积极能动基础之上。美育能让人从中获得充分的自由,这不仅表现在主体对于美育的陶冶是心甘情愿的,而且表现在主体接受美育时能够表现出主体能动的创造性。我们通常说艺术欣赏是一种再创造,其实一切审美活动都激发了主体在有限的范围内作能动的创造,从独特的体验中获得自得之趣。审美活动本身便是主体的生命姿势,要"日日新,又日新",要不断更新,不断创造,从而打破"常"态。长期感受某一对象,刺激作用消失,创造力退化,而时空间隔正可弥补,便于不断创造。在审美活动中,主体抟虚成实,超越对象和自身,以自我飞动的生命去体悟大化的生命,激发内在的情感,充分调动起丰富的想象力,从而产生一种心领神会、赏心悦目、豁然开朗的感觉,与对象以神相会。因此,审美活动本身不仅是一种消极的享受,更体现了主体的内在追求。

在美育过程中,主体不仅为外物和艺术所感动,同时也在这种感动中发挥主体的能动性和创造性。与一般教育相比,审美主体不只是被动地受到感发,而是有着能动性与创造性,自觉参与其中。而美育就是一种感动生发,感发主体通过创造性想象对对象作动情的领悟,在审美活动中,审美主体拨动全身的每一根心弦,在被感化的过程中调动起积极的创造性,激励着欣赏者满足自身独创性的需要。

这决定了审美教育的方式是多种多样的,适应着审美主体的多种需要。《淮南子·原道训》:"所谓乐者,岂必处京台、章华,游云梦、沙丘,耳听《九韶》《六莹》,口味煎熬芬芳,驰骋夷道,钓射鹔鹴之为乐乎?吾所谓乐者,人得其得也。"审美主体所追求的境界不是单一的规定性的,而是在此之前已经有了独特的准备和见解,真正的愉悦在于获得了他想要的快乐。

主体在美育中的能动性还表现在主体在审美活动中能有自觉的追求。在审美活动中,对象的审美价值因人而彰,因心而得。柳宗元《邕州柳中丞作马退山茅亭记》云:"夫美不自美,因人而彰。兰亭也,不遭右军,则清湍修竹,芜没于空山矣。"自然山水,只有对于能够从中获得共鸣、产生趣味的人来说,才具有审美价值。所谓的万类由心,境由心造,都是强调主体的能动作用。明代张琦说:"人情种也。"(《衡曲尘谭》)审美对象中所包含的情感容易感动人,人们也乐意被感动;而审美对象的感性形态也以其优美、壮丽等特征给主体以享受。这种享受之中包含着享受者积极的追求和能动的创造。这种积极的追求和能动的创造本身,就是美育的基本内涵。因而,审美主体对审美对象的追寻、对审美教育的要求,是以积极能动的态度出现的。

审美是在人与物的自由关系中形成的,主体在参与审美活动的整个过程中,充分体现了自己的能动性。古人认为主体与造化之道是契合一致的。物趣与人情虽各有其纷繁的一面,但却有着共同的本源。春夏秋冬、阴晴雨雪的自然景物,与主体的喜怒哀乐等色彩,在必然规律上,均与宇宙大化相一致,所以主体的情感并非消极地为物趣感动,而是能动地感悟外在景致,从而适性以驭物。每一次审美活动的完成,都给主体以全身心的感受,而这种全新的感受既使主体陶冶了自己,又让主体满足了创造欲。感悟对象,也是自我实现的一种途径。人在参与大化时,最终要求获得自我实现。而感悟能力,恰恰是主体自我解放、自我实现的一座桥梁。心灵感悟作为一种精神能力,可以突破时空局限,把主体导向永恒。主体以情感为中心的审美感应器官,是以主体整个生命及其节律去体悟对象,并将自我生命作为参照坐标。同一种审美对象在不同的主体面前,会激发不同的感悟,最终呈现出全新的意象,让主体获得满足和熏陶。审美活动的过程就是美育进行的过程,审美活动中的个体差异以及由此表明的主体的能动性,正是美育的重要特征。

人对美的追求是无止境的,美育在人对美的追求中不断开拓出新的境界。这种开拓可以是审美主体不满足于既有的审美对象,不断主动开拓新的审美对象,也可以是主体对始终存在的对象的能动的创造性的体验。始终存在的对象之所以能成为审美对象,关键在于主体对审美对象的能动开拓。小桥流水、高山激流和嶙峋怪石等,在主体达到更高的自由境界之后,其被遮蔽的美育潜能便被能动地开发了出来。美育以情感为动力,审美对象对人产生美育作用,先要以情感使人产生共鸣。共鸣以主客双方为条件,这就必须考虑主体的能动性。一个人对某一情感没有体验,或不能赞同,那这一对象无论如何强加于其身,也不能产生美育作用。因此,就个体而言,并不是人类所有的审美对象都能为个体的美育活动服务,这里有着个体的能动选择。王国维在《论教育之宗旨》中说:"盖人心之动,无不束缚于一己之利害,独美之为物,使人忘一己之利害,而入高尚纯粹之域,此最纯粹之快乐也。"说明在美育过程中,人们体悟到世界和人生的真谛,得到了纯粹的快乐,个性随之得到解放,由此进入自由王国。

在中国古人看来,审美境界是人生的最高境界。王国维在《人间词话·附录》中说:"山谷云:'天下清景,不择贤愚而与之,然吾特疑端为我辈设。'诚哉是言!抑岂独清景而已,一切境界无不为诗人设。世无诗人,即无此种境界。"美育的途径,是主体成就自我的必然途径。美育可以使人们摆脱外在功利和内在欲望的本源,回复真诚和本色,体味到真正的自由。美育实际上包括了满足人们本能冲动的需要、情感的要求和对自然限制的超越。美育具有对人的终极关怀的功能,因此蔡元培提出了"以美育代宗教"说。宗教也是诉诸人的心灵,追求完满与解脱,但主要是减少人们现实的痛苦,鼓励他们对来世充满希望。而美育则是受审美对象感发,拓展人的精神境界,完善人的个性,追寻的是现世的幸福,不是虚无缥缈的来生。

第四节　美育的功能

中国古人认为,美育是一种潜移默化的"化育",而不是一种强制性的"教育"。美育通过怡情养性、化性起伪,使主体在审美中得到精神的陶冶、人格的完善,最终通向人的全面发展。

一、怡情养性

美育是通过审美"怡情养性",对人的精神领域进行一种调节,从而达到心理的平衡、人格的完善,这使得美育与德育和智育这两种教育有相当的差异,三者在功能、方式和途径等方面迥然不同;另一方面,当美育与智育、德育相结合时,三者又相互补充、相互促进。

首先,美育和德育相互区别、相辅相成。就人的精神而言,美育的形成,有其主观依据。既然人的精神领域包括知、情、意三个方面,那么对人的精神的熏陶、感化和塑造,也当从这三个方面着手,即分别侧重于理智角度、情感角度和意志角度。人在初生未开蒙之时,其教育受主、客观制约,包括主体禀性对外界影响的选择性和客体的特征等。主观上,一个人的气质、禀性,会导致一个人对外来影响有一定的选择性。有人更倾向于接受知的教育,有人更倾向于接受情的感化,若过分偏向和摒弃某种影响,均不利于成长。一个长期没有受到或缺乏道德教育的人,是不能严格遵守道德规范的。同样,没有美育,长期缺乏美的熏陶的人,其情感领域无疑不能丰富起来。同时,不健全的教育和影响,也容易使人产生一种挑剔性的接受,在脑中形成特定的兴奋灶,造成受教上的偏食症。纵观中国教育史,先秦以降,童子受教,必课以诗书礼仪。"多识于鸟兽草木之名"(《论语·阳货》),是为知教。而礼仪之教和诗乐的感化则分别属于道德教化和美育。《乐记》在论述乐的功能时,是把乐与礼、美育与德育比较起来进行阐释的。

《乐记·乐论》:"乐者为同,礼者为异。同则相亲,异则相敬。乐胜则流,礼胜则离。合情饰貌者,礼乐之事也。"乐起协调作用,礼起区别作用。协调使人相亲,区别使人相敬。过于使用乐,则使人变得散漫无序;过于偏重礼,则会造成人与人之间的距离。"礼义立,则贵贱等矣;乐文同,则上下和矣",礼义的确立,可以使人与人之间的等级井然有序。乐的形态协调了,可以使上与下之间的关系变得和睦。推及整个美育和德育,则美育与德育既在方法上各有所不同,又在社会整体中互为补充。

其次,美育的方式,是动于内,从内心、从人的情感的角度去打动人的,这与德育带有强制性的外在影响不同。《乐记·乐论》云:"乐由中出,礼自外作。"乐是发自人的内心的,故打动人也是从人的内心出发的。而礼是外在的规定,故对人的要求也是外在的。《乐记·乐化》:"乐也者,动于内者也;礼也者,动于外者也。"即乐从内在的角度去感动人,礼则从外在的角度去影响人。在阐释乐化的途径时,《乐记》还认为乐是积极地"施",通过动情的角度去感化人。正因为是从内感动人的,故"其感人深,其移风易俗"。礼则从外在形态,去对人们进行道德规范,通过理智的约束,是一种制止的方法,乐化和礼教的区别便由此可见。《乐记·乐本》说"礼节民心,乐和民声"。礼侧重于对人心灵活动的节制,乐侧重对人的情感要求的调和。美育与德育的方式,既迥然不同,又相辅相成,共同作用,使内和外顺,从而完成"乐动情,礼晓理"的任务。这样,人们的修养就会达到理想境界。故云:"致礼乐之道,举而措之天下,无难矣。"乐化作为一种美育方式,礼教作为一种伦理教育方式,两者是偏于情与偏于理的关系。"乐也者,情之不可变者也;礼也者,理之不可易者也。"

再次,审美对人的感化往往使人亲和,充满爱心,而道德规范则是一种严肃的要求。在人与人之间的关系上,《乐记》曾认为"礼以导其志,乐以和其性"。指礼用以引导人的意志,乐则使人的情性得以调和,并且可以"合生气之和;道五常之行,使之阳而不散,阴而不密,刚气不怒,柔气不慑,四畅交于中而发于外"。不同气质的人能够相互调剂,异文合爱,形成一种相反相成的和睦状态。从人伦关系上,《乐记·乐象》认为"乐行而伦清"。又《乐记·乐化》:"乐在宗庙之中,君臣上下同听之,则莫不和敬;在族长乡里之中,长幼同听之,则莫不和顺。在闺门之内,父子兄弟同听之,则莫不和亲。"即音乐通过其感人作用,可以使人敬国君,顺长辈,爱父兄。这就使人相亲相爱。《乐记·乐化》说:"致乐以治心;则易直子谅之心,油然生矣。"就是说,通过音乐动于内,由内心感化提升人们的心灵境界,人们的心情就会变得平易、正直、慈爱和善于体谅。从音乐对人的感化效果上说,"暴民不作,诸侯宾服,兵革不试。五刑不用,百姓无患,天子不怒,如此则乐达矣。"音乐的功能,就是要让社会风气变得清明,让人们遵纪守法,人民无后顾之忧,国家间不发生战争,国王不专横,最终使人们"欣喜欢爱"。

最后,美育又体现着以道制欲的原则。美育本来是通过适应人的感性要求和欲望的方式去感动人的。但人的感性欲望本来是自然的,无节制的,一味地放纵,让人沉湎其中,会影响人的生理健康,也会违反社会的道德规范,不能体现和谐的原则。于是《乐记·乐象》提出以道制欲。所谓道,是指感性生命和精神生命的原则,指理。美育就是指通过生命的原则去驾驭人的感性欲望,从而实现对人的感化。"君子乐得其道,小人乐得其欲。以道制欲,则乐而不乱;以欲忘道,则惑而不乐。"而那些一味迎合人的感官欲望的乐,则违背自然之道。《乐记·乐言》:"是故其声哀而不庄,乐而不安,慢易以犯节,流湎以忘本,广则容奸,狭则思欲,感条畅之气,而灭平和之德,是以君子贱之也。"君子看不起的,正是那种沉溺于悲哀之中而不庄重,沉溺于欢娱之中而不得安宁,散漫多变而不谐和于节奏,流连于缠绵之中而不能重新振奋起来,舒缓的曲调包容着邪恶,急促的声音挑逗着欲念的"乐"。它的逆气湮灭了平和的德性。这种艺术会让人误入歧途。优秀的艺术对人的造就,应该是让人回归正道,让人获得正常的好恶之心,而不仅仅是满足人的感性欲望。《乐记·乐本》:"是故先王之制礼乐也,非以极口腹耳目之欲也,将以教民平好恶,而反人道之正也。"朱熹在解释孔子的"成于乐"时说:"乐……可以养人之性情,而涤荡其邪秽,消融其渣滓。"(《论语集注》卷四),这种渣滓,便是"私意人欲"。"乐"的审美教育功能就在于去除这种私意人欲,从而提高人的精神境界。朱光潜曾经根据近代西方的思想,认为:"人类生来有许多本能的冲动和附带的情感,如性欲、生存欲、占有欲、爱、恶、怜、惧之类。本自然倾向,它们都需要活动,需要发泄。但是在实际生活中,它们不但常彼此互相冲突,而且与文明社会的种种约束如道德、宗教、法律、习俗之类不相容。"[1]于是,人们不得不把这种情感压抑下去。而"文艺和其他美感活动给本能冲动和情感以自由发泄的机会",这就明确了美育在人的身心陶养中的作用。

因此,以道制欲是通过人情之常的途径对人进行造就的准则。"故人不能无乐,乐不能无形,形而不为道,不能无乱。先王耻其乱,故制雅颂之声以道之,使其声足以乐而不流,使其文足以纶而不息,使其曲直繁省廉肉节奏,足以感动人之善心而已矣,不使放心邪气得接焉:是先王立乐之方也。"乐之乱会引起人心之乱,所以先王制定雅颂等乐的范本来规范它们,使得社会上的乐不再散漫、放纵,乐章的结构一气相贯,其抑扬顿挫的韵律和节奏,足以感动人,使人积极向上,正以压邪。这就是先王立乐的原则,也是美育的原则。它与《尚书·尧典》"直而温,宽而栗,刚而无虐,简而无傲"的精神,以及孔子的"乐而不淫,哀而不伤"(《论语·八佾》)的中和原则是一脉相承的。西方的席勒在《审美教育书简》中,认为美育可以纠正人的两个极端,即粗野的极端和懈怠乖戾的极端[2],这与以道制欲也有一定的相似之处。

二、化性起伪

荀子曾以"化性起伪"来解释人性和文化的生成,从中也体现了美育的功能。性是人生来就有的自然本质及其功能,伪则指在自然本质基础上发展起来的精神形态和能力。在荀子那里,人性本恶,生而好利、疾恶(患于恶)、纵欲,需要后天文明的熏陶、感化,于是产生了礼义、法度和艺术等。故圣人便以诗、书、礼、乐等化性,对人进行塑造。它如同"陶人埏埴而为器""工人斲木而成器"(《荀子·性恶》)一样,使人具有崇高的精神境界,这就是"起伪"。故荀子说:"化性起伪""无伪则性不能自美"。(《荀子·性恶》)而更广泛意义上的美育,还包括周围环境对人的影响。《荀子·儒效》言:"注措习俗,所以化性也。"又"故人知谨注措,慎习俗,大积靡,则为君子矣"。注措指举止行为,习俗指久习成俗,积靡即积累。经过长期的积累和练习,使得人的本恶的兽性变成了人性。这些后天的影响无疑包含了美育的功能。

美育是化性的一种方式。人在现实生活中对审美感化的追求,从上古的巫术礼仪时

---

[1] 朱光潜:《谈美感教育》,《朱光潜美学文集》第 2 卷,上海文艺出版社 1980 年版,第 507 页。
[2] 席勒:《审美教育书简》,冯至、范大灿译,北京大学出版社 1985 年版,第 50—54 页。

代就开始了。起初,人们将诗、歌、舞一体的乐视为一种巫术,认为它可以和天地,成万物,疏河道。如《吕氏春秋·古乐》载,朱襄氏治天下时,阳气冗积,而以乐生阴气,促进果物生长。陶唐氏治世,阴气滞伏,水道壅塞,而以舞来宣导。在中国古人看来,人的身心的泄导,与自然万物的护育是息息相通的。《乐记·乐施》言:"乐者,所以象德也。"象德,即表现出天地教育万物的那种特征。这里用万物规律来比方,说明乐对人的感化近似于在春夏之季使万物得以萌动生长的那种自然大化广济博施而不言的"仁",实指音乐所具有的那种成就人格的感化行为。刘勰《文心雕龙·乐府》篇中说:"夫乐本心术,故响浃肌髓;先王慎焉,务塞淫滥。敷训胄子,必歌九德,故能情感七始,化动八风。"诗乐之所以能感动天地、风化八方,就在于它具有深入肌体、动人心灵的力量,各种艺术作品所表现的情感世界是异常丰富广阔的,能给欣赏者带来不同的情感体验,征服欣赏者、感化欣赏者,具有强大的"陶铸性情"的作用,美育以情感的方式陶冶人的情性,从而改造人性自身的弱点,促使其健康发展。

美育也是养性的一种方式。《吕氏春秋·本生》说:"物也者,所以养性也。"养性是让人的感性生命顺任自然地得到发展。"圣人之于声色滋味也,利于性则取之,害于性则舍之,此全性之道也。"美育正是通过感性的方式对人的本性进行维护和滋养。"故圣人之制万物也,以全其天也。天全,则神和矣,目明矣,耳聪矣,鼻臭矣,口敏矣,三百六十节皆通利也。"全天,即养性,保全人的天然本性。《吕氏春秋·重己》还认为,音乐便具有这种养性的教育功能。"其为声色音乐也,足以安性自娱而已矣。"《淮南子·原道训》则以得其所得来解释乐的养性功能:"吾所谓乐者,人得其得者也。"后来嵇康在其《养生论》中,就包括了艺术和审美对人的精神的陶养,"无为自得,体妙心玄"。这里的"自得"即《淮南子》的"得其得"。嵇康把音乐视为养生的重要手段,其中既有对人的生理的调节,类似于《乐记·乐象》的"耳目聪明,血气和平",又有对人的本性的陶冶,即所谓"修性以保神,安心以全身"(嵇康《养生论》),不溺于忧乐之情,而以心灵之和为目的。

美育改造人性之"伪"。中国道家认为,人本与宇宙精神契合无间,与万事万物浑然无分,可是由于世俗的障蔽,使人异化。《庄子·天地》写道,人们在欲望的支配下失去自然的本性,"且夫失性有五:一曰五色乱目,使目不明;二曰五声乱耳,使耳不聪;三曰五臭薰鼻,困㥄中颡;四曰五味浊口,使口厉爽;五曰趣舍滑心,使性飞扬,皆生之害也"。五色、五声、五臭、五味等诉诸人的感官,满足人的视听口腹之欲,为世俗所追求之声色货利,非庄子所谓大美。在《庄子·庚桑楚》中,庄子罗列了二十四种使人失性之弊害:"贵富显严名利六者,勃志也;容动色理气意六者,谬心也;恶欲喜怒哀乐六者,累德也;去就取与知能六者,塞道也。此四六者不荡胸中则正,正则静,静则明,明则虚,虚则无为而无不为也",而当人们因"失性"而导致争纷纠结、权谋并起、世风日下的局面时,庄子清醒地认识到外在礼义之虚伪与无能为力。"吾闻中国之君子,明乎礼义而陋于知人心"(《庄子·田子方》),"礼者,世俗之所为也"(《庄子·渔父》)。此"礼义",显然非人心自觉要求之表现,而是有违于自然本性的人为之举。因此,庄子提倡与道冥合,法天贵真,这样的人性才是沐浴在天地的大美之道中的自然人性。

禅宗则认为,人性即佛性。人们只要自我修养,便能"见性成佛"(《坛经·般若品》)。这与传统佛学的释迦"普度众生"诸说相比,虽有差异,但都不满足于现实界,而提出了人生的理想境界。传统佛学要求个人通过修行,诚心于佛,从而达到涅槃境界。禅宗的"修行",则打破了传统的清规戒律。由"悟"入手,从内心找到获罪的根源,进而自我净化,自我解脱,以达到自由无碍的最高境界,即涅槃。这种悟,是通过静思,使自身获得精神的解放,完成自己理想的人格。禅宗修行的目的,便是净心。唯其净心,方虚而能含。在渐修顿悟中,使"心量广大,犹如虚空,无有边畔"(《坛经·般若品》),几有包举宇内、囊括万物之势。到了这种境地,便拯救了灵魂,成了佛。这就是悟的妙果,实亦即禅宗美育的妙果。在这种顿悟成佛论中,他们还继承了竺道生"一阐提人皆能成佛"(《高僧传·释道生传》)说,认为行恶之人,多执迷不悟。大彻大悟者是为佛。纵使作恶多端的人,放下屠刀,便能立地成佛。这种不计前嫌的觉悟,尽管有其消极影响,但毕竟也是劝人行善的一种方法。对犯过错误的人来说,可不使行滥,有着积极意义。总之,禅宗的美育思想本于性,通乎悟,其中洋溢着对生命的热爱,对大自然的亲近。

美育是完善本性、升华人格的一种方式。主体的本性具有多重的可塑性,《乐记》曾把它分为"顺气"与"逆气"。顺气指生命中体现生命精神的成分,而逆气则指生命中悖逆生命精神的成分。这种对生命精神的体现与悖逆,既有自然的因素,又有社会的因素。"凡奸声感人,而逆气应之;逆气成象,而淫乐兴焉。正声感人,而顺气应之;顺气成象,而和乐兴焉。倡和有应,回邪曲直,各归其分,而万物之理,各以类相动也。"(《乐记·乐象》)这段话本来主要是说音乐的创作过程的。它也同样适用于鉴赏。所谓奸声,是指乐律上的繁、慢、细、过之声,是不体现和谐原则的"淫乐"。其内容也往往反映出人性中卑劣的成分。这种乐对人的感动,是通过迎合人的卑劣心理而发生作用的。鉴赏者以"逆气应之",故对人心起着消极的作用。而正声,则指体现和谐原则的和乐,其内容也体现着和谐原则,尽善尽美,"乐而不淫,哀而不伤"(《论语·八佾》)。而鉴赏者也会以顺气应之,使心灵得以涤荡和提升。审美对象的这种顺气、逆气,对于鉴赏者来说都是"以类相动"的。正是这样,美育通过正声感人,"反情以和其志",即顺着人的本性使之正常发展。只有这种和乐对人的身心产生积极的影响,才能进而对整个社会产生积极的影响。

感化被中国古人看成育人的最高境界。审美活动本身就在陶冶着主体的性情,审美的过程就是主体心灵受到感化的过程。这在作为审美活动过程的艺术创作和鉴赏活动中尤其如此。艺术的创造活动,也对创造者的精神起到了一种解放作用,使其在精神上获得了自由与充实,最终成就了自己艺术化的人生。艺术鉴赏也同样如此。鉴赏的过程,在一定程度上说是自我观照的过程。或平息忧患,或宣泄愤懑,或寄寓恬淡的情趣,或享受快乐的人生,进而使人格得到升华。美育对人的感化常常是潜移默化的,是建立在自觉自愿的基础上的,从而与一般的教育方式有明显的不同。《论语·宪问》有:"子路问成人。子曰:若臧武仲之知,公绰之不欲,卞庄子之勇,冉求之艺,文之以礼乐,亦可以为成人矣。"认为礼乐是各类人最终成就人生的必要条件。孔子主张"兴于诗,立于礼,成于乐"(《论语·宪问》),这里把乐视为人生的最高境界。孔子本人虽在政治上想见用于国君,成就大业,而在人格上,却在追求"浴乎沂,风乎舞雩,咏而归"(《论语·先进》)的审美境界。"故乐行而伦清,耳目聪明,血气和平,移风易俗,天下皆宁"(《乐记·乐象》)。这正是儒家所要求的艺术感化的效果,正是因人的本性而利导的结果。《淮南子·泰族训》中有一段比方,正可说明美育当顺任人的本性而进行感化的原理:"夫物有以自然,而后人事有治也,故良匠不能斲金,巧冶不能铄木;金之势不可斲而木之性不可铄也。埏埴而为器,剡木而为舟,铄铁而为刃,铸金而为钟,因其可也。"

第五节 美育的目的

美育作为教育的一种方式,是人类全面教育的一个有机组成部分,是人类实现自我发展的需要的一个重要途径。它的目的乃在于培养人。中国古人说"十年树木,百年树人",可见美育和其他教育方式一样,是一项长期而艰巨的工作。

审美教育的最高目的是造就审美的人。美育是要使人在精神上能够获得解放与自由,把人从自然物质世界的束缚中解脱出来,上升到精神的理想境界,进入一种顺任自然,与天地同体的和谐境界。《乐记·乐论》有"大乐与天地同和",而其感化人心,实现和谐,正反映了人体天道。从远古时代开始,人们便有一种使一切合乎自然的理想。而事实上,人类是不断进取的,人的多种欲望又容易驱动人们违背自然规律。这就需要人们运用智慧,加强对宇宙和自身的理解与改造;通过意志,建立合理的社会秩序,使人与世界各得其位;通过情感,使人与自然、人与人之间处于亲和状态。审美便是通过情感调整身心,使人的心灵进入与宇宙生命同节律的自由状态,使人能够充分发挥作为人的本质力量,使自己内在的人格和外在的形象都充实而有光辉。在近代德国,康德和席勒等人,就曾从感性和理性两个层面讨论人的心理功能问题,并在此基础上讨论审美问题。而美育,则是通过解放人的感性让人获得全面的发展。在《审美教育书简》中,席勒继承康德的说法,认为美育可以担当感性和理性之间的桥梁,使人成为在感性和理性方面都和谐发展的"完全的人"。人生活在现实社会中,常常在物质上受到拘束,在精神上受到羁绊,是被动的不自由的。通过美育,人能够超越各类限制对心灵的压制,使人的感性要求获得伸张,同时取得理性和精神的自由,最终实现人性的完善。因此,美育的目的,最后还在于培养人,发展人,使人成为身心健康的完美的人。而所谓完美的人,是既有物质生活又有精神生活,既有理智又有情感,既有工作能力而又善于生活和娱乐。人不是机器,最忌僵化和片面化,应该是有血有肉,有独立的价值,有对于欢乐和幸福的追求。一句话,他应该热爱美。

审美教育不仅要培养人们对于美的热爱,从而感到生活的乐趣,而且通过提高审美感受力使人得到全面的发展,提高生活的情趣。美育在审美活动中汲取滋养,培养人们崇高的生活目标。

美育是一种爱美的教育,爱美是人的天性,当人按自己的目的改造自然,使自然成为符合他的目的的形态,他就感到满意和愉快,从而产生了美感。人类创造性是和人对美的爱好和追求分不开的。审美教育的任务就是鼓舞人们去爱美、欣赏美、追求美,使其充满对生活的信心和希望。而美的东西一般都充满了感情,含有无尽的意味。美与感情相联系,美不美,就在于能不能调动人的感情。人总是对美的东西充满向往、一往情深,情之所钟必有执着。有追求,爱我们所爱,恨我们所恨,从而不怕牺牲,乐于献身。正是在这个意义上,列宁说:"没有'人的感情',就从来没有也不可能有人对于真理的追求。"正是在这个意义上,情感虽不能带来实际的物质利益,但它却点燃人的生命火花,把人推向高尚境界。审美就是要通过对于美的热爱,培养人高尚的情感,使人不仅懂美、爱美,而且感情专注,为美而倾倒,为美而兴奋,达到"衣带渐宽终不悔,为伊消得人憔悴"的境界。

美育着重于训练人们审美感受的能力、提高鉴赏水平和培养创造力,最终使人的个性得到全面而充分的发展。蒋孔阳认为:"美育就是在德、智、体三育之外,给人以多方面的教育,使人全面地发展,从而在内在的人格和外在的形象两方面,都达到完美的境界。这样培养出来的学生,不仅善于工作,而且善于生活;不仅知识丰富,而且情趣高雅;不仅精力充沛,而且风流倜傥。"[①]人们的审美感受能力有其先天的基础,美育可以通过对个体的潜能的激发使其感知能力获得锻炼,想象力得到丰富,理解力得到增强。同时,在训练审美感受能力的基础上,美育还需要提高人们的鉴赏水平,使其审美素养、感受方式、鉴赏对象的层次、感受的境界均有所发展。而美育更深层次的目标,则是培养人们的审美创造力。在审美的感受能力中,已经包含了一定的创造力。而人们在具体的工作、生活和艺术活动中,同样需要审美创造力。大到文学、音乐、绘画、舞蹈等作品的创作和表演,小到服饰、发型的选择、日常家居的布置等,都需要审美创造力。

美育把培养感性与理性和谐统一的全面发展的人作为根本的价值取向,这不仅使它与现实相疏离而接近于理想,从而与其他教育形式明显地区别开来,同时这种理想性品格又决定了它必须依存于审美活动,把审美活动作为自身存在与发展的丰厚土壤和生生不息的力量源泉。只有不断地从审美活动中汲取新的滋养,审美教育才会富有生机,充满活力。

美育与审美活动是一种同源共生的关系,作为教育形式的美育,究其实不过是把审美活动本身就内在包含着的教育功能自觉地加以深入开掘,有效组织,充分利用,使其得以最大限度地实现而已。因此,我们为审美教育设定目的,并不是要从外部强加给审美活动,从本源上看,这种目的内在地就属于审美活动。审美教育的目的与审美活动所追求并形成的价值根本上具有同一性。这样,我们如何理解审美教育的目的,实质上也就成了应如何理解美的问题。尽管不同时代、不同民族的审美活动无论就其表现方式、范围、还是具体的内容而言都存在重大的差异,但是不容置疑的是,古今中外的审美活动无不把美作为最高的追求。对美的不同理解直接规定着不同美育理论对审美教育目的的设定。

依照我们的理解,审美活动不仅是基于人的独特生命要求必然会存在的一种活动,而且是最能表现人的本真性价值的一种生存活动。作为人的一种基本存在方式,审美活动本质上是一种人生实践,而广义的美就是在作为人生实践之一的审美活动中生成、建构起

[①] 《蒋孔阳全集》第4卷,安徽教育出版社1999年版,第48页。

来的,能激发主体美感的审美对象(客体)及其所呈现出来的感性存在方式和存在状态,是一种自由人生境界的对象化和感性显现。把美理解为一种自由人生境界对象化和感性彰显,一方面与客观主义把美看成是独立于人之外的事物自身属性的观点区别开来,这种观点的致命错误在于把美看成是一种先于人并外在于人的自在现象,从而美与人的联系也只是一种外在的反映、认识与被反映、被认识的关系;另一方面也与主观主义把美看成是人的主观精神愉快、情感投射的观点区别开来,这种观点的根本错误在于把美看成是一种个人主观的心理现象,使美依存于个体的兴趣与情感。这两种观点虽尖锐对立,但都表现出一种抽象性,它们从不同角度阉割了美本身丰富的人生意蕴。把美理解为一种自由人生境界的感性显现,也就是把审美境界看成一种自由、高级的人生境界,实际上就是要恢复长期以来被遮蔽的美与人生实践的真实联系。

"境界"是一个指称精神特性的范畴。在中国传统哲学中,儒、佛、道对"境界"都有不同的理解和阐释,但在境界是心灵的一种存在状态这一点上各派的观点则基本一致。境界依其内容不同可区分为思想境界、道德境界、审美境界。也有人把境界区分为"智境"(认识境界)、"情境"(审美境界)和"意境"(道德境界)。但是,这种区分实际上只具有相对的意义。因为境界较之人的心灵的其他特性或心理的过程和状态最大的不同之处就在于它的整体性,只要是境界,它就包含知、情、意等多方面的因素,只是不同的因素在同一境界中所占的比重不同罢了。境界还有层次之分。如前面提到的冯友兰把人生境界依照高低次序分为自然境界、功利境界、道德境界、天地境界四个层次,每一更高境界都包含前一境界于自身。冯友兰是按照觉解程度及其意义的不同来划分境界的层次的,所依据的方法是概念分析法。尽管冯友兰的境界理论试图融合中西学说,但却仍然偏于西方近代的知性分析理论,他的新实在论立场使他把人的境界看作"一个认识的问题,不是一个关于存在的问题"[①]。美学家宗白华把境界区分为功利境界、伦理境界、政治境界、学术境界和宗教境界五种,并依次分别主于利、爱、权、真、神。介于后两者之间还有一种境界主于美,即艺术境界。这种境界划分方式介于内容划分和层次划分之间,既有内容之分,又有层次之别。但是,不管是哪一种境界,现实境界或精神境界,都不是现成地摆放在某处的一种自然状态,它们都是人生境界,都是人的活动即人生实践的结果,是由人创造和建构起来的。

审美何以是一种人生境界?我们前面讲过,审美活动是人生实践的重要组成部分,人们在极其丰富复杂的人生实践中必然会与世界形成各种各样的关系,在心灵上也必然会达到不同样式的生存状态,生成不同层次的人生境界。审美境界便是人生境界中比较高层次的一种。各种人生境界的生成,一方面必须依赖于以使用和制造工具(科学技术)为主导的现实生产所创造的物质文化,另一方面又必须依赖于人对自然、社会不断认识(智慧)所积淀而成的精神文化,审美的境界就是人类物质文化与精神文化之间相互渗透、相互转化,由冲突而和谐,最终凝聚而达到的一种现实状态,它彰显出人类由愚昧而智慧、由

---

① 冯友兰:《三松堂自序》,人民出版社2008年版,第252页。

野蛮而文明、由片面而全面、由分裂而完整的生存境遇的不断提升。智慧、文明、全面、完整,这正是人自身不断走向自由的确证。

因此,我们说审美境界是一种特殊人生境界,也就是说审美境界是一种自由的人生境界,而在审美活动中生成的美正是这种自由人生境界的感性显现。席勒说:"理性在人身上第一次出现,还不是人的人性的开始。人性要由人的自由来决定","表明野人进入人性的那个现象是个什么现象呢?不管我们对历史的探究深入到什么地步,这个现象在所有摆脱了动物状态的奴役生活的民族中都是一样的:对假象的喜爱,对装饰与游戏的爱好"。"因此,我们在什么地方发现有对纯粹假象作无利害关系的自由评价的痕迹,我们就能推断出那里人的天性已发生了这样一场变革,人身上的人性已经开始"。[①]

审美活动不同于其他人类活动的独特意义在于,它不仅为人构筑起一个意味隽永的精神家园,使人在现实中处于分裂状态的感性与理性得到和谐统一,而且更重要的是它能使人由此而深刻体悟到做人的价值、尊严和崇高的使命,从而在人的心里鼓起追寻理想的激情。通过审美,主体的生命得到了陶冶和洗礼,提升和拓展,仿佛有一种新的生命在他的灵魂中诞生,他变得丰富和充实,他比以往更加热爱生命,他更自觉、更强烈地要求创造自己生命的价值;通过审美,主体仿佛被赋予了一双更加敏锐和深邃的目光,正是这种目光,不仅引导他穿过重重功利的网络,去重新诗意地理解世界和人生,而且引导他越过种种现实的屏障,去直接观照理想和未来。总之,通过审美,在使主体的精神得到升华的同时也得到重组和塑造,他将以新的姿态重新返回现实并改造现实。

因此我们认为美育根本上就是一种特殊的人生境界的教育。审美境界是一种自由的人生境界,而在审美活动中生成的美正是这种自由人生境界的感性显现。可见,自由乃是审美境界和美生成的核心所在。而只有当人是完全意义上的人时,他才拥有自由,而当人拥有自由时,他也才能作为完全意义上的人而拥有美。这里自由同时也成为人本身的规定。于是美也就成为人本身的规定。因此可以说,审美教育的最高目的就是要造就一种审美的人。所谓审美的人,就是具备敏锐的审美能力、良好的审美趣味、健康的人生态度、完善的心理结构、丰富的个性魅力,并具有自由的超越精神和炽热的理想追求的人。审美教育的这一根本目的,在具体实施过程中又可转化为两方面的内容,即美的形式的教育与审美理想教育,前者属于审美能力的培养,是审美教育的基础,后者则要求把审美的自由人生境界转化为受教者自觉的价值追求,体现着美育的根本主旨。

思考题
1. 概述中国美育思想的基本历史线索。
2. 概述西方美育思想的基本历史线索。
3. 如何理解美育的基本内涵。

---

① 席勒:《审美教育书简》,冯至、范大灿译,北京大学出版社1985年版,第124、138、146页。

4. 概述美育的主要特点。
5. 请结合具体审美实践,谈谈美育的基本功能。
6. 谈谈美育与德育的主要区别。
7. 怎样理解审美教育的最高目的是造就审美的人?
8. 怎样理解美育是一种特殊的人生境界的教育?

阅 读 书 目

1. 柏拉图:《理想国》,商务印书馆1986年版。
2. 亚里士多德:《诗学》,商务印书馆1996年版。
3. 鲍姆嘉通:《美学》,文化艺术出版社1987年版。
4. 康德:《判断力批判》,人民出版社2002年版。
5. 《歌德谈话录》,人民文学出版社1978年版。
6. 席勒:《美育书简》,中国文联出版公司1984年版。
7. 黑格尔:《美学》,商务印书馆1991年版。
8. 马克思:《1844年经济学—哲学手稿》,人民出版社1979年版。
9. 叔本华:《作为意志和表象的世界》,商务印书馆1982年版。
10. 克罗齐:《美学原理·美学纲要》,外国文学出版社1983年版。
11. 鲍桑葵:《美学史》,商务印书馆1985年版。
12. 伽达默尔:《真理与方法》,上海译文出版社1992年版。
13. 杜夫海纳:《审美经验现象学》,文化艺术出版社1996年版。
14. 刘勰:《文心雕龙》。
15. 钟嵘:《诗品》。
16. 司空图:《二十四诗品》。
17. 严羽:《沧浪诗话》。
18. 王国维:《人间词话》。
19. 宗白华:《艺境》,北京大学出版社1987年版。
20. 李泽厚:《美的历程》,三联书店2014年版。

后 记

经全国高等教育自学考试指导委员会同意,由文史类专业委员会负责高等教育自学考试汉语言文学专业教材的审定工作。

《美学》自学考试教材由复旦大学中文系朱立元教授主编。

参加本教材审稿讨论会并提出修改意见的有华东师范大学朱志荣教授、复旦大学张宝贵教授和上海交通大学姚君喜教授。

编审人员付出了辛勤劳动,在此一并深表谢意。

全国高等教育自学考试指导委员会
文史类专业委员会
2018 年 7 月